JN233285

摩擦から協調へ
ウルグアイラウンド後の日米関係

From Conflict to Cooperation:
The Japan-US Economic Relationship after the Uruguay Round

中川淳司
トマス・J・ショーエンバウム
Thomas J. Schoenbaum

編著

東信堂

摩擦から協調へ——ウルグアイラウンド後の日米経済関係——／目次

序　日米経済関係の歩みと課題（中川淳司／ショーエンバウム）………3
  1. はじめに …………3
  2. 「不公正貿易」概念をめぐる日米の認識ギャップ …………6
    A. 米国の『外国貿易障壁に関する国別貿易評価報告書』　6
    B. 日本の『不公正貿易報告書』　7
    C. 評価と比較　7
  3. 一般的な枠組みとしてのWTO …………8
  4. 新たな紛争処理のメカニズム …………9
  5. 結論と本書の構成 …………10
    A. 日米自動車・自動車部品紛争　10
    B. 富士コダック事件　11
    注　13

I　総説 …………15

1　日米経済関係の軌跡（佐野忠克）…………17
  1. 序 …………17
  2. 日米通商紛争の歴史 …………17
    A. アメリカの国内産業保護（1950年代から1980年代半ば）　17
    B. 日本市場へのアクセス（1980年代半ばから1990年代半ば）　18
    C. ウルグアイラウンドの終結（1994年）　19
    D. 日米自動車・自動車部品紛争　20
    E. 富士コダック事件（1996年以降）　21
  3. 過去の経験の評価および将来の展望 …………22
    A. WTOの範囲の拡張　22
    B. WTO紛争解決メカニズムの強化　23
    C. 私人の役割　23
    D. 紛争処理のための適切な手段の選択　24

2　国際貿易における「公正」と「相互主義」
    ——301条と法の支配（スワン）…………25
  1. はじめに …………25
  2. 相互主義の規範的基礎と運用上の不確実性——個別的相互主義

と一般的相互主義 …………………………………26
  3. 301条の歴史——相互主義対一方主義 …………………33
    A. 義務的な場合(19 U.S.C. §2411(a)(1)) 35
    B. 裁量的な場合(19 U.S.C. §2411(b)) 37
  4. 運用実績——1988年〜1994年と1995年〜1998年 ………39
    A. データ 39
    B. 301条請求の新自由主義的性格 43
  5. 301条の変質——一般的相互主義から法の支配へ ………45
    A. 実質的変質 45
    B. 301条手続——制度面 47
  6. 301条と法の成長 ………………………………………50
    注 52

II 事例研究 …………………………………………61

3 日米経済紛争におけるアンチダンピング・相殺関税法の役割（スチュワート） ………………………………63

  1. アンチダンピング・相殺関税法の歴史 ……………………63
  2. ガットとWTOの規定 ………………………………………65
    A. はじめに 65
    B. なぜ生産者はアンチダンピング税や相殺関税の申し立てを行うのか 67
  3. ダンピングの原因 …………………………………………69
    A. なぜ企業は外国市場でダンピングするのか 69
    B. ダンピングの原因の例 71
  4. 政府が補助金を支出する理由および補助金が競争者に及ぼす影響 ……………………………………………………73
  5. WTO協定はアンチダンピング税や相殺関税の申し立てを検討する産業にどのような影響を与えるだろうか ………………74
    A. 原告適格 75
    B. ダンピング調査における価格平均 76
    C. 結論 77
  6. アンチダンピング法・相殺関税法がカバーしていない対象 ……77
  7. 日米間の経済紛争を解決するためのアンチダンピング法・相殺関税法の使用 ………………………………………………80
    A. 米国は相殺関税法をあまり用いていない 80
    B. 米国によるアンチダンピング措置 83
    C. 日本によるアンチダンピング・相殺関税法の使用 86

8. 誤用？ それとも無駄な使用？ ……………………………………88
  A. 米国ではつまらない先例が多いか？ あるいは明確な先例がないか？ 88
  B. 国際貿易システムは貿易問題に対処する手段をあまりにわずかしか提供してこなかったか？ 90
  C. 迂回、アンチダンピング税の吸収、補償の欠如、払い戻し、産品間補助金その他の問題 91
9. なぜGATT 6条と16条は将来においてもWTOの重要な要素であり続けるのか？ ……………………………………………………93
  A. 合理的な資源配分は依然として重要である 94
  B. 競争法とアンチダンピング法の融合を正当化するような世界貿易システムの構造変化は起きていない 96
  C. 貿易自由化はアンチダンピング法のような貿易歪曲に迅速に対処する方策を必要とする 98
  D. 貿易自由化努力に伴い貿易救済措置の利用が増加してきた 99
  E. アンチダンピング政策は競争政策よりも国家間の合理的な資源配分をよりよく推進する 100
  F. 競争政策に関して国際的に合意されたルールは存在しない 105
  G. 競争法はアンチダンピング法から多くの教訓を学ぶべきである 106
  H. 競争法とアンチダンピング法が対象とする行為については法が提供する救済も合わせて考慮しなければならない 106
  I. 望ましい方向 107
10. 結 論 ………………………………………………………………108
   注 109

4 日米半導体紛争からの教訓（ガンツ）……………………………119
1. 半導体紛争の特異性 ……………………………………………120
2. 半導体協定、301条と1947年のGATT ………………………122
  A. 問 題 122
  B. 半導体協定 123
  C. 実際の結果 128
  D. GATT合法性の問題 130
3. WTOに照らした半導体紛争の考察…………………………135
  A. WTOの紛争解決了解 135
  B. 拡大したGATT・WTOの対象範囲および301条 137
  C. 富士コダック事件 140
4. 将来における同様の紛争の取扱い……………………………142
  A. 日本における構造改革の奨励 143
  B. 競争制限および競争機会に関するWTO協定？ 145
  C. 結 論 147
   注 147

5 日米半導体紛争の解決（北川俊光） ……………………157

1. はじめに――日米紛争と日本企業のビジネス行動 …………157
    A. 半導体紛争の背景　157
2. 多元的法的攻撃としての半導体通商紛争 …………………159
    A. 半導体の戦略的性格　162
    B. 半導体市場の条件　162
    C. 日本市場における米国製半導体販売の不調　163
3. 半導体協定の締結 …………………………………………163
    A. 1986年の半導体協定　163
    B. 1991年拡大半導体協定（1991年協定）　164
    C. 1996年半導体協定（1996年協定）　165
4. 半導体協定の評価 …………………………………………165
    A. 1986年協定と1991年協定における20％市場シェアの問題――なぜ数値目標は望ましくないのか？　165
    B. 1986年協定と1991年協定における公正市場価格方式の問題点　167
    C. 1986年協定と1991年協定における産業復興の問題　168
5. 結　論 ………………………………………………………168
    注　169

6 北米投資・貿易における原産地規則（サンドストローム）………171

1. 原産地規則一般論 …………………………………………172
    A. 主観的基準　172
    B. 客観的基準　174
2. NAFTA …………………………………………………177
    A. 関税分類変更基準　179
    B. ローカルコンテント基準　180
    C. 特定製造・加工工程基準　184
3. 米国のその他の特恵関税プログラム ………………………185
4. 原産国表示 …………………………………………………188
    A. 概　論　188
    B. NAFTA加盟国産品　188
    C. 繊維製品　189
    D. 連邦取引委員会（FTC）の「メードインUSA」ガイドライン　190
5. WTOにおける原産地規則のハーモニゼーション ……………191
6. 米国向け販売用の産品生産に向けた海外拠点の計画に当たって考慮すべきポイント ……………………………………193
    注　195

III 日米経済紛争の解決手続・制度 …………………… 201

7 日米貿易関係——韓国の視点からのコメント（李 相敦）……… 203
1. 韓国経済の盛衰 …………………………………………… 203
2. 80年代、90年代、韓国は貿易問題に直面した ………… 205
3. 日米貿易紛争と韓国 ……………………………………… 207
4. 韓国は、日米貿易紛争から利益を得たことがあるか？ … 208
5. 最近の米国の対日貿易政策とその韓国にとっての意味 … 209
   A. 日米構造協議（SII） 209
   B. 日米自動車・自動車部品紛争 209
6. 結 論 ……………………………………………………… 211
   注 214

8 日米経済紛争解決とWTO（マブロイディス）………… 217
1. 日米貿易紛争解決においてWTOが果たしうる役割 …… 217
   A. 一般的考察 217
   B. 個別的考察 217
2. 日米貿易紛争解決のための二国間アプローチ ………… 222
3. WTOにおける米国通商法301条の役割 ………………… 223
   A. 一般的考察 223
   B. 個別的考察 223
   注 224

9 不完全な法体系、システムの適合不全と最適ではない解決
——日米通商関係における紛争解決と紛争予防のダイナミズム
の変革（アボット）………………………………………… 225

1. 日米通商紛争の広い文脈 ………………………………… 227
2. 紛争解決の目的 …………………………………………… 231
3. 選択肢としてのWTO紛争解決了解 …………………… 233
   A. 背 景 234
   B. ソフトローからハードローの体系への移行 234
   C. ルールの洗練 236
   D. コンセンサスによる紛争解決から準司法的な紛争解決へ 238
   E. WTO紛争解決制度の対象に含まれるのは何か？ 240
   F. 何がWTOの紛争処理手続の対象外になるか？ 242
   G. WTOにおける日米の紛争処理の傾向 243
4. APEC、NAFTAと友好通商航海条約 …………………… 246

         A. 日米友好通商航海条約　246
         B. NAFTA　247
         C. APEC　249
    5. 「中国問題」……………………………………………………250
    6. 不完全な法体系、システムの適合不全と最適ではない解決……251
         注　252

10　日米間の紛争の防止と解決（ショーエンバウム）……………261
    1. 序………………………………………………………………261
    2. 政府間の紛争解決……………………………………………262
         A. WTOの紛争解決　262
         B. 他の紛争解決手段　265
         C. 交渉（協議）　267
    3. 周旋、仲介、調停、および審査……………………………268
         A. 仲　裁　269
         B. 私人対政府の紛争の解決　270
    4. 結　論………………………………………………………275
         注　275

IV　日米経済関係の将来──競争法・競争政策をめぐって──‥281

11　日米通商関係における制限的商慣行と反トラスト法令の域外適用（フレイヤー）………………………………………283
    1. 経済史および経済理論の考察………………………………285
    2. 日本の独占禁止法と二国間・多国間の紛争解決…………289
    3. 米国反トラスト法の域外適用………………………………294
    4. 二国間・多国間紛争解決方式の補完的利用………………298
    5. 結　論………………………………………………………303
         注　303

12　制限的商慣行と米国反トラスト法および通商法の域外適用（ウォーナー）……………………………………………309
    1. はじめに……………………………………………………309
    2. 歴史的検討…………………………………………………309
         A. 国内取引　309
         B. 外国取引　315

3. 最近の日米の紛争事例 ……………………………………319
      A. カルテル　319
      B. 市場アクセス　320
      C. その他の二国間交渉　321
  4. 二国間アプローチと多国間アプローチ ……………………322
  5. 結論 ……………………………………………………………325
      注　325

13　日米貿易摩擦と日米独禁協力協定の可能性（松下満雄）…………337
  1. 従来の日米貿易紛争 …………………………………………337
  2. 競争法の域外適用 ……………………………………………338
  3. 競争法の施行に関する国際協力 ……………………………340
  4. 二国間競争法協力協定（米EC競争法協力協定を中心に）……341
  5. 日米独禁協力協定 ……………………………………………343

おわりに（中川淳司） …………………………………………………349
  1. 協調重視の方向での変化 ……………………………………349
  2. 一方主義の継続 ………………………………………………352
  3. 日米経済関係の現状──摩擦の沈静化？ …………………354
      注　356

あとがき ……………………………………………………………………359

索　引 ………………………………………………………………………361
  一般事項 ……………………………………………………………361
  人　名 ………………………………………………………………366
  法令・条約 …………………………………………………………367
  紛争・事件 …………………………………………………………372

摩擦から協調へ
──ウルグアイラウンド後の日米経済関係──

序　日米経済関係の歩みと課題[1]

中川淳司*／トマス・J・ショーエンバウム**

1. はじめに

　日米経済関係は世界で最も重要な二国間経済関係の一つである。特に日本にとって、米国は輸出、輸入の両面で最大のパートナーである。両国の経済的相互依存関係はますます深まってきた。この傾向は今後も続くであろう。しかしながら、これまでの日米経済関係の歩みは決して平坦なものではなかった。日米両国はこれまでしばしば深刻な経済摩擦を経験し、その解決のために絶え間ない交渉を行ってきた[2]。過去20年間における代表的な交渉を挙げると、1981年の自動車に関する輸出自主規制協定、1985年から86年にかけてのMOSS (Market Oriented Sector Selective, 市場志向セクター別) 協議、半導体の販売とアンチダンピングに関する交渉 (1986年、91年、96年の協定に結実した)、1989年から90年にかけての日米構造協議、1993年以降の日米枠組 (Framework) 協議や日米包括経済協議などがある。

　これらの摩擦と交渉を振り返ってみると、過去20年の間に日米経済関係の摩擦のパターンに大きな変化が生じていることが認められる。第一に、主たる争点は、日本の対米輸出を制限することから米国製品や米国企業の日本市場へのアクセスを保証することへと移ってきた。第二に、紛争の法的性格は、1947年のGATT (General Agreement on Tariffs and Trade, 関税と貿易に関する一般協定) 23条にいう「違反 (violation)」事例、すなわち、通商上の利益の無効化または侵害の有無を問わず、相手国のGATT違反が問題とされるものから、ハー

---

* 東京大学社会科学研究所教授
** Thomas J. Schoenbaum, 米国ジョージア大学ロースクール教授

モニゼーション(調和)事例、すなわち、ガット[3]の枠を越えて、日米間で異なっている規則、規制や政策を調整し、接近させ、統合させることが争点となるものへと移ってきた。1996年末に日本の保険市場へのアクセスに関する日米間の合意が成立し、その後は日本の長期的な景気後退もあって日米経済関係は比較的平穏な状態が続いている。しかし、潜在的にはいまだ多くの懸案が存在し、それらが顕在化する可能性は常にある[4]。

　日米両国間でこのように絶え間なく経済摩擦が起きてきたのはなぜか。これには多くの理由が考えられる。例えば、**図1~3**に示されているように、日本の対米輸出が急増したこと。少なくとも1990年代前半までは米国の対日貿易赤字が増大し続けたこと。米国の対日輸出が日本の対米輸出に比べると緩やかにしか増えていないこと。しかしながら、我々は、こうしたマクロ経済的な要因以外に二つの制度的な要因があると考え、それを本書の元になった国際共同研究の出発点に据えた。第一に、日米の政策担当者の間に存在する認識ギャップ、第二に、日米経済紛争を処理する方法に関する問題点である。

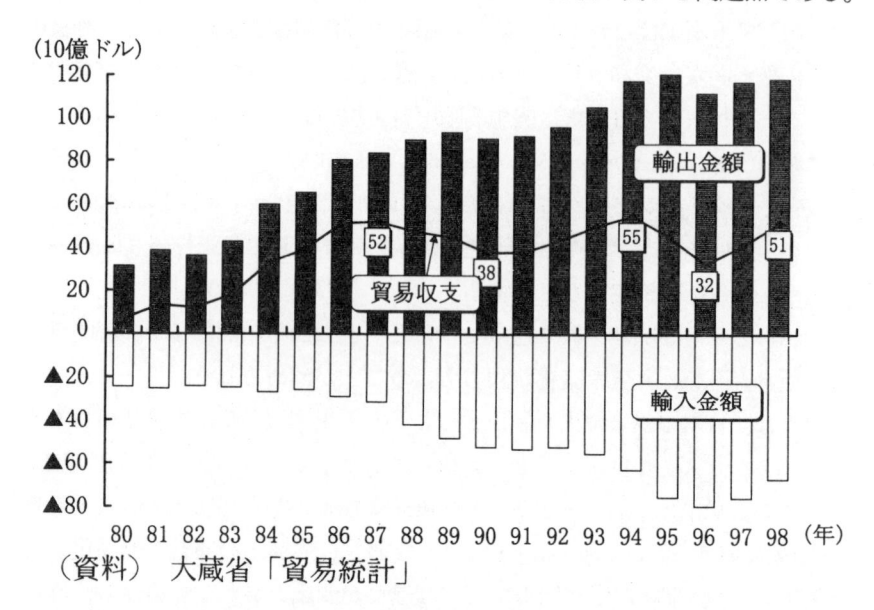

図1　日本の対米貿易収支の推移(ドルベース)
出典)通商産業省編、『平成11年版　通商白書』(1999)、74頁。

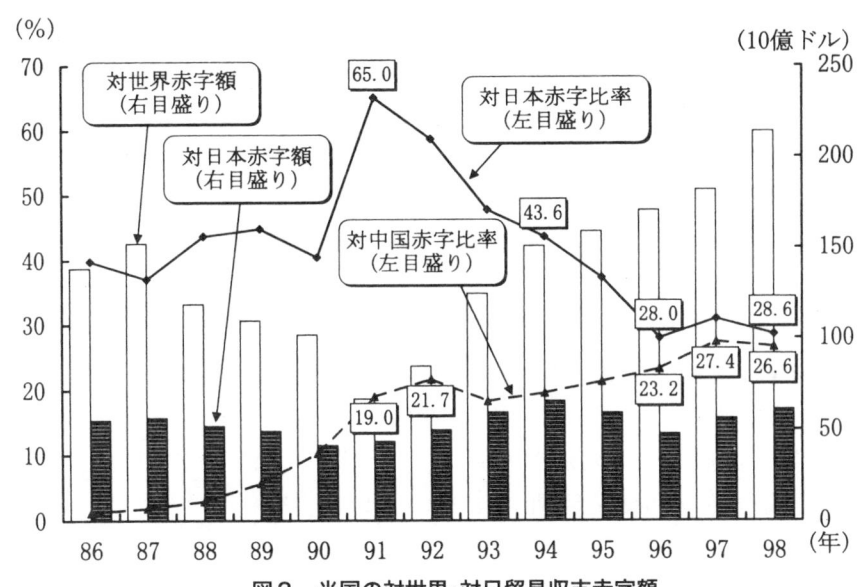

**図2　米国の対世界・対日貿易収支赤字額
および対世界貿易赤字に占める日本および中国の割合の推移**

出典）通商産業省編、『平成11年版　通商白書』(1999)、75頁。

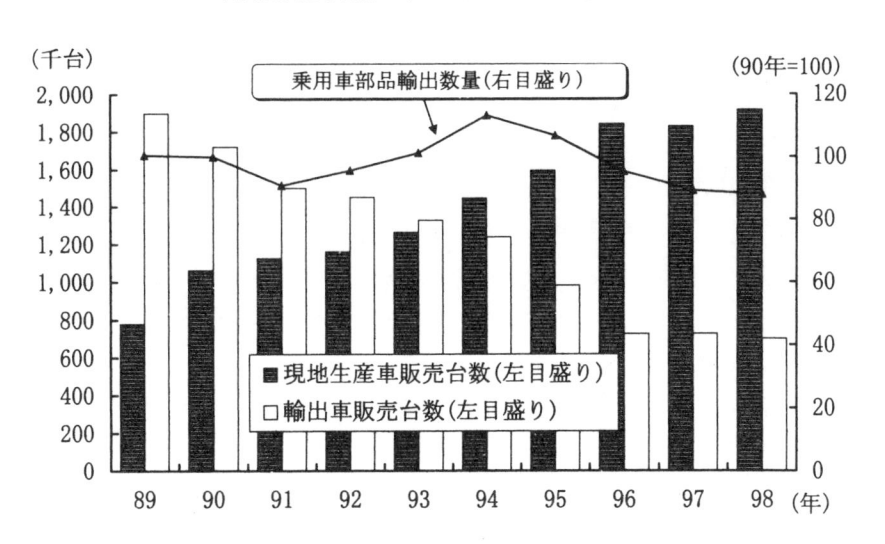

**図3　在米日系企業の現地生産乗用車と対日輸入乗用車の
米国における販売台数の推移**

出典）通商産業省編、『平成11年版　通商白書』(1999)、68頁。

2.「不公正貿易」概念をめぐる日米の認識ギャップ

　日米両国間で絶え間なく生じてきた経済摩擦の制度的要因の第一は、両国の政策担当者の間で争点の認識とそれに対処する法的・政治的な根拠をめぐって見解が一致していないことにある。「不公正貿易慣行」に関して両国政府が公表している二つの年次報告書は、この不一致を端的に示している。

A. 米国の『外国貿易障壁に関する国別貿易評価報告書』

　USTR（米国通商代表部）が毎年公表しているこの報告書は、米国の主要な貿易相手国のさまざまな貿易政策や慣行を検討する。報告書は、米国の貿易上の利益を歪曲し侵害する政策や慣行を、当該政策や慣行がガット・WTO（世界貿易機関）のルールとの整合的かどうかを問わず指摘する[5]。

　1996年版の報告書によると、日米経済関係における基本的な問題は「他の主要国に比べると、日本の経済において輸入及び外国企業の果たす役割が限られていること」にある。日本には関税をはじめとする公式の障壁はごくわずかしか存在せず、また、日本は公式の貿易障壁の段階的削減を進めている。しかしながら、日本には多くの「構造的な」貿易障壁が存在する。この「構造的な」貿易障壁は「日本の政府の政策と民間ビジネス慣行の複雑な相互作用」によってもたらされる。これには以下のものが含まれる。

— 関連企業間の強力で相互にいりくんだ「系列」関係の存在。これらの一部は経営の効率性を高めるが、その多くは公正な市場アクセスを阻害する。

— 独占的な輸入代理店制度や排他的なディーラー制度をはじめとする排他的で癒着したビジネス慣行。

— 高度に発達した政府の経済規制と規制の運用における透明性と予測可能性の欠如。

— 官僚の広範な権限と裁量。官僚と日本企業（外国企業を含まない）との密接な協議と行政指導の伝統。

— 行政手続法に関する諸問題。例えば事前の公告と意見陳述の機会を伴わない規制の公布、情報公開法の欠如、規制案に対する審議会の非公

式な意見陳述の伝統など。

B. 日本の『不公正貿易報告書』

　米国の報告書とは対照的に、日本の通産省（2001年1月より経済産業省）通商政策局がとりまとめて公刊している『不公正貿易報告書』は、外国の貿易慣行を「ルール志向型」の「不公正」基準に基づいて検討する。それは主としてガット・WTOシステムにおける国際ルールおよび国際協定との整合性を問題にする[6]。
　『不公正貿易報告書』は以下の米国の障壁を「不公正」と判断している。
- ― 輸出自主規制の要請などの「灰色」措置。こうした灰色措置はWTOセーフガード協定により段階的に廃止されることになったが、将来同じような問題が生じないという保証はない。
- ― 丸太の輸出禁止やある種のマグロの輸入禁止などの環境関連貿易制限措置。
- ― 国家安全保障政策といった曖昧な基準に基づく数量制限や一方的判断に基づく措置。
- ― 米国競争法の過剰な域外適用。
- ― アンチダンピング法および手続。
- ― 相殺関税法及び米国特有の補助金算定方式。
- ― 外国製品を差別する知的財産権法。
- ― 政府調達慣行。
- ― 恣意的で一貫性を欠く原産地規則。

C. 評価と比較

　これら二つの報告書は、「不公正」概念をめぐる日米両国政府の極端な認識ギャップを示している。例えば、米国の報告書は、日本の保険市場の障壁を不公正と断じているが、その根拠は米国の保険会社が日本の保険市場に参入できないことにある。こうした障壁は1974年通商法301条や米国反トラスト法の発動を正当化する。これに対して、日本は上記の米国の措置を不公正とみなしているが、その根拠はそれらが国際法およびガット・WTOのルールに違反する可能性があるためである。

要するに、「不公正貿易慣行」をめぐる米国と日本の主張は「不公正」に関する異なる認識に基づいており、その結果として互いに一方的な批判を浴びせ合うという不毛な議論が展開されているのである。

日米両国間で絶え間なく経済摩擦が続いてきたもう一つの制度的な要因は、貿易紛争を処理するためにとられてきた手段にある。これまでとられてきたのは、敵対的で狭量でその場しのぎの政府間交渉であった。今後は官僚だけでなく専門の研究者やビジネス界のリーダーも含めたより広範な協力関係を構築し、現在の貿易障壁についての共通理解に基づいた解決策を模索する必要がある。新たに設立されたWTOとその諸協定はこの新しいアプローチにとって最も生産的な基礎を提供する。

3. 一般的な枠組みとしてのWTO

WTOは日米経済関係の法的・政治的次元を大きく変えた。第一に、WTO諸協定は、従来からガットがカバーしていたがしばしば紛争を引き起こしてきた分野、例えば原産地規則やアンチダンピング税、相殺関税などについて新たに詳細なルールを定めた。第二に、WTO諸協定は多国間貿易ルールの規律対象を知的財産権、投資やサービス貿易などの新分野にまで拡げた。第三に、WTO諸協定はこれまでよりも司法化された紛争解決手続を設けた。これは1974年通商法301条の機能と法的評価を変える可能性がある[7]。他方において、日米間の重要問題のいくつかはWTO諸協定の規律対象にはならなかった。例えば、貿易と競争、反トラスト法の域外適用、アジア太平洋地域における地域経済統合などの問題である。しかしながら、これらの問題はWTOの枠組みの下で行われる次回の多角的貿易交渉で議題に加えられる可能性がある。日米両国間でこれらの問題がどのように処理されるかは、この交渉に大きな影響を与えるだろう。

WTOが発足して5年あまりが経過した今、われわれはこの新しい世界貿易秩序の下で日米経済関係がどのように扱われるかを検討し、両国間の貿易紛争を処理するための実体法および手続の枠組みを構築する必要がある。

WTOは万能薬ではない。現在必要なのは、WTOの法的・制度的枠組みを明確にし、この枠組みの下で日米経済関係を評価することである。

4. 新たな紛争処理のメカニズム

　WTOの紛争解決手続を補完するためにどのような紛争解決のシステムが構築できるだろうか。いくつかのアイディアが考えられる。第一に、WTOの紛争解決システムは主にルールを適用する司法的なシステムであるから、それ以外の手段を用いる紛争解決の方式が考えられる。第二に、WTOの紛争解決システムは政府間の紛争解決のシステムであるから、民間部門を含む紛争解決の方式が考えられる。第三に、WTOの紛争解決手続は多国間の方式であるから、地域的あるいは二国間の紛争解決のシステムが考えられる。第四に、WTOの紛争解決システムの対象はWTO諸協定がカバーする範囲に限られているから、より広い範囲の対象をカバーする紛争解決のシステムが考えられる。

　一般的にいって、これまで日米両国は紛争解決方式としてあまりにも政府間交渉に依拠しすぎてきた。この方式は一定の成果を収めたが、それと同時に反発と敵対をあおり、総体としての日米関係は悪化した。日米両国は、敵対ではなく協調に基礎を置くさまざまな補完的な紛争解決のメカニズムを構築し、有効性が認められるさまざまな方式、例えば仲介、事実審査や調停などの方式を活用することを検討するべきである。

　この点に関連して重要な提案が、アジア太平洋地域の18の主要国が参加するアジア太平洋経済協力 (APEC) フォーラムの場で検討されている[8]。1995年、APECはカナダを議長国とする紛争仲介に関する専門家グループを設立し、補完的な紛争処理方式の可能性の検討に着手した。このグループは自発的協議仲介サービス (Voluntary Consultative Mediation Service) を提案した。これには以下の4通りのサービスが含まれる。

　— APEC諸国政府間の紛争の仲介
　— APEC諸国政府と私人・私企業との紛争の仲介
　— 私人・私企業間の紛争の仲介

―　透明性の増大を通じた紛争の回避

このAPECの取り組みは有望であり、その実現が期待される。

5. 結論と本書の構成

　WTOのルールを一般的な枠組みとして用いると、日米経済紛争は以下の三つのカテゴリーに分類される。

① WTO諸協定によってカバーされる紛争(アンチダンピングおよび相殺関税、酒税、農産物の市場アクセス、原産地規則など)。

② WTO諸協定によってはカバーされないが、二国間協定によってカバーされる紛争(1986年協定以降の半導体紛争など)。

③ WTO諸協定によっても二国間協定によってもカバーされない紛争。このカテゴリーの紛争は、さらに、政府の政策や規制をめぐる紛争(例えば競争法、大規模小売店舗法など)と民間の市場慣行をめぐる紛争(例えば「談合」、「系列」、流通システムなど)に分けられる。もっとも、これらの紛争はしばしば重複する[9]。

　日米両国間で現在、そして将来も起こりうる紛争の典型として、以下の二つの紛争を挙げることができるだろう。

A. 日米自動車・自動車部品紛争

　この紛争において米国は通商法301条を援用し、日本の国内自動車部品市場が閉鎖的であると主張して、日本製の高級車6車種の関税を100％引き上げるという一方的制裁を宣言した。日本政府はこれに対して1947年のGATT 22条の協議を要請し、米国の制裁措置が実際に執行されれば、それは1947年のGATT 1条、2条および紛争解決了解23条に違反すると主張した。1995年6月、米国が設定した制裁発動期限のわずか数時間前に日米間の合意が成立し、紛争は解決した。合意において、日本の自動車メーカーは米国国内での生産を増大させ、米国国内及び日本国内で米国産の自動車部品の購入を増大させる計画を発表した。日本政府は、この「計画」に対する公式の支持を慎重に回避する一方で、日本の自動車補修・流通システムの規制の一部を緩和し、競

争法の執行を強化することを約束した。

B. 富士コダック事件

この紛争で米国は、コダック社が行った通商法301条の申し立てを取り上げ、日本が独特の閉鎖的な流通と販売マネージメントのシステムを構築し、輸入写真製品に不利益をもたらしたと主張した。政府と業界の癒着により、輸入品は一次卸から閉め出され、競争条件は国産品に有利になっていると主張した。米国はWTOに非違反無効化侵害の申し立てを行った。また、米国はGATS (サービス貿易に関する一般協定) の紛争処理パネルにも申し立てを行い、制限的商慣行に関して日本との協議を申請した。最終的にWTOのパネルは米国の主張を認めず、日本政府の措置は非違反無効化を構成しないと結論した。米国はWTOの上級委員会に上訴せず、代わって、日本がパネル審理で述べた申し立てを約束 (commitment) とみなして、その履行を定期的にチェックするという方針を表明した。

紛争がどのカテゴリーに属するかによって、適用される実体ルールも手続も異なってくる。紛争がどのカテゴリーに属するかを明確にし、個々の紛争のタイプによって用いられるルールと手続を明らかにし、それらのルールと手続相互間の関係を明らかにする必要がある。これが本書の第一の目的である。

本書の第二の目的は、日米経済紛争を予防し、処理するための新たな制度的メカニズムを構築するための提案を行うことである。日米経済紛争をよりよく処理するためには、ウルグアイラウンドで作られた新たな世界貿易秩序の文脈における紛争の法的評価を明確にするだけでは不十分である。これまで支配的であった官僚による政府間の交渉という紛争処理方式は、敵対的であり、しばしば紛争の政治化とエスカレーションをもたらしてきた。もちろん、この方式に代わる最も重要な選択肢はWTOの紛争解決手続への付託である。しかし、WTOの紛争解決手続は常に紛争の解決を保証するわけではない。それには二つの限界がある。第一に、それは紛争予防には有効でない。

第二に、それはWTO諸協定のカバーする範囲外の紛争には適用できない。したがって、日米両国間でこれに代わる紛争予防と紛争処理の方式を構築することが必要である。

　本書は4部から成る。第Ⅰ部はこれまでの日米経済関係の歩みをふりかえると同時に、日米経済関係を扱う一般的な法的・制度的枠組みを分析する。公正(fairness)や相互主義といった一般的な概念をとりあげ、さまざまなタイプの紛争においてこれらの一般概念がいかなる法的・制度的含意を持つかを分析する。そして分析を通じて日米経済関係の一般的な法的・制度的枠組みを提示する。

　第Ⅱ部は個別の部門や問題を扱う。第Ⅰ部の分析を踏まえて、特定の部門や問題領域でいかなるタイプの紛争が起きたか、そしてそれらはどのようなルールや手続によって解決されたかを分析する。それは一面において第Ⅰ部で提示された一般的な法的・制度的枠組みを個別の部門や問題に応用するという性格を持つ。それと同時に、分析を通じて一般的な法的・制度的枠組みの改善のための示唆を得ることを目指す。とりあげられる部門・問題は以下の通りである。

　── アンチダンピング・相殺関税手続。
　── 半導体紛争。
　── 原産地規則。

　第Ⅲ部は紛争予防と紛争処理に関するルール、手続および制度を扱う。日米経済関係の文脈において、争点、利害関係者、紛争の文脈により最もふさわしい紛争予防と紛争処理の手段を提示するために、二国間のルールと手続のみならず多国間のルールと手続も分析する。

　最後に、第Ⅳ部は将来の日米経済関係で特に問題となるであろう競争法・競争政策をとりあげ、この分野における基本的な論点、および紛争予防と紛争処理の方策を検討する。

　以上、本書の目的と内容について見てきた。次章以下の論文が明らかにするように、公正や相互主義といった基本概念について、執筆者の見解は完全

には一致していない。その意味で、本書の元になった国際共同研究はそれ自体が、参加者が日米経済関係をとりまく認識ギャップについて認識し理解を深めてゆく学習プロセスであった。われわれが学んだことから読者も多くを学んでいただきたい。本書が日米両国間の相互理解を深め、将来にわたる協力関係の構築に寄与することを希望する。

注

1) 本稿の第一稿は中川が執筆し、ショーエンバウムがそれに加筆修正して中川に戻した。中川がさらに若干の修正を加えた後にショーエンバウムが本稿を確定した。
2) 在日米国商業会議所の最近の出版物によると、1952年から1996年までの45年間に、日米間で211に上る通商協定、関連文書および日本側措置が存在する。参照、The American Chamber of Commerce in Japan, *Making Trade Talks Work: Lessons from Recent History* (1997), pp.154-163.
3) 本書では、条約としての一般協定をさす場合には「GATT」、国際機関をさす場合には「ガット」と表記する。
4) 例えば、最近の円安により日本の自動車の輸出価格は低下しているため、日本車の輸出は増加傾向にある。この傾向が続けば米国の自動車メーカーが日本の自動車輸出の規制を求める可能性がある。
5) この報告書は「貿易障壁 (trade barriers)」を「国産品を外国との競争から保護し、あるいは人為的に特定の国産品の輸出を奨励する政府の法律、規制、政策あるいは慣行」と定義する。参照、The Office of the United States Trade Representative, *The 1994 National Trade Estimate Report on Foreign Trade Barriers* (1994), p.1. この「貿易障壁」の定義は法律や規制などが貿易に及ぼす現実の効果に着目したものであり、そのGATTやWTO諸規定との整合性は問題にしていない。
6) 通産省通商政策局編『不公正貿易報告書 1998年版』通商産業調査会、1998年、19-24頁。この報告書によると、「ルール志向型」の公正基準は国際的に合意されたルールとの整合性を問題にする。これに対して、「結果志向型」の基準は、国際的に合意されたルールとの整合性ではなく貿易にもたらされる結果に基づいて公正や不公正を判断する。同前22頁。
7) WTOの紛争解決手続によってもたらされた重要な変化は、加盟国の一方的な判断に基づく対抗措置の発動が禁止されたことである。紛争解決了解23条2項(a)によれば、加盟国は「本了解のルールと手続に従い紛争解決手続に付託する場合を除いて……違反が行われたという決定を下してはならな

い」。
8) 35 *I.L.M.* 1102 (1996)
9) 例えば、市場アクセスを阻害する民間の慣行は、しばしば競争法の緩やかな執行あるいは執行の欠如によって強化されあるいは黙認されていると主張される。

Ⅰ　総　説

1 日米経済関係の軌跡

佐野忠克*

1. 序

　私に与えられた役割は、日米の通商関係の歴史的経緯について、特にウルグアイラウンド後のWTOの成立によってどのように変化したのかを、説明することである。まずはじめに、日米通商紛争の歴史を追うこととする。

2. 日米通商紛争の歴史

A. アメリカの国内産業保護（1950年代から1980年代半ば）

　日米通商紛争の過去の経験を振り返ると、述べるべき重要な出来事の第一として、1950年代に始まった日米繊維交渉が挙げられる。沖縄返還も議題にのぼったこの交渉は、繊維分野における輸出自主規制の導入により終結した。1968年には、鉄鋼の分野においても輸出自主規制の合意をみた。

　通産省の内部では、輸出自主規制はGATTのルールに適合的であるかどうかという議論が真剣になされた。最終的には、通産省は、「市場歪曲」と「統制市場」という二つの概念を用いることにより、ガット法に適合するという結論に達した。つまり、市場歪曲が存在する場合には、外国貿易統制法規に基づき、政府は市場を統制することができる、というものである。しかし、繊維産業はこの輸出自主規制に激しく反対し、沖縄返還のための犠牲者であると主張した。このことは、この規制は実際には自主的なものでなかったことを如実に示している。

* 経済産業省通商政策局長

それにもかかわらず、日米間の貿易収支は1965年に初めて日本の黒字となり、1968年以降数年間、黒字が続くこととなった。

　1970年代初期の石油ショック後、貿易収支は一時的に赤字となった。しかし、いくつかの輸出自主規制は更新され、繊維分野においては、通産省に対して繊維産業からの非難が依然続いていたにもかかわらず、MFA（多繊維取極）という複数国間の合意が1973年に締結された。

　1977年には、鉄鋼産業において再び米国で保護主義的圧力が高まった。カーター政権は輸入制限を行うことにどちらかというと消極的ではあったが、共和党政権のような、日本に自主的な行動をとるように促す外交的手腕を欠いていたように思われる。このような政府の態度に対して、アメリカの鉄鋼産業はアンチダンピング法および反トラスト法に基づいた大量の訴えを起こすことによって、行政府の注意を喚起した。財務省は、米国のアンチダンピング法によって特定の期間内に調査を行うことを要求されていたが、小規模な行政組織であったために、同法に従うことができなかった。最終的に、米国はトリガープライス方式と呼ばれるものを導入した。これは、トリガープライスと呼ばれる基準価格を下回れば、職権によりアンチダンピング調査を開始することを許す、先制的なメカニズムであった。同時に、USTRは、MFAを念頭に置きながら、鉄鋼分野における多数国間のメカニズムを模索し、MSA（多角的鉄鋼協定）の可能性を探った。しかしこれは実現せず、代わりに情報交換を目的とした鉄鋼委員会がOECD（経済協力開発機構）に設置された。

B. 日本市場へのアクセス（1980年代半ばから1990年代半ば）

　二度にわたる石油ショックの後、日米間の貿易構造がようやくショック以前の状態に戻った。1980年代の強いドルにより日本に多額の貿易黒字がもたらされ、米国において保護主義的圧力が強まった。しかし、自由貿易政策の擁護者を自任していたレーガン政権は明白な保護主義的措置を取ろうとはしなかった。

　1985年、レーガン政権は、米国の国内市場の保護ではなく、外国の不公正貿易慣行を改めさせることに重点を置いた「新通商政策」を導入した。同

年、国際資本市場に主要国の政府が介入することに同意したプラザ合意により、米ドルの価値が低下した。これは貿易政策の変化に合致するものであった。

1980年代の半導体交渉は、このような政策の変化を反映するものであった。紛争はまず、職権によるアンチダンピングの調査が行われたことに見られるように、日本から米国への輸出に焦点が当てられた。しかし、焦点は次第に日本市場に関連する問題へと移り、1986年に締結された二国間協定は、日本が価格のモニタリングを導入し、外国製品に対する市場アクセスを改善することを求めた。この日米間の合意に対して、後にEC（欧州共同体）はGATT違反であるという主張を行い、日本は最終的にはそれを擁護することに失敗した。再交渉の後、1991年に発効した第二次日米半導体協定は、ダンピング防止のための政府によるモニタリングを止め、代わりに日本の半導体輸出業者自身がコストおよび価格に関する情報を収集・蓄積することを要求するものとなった。

1980年代中盤から1990年代にかけて、日本の円はドルに対して上昇を続けた。強い円の結果、MOSS協議や日米構造協議に示されるように、日米通商関係では、市場アクセスおよび構造問題に焦点が当てられ、レビジョニストの議論によっても日本は打撃を受けることとなった。MOSS協議及び日米構造協議に加え、米国はスーパー301条を導入した。

C. ウルグアイラウンドの終結（1994年）

ウルグアイラウンドは1986年に始まった。いわゆる貿易問題の範囲は、物の貿易や国境での措置だけでなく、サービス貿易、法的インフラ、知的財産権などを含むものへと拡大された。

ウルグアイラウンド交渉は、二国間や分野別の問題を含め、すべての貿易問題が解消されたという幻想を交渉者たちに与えた。しかしながら、1994年に成功のうちに妥結したウルグアイラウンドも、1990年の時点では、米国やその他の国の批判にさらされており、他方で期待しすぎる国も悲観的に過ぎる国もあり、サービス貿易に関する交渉に目立った進展がないことに失望する国もあった。よって、1994年に求められたものは大きく野心的なパッケー

ジではなく、より小規模な合意であった。にもかかわらず、最終結果には、関税引き下げやサービス・知的財産権等の範囲の拡張のみならず、紛争解決のための法的枠組みの抜本的な改善も含まれていた。

D. 日米自動車・自動車部品紛争

1993年に就任したクリントン政権は、日本政府から見ると、国際関係ではなく国内問題を重視するように思われた。既に大統領選挙運動の段階でクリントン候補が打ち出した、「アメリカを第一に」というスローガンや、ブッシュ政権の国内問題に対する理解の欠如や国際問題を重視し過ぎるという批判などは、強くこのことを示唆していた。1993年に、クリントン政権はMOSS協議および日米構造協議の代わりに、日米包括経済協議をスタートさせた。しかし、これは私見であるが、日本と米国は全くかみ合わない主張を行っていたように思われる。米国は日本が何を言っているのか理解せず、日本側も、甘い言葉を述べる共和党の方法に日本の官僚が慣れすぎていたために、クリントン政権の考え方を理解できなかった。クリントン政権は輸入の代わりに輸出を強調し、グローバル戦略を導入する代わりに、日本が批判した、数値目標や強制的な管理貿易を含む戦略的通商政策を導入した。

1995年に、自動車が優先事項の一つとして挙げられていた日米包括経済協議の中で、日米自動車・自動車部品紛争が持ち上がった。米国は自動車そのものの販売のみならず、自動車部品の日本への輸出に対しても数値目標を打ち立てることを主張した。

日本は「ルールに基づいた」アプローチで応じた。これは、政府はその権限内の措置をとることはできるが、政府が望むことすべてを、私企業に対し強制することはできない、ということである。我々には、クリントン政権が、何であれ日本政府は自らの望む行動を私企業に強制する力がある、という幻想を抱いているように思われた。しかし、我々は、これは政府の埒外にある問題であると考えていた。同時に、そのような「行政力」の行使は、米国が日本に対して実施するよう促していた、規制改革や規制緩和に完全に反するものであった。

明らかに米国は、日本が他国とは違うという印象、高い円にもかかわらず

日本への市場参入が困難だという印象を抱いており、それにいらだっていた。米国政府のナイーブさが、直ちに両国を衝突へと導いた。米国は最終的に、1974年通商法301条に基づき日本の自動車に対して、100％の関税を上乗せすると発表した。そして日本政府はこれに対して、この紛争をWTOに付託し、301条そのものの排除につながった可能性もある、いくつかの根拠を申し立てた。

　しかし、日本および米国、そしてECも、それ以上事を進めて、WTOで最終的な結論を出させるほど大胆ではなかった、と私は記憶している。同時にWTO事務局長であったルッジェーロ氏も、発足して間もないWTO紛争解決機関が、強大な加盟国によって踏みにじられてしまうのではないかと懸念した。すべての人が、双方が終わりまで行かずに解決策を見いだすであろうと予測しており、日米の二国間交渉が、衝突のプロセスと並行して続けられた。最終段階で、我々は米国が日本の自動車会社が米国市場を侵略する、あるいは米国の自動車会社を貿易戦争へと追いやるだろう、という誤解を抱いていることに気付いた。このことを念頭に、日本の自動車会社はボーダーレス・エコノミーの中でのグローバル企業としての戦略を公にした。これが日本の攻撃的あるいは非協力的な態度についての米国の懸念の解消に、大いに役立つこととなった。日本と米国はようやく紛争を終結させることに合意した。

　当然のことながら、USTRは日本から何らかの妥協を引き出すのに成功したことを示そうとした。しかしながら、私の意見はいささか偏り気味かもしれないが、日米自動車紛争の終結後、米国はスーパー301条を利用して数値目標を提案することはなく、これは、米国自身がこの種の交渉の弱点を認識したことを示唆しているのではないかと思われる。

E. 富士コダック事件（1996年以降）

　自動車紛争直後に、富士コダック事件が注目を浴びることとなった。米国が、米国市場に対する日本の輸出を阻害するよりも、日本市場へのアクセスを要求するという点で、この二つの紛争には類似点が見られる。しかし、この事件の場合には、米国の通商法に基づき、ある一つの会社の要求に応じる形で、米国政府が日本政府に特定の行動を求めた、というところに相違点が

ある。

　個人的には、この問題をWTOに付託すべきだったかどうかについて、疑問の余地があると考えている。なぜなら、この事件は国家の利益ではなく、ある特定の会社の利益を代表したものだったからである。しかし、米国は私企業からのそのような訴えを認めており、コダックは当初301条に基づいた富士フィルムに対する制裁を要求し、後にその問題はWTOへと付託された。富士コダック事件において、我々は米国の議論が全く不合理なものと考え、301条に基づく二国間交渉を行うことに同意しなかった。その後米国は事件をWTOの法的プロセスへと持ち込んだ。このようにして、事件は結局WTOの小委員会へ付託されたが、周知の通り、米国の主張は小委員会によって全面的に退けられた。

3. 過去の経験の評価および将来の展望

　以上が、特にガット・WTOの観点から見た、日米通商関係の歴史的経緯である。以下で、私の過去の経験に対する評価を述べることとし、それが将来への展望をも提示することになることを期待する。

　一般的に述べれば、これまでは、紛争解決の際にWTOを利用する「ルールに基づく」アプローチは非常に成功したと言うことができよう。しかし同時に、過去の経験に照らして、考察しなければならない問題がいくつか残されている。

A. WTOの範囲の拡張

　まず第一に、WTOの範囲の問題について考えなければならない。特に富士コダック事件後、貿易紛争の解決に関するWTOの有効性を問題にする人もいる。米国側は、競争政策に関する実体的ルールの欠如を、敗訴の原因と見なしているように思われる。米国の主張の当否はおいておくとしても、将来どのようにして、そしてどの程度WTOの範囲を拡大すべきか、考慮の必要がある。

　個人的に言えば、WTOがあらゆる経済やビジネスに関するルールを設け、

それにすべての国が従わなければならないようにするべきだ、という意見には疑問を感じる。我々は現在グローバル化のただ中にいる、と考えられる。全ての経済やビジネスに関するルールを統一するのには、相当の時間が必要となろう。どのようなルールを、どのようにして、また、どの程度履行するべきかというのが、真に実質的な問題である。我々は、世界政府を作り上げることに未だ成功していない。私には、WTOも唯一で万能の組織ではないと思われる。よって、WTOに対する信頼を醸成するためにある程度のルールの拡大は必要となるかもしれないが、その範囲を飛躍的に拡張するべきだと断言はできない。

他方、米国において、WTOで問題をとりあげる代わりに、競争法やその他の国内法の域外適用によって貿易問題を解決しようとする傾向が見られることに、私は非常な危惧を抱いている。

B. WTO紛争解決メカニズムの強化

以上のことは、二番目の問題、すなわちWTO紛争解決メカニズムの強化についての問題へとつながる。原告側から見れば、WTO紛争解決メカニズムは、依然として決定的な欠点を有している。手続はいまだ通常1年以上を要し、救済として補償や賠償を規定していないために、WTOに違反する措置の導入を回避することへの動機が、特にその違反措置が一時的なものである場合には、あまり存在しない。しかしながら、回復不能な可能性のある、ビジネスの機会に損害を与えるような措置を講ずることを阻止する必要がある。この点に関し、紛争予防のため、WTOの紛争解決メカニズムの有効性をどのように強化できるか、考察する価値があるのではなかろうか。

C. 私人の役割

第三に、私人の役割についての問題に触れておきたい。富士コダック事件は、通商紛争における私人の果たす役割が増大しつつあるという事実を示唆している。先述したように、この事件はある特定の会社の利益によってのみ進められたものであった。そこで提示された問題は、現在MAI（多国間投資協定）の文脈で議論がなされているように、WTO紛争解決メカニズムに私人を

直接参加させることを許容すべきであろうか、ということである(MAIの交渉は失敗した——編者注)。

　米加自由貿易協定およびNAFTA(北米自由貿易協定)が既にこの種のメカニズムを導入し、成功を収めていることは認識しているが、個人的には依然として、複数国間の枠組みにおいてそれを実現させる可能性には疑いを抱いている。私には、WTOの紛争における私人の参加は、一国内の企業同士の争いを含め、処理できない件数の紛争を引き起こす可能性があると思われる。同時に、WTOは私人に対していかなる強制力ももっていないため、私人に対して判断を下すことは価値がないように思われる。現在のところ、WTOのメンバーが国家および地域に限定されている間は、WTO紛争解決手続の結論は政府に履行させるべきである。また、私人も、手続に参加できる国際的に著名な少数の大企業に限定されてしまうであろう。よって、私はWTO紛争解決手続に私人を含めることに、ためらいを覚える。

D. 紛争処理のための適切な手段の選択

　最後に、第三の問題とも関連するが、政府がどのように適切な紛争処理の手段を選択すべきかという問題がある。富士コダック事件では、我々はすべてをWTOに委ねた。しかしながら、通商紛争を解決するのには、他にいくつもの方法がある。現在のところ、WTOのルールや手続についての実践的な適用を積み上げるべきであるが、事件の積み重ねにより、すべての事件をWTOへ付託する必要はなくなるであろう。WTO紛争解決メカニズムは当事者をWTOへ向かわせるインセンティブを与えることもあるだろうが、逆に、両当事者がWTOを最後の手段と考え、WTOの手前で紛争を解決することを促すような、反対の効果を持つこともあり得る。

　私自身、未だ通商問題の紛争処理に関する結論を出していない。しかし、二国間交渉も含め、通商紛争を解決する手段は多々あることを踏まえた上で、政府はそれぞれの場合において、予想される結果や行政上のコストを考慮した上で、どれが最も効率的で良い方法であるかを考えなくてはならないのである。

2 国際貿易における「公正」と「相互主義」
―― 301条と法の支配

アラン・A・スワン*

1. はじめに

　1980年代初頭、米国の主要な貿易相手国は、1974年通商法301条[1]を米国が狭い通商利益のために支配的な経済力を情け容赦なく行使する手段の象徴ととらえるようになっていた。301条は、米国が外国に対して行使する報復の法的根拠として、設立当初から米国通商法上最も争われ憎まれた規定であった。それは他国の通商政策の当否を米国が一方的に設定した基準で判断する「攻撃的一方主義」[2]の例とみなされ、狭量な米国の利益を追求するための無骨で無神経で偽善的ですらある手段として非難されてきた。

　しかし、301条の擁護者にとっては、301条は決してそのようなものではなかった。それは、国際社会で最も広く尊重された指針である「相互主義」から論理必然的に導かれる規則であった。それは米国市場の開放性の帰結であり、米国が通商自由化を推進し、グローバル経済の登場を加速し、世界の通商システムに透明性の要素を持ち込もうとしてきたことの証拠であった。

　こうした見解の相違を無視することはできないが、本章では、301条の変遷がこうした論争の意義を失わせ、国際経済法の発展において「一方主義」の果たすべき役割についての再認識を迫っていることに焦点を当てる。1979年通商協定法[3]、1988年包括通商競争力法[4]、ガットがWTO[5]に拡大したこと、そしてWTOの紛争解決了解[6]、特にその23条の結果として、301条は大きく変質した。この変質の結果、この条項がより開放的な世界経済の構築に向けて貢献したことが適正に評価されれば、国際通商共同体における301条に対

---

* Alan A. Swan, マイアミ大学ロースクール教授

する敵意の一部は解消すると期待できる。さらに、301条の長い論争続きの歴史を通じて、未完成の国際経済法、特にWTOを進化させる新たな制度改革のモデルが生まれてきている。

　本章は、2.で「相互主義」の概念を検討する。米国、特に議会において301条を最も強く突き動かしてきたのは、米国の世界貿易自由化の努力に対して、主要な相手国、特に日本とECが相互主義的な見返りを与えていないという認識であった。こうした米国の見方に対しては、日本、ECやカナダから強い反対が出されてきた[7]。しかしながら、米国議会および行政府、そしてビジネス界では、依然として世界貿易システムにおいて米国の自由化努力に対して主要相手国は相互主義的な見返りを与えていないという認識が広く共有されており、これは当分変わりそうもない。この点を踏まえると、301条が将来果たしうる役割を理解するためには、「相互主義」の概念、特に個別的相互主義と一般的相互主義の概念を検討する必要がある。これら二つの相互主義の対比により、米国の主張の長所と短所が浮き彫りにされる。

　相互主義の議論に続いて、3.では1974年以来の301条の変遷を検討する。また、301条がウルグアイラウンド諸協定、特に紛争解決了解23条に与えた影響を検討する。次に、4.では301条の適用において重大な変容が生じていることを示す。最後に、5.では国際経済法の将来と「創造的一方主義」にとってこの歴史が持つ意義を検討する。

2. 相互主義の規範的基礎と運用上の不確実性
──個別的相互主義と一般的相互主義

　まず第一に、国際経済における相互主義は、各国が相手国への輸出に関して享受しているのと同等のアクセスを相手国からの財、サービス、資本および技術の輸入に対して保証することを要求する[8]。相互主義の中核的要素は同等性と見返り条件(相手方が同様の行為をすることを条件としてある行為をすること)である。

　この簡単な定義から、「相互主義」のあらゆる要求において「公正」概念が中心的な役割を演じていることがわかる。「同等性」の要求に公正概念が含まれている。それは同等性に一種の情緒的な力ないし規範的価値を吹き込み、そ

れに対して相手国が少なくとも理由を付して回答することを要求する。しかし、公正概念の意義はそれにとどまらない。公正要求は単に同等性要求を強化し見返り条件を正当化するだけでなく、回答を大きく制約する。完全に無秩序な世界であっても、「公正」要求の信頼性が高ければ高いほど求められている相互主義に抵抗することは困難となる。公正は明確な定義のできない曖昧で主観的な概念ではない[9]。それは経済的、制度的、歴史的文脈から意義づけられる積極的で有効な原理である。

　この点を明らかにするため、通商交渉の構造を考えてみよう。単純な完全雇用モデルにおいては、一方的に輸入障壁を引き下げあるいは撤廃する国は実質的な厚生利得を得られる。これは比較優位から得られる利得である。これを輸入利得と名付ける（安価な輸入による消費者の利得が国内生産者の損失を上回る場合）。もちろん、国家がこうした措置に踏み切るのは、自由化に伴う政治的、社会的その他の非経済的費用が輸入利得を上回ると判断した場合に限られる。しかし、この判断にはもう一つの側面がある。輸入利得を得るためにある国が一方的に輸入障壁を引き下げたとすると、その措置は各輸出国に市場アクセスの増大を通じた生産者余剰という厚生利得をもたらす。しかし、各輸出国が同等の措置をとらない限り、一方的引下げを行った国はそうした利得は得られない。言い換えれば、ある国が貿易相手国から同等の市場自由化の約束を得ることなしに市場を開放した場合、その国は見返りなしに貿易相手国に利益を供与することになる。さらに、自由化により、見返りを提供しない貿易相手国が負わない政治的、社会的費用を負うことになる。こうして、貿易相手国の間で、相互主義の欠如は貿易自由化がもたらす費用と便益の非対称的な配分を生むおそれがある。一方的に自由化した国は自由化しない場合よりも経済的には有利であるにもかかわらず、この非対称性はしばしば不公正という情緒的な批判を導く。以上を前提とすると、その正当性は別にして、1970年代初頭に米国議会が経済界の強い支援を得て米国の貿易赤字を問題にし、国際競争力の喪失を恐れたことは当然である。議会はこうした事態を日本や欧州の米国市場へのアクセスと米国のこれらの市場へのアクセスとの間に同等性が欠けている結果であるとみなした。中でも、欧州の共通農業政策が問題とされた[10]。こうして不均衡と認識された事態を是正

し、そのために行政府により攻撃的な措置をとらせるために、301条は作られた。

非対称性は、貿易相手国はルールに従ったゲームをしていないというより重大なシステムに関わる不平を、一方的に自由化した国で引き起こすことがある。ガット・WTOのように通商外交が国際経済の多面的な漸進的自由化を目指して展開されている場合、他国による自由化の利得を享受する一方で保護主義の利益を保持しようとする国は、共同作業における基本的な責任を果たしていないと非難されることになる。この場合、相互主義は世界の繁栄を達成するために不可欠のシステムへの協力のために援用される。現代の国民経済は自給自足的な世界経済秩序としては成り立たない。

以上の指摘にもかかわらず、多くの経済学者は、自由化に対して相互主義的に対応しない貿易相手国に報復する戦略に対しては非常に懐疑的である。アダム・スミスは次の通り述べる。

「報復は……それが問題とされた高関税や禁輸を改めさせる可能性がある場合には良い政策である。そうした可能性がない場合には、それは自国民の一部が被った損害に対する補償として他のほとんどすべての国民に別の損害を負わせることになり、適切ではない」[11]。

歴史的経験および現在の経験を踏まえて、一部の経済学者は、自由化する国は貿易相手国が相互主義に基づいて見返りを提供することを拒む場合には報復するという威嚇を継続しなければならないという点を強調する。この戦略の下では、威嚇する国は一方的自由化から得られるすべての利得を、貿易相手国が威嚇に屈服して見返りを提供するという可能性に賭けることになる。この種の政策は多くの経済学者に直感的な懐疑をいだかせるだけでなく、ゲーム理論によっても批判される。一回ゲームの場合の囚人のジレンマがそれである[12]。この場合、ゲーム開始時点ではいずれの当事者も拘束されていないので、他方からいかなる威嚇がなされたとしても、双方が協力しない（自由化拒否）のが最善の戦略となる。しかし、この残念な帰結は、ゲーム理論がその後発展を遂げる中で修正された。最も重要なのは、一回ゲームではなくゲームが反復される場合には、協力を通じて見返り戦略による利得の最大化が達成されるとするアクセルロッドの主張である[13]。この発展によっ

て経済学者の懐疑論が緩和されたのは事実であるが、いずれにしても、経済分析やゲーム理論は貿易交渉の政治から相互主義の議論を駆逐するには至っていない。

　ここで、コヘインが提唱した個別的相互主義(specific reciprocity)と一般的相互主義(diffusive reciprocity)の区別に基づいて、相互主義の定義を精緻化することが有用である。コヘインはいう。個別的相互主義の場合、「当事者は厳密に限定された期間のみ交換を行う」。交換は二国間の場合も多数国間の場合もあるが、重要なのはそれが同時に行われ、「特定のアクターの権利および義務として明確に規定される」帰結をもたらすことである。貿易交渉の分野における個別的相互主義の古典的な例は、もちろんガット・WTOの下で行われてきたラウンド(多角的貿易交渉)である。そこでは、相互主義は普遍的に受容された要請であり、途上国に対するGATT第四部などの修正を被るにとどまる。それはゲームのルールとなっており、相互主義をとるかどうかが問題になることはない。どの程度、どの産品に対して相互主義をとるかが問題になるに過ぎない。ある国のオファーが貿易相手国にとって受け入れがたいほど不均衡である場合にのみ、公正の問題が論じられる。しかし、その場合でも、議論の焦点は相互主義要求の実施のあり方であって、相互主義要求自体の正当性が問題とされるわけではない。

　これに対して、一般的相互主義の下では、「……同等性の定義はより曖昧であり、相手国は個々の主体としてではなく集団として見られ、期間はより長めに設定される」。

　同時ではなく、ある一定の期間を通じた交換ないし同等性の決定が一般的相互主義の特徴といえる。典型例として、米国とある国とが301条に基づいて交渉する場合には、議論は一般的相互主義に基づいている。米国は、自国が既に実施したと主張する自由化におおよそ見合った見返りを貿易相手国が提供しない場合には報復する(保護措置)と威嚇する。ただし、一般的相互主義は報復の威嚇を常に伴うとは限らない。例えば、GATS(サービス貿易に関する一般協定)に関する金融サービス貿易交渉での米国の戦略を見てみよう。内国民待遇、市場アクセスの両面でより自由なレジームを維持するためと主張して、米国は他の国、特にアジア諸国がより広範な自由化のオファーを見

返りとして提供しない限り、自国の金融市場の自由化を約束しないとした。この威嚇は報復ではない。それは現状からの後退を威嚇するものではなく、他国がより自由化しない限り現状を越えた自由化は拒否すると述べたにとどまる。しかし、ここでも、一定期間における交換(過去の行為に対する見返りとしての現在の行為)やごくおおざっぱな同等性の認定といった一般的相互主義の特徴は明らかである。

　一般的相互主義と個別的相互主義との運用上の違いを認識することは301条の理解にとって必要不可欠である。両者の厚生効果やシステムにとっての含意は非常に異なっている。また、一般的相互主義の要求は、個別的相互主義の要求に比べてより複雑な定義の問題と不確実性を伴っている。301条の下で米国が不当な「一方主義」をとっているという批判は、ほとんど常に米国が個別的相互主義ではなく一般的相互主義に基づく主張をしていることに対して向けられている。

　具体的に、まず厚生効果を見てみよう。貿易相手国が個別的相互主義に基づく約束を与えることを拒んだために自由化が阻止されたとする。その結果は現状の維持であり、グローバルな厚生損失は一層の自由化機会が失われたことに伴う損失に等しい。これに対して、一般的相互主義に基づく要求に対する拒絶は、報復を伴う場合には、既に達成された自由化の価値に等しい厚生損失を伴うより保護的な状態をもたらす。いずれの価値が大きいかとは関係なく、後者のみがグローバルな厚生に対するネットの損失を引き起こす。

　第二に、個別的相互主義は国際貿易システムを強化するが、一般的相互主義にはこのような効果は期待できない。なぜなら、個別的相互主義はGATTだけでなく他のWTO協定(例えばGATS)や地域協定(NAFTAやアスンシオン協定)や二国間投資協定にも見られる「無条件」最恵国待遇を補強するからである。無条件最恵国待遇は、通商機構や通商ネットワークの参加者に、他の参加者との間の貿易自由化交渉において抗しがたい「ただ乗り」の誘惑を引き起こしうる[14]。主要な参加者がただ乗りする場合には、自由化の企てがとん挫してしまうことになる。しかし、個別的相互主義を採用することで、他者への利益の供与を他者からの利益の享受の条件とすることができる。この結果「ただ乗り」は阻止され、すべての参加者がルールに則って交渉することに

なる。

　もちろん、一般的相互主義を用いても、ある貿易相手国が他国に対して、最恵国待遇を用いて自国が以前とった措置にただ乗りしていると主張して相互主義の利得を要求することはあり得る。しかし、これは議論のための議論であって、「ただ乗り」防止の効果はない。当該国は既に「ただ乗り」に成功しており、報復の威嚇がない限り見返りを提供するインセンティブを持たないからである。これに対して、個別的相互主義の場合は、各参加者は利得を得るためには同時に見返りを提供しなければならず、見返りを提供しない参加者が「ただ乗り」する余地はないのである。

　このことはルールにも反映している。GATT28条の2は、ITO(国際貿易機関)のとん挫によりガットが貿易交渉の継続的なフォーラムとなることを踏まえて追加された規定であるが、以下の通り規定する。

　　「締約国は、関税がしばしば貿易に対する著しい障害となること、したがって、関税の一般的水準の引下げをめざし、かつ、この協定の目的及び各締約国の異なる必要に妥当な考慮を払って行われる相互的かつ互恵的な交渉が国際貿易の拡大のためきわめて重要であることを認める。よって、締約国団はこのような交渉を随時開催することができる」[15]。

　個別的相互主義の第三の特徴は、そこでの交換が対価を伴う約束であって贈与ではないことである。その結果、この約束は贈与以上の保証を得ることになる。国際貿易において相互主義に基づく交換なしに利益が供与され、そのためにそうした利益が保護主義勢力の前にあえなく屈してしまった例は事欠かない[16]。コモン・ロー上の対価(consideration)の理論が明らかにしたように、贈与と契約との間には大きな違いがある。潜在的には、契約によって与えられる対価の保証は、一般的相互主義、個別的相互主義のいずれの主張にも随伴する。しかし、一般的相互主義の場合、相互主義の要求に対する対価として用いられる以前の利得供与が時間的に間隔があいており、またその価値も不明確であるため、要求と利得供与とのつながりはより希薄であり、はるかに弱い。利得供与と相互主義要求とのつながりが希薄であればあるほど、前者は贈与としての弱さを持つことになる。

最後に、貿易自由化を目指す交渉において、個別的であれ一般的であれ、相互主義は重要な政治的役割を果たす。いずれの場合も、外国市場へのアクセスが改善されるという見通しが得られるので、開放的な輸入政策を警戒する国内利害関係者に対する輸出業者の反対を動員することができるからである。とはいえ、どちらのタイプの相互主義がこの点で効果的であるかは明確ではない。
　つづいて、相互主義の運用面に注目すると、一般的相互主義の場合、個別的相互主義よりもはるかに多くの問題が生じる。これらの問題の解決策について見解が一致していないため、一般的相互主義の要求は多数国間貿易レジームに不適切な一方主義を持ち込むことになると考えられている。以下の例を考えてみよう。
　一般的相互主義を主張する国が本当により自由で開放的な貿易レジームの維持を望んでいるかどうかはいかにして判断できるか[17]。例えば、A国がB国よりも大きく自由化を進めたと主張したとする。ただし、その根拠はきわめて曖昧である。この場合、同等性をいかにして測定できるか。市場シェアにせよ、貿易収支にせよ、結果志向的な基準はいずれも正確さを欠く。これに対して、個別的相互主義の要求は、貿易交渉において、合意された基準(例えば対象品目)に基づく相互の見返り供与が確実であり、特定の双務的な同時交換の結果を反映した合意によって批准される場合に行われる。
　一般的相互主義の要求に基づく同等性を決定する場合、当事者はいかなるレジームを念頭に置いているか。ある部門における自由化は別の部門における自由化の欠如と相殺されるか。開放的なレジームにおける自由化はより閉鎖的なレジームにおける自由化に比べて既存の社会関係や慣習や期待を撹乱する度合がより小さいといえるか。それとも、こうした違いやその結果として生じる自由化のコストの違いは無視されるべきか。現実問題としてこれらは無視できるか。
　同等性を評価する基準に関して合意があるとしても、政府はそれらの基準に対してどこまで責任を負うか。政府は外国の産業が競争力を欠くことに対しては責任は負わないだろう。それでは、自国産業の反競争的な行為を規制できないことに対しては責任を負うか。もちろん、政府は市場アクセスに対

する公式の法的障壁や内国民待遇に対してのみ責任を負うと決めることは可能である。しかし、これにも問題がある。貿易交渉の目的が国際貿易を促進することにあるとすれば、政府に起因するものであれ民間の取り決めの結果であれ、貿易を阻害するあらゆる措置が交渉対象に加えられるべきではないのか。

最後に、これらすべてのハードルを越えたとしても、一般的相互主義は強国のみが用いることができる貿易自由化手段であるという認識は残る。市場アクセス改善や内国民待遇の要求が力を持つためには、自由化停止や報復の威嚇が相手国にとって十分な脅威として受け取られるだけの力を持たなければならない。一般的相互主義が国際貿易交渉の手段として有効であるためには、こうした非対称的な力を必要とするのである。

要するに、一般的相互主義に基づく要求につきまとうこれらの曖昧さのため、この要求は「攻撃的一方主義」とみなされるのである。これらの問題に対する一致した回答も、それを与える国際機関も存在しないので、問題の解決はこの要求を援用する国自身と、その経済的、政治的な力を背景とする制裁発動の意思にかかっている。言い換えれば、一般的相互主義の要求につきまとう曖昧さのために、この要求を行う国は立法者、検事、裁判官、陪審員のすべての役割を一身に担った一方主義者としてイメージされることになる。

3. 301条の歴史——相互主義対一方主義

相互主義の以上の属性を念頭に置いて、次に301条の検討に移る。貿易相手国に対する一般的相互主義の要求を提起する権限を行政府に与える主要な法的根拠である301条は、相互主義の規範的含意である公正要求と重要問題に対する一方的な力による解決への嫌悪との基本的な対立をしばしば映し出す。

前身について議論されることもあるが[18]、我々は1974年通商法から検討を始める[19]。同法の301条はきわめて単純であり、大統領に広範な権限を付与している。外国が一定の違反行為を犯したと大統領が判断する場合、大統領は当該行為を「停止させるためにその権限内の」措置をとることができる。

これには①当該国に米国が供与した通商協定上の利益の停止あるいは撤回、および／または②当該国からの輸入に対する関税の賦課その他の制限、が含まれる。

　措置の対象となる相手国の違反行為は以下の通りである。

> (i) 米国に対してなされた通商約束の価値を損なう、あるいは米国の通商に負担を課し制限するその他の「不正あるいは不合理な」通商障壁を維持すること。
>
> (ii) 米国の通商に差別的あるいはその他の「不正あるいは不合理な」負担を課し制限すること。
>
> (iii) 米国製品の販売を実質的に減少させる輸出補助金の供与。ただし、反ダンピング法や相殺関税法によっては当該補助金を抑えられない場合に限る。
>
> (iv) 米国の通商が必要とする食糧、原材料その他の産品の供給へのアクセスに対して「不正あるいは不合理な」制限を課すこと。

1974年法301条は肝心の「不正」、「不合理」という用語について定義していない。またこれらの用語は米国が当事者である二国間協定や多数国間協定の基準とも関連づけられていない。他方で、初期には、「不正」をGATT 23条(b)の非違反無効化侵害と結びつける傾向が見られた。そのため、1975年から1979年の間はこの権限はあまり用いられなかった。

　1980年代に入って状況が変化した。貿易赤字が増大し、ゲップハート修正のような過激な主張への支持が高まり、日本の怠慢に対する時として独善的な不満が高まるにつれ、レーガン政権はより攻撃的な姿勢をとるようになった。この政策変更の前触れとして、1979年通商協定法は、大統領に301条に基づく措置をとることを要請する私人の権利を初めて認めた[20]。これは、議会が、301条を貿易相手国の怠慢を是正するために行政府により攻撃的に行動することを求める手段とみなしたことを如実に示している。

　さらに、1979年法は外国政府の行為や政策が「不正」で「不合理」な場合[21]に限って通商利益の撤回あるいは停止の権限を認めていたが、他方でこの権限を米国の通商協定と結びつける規定を追加した。大統領は、「通商協定……の下での米国の権利」を行使するため、あるいは「通商協定上の米国の利益」

と「相容れない」、あるいはこれを「否定する」外国の慣行あるいは政策に対処するために、利益を撤回し、あるいは輸入を制限する権限を認められた[22]。1979年法は通商協定上の権利に関するすべての紛争を協定上の紛争処理手続に付託することを大統領に義務づけてはいなかったが、東京ラウンド諸協定に関する私人の申し立ての場合には、特別代表の勧告は「(当該協定上の)紛争処理手続完了」後30日以内に出されなければならないと規定していた。

　最後に、1988年包括通商競争力法は、現在の301条をほぼ確定した[23]。1988年法は、301条制裁の発動権限を大統領からUSTR(米国通商代表)に移したほか、USTRの301条に基づく責任を「義務的」な場合とUSTRの裁量が認められる場合に分けた。ただし、「義務的」な場合でもUSTRにはかなりの柔軟性が認められている。

A. 義務的な場合 (19 U.S.C. §2411 (a) (1))

　1979年法を踏襲して、USTRは、調査および外国との協議の後、(i) 米国の通商協定上の権利が否認された、あるいは (ii) 外国の政策が通商協定の状況を侵害したり、それを遵守していなかったりその他通商協定に基づく米国の利益を拒否している、あるいは (iii) 外国の政策が「不正」であって米国通商に負担を負わせたり制限している、と判断する場合には、特定の報復措置[24]をとらなければならない。

　ただし、一定の柔軟性が認められている。まず、§2411 (a) (2) によれば、USTRは以下の場合には (a) (1) の措置をとらなくてもよい。

> (A) (WTOの) 紛争解決機関が以下の報告を採択するか、他の通商協定上の正式の紛争解決手続に基づく以下の裁定が発せられた場合。
>
> (i) 通商協定上の米国の権利が否定されていないこと。
>
> (ii) 当該行為、政策、慣行が、
>
> (I) 米国の権利に対する侵害でも不遵守でもないか、
>
> (II) 通商協定に基づく米国の利益を否定も無効化も侵害もしていないこと。

　これほど直接的な規定は1979年法には見られない。ただし、以上の例外規定は曖昧である。国際的な手続が違反を認定しなかった場合に報復措置を発

動しなくてもよいとして、その場合になおUSTRは当該決定を不服として報復措置を発動することができるかという問題が残る[25]。ウルグアイラウンド協定法に基づく行政府措置声明を見ると、クリントン政権は、貿易相手国に対する非難が国際的な手続によって覆された場合でも、紛争解決了解も301条も、当該相手国が米国の請求に対して合意できる解決を拒んだ場合には、301条に基づく報復措置をとることを否定していないという立場をとっているようである。ただし、その場合、米国の報復措置はそれ自体としてWTO協定違反であり、米国は紛争解決了解に基づく相手国からの逆報復措置を甘んじて受けなければならない。具体的には、政府は次の通り述べた。

> 「ウルグアイラウンド諸協定、特に紛争解決了解の下で、301条の制裁は紛争解決了解に基づく逆報復を受けることになるので、今後行政府が301条の発動を控えるようになるのではないかという懸念には根拠がない」。

米国はガットの許可なしに301条の措置をとることができるが、当該措置の対象となった国もこれに対抗措置をとることができる。この点はWTO協定の下でも変わっていない。米国は、逆報復の危険をあえて冒して半導体、薬品、ビール、ホルモン牛肉などの事例で301条の措置をとってきた[26]。

第二に、(a) (2) によれば、通商代表は、相手国が米国の権利を保証し、侵害行為を止め、米国の通商に対して課していた負担を解消するために「満足な対策」をとりつつある場合、あるいは「負担の解消が不可能であって」、米国に対して「補償的通商利益」を与えることを約束した場合には、(a) (1) の措置をとらなくてもよい[27]。

最後に、(a) (2) によれば、措置が米国経済に対して「その利益」に「実質的に比例しない」不利な影響を与える場合、あるいは措置が「米国の国家安全保障に対して重大な悪影響」を与えそうな場合には、(a) (1) の措置をとらなくてもよい[28]。また、USTRは、(a) (1) に基づく措置がとられた後に、(a) (2) の条件が生じた場合、あるいは課された負担や否認された権利に関して変化が生じた場合、あるいは措置がもはや適切でなくなった場合に、当該措置を修正ないし廃止することができる[29]。

B. 裁量的な場合 (19 U.S.C. §2411 (b))

§2411 (b) は301条手続発動の対象となる外国の行為を拡大する一方、制裁発動の可否についてはUSTRに広範な裁量を認めた。それによると、通商代表は、外国の行為や政策が「不合理」または「差別的で米国通商に負担を負わせたり制約している」と判断した場合、(a) (1) に基づく措置をとることが適切であると判断する場合には当該措置をとることができる[30]。

外国の政策が「不正」な場合には制裁は義務的であるが、「不合理または差別的」な場合には制裁は裁量による。また、1988年法は、「不正」、「不合理」、「差別的」の解釈に関して、初めてごく一般的な指針を置いた[31]。「不正」な行為、政策や慣行については違法性が要求されるが、「不合理」な行為や政策の範囲はもっと広い。米国が法的権利を有するかどうかを問わず、外国の行為はそれが「不公正で不公平」であれば「不合理」である。さらに法は、不公正な行為の例として、ターゲティングその他、ヒュデックのいうところの防御的不公正に当たる措置を挙げている[32]。特定の労働権の「継続的な」否認も「不合理」に含まれる[33]。

最後に、301条手続が一般的相互主義に根ざしており、何が合理的かを決定する際の基準として米国の通商政策や慣行が用いられることを明瞭に示す規定が置かれた。何が「合理的」で何が「不合理」かを決定するに当たって、USTRは「米国において外国人または外国企業に与えられている相互的な機会」を考慮する[34]。これは、301条を動かす原動力が時系列での負担と利益の均衡、つまり過去における自由化の同等性達成の失敗の是正であることを如実に示している。

次に、1974年以来関連する国際法の分野で生じた変化を見てみよう。二つの点が重要である。第一に、WTO協定の発効に伴い、多数国間の規律の対象がサービス貿易、貿易関連知的財産権、貿易関連投資措置にまで拡大した。この結果、301条事案をWTOの多数国間紛争解決メカニズムに付託するという規定により、米国の「一方主義」は相当和らげられることになった。

第二に、紛争解決了解23条により、欧州[35]や日本などはすべてのWTO関連事案を国際的な解決手続に付託することを義務づけ、伝統的な301条手続に基づく一方的な制裁措置発動の可能性を封じ込めようとした。実際、米国

の主要な貿易相手国は、23条の直接の標的は301条であると考えていた[36]。起草過程で米国はこの解釈に反対していたが[37]、この点についてはこれまで争われたことはない[38]。米国の反対はともかくとして、1995年以来の発動例は、23条の文言、同条に関するECの解釈、他の米国法令の規定[39]、米国の立法記録ときわめて整合的である[40]。

23条は以下の通り規定する。

「23条　多角的体制の強化

1　加盟国は、対象協定に基づく義務についての違反その他の利益の無効化もしくは侵害または対象協定の目的の達成に対する障害について是正を求める場合には、この了解に定める規則及び手続によるものとし、かつこれを遵守する。

2　1の場合において、加盟国は

(a) この了解に定める規則及び手続に従って紛争解決を図る場合を除くほか、違反が生じ、利益が無効にされもしくは侵害されまたは対象協定の目的の達成が妨げられている旨の決定を行ってはならず、また、紛争解決機関が採択する小委員会または上級委員会の報告に含まれている認定またはこの了解に従って行われた仲裁判断に適合する決定を行う。

(b) 関係加盟国が勧告及び裁定を実施するための妥当な期間の決定に当たっては、21条に定める手続に従う。

(c) 譲許その他の義務の停止の程度の決定に当たっては、前条に定める手続に従うものとし、関係加盟国が妥当な期間内に勧告及び裁定を実施しないことに対応して対象協定に基づく譲許その他の義務を停止する前に、同条に定める手続に従って紛争解決機関の承認を得る。」

最後に、19 U.S.C.§2413(a)(2)が通商協定の規律対象内のすべての301条事案を国際紛争処理手続に付託することを義務づけている[41]ことから、メキシコとカナダに関しては、WTOではなくNAFTAが援用される場合がある（例えば、外国直接投資の扱いや労働、環境付属協定）。

4. 運用実績——1988年〜1994年と1995年〜1998年

A. データ

「はじめに」で述べたように、本章の主張は、第一に、301条および関連する国際法（つまりWTO）に生じた変化の結果として、301条に事実上の変容が生じているということ、そして第二に、この変容の結果として、米国の貿易相手国は301条に対する従来の否定的な認識の見直しを求められているということである。本節は以上の主張の根拠を提示する。1988年以来のデータに基づいて、301条が形成途上の国際経済法に積極的な貢献をしたこと、世界経済における規制の体系において正当な位置を確立したことを示す。ただし、その前にデータに関して若干の一般的問題を指摘しておく必要がある。

第一に、301条の措置の正当性を判断する基準は、それが貿易の自由化その他国際経済の開放に貢献したかどうかに求められる。それでは、ある措置が貢献したかどうかをいかに判断するか。米国が明らかに自由化を要求し、これに外国が従った場合は、答は明らかである。しかし、多くの事例はこれとは異なる。多くの場合、301条調査は、外国の政策が既存のルールの下で、あるいは国際経済関係における開放性の模索という文脈で正当化されるかどうかについての長々とした議論を引き起こす。そして、最終的な妥協の結果はしばしば法的、経済的問題を曖昧にしており、それが開放を進めたかどうかの判断は困難である。真に自由な国際経済秩序に向けた成功と失敗を仕分けしようとしても、交渉に参加した官僚の独善的な主張に依拠する限り、的確な判断は困難である[42]。

他方で、301条の事案が国際的な紛争解決手続に付託され、米国に有利な結果が出た場合、その結果は額面通り受け止め、より開放的な国際経済に向けての前進と評価すべきである[43]。たとえ判断結果の実施において再び解釈上の争いや曖昧な解決がなされたとしても、この点は同様である。

第二の問題は、301条が世界経済の開放に向けて成果を挙げた場合に生じる。それは、公式の301条手続がこの成功にどのくらい貢献したかという問題である。通常の外交プロセスでも同様の成果を挙げられたのではないか。これは厄介な問題である。通常の外交の場合、301条手続に比べて経済官僚

を含む職業外交官のイニシアティブがより強くなる。したがって、もし301条手続が世界経済の開放に向けて貢献したとした場合、米国の官僚が本来は取り上げなかったような事例を取り上げ、外国の官僚に米国の要求に肯定的に応じさせたという結果に対して、301条がどのくらい貢献したかが問題となる。301条は外交だけでなく権力分立にも関わるのではないか。これに対して明確な答を与えることは難しいが、この問題は無視できない。

以上の問題を念頭に置いた上で、データの検討に移る。ウルグアイラウンド協定によって強制的付託の対象が拡大したことを明確に示すため、事例を二つのグループに分ける。第一は、1988年法制定からウルグアイラウンド協定の発効まで(1988年8月から1995年1月まで)のグループである。第二は、ウルグアイラウンド協定発効から最近の301条に関するUSTRの報告書まで(1995年1月から1998年6月まで)のグループである。

(1) 1988年8月〜1995年1月：24件

全28件から中国向けの3件[44](付託すべき国際的紛争解決メカニズムが存在しない)とインドネシア向けの1件[45](米国の通商に対する負担の証拠がないとして却下された)を除いたもの。

GATTの規律対象となったもの——10件
 うち、米国の請求を認めた小委員会報告が出たもの——2件[46]
  米国の請求を認めなかった小委員会報告が出たもの——1件[47]
  既存の二国間協定に基づいて解決されたもの——1件[48]
  合意によって解決され、米国の請求が認められたとUSTRが評価しているもの——5件[49]
  ECが小委員会の設置をブロックし、その後妥協により解決されたもの——1件[50]
 小　計　米国の請求が認められたもの——8件
   (うち紛争解決手続によるもの2件、合意によるもの6件)
   請求が認められなかったもの——1件(紛争解決手続による)
   その他——1件
日本に対する事案——5件

いずれも公式のガット紛争解決手続によらずに二国間交渉で解決された。
　　　　米国の請求が認められたとUSTRが評価しているもの——5件[51]
　　　　小　計　　米国の請求が認められたもの——5件(合意による)
知的財産権に関する事案——6件
TRIPS(貿易関連知的財産権)協定発効以前であり、国際紛争解決手続には付託されなかった。
　　　　外国政府との協議継続のため[52]、あるいは制裁不適当との判断のため[53]、措置が延期されたもの——2件
　　　　合意に至らなかったが、当該国が知的財産権保護に向けて前進しているとUSTRが判断したもの——1件[54]
　　　　合意に至り、米国の請求が認められたとUSTRが評価しているもの——3件[55]
　　　　小　計　　米国の請求が認められたもの——4件
　　　　　　　（うち合意によるもの3件、外国の一方的行為によるもの1件）
　　　　その他——2件
サービス市場へのアクセスに関する事案——2件
GATSの発効以前であり、国際紛争解決手続には付託されなかった。
　　　　GATS交渉との関連で戦略的配慮から手続が延期されたもの——1件[56]
　　　　新規のより広範囲の調査に取り込まれたもの。当該調査は最終的に米国によって有利な解決を見た——1件[57]
貿易関連投資措置に関する事案——1件
TRIMS(貿易関連投資措置)協定発効以前であり、国際紛争解決手続には付託されなかった。
　　　　ウルグアイラウンド交渉との関連で戦略的配慮から中断された[58]。
総　計　1988年8月～1995年1月：24件
うち、米国の請求が認められたもの——17件
　　　（国際紛争解決手続によるもの——2件、合意によるもの——14件、一方的解決——1件）
　　　米国の請求が認められなかったもの——1件

その他——6件

(2) 1995年1月〜1998年6月：19件

　全23件から以下の4件を除いたもの。①交渉不首尾の後、米国がホンジュラスの一般特恵制度、カリブ海域特恵を一方的に破棄したTRIPS協定関連の1件[59]、②カナダ、米国の私人間の合意により解決されたGATT、GATS、NAFTA関連の1件[60]、③ごく初期の段階にある2件(各々TRIPSとNAFTAに関わる)[61]。

　全19件。
うち、米国の請求を認めた小委員会報告ないし上級委員会報告が出たもの
　　　　——7件[62]
　　　(GATT関係——5件、TRIPS協定関係——1件、GATTおよびGATS関係——1件)
　　　決定は遵守された、あるいは遵守の見込みである。
　　米国の請求を認めなかった小委員会報告が出たもの——1件[63]
　　合意によって解決され、米国の請求が認められたとUSTRが評価しているもの——5件(GATT関係——2件、TRIPS協定関係——2件、TRIMS協定関係——1件)[64]
　　WTO以外の二国間取り決めに基づく合意によって解決され、米国の請求が認められたとUSTRが評価しているもの——1件[65]
　　GATTに関する事案で、相手国が措置の撤廃に応じ、その後代替措置を講じて、現在それが審査されているもの——1件[66]
　　紛争解決了解の手続に付託され、現在係属中のもの(すべてGATTに関する)——4件[67]
総　計　1995年1月〜1998年6月：19件
うち、米国の請求が認められたもの——13件
　　　(国際紛争解決手続によるもの——7件、合意によるもの——6件)
　　米国の請求が認められなかったもの——1件
　　未解決のもの——4件
　　その他——1件(国際紛争解決手続による)
全体のデータ　1988年8月〜1998年6月：43件

うち、米国の請求が認められたもの——31件
　　（国際紛争解決手続によるもの——10件、合意によるもの——20件、一方的解決——1件）
　　米国の請求が認められなかったもの——2件
　　未解決のもの——4件
　　その他——6件（うち2件は国際紛争解決手続による）

　以上から一般的に指摘できることとして、以下の二点が挙げられる。第一に、301条に基づく米国の請求の圧倒的多数は、より開放的な国際経済秩序、ガット・WTOの新自由主義的な秩序を求めるものであった。こうした請求は、知的財産権に関する請求も含め、大きな成功を収めた。第二に、データによれば、一般的相互主義に根ざした一方的な力の主張から多数国間のコンセンサスに根ざし、世界経済の規律に大きな革新をもたらそうとする法的レジームへの根本的な変化が認められる。

B. 301条請求の新自由主義的性格

　米国の請求とその成功により、301条はより開放的な国際経済秩序のための有効な手段となったと主張する場合、このような主張がどの程度妥当するかについて注意する必要がある。これは米国の対外経済政策一般についていえることではない。それどころか、他の政策、特に反ダンピング法や相殺関税法は強い保護主義的傾向を示している。自由秩序のリーダーという米国の主張は偽善的とすらいえるかもしれない。しかし、301条は例外である。また、ここで301条が裸の力の一方的行使として強く批判されてきたことを否定するつもりもない。だからといって、この力の活用を通じて次第に自由化が達成されてきたことは否定できない。301条が体現する現代の資本主義経済秩序のイメージは、左右いずれのイデオロギーの信奉者にとっても受け入れがたいものかもしれない。しかし、このイメージに基づいてもたらされた成果を否定することはできない。

　先に検討した大半の米国の請求は、以下のいずれかあるいは双方の主張に基礎を置いていた。当該国がWTO協定（GATT）その他の国際協定の条件——それは直接的あるいは間接的に新自由主義の考え方によって正当化される

——に違反したか、それらの協定の下での利益を否認したという主張。あるいは、当該国が米国その他の外国人がその国の経済にアクセスすることを不当に制限したり差別しているという主張。これらの主張が認められたことにより、301条は開放的な世界経済を支える手段として機能することになった。

データによれば、米国はWTO（ガット）小委員会あるいは上級委員会の正式の決定が下された12の事例のうち10件で勝訴した。これらの事例で米国の主張の正しさが立証されたことは、この主張が開放的な世界経済の利益に合致することを示すものである。実施段階において妥協が成立し、判断に曖昧さが混入した場合でも、そのことはいえる。

次に、合意あるいは外国の一方的行為によって解決された21件の事例も、より開放的な世界経済に向けた何らかの前進をもたらした。米国はいずれの事例でも得るところがあった。それだけではない。USTRはこれらを成功例と評価している。この評価が適切かどうかを判断することの難しさについては既に指摘した。しかし、合意の多くは法に基づいており、WTO（ガット）に持ち込まれた事例が圧倒的な成功を収めていることから判断すると、この評価は支持できる。

国際紛争解決手続が米国の請求を認める可能性が高いと外国が判断すれば、当該国は米国に有利な条件で合意による解決を図ろうとする。米国が12件中10件で勝訴したという事実はこうした判断を促す。さらに、米国の301条政策が一般的に反保護主義的な色彩を帯びていること、そして米国の（一般的とはいえ）相互主義要求が衡平に基礎を置いていることを考え合わせると、USTRの成功例という評価は総じて支持できる。

最後に、301条の発動は、ガット・WTOの新自由主義的な規律に反する通商政策をとる傾向の強い国々に概して向けられてきた。例えば、種々の産品やサービスに関する日本、重商主義を率直に認める台湾、韓国、インド、GATTの途上国に対する特別かつ異なる待遇についての基準の濫用を繰り返し米国が指摘してきたブラジル、そして、農業貿易に関して次第に紛争が激しさを増しているECである。先に見た、未解決を含めて43件の事例のうち、27件（約63％）が以上の5ヶ国とECに対する事例であった。米国の請求の新自由主義的性格が対象事項に関する米国の立場を強め、相手国に米国に有利な解決を

促す効果を発揮することは疑いない。

5. 301条の変質――一般的相互主義から法の支配へ

A. 実質的変質

　もう一度繰り返せば、301条は、米国が公正に得る権利を持つと議会が考える経済的利得を貿易相手国から得るため、貿易相手国は一般的相互主義の要求を尊重すべきだ(法的義務としてであろうがなかろうが)と議会が確信したことから作られた。例えば、上院財務委員会は、1974年通商法により大統領が獲得した報復の「広範な権限」は、外国政府が国際法の義務に従っているかどうかとは無関係に、「通商歪曲」を減らし、「米国の輸出者にとって公正で公平な条件を作り出すために」「積極的に行使」されなければならないと強調した[68]。それは、法の世界と法的約束に基づく個別的相互主義を越えた素朴な公正(fairness)の主張であった。それは歴史的な説明の要求、つまり一般的相互主義であった。それは、米国の政策担当者が第二次大戦直後に下した戦略的決定の副産物であった。

　戦後の早い時期、通商政策を含む米国の対外経済政策は、欧州の同盟国にソ連の欧州における野心を封じ込める壁を築かせ、日本を西太平洋の前哨地とするという重要な国家戦略と密接に関連していた。この時期、経済政策の主要な目的は、欧州と日本を戦争の災禍から復興させ、西側の民主的組織をソ連型の独裁にしかねない反対勢力の声を和らげ、これらの現代工業文明の要塞に世界経済における伝統的な地位を回復させることであった。当時にしてみれば、これは成功のおぼつかない困難な企てであった。そのため、米国は、大規模な公的援助プログラムを実施すると同時に、市場を開放し、外国投資には最低限の規制しか課さず、ドルの兌換性とその価値を保証し、大戦前の世界経済を分割した世界的なカルテルを積極的に破壊し、大規模な対外援助と軍事援助を実施した。その一方で、欧州と日本は、きわめて保護主義的な為替その他の規制を1960年代まで維持し、何度も通貨を切り下げ、外国投資に対する規制を強化した。そして、1957年、歓迎すべき欧州経済共同体(EEC)の出現とともに、米国は、貿易・支払勘定の安定を支えてきた農産物

貿易を直撃する新たなきわめて保護主義的な体制（共通農業政策）に突然直面した[69]。日本の場合、効果はそれほど強くないが同様に問題をはらんだ政策が登場した。復興が進むにつれて、根強い重商主義的な文化を創り出す古くからの慣習が復活し、関税や数量制限などの公式な国境措置がGATTの下で引き下げられるにつれて、その影響が次第に顕著になってきた。

以上の見方の細部を見直したり、またその規範的含意を再検討することは可能である。しかし、1974年に議会が大統領に対して新たなGATTの包括的な交渉ラウンド——東京ラウンド——を実施する権限を与えるよう求められた時にとったのは、まさにこの見方であった。議会からすれば、この見方に立てば、どんなに曖昧で問題を含んでいるとしても、一般的相互主義の主張が正当化されることになる。この主張は、より統制され制限的な個別的相互主義の下で課される法的義務をすべて超越する根本的な公正を要求するものであった。

しかし、301条事例の検討から明らかなように、この点に関して根本的な変質が生じつつある。政治的キャンペーンの時代は終わりを告げ、一般的相互主義に基づく不明確な「公正」基準は、はるかに明確で操作可能な法の支配の基準に取って代わられつつある。WTOのカバーする対象が拡大し、ルールの明確化と洗練が進み、紛争解決手続が強化された結果、当初の301条の中核にあった一般的相互主義の要求は多国間の法の支配に根ざした個別的相互主義に取って代わられつつある。

1988年8月から1995年1月までに開始された事例とウルグアイラウンド協定法の発効（1995年1月）後に開始された事例を比べてみよう。1988年から1995年までには24件の事例があった。そのうち10件はGATTの規律対象の事案であり、GATT 22条、23条の紛争解決手続を通じて処理された。次に、5件は日本に対する事案であった。その大半はGATTに関わる争点を含んでいたが、それらがGATTの規制体系になじむかどうかは疑わしかった。いずれの事案も、二国間交渉に続いて米国が一方的に提起した非難に従って処理された。残りの9件は当時GATTの規律対象外の事案であった。うち、6件が知的財産権、2件がサービス、1件が貿易関連投資措置に関するものであった。これらの事案は、二国間交渉に続いて「不合理」または「差別的な」政策を維持し

ている相手国を一方的に非難することによって提起されるしかなかった。言い換えれば、請求を多国間紛争処理手続に付託することを義務づけた1988年法の制定からウルグアイラウンド協定法の発効までの間、多国間紛争処理手続に付託された事例は301条事例の半分以下であった。

　WTO協定の発効により、この状況は大きく変わった。発効後の23件のうち、未解決の2件を含め、ホンジュラスに対するTRIPS協定上の請求以外はすべてWTOの協議や紛争解決手続を通じて処理されている。これは驚くべき変質である。過去はともかく、正当な根拠を持たない米国の力の「一方的な」行使として301条を非難することは難しくなった。

　ここで注意する必要があるのは、301条が、USTRに対して、米国の通商協定上の権利や利益を否認しているとして外国を非難する前に、以下の点を決定するよう要求していることである。第一に、米国が相手国に対して申し立てる請求権を持っているかどうか、第二に、どのような救済を追求すべきか、第三に、解決の合意に至らなかった場合、どのような報復措置をとることが適切か。ある意味で、これらはすべて「一方的な」決定である。そして、法の規定する協議手続において、それは外国政府に対して「一方的な」要求として提起される。しかし、これは、301条批判者を怒らせてきた「一方主義」とは異なる。いずれにせよ、USTRがまず「一方的に」権利を主張し救済を申し立てることは、紛争解決了解への付託に至る手続の不可欠の構成要素である。また、紛争解決了解23条を緩やかに解せば、通商協定が国際的な紛争処理手続を定めている場合には、当該手続が決定するまでは「一方的な」請求は何の拘束力も持たない。したがって、現在の301条では、「一方主義」が残っているのは、外国政府が通商協定違反[70]あるいは通商協定の利益否認ではなく米国の通商に「不合理に」負担をかけていると非難される場合に限られる[71]。

B. 301条手続——制度面

　301条が米国の実体的な対外経済政策の「一方的」手段としての性格を弱めたといえるとしても、手続面の問題は残っている。既に指摘したように、議会は、戦争直後から続く貿易相手国との間の相互主義の欠如を是正するため

に、行政府がより攻撃的に行動するよう促す「拘束服」として301条を位置づけてきた。このため、301条は独特の手続的特色を持っており、それは国民国家が伝統的に経済外交で採用してきた流儀とは異なっている。おそらくこのことが、301条に対する外国の敵意の一因となっている。したがって、この手続的特色と、それが今の世界経済の制度的構造でどのような位置を占めるかを検討する必要がある。

　まず、301条の手続は以下のように構成される。

　　(i) 外国が違法あるいは不合理な通商慣行を行っているとの私人あるいは米国政府による申し立て。

　　(ii) 公式の調査。証拠提出や討議、しばしば公聴会が行われ、申し立ての却下あるいは申し立てを認容した公式の非難のいずれかの結論が下される。

　　(iii) 公式の非難が行われると、直ちに外国との協議が行われる。協議が米国にとって満足のゆく結果を生み出さなかった場合には、以下のいずれかの措置がとられる。

　　　　(a) 当該案件を国際的な紛争処理手続に付託する。米国に有利な決定が下された場合、それに外国が従わない場合には、報復措置がとられる。

　　　　(b) 国際協定が関与しない場合には、米国の要求に従わせるか妥協による解決を促すために一方的な報復措置がとられる。

　　(iv) 相手国が無視できないように生の力(たいていは経済力)を行使する。

　ここでは透明性が重要である。米国の301条手続が通商協定に基づく他の国の権利主張や利益保護の手続と異なるのは、手続の透明性が高いことである。特に、公式の申し立て、公式の調査、そして、対象となった違反に対する救済を求めるかどうかの公式の(理由を付した)決定の透明性は顕著である。透明性が高いために、米国の官僚は事案を選択し解決する上で裁量をわずかしか持っていない。しかし、民主的な統治の基準で判断すると、これは問題ではないだろう。それとも問題だろうか。透明性は民主的な要素を含んでいるが、外交における透明性はきわめて微妙で複雑な問題である。透明性は単に政府から人民へ伝達される情報の量を増やせばよいという問題ではない。それは国家内部での政治権力の配分に関わる国家統治の新たな倫理を内包し

ている。

　この点を理解するためには、国際規範を国家の日常生活に取り込む手段として、当該規範に(欧州の表現で)「直接効」を与えることに勝るものはほとんどないということを認めることが重要である。これは米国で規範が「自動執行性を持つ (self-executing)」といわれる場合を指す。ただし、米国ではこれは主として条約に対して用いられる表現である。議会は、WTO協定は「自動執行力がない」ことを強調してきた[72]。これは、米国によるWTO協定の違反[73]によって被害を被った外国および米国の私人に対して、米国の裁判所が開かれていないことを意味する。

　301条は自動執行力に向けた中間地点を作り出す。それは政府による入念な手続を通じて私的利害に一定の正当性を付与し、行政府による対外政策の形成に大きな変化をもたらした。それは外国政府に対する私人の要求に耳を傾けることを政府に要求する。それは手続を進めるかどうかを列挙された基準に基づいて決定することを要求する。それは行政府が要求に対してこれらの基準に基づいて理由を付して答えることを要求する。交渉による解決についての政府の説明責任はより厳格である。なぜなら、司法的な解決手続が常に他の選択肢として存在するからである。USTRは301条手続の実施が「米国経済に対して不利な影響」を与えるか、米国の国家安全保障に対して重大な悪影響を与えると判断する場合には、手続の実施を控えることができるが[74]、この裁量は議会が課した基準や議会が表明した期待によって厳格に規制されている。また、USTRが経済あるいは安全保障上の理由で手続の実施を控える場合に、公衆はそのことを通知され、意見を述べる機会を与えられるので(透明性)、その面からもUSTRの裁量は規制される。言い換えれば、301条には、通常の外交プロセスよりもはるかに強力な、公的意思決定に対する私人の影響力の行使の可能性が構造的に組み込まれている。議会は行政府をこのようにして規制しようとしたのである。しかし、それは同時に301条を「自動執行力」への中間地点とすることでもあった。なぜ「中間地点」なのかといえば、それは対称性を欠いているからである。それは外国政府に対する私人の請求のためにしか用いられない。それは、私人が米国政府を相手取って裁判所、義務的仲裁その他の独立の機関を通じて請求を提起するためには用い

られない。

　この一方的性格は、他方で、外国政府が米国と交渉する上での立場を大きく弱めた。301条の下で、外国政府はしばしば——1974年以来118件に上る——自分たちが慣れ親しんできた外交のスタイルとは異なる米国の請求に応える立場に立たされた。301条の請求は、私人による請求もUSTRの職権に基づく請求もともに公表された。公表の結果、当該国国内で米国の請求に同調する立場と反対する立場との対立がしばしば引き起こされた。こうした対立のため、外国政府が国内を調整して米国の請求に対する対応を政治的に組織することが困難となった。USTRは公聴会を開くこともできた。公聴会に外国政府が参加することは、政治的に危険であり、現実にはありそうもない。しかし、USTRのやり方がうまければ、公聴会の結論は適切なものとなるだろう。請求の本案について十分議論が尽くされ、理由付けも慎重になされるだろうし、補償や報復についても細心かつ公正に判断されるだろうからである。可能な場合には、報復の内容は外国の国内の同調勢力に都合のよいように決められるだろう。また、外国政府は、301条が米国政府が交渉において妥協する余地、特に米国の他の政策目的を301条の背後にある経済的利害よりも優先させる余地を狭めているという問題に直面する。

　要するに、301条要求の大半が国際的な紛争処理手続に義務的に付託されることになった結果として、301条に対する「一方主義」との伝統的な非難は弱まるだろうが、手続面では301条は伝統的な経済外交の世界におけるきわめて異質な要素であり続けるだろう。しかし、それこそ301条に米国の経済外交上の重要な戦略としての位置づけを与える理由である。

6. 301条と法の成長

　301条の「一方主義」に対する伝統的な反撥と、その変質の可能性についてこれまで述べてきたことが正しいとすれば、次に、強国の手による「一方主義」がより完全な国際経済秩序を作り出す上で果たしうる創造的な役割について推測する必要がある。それは、国際社会の中で指導的地位に立つ諸国が、交渉を通じた総意の形成という通常の国際法形成過程とは異なる、相互作用

による法形成という過程を受け入れるかどうかにかかっている。それはまた多くの伝統的な法秩序には存在しない法的指針を内包する。しかし、こうした新規性にもかかわらず、創造的な役割の可能性は否定できない。

　全世界の厚生にとってきわめて重要で、新たな取り決めを必要とする多くの未解決の問題が存在する。しかし、世界経済を統治する手段を大幅に改善しない限り、こうした問題は放置されるだろう。国際経済法が完成からほど遠いことは否定できない。例えば、WTOの主たる関心事項と密接に関連しながらまとまった法的レジームができあがっていない分野として、貿易と競争政策、貿易と環境[75]、国家による外国投資の規制の三つが挙げられる。以下、これらを例として話を進めよう。いずれも、WTOが公式に重要なテーマであることを認めている。しかし、包括的なルールをとりまとめるための交渉を可能とするような実質的な合意はとうてい形成されそうもない。そこに「創造的な」一方的行為（例えば301条に基づく）の余地がある。主要な経済大国がそれぞれの301条手続を用いて、報復の威嚇を通じたまとまった法的レジームの形成を促す先例を積み上げるという可能性である。

　このような試みのスタート時点では、貿易相手国の政策が「不合理」かどうかの判断や報復措置の決定・実施は当然一方的になされる。そこには大きな危険を伴う。こうした一方的な行為が国際的に承認されるとすれば、それは狭い国家の利益に奉仕する生の力の行使の隠れみのに容易になりうる。したがって、他国の経済政策に対して一方的措置をとるための国内制度は、可能な限り一貫した法体系の形成とWTO協定の新自由主義的な目標を前進させる法の形成をめざすものでなければならない。その意味で、それは法の支配を強く志向するものでなければならない。また、例えば、外国との競争を制限するための自国企業の共謀を規制できなかった貿易相手国に対する報復の威嚇とそうした共謀に参加した自国企業を取り締まった貿易相手国に対する報復の威嚇とは区別しなければならない。一般的にいって、ケース・バイ・ケース方式は、それが世界の支配的な経済大国の独立した司法機関によって慎重に実施される場合には、短期間のうちにかなりの共通性を持った一群の決定を生みだし、それに基づいて真の国際的なレジームを作るための外交を展開することが可能になるだろう。先に挙げた三つのテーマに関しては、こうし

た司法機関の活動を支える多くの素材が存在する。条約案、原則宣言、国内判例、膨大な解説文献などである。最終的に、この過程を通じて、慣行の「合理性」を判断する国際機関が国際社会に作られるかもしれない。こうした判例法への依拠にはなじまない法的伝統を持つ国も存在する。しかし、国際社会には国際司法裁判所や多くの仲裁裁判の先例が存在する。

　別の言い方をしてみよう。301条はWTOを設立する協定、あるいは既存の国際経済法の体系にGATS、TRIPS協定やTRIMS協定を追加する決定とはほとんど無関係であった。しかし、301条は、一方主義を封じ込めるために公式の国際的な裁判手続を設けることが重要であることを諸国の政府に強く印象づけた。この役割は今後も続くだろう。先に挙げた分野で国際社会が適切な条約レジームを作ることができないとすれば、301条は二つの面から有益であろう。第一に、それは国内的な決定の集積を作り出す。もとよりそれは一方的に作られたものであるが、WTOを支える合意と整合的である。第二に、301条は、一方的解決を強制することにより、外交プロセス抜きにか、あるいは外交プロセスを促して、真の国際的な決定の集積を生み出す司法機関を設立するよう国際社会を促すだろう。

注

1) Trade Act of 1974, Pub.L.No.93-618, §301, 88 Stat.2041 (1975). その後の改正により、301条という名称はU.S.Code（米国連邦法令集）から消えた。しかし、この名称は通称として現在も用いられている。現在の正式な引用名は19U.S.C. §2411 *et seq.*である。参照、19 U.S.C.A. §2411 (1998).以下では、引用に当たっては正式な名称を用いるが、一般の記述では通称を用いる。
2) 参照、Bhagwati & Patrick eds., *Aggressive Unilateralism: America's 301 Trade Policy and the World Trading System* (1990).
3) 参照、Trade Agreements Act of 1979, Pub.L. 96-39, 93 Stat.144 (1979).
4) 参照、Omnibus Trade & Competitiveness Act of 1988, Pub.L. 100-418, 102 Stat. 1107 (1988).
5) 参照、The Results of the Uruguay Round of the Multilateral Trade Negotiations, Apr.15, 1994, The Legal Texts 404 (1994), *I.L.M.*, Vol.33 (1994), p.1125（以下WTO Textsと略す）.
6) 参照、*Ibid.*

7) 米国の見方に対する最も明確な挑戦は、日本、カナダおよび欧州がUSTR の「外国貿易障壁に関する国別貿易評価報告書 (*National Trade Estimates*)」に対して定期的に刊行している米国の保護主義に関する報告書である。毎年刊行される「国別貿易評価報告書」は、米国の財およびサービスの輸出、商標、特許および著作権で保護される財産および米国の対外直接投資に対する「主要な障壁」となる外国の行為、政策、慣行を分析する。参照、19 U.S.C.A. §2241 (a) (1) (A) - (C) (1998).
8) 「相互主義」は最恵国待遇とも内国民待遇とも異なることに注意する必要がある。最恵国待遇は各国が他のすべての国からの財、サービスおよび資本の輸入を同等に扱うことを要求する。内国民待遇は輸入された財、サービスおよび資本を国内の財、サービスおよび資本と同等に扱うことを要求する。他方で、「相互主義」はB国がA国からの輸入に与えているのと同等の輸入をA国がB国に対して認めることを要求する。
9) 国際貿易における「不公正」への反対は、301条が対象としているタイプの「不公正」にとどまらない。これはヒュデックが適切にも「防御的不公正」と名付けたタイプである。もう一つの重要な「不公正」要求は、ヒュデックのいう「攻撃的不公正」要求である。これは、自国企業に米国市場における「不正な」競争上の優位を与え、対等な競争条件を破壊してしまうような措置を政府が維持することに対して向けられる。このタイプの「不公正」に対する古典的な対抗措置の例として、補助金相殺関税や反ダンピング税が挙げられる。国際社会がこの種の「攻撃的不公正」要求に対してとってきた扱いの歴史から301条について考える上での教訓を引き出すことは可能であるが、本章では原則として扱わない。「防御的不公正」要求と「攻撃的不公正」要求に関する有益な研究として、参照、Robert E. Hudec, "Mirror, Mirror, On the Wall: The Concept of Fairness in United States Trade Policy," in *Canada, Japan, and International Law, Proceedings of the 1990 Conference of the Canadian Council on International Law* (1990), p.88.
10) 4.で提示したデータによれば、1988年以降に米国が301条の下でEUの措置を問題にした11の事例のうち8件は農産物に対するものであった。すなわち、Case 301-73 (フルーツ缶詰)、Case 301-83 (牛肉および豚肉)、欧州のバナナ政策に関する4件 (Case 301-94,96,97,100)、Case 301-111 (でんぷん)、Case301-114 (チーズ) である。残りの3件のうち2件はEUの拡大に対する請求である。1件はスペインとポルトガルの加入に関するもの (Case 301-81)、もう1件はオーストリア、スウェーデン、フィンランドの加入に関するもの (Case 301-101) である。残りの1件は銅スクラップに関する事件である (Case 301-70)。
11) Adam Smith, *The Wealth of Nations*, Vol.1 (Edward Cannan ed., 1961), p.490.
12) ジレンマは、双方が協力(自由化)した場合に利得の合計が最大となるが、相手方が協力(自由化)し、自分が協力しない(自由化拒否)場合に自分の利得が最大となる場合に生じる。

13) 見返り戦略の場合、最初のゲームで当事者は協力し、二回目以降は最初のゲームで相手がとった手が繰り返される。協力が最適戦略であることを証明した別の理論として、サイクスが「反復される囚人のジレンマ」と名付けた理論がある。参照、Alan O. Sykes, "'Mandatory' Retaliation for Breach of Trade Agreements: Some Thoughts on the Strategic Design of Section 301," 8 *Boston Univ.International Law Journal* 301, 307 (1990).
14) 参照、GATT Secretariat, United States Counterveiling Duties on Fresh, Chilled, and Frozen Pork from Canada, July 11, 1991, *BISD* 38S (1992) 30.
15) 28条の2における相互主義と1条の無条件最恵国待遇との間の調整は興味深い研究対象である。
16) この顕著な例として、米国の一般特恵制度の歴史が挙げられる。期待されたスタート以来、米国が一方的に一般特恵制度から適用除外した産品の数量は一貫して増え続けている。米国も途上国も、一般特恵制度が贈与であることを認識している。米国は、この制度が米国の生産者との競争を激化させたと認識した場合、何のためらいもなく贈与を撤回してきた。また、米国はこの制度を相手国から譲歩を引き出すための手段として用いてきた。問題は、途上国がこの点をとらえて譲歩を引き出すための対価として一般特恵制度を位置づけること(契約的構成)ができなかったことである。一般特恵制度は途上国が相互主義からの例外を要求することの愚かさを示す格好の例である。
17) 個別的相互主義の場合も同じ問題は提起されるが、答はより単純である。通常それは貿易障壁の減少がもたらす貿易効果を算定することで得られる。
18) 参照、Jared R. Silverman, "Multilateral Resolution over Unilateral Retaliation: Adjudicating the Use of Section 301 before the WTO," 17 *Univ. of Pennsylvania International Economic Law Journal* 233, 241-42 (1996).
19) 1974年通商法はまた、大統領にガット東京ラウンド交渉のファストトラック権限を付与した。参照、§301, 88 Stat. p.2041.
20) 修正条項の下で、私人の要請は「特別代表」(現在のUSTR)に提出され、特別代表は調査を行って大統領に勧告することを義務づけられた。
21) ここでも、議会は「不正」や「不合理」を定義していない。
22) 参照、19 U.S.C. §2411 (a) & §2411 (b) (1) & (2), Pub.L. No.96-39, 93 Stat. p.296.
23) 参照、Uruguay Round Agreements Act, Pub. L. No.103-465, §314 (a) - (c), §621 (a) (9), 108 Stat.4939, 4993 (1994), Miscellaneous Trade and Technical Corrections Act of 1996, Pub. L. No.104-295, §20 (c) (4), 110 Stat. 3528.
24) 違反行為を止めさせるため、通商代表は「大統領が財、サービスの貿易その他外国との関係で有する権能」の範囲内で、大統領の指示に従い、いかなる措置もとることができる。これには以下の措置が含まれる。
　　——当該国に対して米国が負っている通商協定上の譲許の適用を停止、撤回、防止すること。

——法の他のいかなる規定にかかわらず、通商代表が適当と認める期間、当該国の産品に対して関税その他の輸入制限を課し、当該国のサービスに対して料金その他の制限を課すこと。

——一般特恵制度、カリブ海域特恵、アンデス通商特恵プログラムの対象国の行為、政策、慣行が当該プログラムの資格要件に違反する場合に、当該国からの無税輸入を停止すること。

——措置の対象となった行為、政策、慣行、またはそれらから生じた米国通商に対する負担を除去または消去すること、あるいは、措置の対象となった行為、政策の除去によって利益を受ける可能性のある国内産業の利益になる補償的通商利益を与えることを外国政府に約束させる協定を締結すること。同一産業に対する補償的通商利益の供与が不可能あるいは非現実的な場合、または他の経済部門への通商利益の供与の方がより満足すべきものである場合には、同一産業への供与は必要ではない。

——外国企業に米国市場においてサービスを提供することを認めるライセンス、許可、命令などの条件を制限すること。

以上の制裁は、無差別的にも、また特定国を対象としても発動される。参照、19 U.S.C.A. §2411 (a) (1).

25) これと密接に関連するもう一つの問題がある。それは、紛争解決手続を定める通商協定が関わる場合に、当該手続への付託が義務づけられるかという問題である。19 U.S.C. §2413 (a) (2) に照らして、義務的であるという立場がある。この規定は、§2411 (a) (1) あるいは (b) の条件を満たすか否かを判断するために開始された調査に通商協定が関わっており、当該通商協定が規定する協議期間内、あるいは協議開始後5ヶ月以内に相互に満足できる解決が得られなかった場合に、USTRは当該協定の「正式の紛争解決手続への付託を速やかに要請する」よう義務づける。

26) 参照、Uruguay Round Trade Agreements, Texts of Agreements, Implementing Bill, Statement of Administrative Action, and Required Supporting Statements, H. R.Doc. No.316, 103d Cong., 2nd Sess. 1029 (1994) (reprinted in 10U.S.C.C.A.N 4040) (以下「行政府措置声明」)

27) 19 U.S.C.A. §2411 (a) (2) (B) (i) - (iii) (1998).

28) 19 U.S.C.A. §2411 (a) (2) (B) (iv) & (v).

29) 19 U.S.C.A. §2417 (a) (1998).

30) ここでも、大統領の憲法上の権限に基づいてとられる措置は、財やサービスの貿易あるいは当該国に関連するその他の領域に関わるものでなければならない。参照、19 U.S.C. §2417 (a).

31) 外国の行為、政策あるいは慣行は、それが「米国の国際法上の権利」を侵害し、あるいはそれと「相容れない」場合(つまり、通商協定に違反し、あるいは通商協定上の米国の利益を否定する場合)、「不正」である。これには明

らかに、米国に対する「内国民待遇や最恵国待遇、企業設立の権利や知的財産権の保護」を違法に否定する政策や慣行を含む。「米国の財、サービスや投資に対して内国民待遇や最恵国待遇を否定する行為、政策や慣行」は「差別的」である。参照、19 U.S.C. §2411 (d) (5)。

32) リストには公正かつ公平な企業設立機会の拒否、知的財産権の適正かつ有効な保護の拒否、米国の財やサービスが商業的条件で外国市場にアクセスすることを妨げる反競争的行為の容認を含む市場機会の拒否などが挙げられている。参照、19 U.S.C. §2411 (d) (3) (A) & (B) (i) & (ii)。

33) 外国政府が以下の行為を継続的に行うことは「不合理」である。(i) 労働者の団結権、団体交渉権の否認、(ii) あらゆる形態の強制、義務労働の容認、(iii) 児童雇用における最低年齢規定や最低賃金、労働時間、職場の安全や健康に関する基準の欠如。これらに限定を加えるため、法はUSTRに対して、外国が標準の達成に向けた有形の措置をとり、またはとりつつある場合、また当該措置が当該国の経済発展水準と乖離していない場合に、それを「不合理」とはみなさないと規定した。参照、19 U.S.C. §2411 (d) (3) (c) (i)。

34) 19 U.S.C. §2411 (c) (3) (D). この他、二つの規定が注目に値する。第一に、301条に基づく制裁の対象となる外国産品は、対象行為、政策や慣行との関連を問わずいかなる産品でもよい。参照、19 U.S.C. §2411 (c) (3) (B). 第二に、制裁としては、他の輸入制限よりも関税が望ましいとされる。他の輸入制限が用いられる場合でも、それを関税によって代置することが考慮されなければならない。参照、19 U.S.C. §2411 (c) (5) (A) & (B)。

35) 参照、Congressional Record, S15,329 (1994年12月1日) のホーリングス上院議員の発言 (EC委員会の文書を引用)。

36) なお、23条の規定は、私人からの申し立て、USTRによる調査開始の決定、公聴会開催の決定、調査結果の公表の決定といった301条手続を——それがWTOの小委員会への付託前の協議の一部ないしその前段階を構成するにとどまる限り——何ら害するものではない。この点は、行政府措置声明の次の一節に明瞭に示されている。「23条は、WTO加盟国はウルグアイラウンド協定違反に対する救済を求める場合、紛争解決了解の手続を利用することを義務づける。さらに、小委員会あるいは上級委員会が結論を下すまでは、いかなる加盟国も他国がウルグアイラウンド協定に違反したという決定を下すことはできない」(行政府措置声明、前掲注26、4307頁)。

37) 参照、Senate Committee on Commerce, Science, and Transportation: Senate Hearing No. 103-989, 103d Cong., 52 (1993) (カンター通商代表の証言 (以下「カンター」と略す)。

38) 1988年から1995年のWTO発足時までの間に調査が行われた24件のうち、10件がGATTの規律対象内の調査、5件が日本に対する調査、残る9件は国際協定に関わらない調査であった。ただし、TRIPS協定、GATS、TRIMS協定の発効により、最後の9件はWTOの規律対象に含まれることになった。他

方で、日本に関する事例、特に自動車部品事件（日米自動車・自動車部品紛争）(Case 301-93) では、これが国際通商協定の規律対象に含まれるかどうかが問題となった。参照、Barriers to Access to the Auto Parts Replacement Market in Japan, 60 *Fed. Reg.* 35, 253 (1995). もし規律対象に含まれないとすれば、23条は全く効力を持たない。自動車部品事件の手続はウルグアイラウンド協定が発効する前に開始されたが、USTRは協定発効後6ヶ月経過するまで日本の措置に対する決定を行わなかった。決定は主として日本の民間企業がとった措置の「不合理性」、「不正」を問題にしており、日本政府の措置を問題にしていなかった。WTO協定は公式には政府の措置のみを対象にしているから、米国は明確に本件はWTOの規律対象外にあるとみなしていた。しかし、民間企業による市場アクセスの制限を容認した日本政府の政策を問題にすることで、GATT 3条の内国民待遇違反を指摘し、WTOの規律対象内の事案として扱う議論もありえた。しかし、こうした議論はなされず、そこから厄介な問題が導かれる。もし国際通商協定の規律対象内の事案はすべて国際的な手続に付託することが義務づけられるとすれば、申し立て人はどこまでその申し立てをこのように組み立てなければならないのか。この点に関して注目に値するのは、自動車部品事件をガットに持ち込むことは日本にとってある種のジレンマをもたらすものであったことである。日本政府はGATT 22条の協議を要請したが、協議失敗後に23条の小委員会の設置を要請することはなかった。米国の申し立ての一つは、米国の自動車部品メーカーが日本市場に参入できない原因の一つは日本の業者が形成している系列であるというものであった。もし日本がこの点を紛争解決了解23条に基づいてWTOに付託することを主張したとすれば、系列の国際貿易への影響がWTOの新自由主義的な前提と合致するかどうかについてWTOが審査することになったであろう。日本側はこれをためらった。要するに、日米双方ともこの紛争をWTOの枠外に置くことに意義を認めていた。この例が示すように、外国の政策や慣行を「不合理」あるいは「不正」と非難する一方でそのWTO適合性を問題にしないことにより、米国は301条要求に関する国際的な審査を免れることができるのである。参照、「カンター」前掲注37、52頁。

39) 既に見たとおり、19 U.S.C. § 2413 (a) (2) は以下の通り規定する。
　　調査開始に当たっての協議。(a) 一般規定……(2) 本条……に基づく調査が通商協定に関するものであり、かつ相互に受諾できる解決が、(A) 通商協定に規定された協議期間の終了日、または (B) 協議開始から150日後のうちいずれか早い日までに得られない場合、通商代表は直ちに同件につき当該通商協定上の紛争解決手続を要請しなければならない。

40) ウルグアイラウンド協定法に関する行政府措置声明は以下の通り述べる。
　　23条は1974年通商法301条の規定および慣行と整合的である。通商代表が通商協定に関わる301条調査を開始した場合、通商代表は303条 (a) (2) (前掲

注39のこと)に基づいて当該通商協定の規定する紛争解決手続を開始することを義務づけられる。さらに、301条の下で、通商代表は当該手続に従ってのみ通商協定上の米国の権利が侵害されたかどうかを決定することができる。最後に、23条も301条も、調査対象がウルグアイラウンド協定を含んでいないと通商代表が判断する場合に、紛争解決了解の手続への付託を義務づけるものではない(行政府措置声明、前掲注26、4308頁)。

41) 紛争解決了解23条は、対象が301条の範囲内であると否とを問わず、国際通商協定に関わるすべての米国の一方的措置に適用される。例えば、他のWTO加盟国が米国の環境規制に違反したことに対する制裁として課される制限もこれに含まれる。

42) もちろん、第三者として詳細な調査に基づいて独自の評価を下すことは可能である。問題は、こうした作業を行っても、その結果をめぐって再び議論が起こる可能性が高いことである。

43) ある決定が、開放的な経済秩序からの後退を意味する条約規定や、条約規定の解釈をめぐる選択肢のうち自由化に消極的な解釈に基づく事例については、本節では考慮しないが、より詳細な研究では考慮されるべきである。

44) Case 301-86(中国―知的財産権)、301-88(中国―市場アクセス、一般的規制)、301-92(中国―知的財産権)。

45) Case 301-90(インドネシア―鉛筆用材の販売)。

46) Case 301-72(タイ―たばこ専売制)、301-80(カナダ―ビール輸入制限)。

47) Case 301-87(カナダ―軟材輸出補助金、米加自由貿易協定)。

48) Case 301-95(韓国―肉類輸入制限)。

49) Case 301-70(EU―銅スクラップの輸入制限)、301-71(EU―果物缶詰補助金)、301-73(ブラジル―輸入ライセンス制度)、301-79(ノルウェー―料金徴収システムの政府調達)、301-81(EU―スペイン、ポルトガル加入の影響)。

50) Case 301-83(EU―牛肉と豚肉の輸入制限)。

51) Case 301-69(日本―建設サービス、GATT適用なし)、301-74(日本―外国衛星の購入制限)、301-75(日本―スーパーコンピュータ)、301-76(日本―林産品)、301-93(日本―自動車部品)。

52) Case 301-84(タイ―特許保護)。

53) Case 301-85(インド―適切な知的財産権保護の否認)。

54) Case 301-82(タイ―著作権の不適切な保護)。

55) Case 301-68(アルゼンチン―薬品に対する特許の不適切な保護)、301-89(台湾―知的財産権の不適切な保護)、301-91(ブラジル―知的財産権の不適切な保護)。

56) Case 301-78(インド―外国保険業者に対する制限)。

57) Case 301-94(EU―バナナ輸入に対する制限)。

58) Case 301-77(インド―外国投資家に対する通商制限)。

59) Case 301-116(ホンジュラス―知的財産権の不適切な保護)。
60) Case 301-98(カナダ―カントリーミュージックテレビ放送の制限)。
61) Case 301-117(パラグアイ―知的財産権の不適切な保護)、301-118(メキシコ―コーンシロップの輸入制限)。
62) Case 301-96(コロンビア―バナナ輸出差別、EUとの枠組み協定)、301-97(コスタリカ―バナナ輸出差別、EUとの枠組み協定)、301-100(EU―バナナ輸入制度)、301-102(カナダ―雑誌の輸入制限)、301-106(インド―知的財産権、メールボックス規則の実施)、301-108(アルゼンチン―繊維製品および履物に対する関税および非関税障壁)、301-109(インドネシア―自動車輸入に対する差別)。
63) Case 301-99(日本―写真用フィルム・印画紙の市場アクセス)。
64) Case 301-101(EU―拡大の影響)、301-103(ポルトガル―特許の条件)、301-104(パキスタン―知的財産権、メールボックス規則の実施)、301-105(トルコ―興業売上げ収入に対する差別的課税)、301-110(ブラジル―輸出実績に応じた関税引き下げ)。
65) Case 301-111(EU―でんぷん輸入に関する補助金)。
66) Case 301-107(オーストラリア―皮革輸入に関する補助金)。
67) Case 301-112(日本―農産物輸入制限)、301-113(カナダ―乳製品に関する補助金)、301-114(EU―チーズの輸出補助金)、301-115(韓国―自動車の輸入制限)。
68) S.Rep.No.1298, pp.163-64（1974）, reprinted in 1974 U.S.C.C.A.N. pp.7301-02.
69) EECの共通農業政策の保護主義的なインパクトの大きさは、1955年に輸入に対抗するための米国の農事調整法に基づく農家補助プログラムに対して与えられたGATTのウェーバーに匹敵するものであった。とはいえ、この事実は議会の認識に何ら影響を与えなかった。
70) 技術的には、外国が通商協定違反に問われ、当該協定が紛争解決手続を設けていない場合がありうる。この場合にも301条に基づいて米国が一方的措置をとることになる。
71) 1988年法によれば、「ある行為、政策、慣行が……米国の国際法上の権利を侵害し、またはそれを遵守しない場合、不正とみなす」。これには「内国民待遇あるいは最恵国待遇、起業の権利または知的財産権の保護を拒否する」あらゆる違法な行為が含まれる。参照、19 U.S.C. § 2411 (d) (4) (A) & (B)．
72) 参照、Uruguay Round Agreements Act, Pub.L.103-465, 108 Stat.4815（1994）．特に102条(a) (1) と (2)、 (b) (2) と (c) が有益である。
73) 米国裁判所が管轄権を持つ他の国の政府についても同じことがいえる。ただし、その場合は主権免除と国家行為理論が管轄権行使を阻む根拠となる。
74) 19 U.S.C. § 2411 (a) (2) (B) (iv) & (v)．
75) 貿易と環境に関して、包括的な国際条約レジームに代わる選択肢として、

GATT、特に20条(g)に関する先例の集積という方策が考えられる。

II 事例研究

3 日米経済紛争における アンチダンピング・相殺関税法の役割

テレンス・P・スチュワート*

1. アンチダンピング・相殺関税法の歴史

　米国は100年以上前から外国の補助金による混乱を減らすための法律を備えている[1]。同様に、20世紀初頭以来、各国は有害な国際価格差別に対処するための方策を講じてきた[2]。

　米国の相殺関税法は1890年に外国からの砂糖輸出に対する補助金に対処するために制定されたが、その後次第に対象を拡大し、あらゆる関税対象商品（当時関税が賦課されなかったのは米国では生産されない商品に限られていた）に対する輸出補助金や国内補助金、関税対象外商品に対する補助金や私的な補助金をカバーするようになった[3]。

　各国はその国民に対して一定の利益を供与している。したがって、どのような利益供与が許容され、どのような利益供与が相殺関税の賦課対象となるかは一般的な関心を呼び、論議の的となってきた。以下で述べる通り、補助金の対象・範囲と相殺関税に対する規制は過去何十年にわたって国際貿易分野で大きな関心を集めてきた問題である。米国は相殺関税措置を最も多用してきた国である。ただし、相殺関税は今日、外国政府の補助金に対抗する救済措置の一形態に過ぎない[4]。

　日米両国は農業や工業部門に相当額の補助金を供与しているが、これまでのところ両国間で相殺関税法の適用が問題になったケースはほとんどない[5]。最近問題になったケースとして、日本の輸出に対する税の減免措置の米国相殺関税法適合性が連邦最高裁で争われたケースがある[6]。

---

* Terence P. Stewart, スチュワート＆スチュワート法律事務所経営パートナー

当初より一貫して、相殺関税法を採用した国の意図は、外国製品と国産品との競争は両者の間の効率や質その他の要素の違いによって決定されるべきで、輸出補助金その他の補助金による歪曲によって決定されるべきではないという点にあった[7]。例えば以下の仮想的な例を見てみよう。

　　　米国のアルミニウム生産者は高度の技術と高い労働生産性、適切な賃金構造を備え、外国の主要な生産者に比べて国際競争力があると見られている。しかしながら、米国の生産者は米国その他の市場でシェアを失いつつある。なぜなら、フランスの生産者がきわめて低価格の輸出を行っているためである。フランスの生産者は技術面でも労働生産性その他についても米国より劣っている。低価格はフランスの生産者に大きな損失を与えるはずであるが、フランス政府がこの損失をカバーし、生産施設の技術向上のために多額の資金を提供している。

　この例では、最も効率的な生産者がより効率的でない生産者の製品に取って代わられるため、国際的な資源配分に大きなゆがみが生じることになる。米国その他多くの国はこうした結果を望ましくないと考えている。相殺関税法はこうしたゆがみを少なくとも輸入国市場において中和する潜在的な可能性を持つ。WTOの相殺関税ルールの下では、さらに補助金供与国や第三国の市場においてもゆがみを中和する方策が設けられた[8]。

　日米間で過去最も頻繁に用いられてきた貿易救済策はアンチダンピング税である。とはいえ、日本はこれまで米国からの輸入に対して一度もアンチダンピング税を賦課したことはない。米国の多くの生産者は、日本はアンチダンピング税以外に多くの市場参入障壁を備えているので、アンチダンピング税を用いる必要がなかったのだと主張する。他方で、米国は日本に対して多数のアンチダンピング税を賦課してきた[9]。米国がWTOに提出した1997年6月1日現在のアンチダンピング税の認定、賦課命令、停止協定のリストの中で、日本向けの件数は50件に上る。これに対して、例えば中国向けの件数は35件ある。ただし、中国向けの多く(25件)は1990年以降であるが、日本向けの多くは1990年以前にさかのぼる(1990年以前が32件、以後が18件)。その他に、米国は韓国に対して17件、EU構成国に対して62件を発動している。また、米国の生産者は外国からも多くのアンチダンピング税の発動対象となってき

た。カナダとメキシコが発動した事例の多くは米国向けである。米国がこれらの国の輸入に占める割合の大きさを考えると、これは当然のことである。その他、米国はEU、オーストラリア、南アフリカやアジア、南米の多くの国からアンチダンピング税を賦課されてきた[10]。

2. ガットとWTOの規定

A. はじめに

GATT 6条1項は「ある国の産品をその正常の価額より低い価額で他国の商業へ導入するダンピングが加盟国の領域における確立された産業に実質的な損害を与え若しくは与えるおそれがあり、又は国内産業の確立を実質的に遅延させるときは、そのダンピングを非難すべきものと認める」と規定する。これはダンピングに対して強力な救済を必要と考える多くの国の考え方を反映している。1916年に当時の米国の法務総裁補サミュエル・グラハムが述べたように、

> 「政治経済において一般的に受け入れられた原則によれば、自国内で外国人が製品を生産地でのコストを下回る価格で販売するのを認めることは健全な政策とはいえない。なぜなら、こうした制度はしかるべき規模で展開されれば結局のところ破産をもたらすからである」[11]。

同様に、一定の形態の補助金はGATTの下で禁止され、また別の形態の補助金については実質的な損害が発生する場合に相殺関税の賦課が認められている（GATT 16条）。GATTの6条と16条は貿易フローが比較優位に基づいて生じることを保証し、開放性を増しつつある貿易システムの適正な運用にとってきわめて重要である。それは単に放っておけば貿易障壁を容認してしまう市場開放に消極的な国や、政府の介入を通じて市場の帰結を変更しようとする国にとって重要なだけではない。とはいえ、ごく最近まで、アンチダンピング税と相殺関税は一握りの公式の貿易障壁をあまり持たない先進国によって利用されてきた[12]。米国、EU、カナダとオーストラリアが、最近までこれらの条項に基づく措置の大半を実施してきたのである。

近年、WTOの創設、経済自由化の一層の進展、地域レベルを含む関税および非関税障壁の減少の結果として、多くの国の生産者がGATT 6条と16条は合理的な貿易システムの重要な要素であることに気づいた[13]。今日では10以上の国がアンチダンピング法と相殺関税法を設けて適用している。次の表は1993年7月1日から1996年12月31日までの間に適用事例を報告した国の内訳を示す。

ガット・WTOに報告されたアンチダンピング税(AD)・相殺関税(CVD)の調査件数

	1993/7/1-1994/6/30		1994/7/1-1995/6/30		1995/7/1-1996/6/30		1996/1/1-1996/12/31	
	AD	CVD	AD	CVD	AD	CVD	AD	CVD
総数	222	24	142	12	135	5	206	9
EC	47	0	37	0	16	0	23	1
米国	47	12	30	5	16	1	21	2
オーストラリア	45	4	6	1	8	1	17	1
ブラジル	30	2	12	0	1	0	17	0
メキシコ	23	0	18	0	3	0	3	0
カナダ	22	2	9	2	6	1	5	0
ニュージーランド	2	0	9	1	9	2	4	4
インド	1	0	9	0	5	0	20	0
日本	1	0	0	0	0	0	0	0
韓国	4	0	3	0	6	0	13	0
アルゼンチン	0	0	6	2	42	0	23	1
コロンビア	0	0	1	0	5	0	1	0
シンガポール	0	0	2	0	0	0	0	0
チリ	0	4	0	1	4	0	3	0
南アフリカ	0	0	0	0	14	0	30	0

出典）WTO, *GATT Activities 1994-1995*（1996）, pp.77,78. WTO, *Report of the General Council to the 1996 Ministerial Conference,* Section VIII, Annex C, and Section XI, Annex D. *WTO Annual Report 1997*（1997）, pp.108-111.

　消費財であれ、原材料であれ、農産物であれ中間財であれ、産品のいかんを問わずあらゆる産品の生産者にとって、アンチダンピング税および相殺関税に関するWTOの権利義務を理解することは、市場への参入、退出、生産拡大といったビジネス上の正しい判断を下す上できわめて重要である。

B. なぜ生産者はアンチダンピング税や相殺関税の申し立てを行うのか

　生産者が大半の製品を自国市場で販売している場合には、営業の拡大あるいは撤退の決定は市場における当該製品の競争力の認識に基づいて行われる。ダンピングや補助金が存在すれば、たとえ低価格で生産していても競争力がないと判断されることになるだろう。言い換えれば、ダンピングや補助金は企業の参入、撤退、拡大に関して誤った情報を発信する。これは世界中の国で日常的に起きている現象である。参入や撤退に関して判断を誤れば当該企業の業績は落ち込み、一国内でまた国際的に資源の不適正な配分が生じる[14]。この点についてさらに詳しく見てみよう。

1) 損害を受けた企業はたとえ低価格の生産者であっても市場からの退出、不参入や不拡大を決定する可能性がある

　例えば、マレーシアでハンマーを製造する二つの会社があると仮定してみよう。これらの会社は、低価格の原材料へのアクセスを持ち、新しい生産施設、低賃金の熟練労働力、最新の技術を保有し、きわめて低価格の生産構造を有しているとする。現時点でのマレーシアの生産施設の規模は限られており、製品の大半は国内で販売されている。ただし、一部の製品は多くのアジア諸国や米州諸国にも販売されている。マレーシアでのハンマーの生産コストはおおよそ1本1ドルとする。会社はそれを1ドル15セントで販売している。マレーシアのハンマーに対する関税率を10%とする。さて、オーストラリアに余剰生産能力を持つが、労働コストはより高く、技術力は劣り、生産施設も劣っている多数のハンマー製造業者が存在するとする。生産コストは1ドル25セント、オーストラリア国内での販売価格は1ドル40セントである。ところが、余剰製品を処分するため、オーストラリアの業者は製品を関税込みで1ドルで販売したとする。オーストラリアの関税率は35%とする。

　この想定の下で、マレーシアの業者は、オーストラリアから輸入されるハンマーの価格を見て、自分たちは競争力がないと判断するだろう。マレーシアの業者こそが低価格の製造業者であるにもかかわらず、この判断が下されるだろう。もしこうした価格設定が続けば、マレーシアの業者は輸入製品に押され、価格を引き下げ、利益を減らし、ついには損失さえ計上し、研究開発投資や設備投資を削り、ついにはその生産施設を閉鎖するかもしれない。

こうした帰結はマレーシアでハンマーを製造する国内産業にとっては望ましくない帰結であり、マレーシアとオーストラリアの間での資源配分をゆがめ、世界全体の富を減少させる[15]。短期的には、マレーシアの消費者は低価格のハンマーを購入することができるが、この余剰は高価格のハンマーを買わされるオーストラリアの消費者の不利益でまかなわれている。しかも、マレーシアの消費者が得る利益は長続きしないだろう。

アンチダンピング法は、自国の産業がこうした国際的な価格差別によって損害を被った場合に、政府が価格差別の効果を中和させ、合理的な市場情報を復活できるようにする。それは国内の産業にとっても、世界の資源配分にとっても、究極的には消費者にとってもプラスである。

2) ダンピングされた製品の購入者は誤った価格情報に基づいて投資先国の判断を誤るかもしれない

第一の仮定と似ているが、中間製品・部品を含む別の仮定をしてみよう。ブラジルにラップトップコンピュータで使用される平面ディスプレーを製造する会社が三つあるとする。ブラジルにはラップトップコンピュータ・メーカーが4社あるとする。日本企業がこれらの会社に大規模な投資を行い、高度の技術移転と非常に効率的な生産施設が実現しているとする。ブラジルにおける平面ディスプレーの製造コストは1枚125ドル、コンピュータメーカーへの販売価格は140ドルとする。平面ディスプレーはコンピュータ原価の約50％とその最大部分を占める部品であるとする。

さて、オランダに平面ディスプレーを製造する大企業が存在するとする。この企業は他にも多くの消費者向け電化製品を製造し、大半の欧州のコンピュータメーカーと取引関係があるとする。また、オランダは平面ディスプレーにかなり高い関税を課しているとする。オランダにおける平面ディスプレーの製造コストは150ドルであるが、このメーカーは平面ディスプレーの国際市場を支配するために、南米向けは125ドル、国内、北米およびアジア向けは140ドルで販売するとする。損失は競争相手のない他の製品からの高収益でまかなうとする。

この仮定の下では、ブラジルの平面ディスプレーメーカーが競争力に関して誤った情報を受け取るだけでなく、ブラジルのコンピュータメーカーも

誤った情報を受け取り、資源配分のゆがみはさらに拡大する。もしブラジルのコンピュータメーカーの生産効率が外国のメーカーよりも劣っているとすれば、オランダからダンピングされたディスプレーを購入することで得られる15ドルのコスト削減のために、これらのメーカーは平面ディスプレーに適正な価格が付けられていたならば決して行わなかったであろう投資拡大の決定をしてしまうかもしれない。こうして、このタイプのダンピングは平面ディスプレーメーカーの資源配分をゆがめるだけでなく、コンピュータメーカーの生産効率や施設立地もゆがめてしまう。

以上はいずれも仮定であるが、こうした状況は現実の世界で頻繁に生じている。国内の生産者は誤った情報に基づいてビジネスの判断を下すことがないよう、市場の条件を慎重に評価しなければならない。

3. ダンピングの原因

A. なぜ企業は外国市場でダンピングするのか

筆者は1991年に刊行された*Down in the Dumps: Administration of the Unfair Trade Laws*の中で、ダンピングの原因を概観して以下の通り述べた。

> 「なぜ企業は外国市場でダンピングするのか。企業が外国市場でダンピングする理由はケースバイケースで多様である。理由の多く（例えば、余剰生産のはけ口として限界コスト以下で外国で製品を販売し、国内市場の保護の利益を最大化するため、あるいは産品間補助金を通じて利益を最大化するため）はビジネスの世界では合理的であるかもしれない。他方で、ビジネスの世界ではとうてい受け入れられない理由もある（例えば、市場支配や略奪的価格設定）。問題は、それが「不合理」なことではなく、それによって資源配分がゆがめられ、比較優位以外の原因で企業が弱体化し雇用が失われることである。
>
> 価格差別を成功させるためには、売り手はある程度の自律が可能なだけの市場支配力を持っていなければならない。上に述べた基本的な経済的な条件以外に、製品がダンピングされるその他の条件がある。
>
> 第一に、輸出は政策によって決定されるかもしれない。非経済的な

力は市場における価格水準に決定的な影響を与えることがあり得る。国内販売を行わずもっぱら輸出向けに生産している産業もさまざまな理由から輸出市場の間で価格差別を行うことがあり得る。例えば、市場による貿易障壁の違い、特定国に対するターゲティング、基軸通貨を獲得する必要、情報の不完全性、関税率の違いなど。

　価格差別(あるいはコスト割れ販売)は、輸出の伸びを通じて産業インフラの整備を目指す生産者の本国政府から直接あるいは間接に支持されるかもしれない。特に日本の場合、輸出振興と産業政策が結合し、こうした政策を通じて日本の競争力が引き上げられ、ターゲットとされた市場での価格は引き下げられた。

　第二に、ダンピングは市場シェアを拡大するための戦略として用いられる。この市場戦略はしばしば輸出志向型の産業政策の成功から派生して生まれる。しかし、この戦略は競争的な市場であればどこでも採用される(例えば、需要の価格弾力性が高い市場)。その前提はきわめて単純である。ダンピングして、市場シェアを拡大し、それから価格を引き上げる。この戦略は独占や寡占の取り決めに基づかなくてもよい。これは特に短期的な投資家の期待をそれほど考慮しなくてもよい場合、長期的な投資収益を最大化するための効果的かつ低コストの手段である。しかし、他の多くの理由と同様、これも裁量取引によって当該企業が価格差別を行う能力が損なわれず、また産品間補助金が生じていることを前提としている。

　第三に、国内生産の過剰のはけ口が必要である。散発的なダンピングがアンチダンピング提訴を引き起こす可能性はおそらく低いだろう。しかし、もし政府の措置や支援により産業構造の調整が遅れれば、ダンピング状況はさらに続くかもしれない。このような産業構造の調整の遅れと政府の支援が、過去20年にわたる世界の鉄鋼産業の危機の背後にあった。その結果、米国その他の国において鉄鋼産業はアンチダンピング法の最大の利用者となってきた」[16]。

　以下、若干の例を挙げながら、ダンピングのさまざまな原因について見てみよう。

B. ダンピングの原因の例

1) 国内市場の閉鎖性

　ダンピングの最もよくある原因の一つは国内市場の閉鎖性である。ある国の市場が高関税率や非関税障壁(例えば通関手続の障壁、外国製品の市場アクセスを阻害する規制、ローカルコンテント要求など)や反競争的な民間慣行その他のために閉鎖的あるいは比較的アクセスが困難である場合には、当該市場で国内生産者はしばしば世界価格よりもはるかに高い価格で販売することができる。閉鎖市場で生み出された利益を活用して、当該生産者は当該市場での価格・利益構造を損なうことなしに外国で攻撃的な価格設定を行うことができる。途上国の多くはきわめて高率の関税を維持している。先進国も輸入品との競争力に劣っていたり強力な内政上の支持がある特定の産品については高率関税を維持することがあり得る。同様に、いかなる国も外国産品の市場アクセスを効果的に制限する障壁を設けることができる。米国の自動車部品会社にとっての懸念の一つは、補修段階での日本の自動車部品の高価格が、日本の規制が外国製品の市場競争を大幅に制限している結果としてもたらされていることである[17]。最後に、一国内の企業間関係も外国製品の市場アクセスを実質的に制限することがある。こうした条件の下で国内メーカーが輸出に従事している場合には、ダンピングの可能性がある。

2) 構造的な余剰生産力

　生産コストが固定されている中で需要や供給のパターンに急激な変化が起きた場合、生産者が通常生産コストを下回る安価な価格で輸出することで余剰生産を処分する、重大なダンピングが発生する可能性がある。こうした場合に生産者が需給バランスを短期間に回復させることを認める多国間ルールは存在しない。こうした状況に直面した生産者はアドホックに対応するか、輸出に訴えるしかない。鉄鋼は構造的な余剰生産力の典型例である[18]。当該国にとって当該部門が産業上あるいは国防上重要であると判断されれば、何十年間にわたって大規模な補助が与えられ、自主的な構造改革の芽が摘まれてしまう。別の例として、ソ連の崩壊により多数の金属、鉱物その他の産品の需給関係に急激な変動が生じた。そのため、アドホックな解決をグロー

バルに試みた部門もある(例えばアルミニウム多国間協議(了解覚書))。また、多くの国で貿易訴訟を提起したり二国間協定を締結したりした部門もある[19]。

3) 不完全競争

関税率の低い国で、特定の産業部門の集中が進んでいたり生産者が流通システムをコントロールしているために外国製品との競争が制限される場合がある。この場合、国内市場の価格は、裁定取引や外国生産者との競争の結果として平均関税率から導かれる価格よりも高くなるだろう。

4) 不完全情報

正確な情報へのアクセスが制限されている場合も価格差別が生じ得る。不完全情報の下では、貿易障壁が低くても市場によって価格が異なることがあり得る。言い換えれば、裁定取引が行われても価格差別が判明しなければ価格差別は解消しない。

5) 産品間補助金

生産者がある産品を維持できないような低価格で販売し、その損失を別の産品の平均以上の利益で補填する場合、しばしばダンピングが行われる。産品間補助金は、同一産品を異なる消費者に販売する場合や異なる流通段階で販売する場合にも行われ得る。例えば、筆者は数年前、ある国際的な家庭電化製品会社の経営者から次のような話を聞いた。その会社はよく出回っている家庭電化製品で儲けたことはなく、そうした電化製品の販売を通じて、競争がほとんどなく利幅が大きい別の製品の市場シェアを確保して儲けているとのことである。こうした長期的なコスト割れ販売は経済的な集中をもたらす。

産品間補助金は同一の生産ライン内部でも、あるいは同一産品を購入する消費者間でも生じ得る。銘記すべきは、産品間補助金は別の製品あるいは別の市場での平均を上回る利益を確保する能力がなければ維持できないということである。言い換えれば、ある消費者にコスト割れ販売した際の損失は、必ず別の消費者に平均以上の価格で販売した際の利益で補填されているとい

うことである。

4. 政府が補助金を支出する理由および補助金が競争者に及ぼす影響

　政府が補助金を支出する理由はさまざまである。不況時に、困難を減らすために補助金を用いることがある。経済活動を拡大するために、政府が補助金を用いて特定の部門の投資を支援したり輸出を奨励することがある。GATT Activities 1988 は次の通り述べる。

>　「1980年代、工業部門の補助金が相当増加した。農業補助金は、それ以上に増加した。政治的・社会的圧力を受けて、政府は衰退産業を救済し、幼稚産業に刺激を与えて輸出を奨励するために大規模な財政出動を行った。そのため、部門によっては補助金付き輸出が実際の競争力を圧倒し、補助金が世界貿易の重要な要素となっている」[20]。

　1979年の補助金コード11条1項は、政府が補助金(輸出補助金を除く)を通じて達成しようとする目的を列挙している。

>　「1. 署名国は輸出補助金以外の補助金が社会政策上および経済政策上の目的を達成するための重要な手段として広範に交付されていることを認め、……。
>　署名国は、これらの目的が次のことを含むことに留意する。
>　(a) 特定の地域の産業上、経済上及び社会上の不利な条件を除去すること。
>　(b) 特に、貿易政策及び経済政策の変化(貿易障害の軽減を図る国際的約束から生ずる変化を含む。)によりその再編成が必要となった場合において、社会的に受けられる条件の下で特定の部門の再編成を促進すること。
>　(c) 一般的に、雇用を維持すること並びに再訓練及び雇用の転換を奨励すること。
>　(d) 特に高度技術産業の分野における研究開発計画を奨励すること。
>　(e) 開発途上国の経済的及び社会的な開発を促進するための経済計画及び経済政策を実施すること。

(f) 過密問題及び環境問題に対処するために産業を再配置すること。」

　政府が経済活動を補助する理由はさまざまあるが、同時に補助金が競争をゆがめ得ることも広く認められてきた[21]。おそらくその最も極端な例は農業である。農業部門の補助金額は莫大であり、競争力のない国で生産規模が拡大し、より効率的に生産できるが外国の補助金と競争するだけの財政力のない国の生産が減少している[22]。農業補助金は、食料安全保障の考慮、過去の食糧不足、社会の歴史における農業・農民の「特別な」地位などを反映し、きわめて情緒的なテーマであった。

　しかし、補助金が引き起こす経済的な不都合は決して農業に限られない。鉄鋼に対する多額の補助金は、政府による損失の補填を通じて世界の鉄鋼生産能力の配置を大きく変えた[23]。同様に、他の多くの産業部門に関して、政府の研究開発支援（国防予算を含む）や債務補填、生産補助金その他の慣行が国際競争の結果をゆがめてきたという懸念が表明されている[24]。

　WTO補助金相殺措置協定は、いかなる補助金が禁止され、いかなる補助金が重大な損害の推定を与え、相殺関税の対象となり、いかなる補助金が対象とならないかについてより明確な指針を提供する。補助金相殺措置協定が諸国間で貿易歪曲的な補助金慣行を最小限にするためのより厳格な規律をもたらすことが期待される。農業に関しても、特定の補助金に関して上限が設定され、また漸進的な削減が合意された。WTOの紛争解決手続に訴えることは容易になり、政府の慣行の透明性が改善されるであろう。

5. WTO協定はアンチダンピング税や相殺関税の申し立てを検討する産業にどのような影響を与えるだろうか

　アンチダンピング協定も補助金相殺措置協定もきわめて詳細である。さまざまな政府の行為をカバーしようとし、また多くの用語の意味を明確にしようとしたため、きわめて長大で複雑な協定が作られた。ダンピングや補助金に対抗する措置を検討する企業にとって、これらの協定が主要な用語についての合理的な解釈を与えてくれることは吉報である。また、これらの協定は、国内の司法審査および行政審査の権利を含む一定の手続の透明性とデュープ

ロセスを保証している[25]。すでに述べたように、補助金に関する規律は強化され、農業補助金についても一定の上限が設定された。ただし、それと同時に、申し立てに盛り込まれるべき情報のタイプや量、原告適格など、申し立てをしようとする産業や企業が満足しなければならない追加的な要件が設けられた[26]。賦課命令は、ダンピング・補助金および損害要件が満たされない限り5年後に廃止される(サンセット条項)。このように、調査はかつてよりも確実で統一的なものになったが、手続の開始はより困難となり、申立人により多くの費用を課し、また救済期間はより短くなった。また、協定には、長期にわたる価格の平均に関する規定など、申立人に困難を強いる規定も含まれている[27]。以下で、原告適格と価格平均について検討する。

A. 原告適格

アンチダンピング税および相殺関税の調査は国内産業がダンピングあるいは補助金によって重大な損害を受けあるいはその恐れがある場合に救済を与えることを目的とする。誰が申し立てを行うことができるか、いかにして産業により、あるいは産業のために申し立てが行われたことを立証するかが問題となる。「主要部分」という基準はどのようにして満足されるのか。米国などいくつかの国は労働者に申し立て権を認めている。あるケースについて労働者と経営者の意見が分かれた場合はどうなるか。ある産業に多数の企業が含まれる場合はどうなるか。調査対象の輸入が国内生産者によって行われている場合、また外国の生産者と国内の生産者の間に関係が存在する場合は、当該国はどのようにそれらを考慮すべきか。国内生産者は消費者から申し立てをしないよう要請されるかもしれない。また国内生産者はダンピングに対する救済を求めた結果として、加害者の本国での営業に関して報復を受けるかもしれない。新協定はこれら多くの問題に対する解答を含んでいる。例えば、アンチダンピング協定は、申し立てに基づく調査を開始する前に政府は原告適格を認定しなければならないと規定する[28]。産業界全体の中で申し立てに反対する意見よりも賛成する意見の方が多く(沈黙はカウントしない)、かつ賛成意見が全生産の25%以上を占めている場合、原告適格が認定される。政府は、自前で輸入している国内生産者あるいは調査対象である外国生産者

と関係を有する国内生産者を調査対象から除外する権利を有する。労働者に原告適格を認めることはできるが、これは義務的ではない。同様に、未組織の産業の場合、サンプリングで原告適格を認めることもできる。

　ウルグアイラウンド交渉中、多くの国が原告適格の重要性を指摘したが[29]、なぜこれが重要なのかはそれほど明確ではない。重大な損害あるいはその恐れがある場合に限って救済が与えられる。もし現に国内産業がダンピングにより重大な損害を受けているにもかかわらず、生産者の多数派が支持しない、あるいは支持できない場合にはなぜ救済が拒否されなければならないのか。支持しない理由が反競争的な場合、例えば国内産業の特定のメンバーを退出させるためである場合はどうなのか。ウルグアイラウンドにおいてこの問題を提起した国は、原告適格要件を厳格にすることで「とるに足らない」申し立てや嫌がらせのための申し立てが減るだろうと考えた。国によってはあらゆる企業が業界団体に加入することを義務づけられており、原告適格は業界団体の支持を得られるかどうかで決まる。しかし、もちろんこれはすべての国に当てはまるわけではない。原告適格要件の厳格化がどのような効果をもたらすかはいずれ明らかになる。筆者は、原告適格要件は協定の適切な機能にとっての重大な障害になると予測している。

B. ダンピング調査における価格平均

　ウルグアイラウンド交渉中、多くの国が当初の調査中に価格をどのように比較するかが重要な問題であると考えていた[30]。ある国は月ごとの国内市場における加重平均価格を個別の輸出取引価格と比較していた。個別の取引ごとに価格比較をするべきか、加重平均価格同士を比較するべきか、加重平均価格と個別の取引価格を比較するべきか、議論があった。加重平均価格同士の比較では特定の取引や地域、時期をねらったダンピングが漏れてしまうとの意見も出された。また、個別の取引価格を比較しようとする場合、国内市場では同じ日に多数の取引があり、価格が一様でないために、実際どのようにして「比較可能な」取引を選択するかが問題となるとの懸念も表明された[31]。

　交渉の結果、妥協的な規定が設けられた。ダンピング調査においては、加重平均価格同士の比較あるいは個別の取引ごとの価格比較を行ってもよい。

しかし、価格が特定の取引や地域、時期によって極端に異なる場合には、加重平均価格同士の比較は一定の要件を満たす場合にのみ可能とされた[32]。この規定を合理的に解釈すれば、平均に関する規定は当初の調査段階においてのみ適用される。同じ規定がサンセットレビュー段階でも適用されるとする規定はどこにも存在しない。そこで、米国を初めとするいくつかの国は、サンセットレビューに関しては加重平均と個別の取引価格を比較する従来からの慣行を維持している[33]。

C. 結　論

　有害なダンピングと補助金に対する救済を提供するルールは国際貿易システムに一層の自由化をもたらす二つの柱である。より多くの国が国内市場の自由化を推進するにつれて、これらの救済は激化する国際競争を受け入れた産業、労働者と共同体にとって重要な意味を持ち続ける。WTOおよび国際貿易共同体はこれらの救済の適切な運用を強力に支持するべきである。実業界はこれらの協定がどのように適用され、また国内法でどのように実施されているかを理解する必要がある。早めにこれらの救済措置を用いれば、比較優位を持つ国内生産者が市場から撤退する帰結を導く誤った情報を阻止することができる。

6. アンチダンピング法・相殺関税法がカバーしていない対象

　前節で見たとおり、1994年のGATTの6条と16条は、政府の補助や私企業の行動が価格差別やコスト割れ販売によって重大な損害を引き起こしている場合に、国内の行政機関や裁判所を通じて私人に救済を提供する。しかし、これらの救済は輸入国でのみ提供される。また、6条と16条および補助金相殺措置協定は、政府にWTOの枠内で特定の補助金の適法性を争う権利を与える。これらの補助金は輸入国の国内市場や輸出国市場や第三国市場に損害を与えるかもしれない。WTOは、貿易歪曲効果を持つことについて諸国の見解が一致した特定の補助金、つまり輸出補助金および輸入品ではなく国産品を使用することに付随する国内補助金を禁止した。禁止補助金は当該加盟

国に関してWTO協定が発効してから3年以内に廃止されなければならない。ただし、開発途上国および後発開発途上国についてはより長い猶予期間および例外が認められる[34]。その他の補助金の中には相殺措置の対象となる、あるいは重大な損害の推定を受けるものがある[35]。最後に、ある種の補助金は貿易歪曲的でないとみなされ、補助金の水準のいかんを問わず相殺関税の対象には含まれない[36]。農業および及び民間航空機については特別のルールがあるが、WTOは、加盟国が相殺関税賦課可能補助金と禁止補助金が国内産業に影響を与える場合には、いつでもこれを規制することを認めている[37]。

　ダンピングについては事情が異なる。1994年のGATT 6条の下で、第三国のためのダンピング申し立ては当該第三国とWTOの同意がある場合にのみ可能である。これまでのところ、第三国のためのダンピング申し立てがアンチダンピング税賦課にまで至ったケースは報告されていない。カナダは、カナダ産業が米国内でのダンピングによって損害を被っているとして、1995年に米国に対して日本からのナトリウムアジ化物の輸入に関する第三国のためのダンピング申し立てを起こすよう求めた。米国内で同じ産品に関してダンピング申し立てが継続中であったにもかかわらず、USTRは調査を開始しなかった[38]。

　外国の生産者が自国の市場でコスト割れ販売を行っているために国内生産者の当該国への輸出の採算がとれない場合について、WTOは訴権を認めていない。米国法は1995年まで私的な補助金も相殺関税賦課の対象としていた。もっとも1930年代以降これが適用された例はない[39]。国内市場であれ外国市場であれ、コスト割れ販売が経済的に維持可能なのは、①生産者が廃業しようとしている場合、②生産者が外部から補助金を得ている場合、③生産者が他の産品から補助金を得ている場合、に限られる。

　産品間補助金は、WTOの規律対象に含まれない補助金の中で国際貿易フローを実際上、最もゆがめている形態である。多くの国の競争法の欠陥のため、産品間補助金は国内法の規制も国際ルールの規制も免れている。以下の仮定事例を考えてみよう。

　　　　ある韓国のDRAM半導体メーカーがコスト割れ販売により国内およ

びアジア全体の市場シェアを飛躍的に拡大することを決定した。この
メーカーは国内市場を支配しているオーブンレンジなどの販売によっ
て得た高収益によってこの損失を補填する。日本のDRAMメーカーは
日本市場に関しては救済を得ることができるかもしれないが、韓国市
場に関しては救済手段を持っていないし、第三国市場での損失につい
て救済を得られる可能性は理論的な可能性に過ぎない。韓国メーカー
の行動は短期的・中期的には不合理である。おそらくは長期的にもそ
うであろう。この結果生じる資源配分の誤りは重大であり、消費者に
とってもネットでは不利益が生じる(DRAM購入者に対する低価格はその
他の産品に対する高価格でまかなわれている)。

　また、貿易システムには(定期的ではなく)構造的な過剰生産を短期的に国
内で修正するメカニズムが備わっていない。ソ連の崩壊のような異例の事態
があると、旧コメコンブロックの需要が崩壊してしまったため、異例の過剰
在庫が生じる。ダンピング法は小規模な過剰生産には対処できるが、貿易シ
ステムには過剰生産を速やかに修正する世界的な解決策が必要である。

　アンチダンピング法は誤った市場情報に起因する資源配分の誤りを予防す
る機能も持っている。米国その他の国のアンチダンピング法は、外国の生産
者による有害な価格設定を是正することを目的としている[40]。以下の仮想
例でこの点を見てみよう。

　　　オーストラリアのメーカーが8オンスの透明なグラスを生産してい
　　る。それは価格競争力のある高度に効率的なガラス製品生産者である。
　　インドからの低価格の輸入ガラス製品のためにその会社は損害を被
　　り、研究開発投資や設備投資を削減し、インドの生産者に奪われた市
　　場シェア分に見合う工場の閉鎖を最近行った。インドの生産者は低価
　　格の労働力を確保しているが、実際にはその生産コストはオーストラ
　　リアの生産者よりもかなり高い。しかし、インドの関税は従価税率60
　　％であるため、ごくわずかの外国製品しか輸入されない。この状況の
　　下で、オーストラリアでは、実際には国際競争力があるにもかかわら
　　ず資産が浪費される一方、競争的でない価格構造を有するが高い貿易
　　障壁を維持する国に資産が流入している[41]。アンチダンピング法は

こうした不合理な結果を少なくとも部分的に予防ないし修正するべきである。

ダンピングされた産品が中間製品で、資源配分の誤りが当該製品の輸出国と輸入国で起きるだけでなく、下流製品を輸入する国や第三国でも起きるという問題もある。

7. 日米間の経済紛争を解決するためのアンチダンピング法・相殺関税法の使用

日米間ではさまざまな理由で紛争が発生する。大規模な貿易関係を結んでいる以上、日常的な取引関係の中で不可避的にさまざまな紛争が発生する。そのうえ、構造、文化その他の相違からも時に貿易摩擦が発生する[42]。

ルールの領域でも多数の紛争が発生してきた。紛争が発生する産品の内容には変遷が見られる。後に見るように、両国ともさまざまな補助金を有するにもかかわらず、いずれの国も相殺関税を賦課したことはない。もっとも、両国間で論議を呼んでいる補助金はある(例えば米国のセマテック(Sematech)プログラムや日本の経営改革法など)。

A. 米国は相殺関税法をあまり用いていない

1890年以来数百に上る相殺関税の申し立てが米国政府に対して行われた[43]。その大半は1979年通商協定法以後の事案である。ところが、ガットとWTOの記録によると、鉄鋼製品で1992年に一時的な増加が見られたものの、この10年で相殺関税の申し立て件数は急速に落ち込んでいる。もっとも、日本に対しては過去を通じて相殺関税の申し立てはほとんど行われていない[44]。これは日本の政府による援助の通告とタイミングのせいであると論じる者もいる。日本は生産技術の発達を積極的に奨励してきた。そして、産業界が構造改革に取り組むことを支援してきた(例えば、不況カルテルの承認)。前者の支援はその時期が早すぎ、米国相殺関税法では日本からの製品輸出が米国市場で大きな地位を占めるに至るまでにはごくわずかの補助金しか支出されていないことになってしまう。

WTO協定の実施の一環として、すべての加盟国は全国および地方レベル

での補助金のリストを提出するよう義務づけられた[45]。日米両国ともリストを提出した。日本については以下の補助金が挙げられた。繊維・衣料産業奨励のための補助金および融資保証、石炭産業安定化のための補助金および融資保証、造船およびサケ増殖のための研究開発支援の補助金および融資保証、石油精製施設合理化のための利子補給、リサイクル産業および農産物加工産業のための税額控除、木材・繊維・農産物加工・ハイテク産業・漁業に対する機械設備の減価償却の上積み、海外および国内の探鉱に対する税額控除[46]。

これまで日本が挙げた補助金については相殺関税はほとんど賦課されていないが、過去において問題となった補助金はある。

1) 経営改革法

1995年4月に制定された経営改革法の下で、国際競争のために「生産や雇用の落ち込み」あるいは「落ち込みのおそれ」に直面している特定の日本の産業は、「経営改革計画」の提出と引き替えに通産省から援助を受けることができる[47]。同法は特定の日本の産業に対して、設備更新、構造改善、操業拡大、追加的な設備投資をきわめて低コストで実施できるよう、さまざまな政府の支援を提供する。同法はその目的が「国内製造業を刺激し、……国内経済が国際環境と協調しながら(つまり、米国その他の国と競争しながら――筆者)健全に成長するよう支援する」ことであると述べている[48]。通産省が提供するのは、政府基金からの補助、「特別に低率の」融資および融資保証、機械の減価償却期間の短縮、研究開発投資に対する税額控除などである。また、同法5条3項は、企業が独占禁止法からの適用除外を通産省に申請し、公正取引委員会による競争法・競争政策の規制を緩めてもらうことを認めている。通産大臣は、独占禁止法の適用に関して公正取引委員会と「調整」を行う権限を有するのである[49]。

2) ターゲティング――早期支援

日本政府は戦略的に重要な産業(通常はハイテク産業)に対して、「ターゲティング」、つまり、「元手」の補助その他の幼稚産業振興策を実施してきたといわれる。これは典型的には政府が組織し通産省が主導する研究開発コン

ソーシアムの形態をとってきた。また、通産省と大蔵省はこうしたプロジェクトに対して追加的な融資をしばしば提供してきた。こうしたプロジェクトは商業ベースに乗る前段階の技術に焦点を当て、基本的な知識を集積し、共通の基準を設定して、個々の企業がそれを応用して商業ベースでの開発を推進できるようにすることを目指してきた。その最もよく知られた初期の例は半導体である。1979年から1990年にかけて実施されたプロジェクトは巨大集積回路 (VSLI)、スーパーコンピュータ、バイオチップおよびバイオコンピュータ、ファインセラミクス、光電子技術をカバーしていた。

　商業ベースに乗る前段階に焦点を当てることで、政府機関による補助は対象となった技術が商業ベースでの応用が可能となる程度に発達するよりはるか以前の、開発の最も初期の段階に行われる。そのため、研究プロジェクトに参加する企業は参加しない企業よりも商業的に見て重要な利益を得るわけではない。この段階での補助は、相殺関税賦課の「レーダーをくぐる」ことになる。なぜならそれはごく初期の段階で実施されるので、賦課対象となる製品に具現された応用技術として登場する時点ではすでに拡散してしまっており、ごくわずかの補助金しか検知されないからである[50]。

3) 不況カルテル

　日本の独占禁止法は24条で不況カルテルおよび合理化カルテルを法の適用から除外している。その他、中小企業基本法や輸出入取引法を含む28の法律が独占禁止法からの適用除外を規定している。独占禁止法24条3項により、不況カルテルは製造業者が「特別の (経済の) 環境」に対処するための「協調行動」として時限的に認められている。24条4項は企業が技術や生産性や製品の品質を改善しようとする場合に合理化カルテルを認めている。カルテルにより技術や製品の数、原材料や完成品の在庫量、共同利用する輸送施設や廃棄物の利用を制限することができる[51]。

　①経済目的達成のために必要で、②対象活動が限定されており、③必要以上に差別的でない場合に、不況カルテルや合理化カルテルを承認するのは公正取引委員会の任務である。1989年10月以降、新たな不況カルテルが承認された例はない。また、1982年1月以降、新たな合理化カルテルは承認されて

いない。大半の新たなカルテルは環境衛生事業合理化法あるいは輸出入取引法の下で承認されている[52]。公正取引委員会の1995年度年次報告書は1994会計年度に存続している36の異なる法律に基づく55のカルテルを報告している。1994年のガットによる対日貿易政策検討報告書は、独占禁止法の下で存続する11の輸出カルテルと1の輸入カルテルを指摘している。1992年の28からは減少した[53]。

B. 米国によるアンチダンピング措置

1) 歴史的背景

多年にわたり、日本の輸出の焦点は米国や西欧の先進国市場に向けられてきた。日本の産業は外国での市場浸透のために攻撃的な価格設定を行い、国内市場はさまざまな理由から(例えば、政府の措置、民間の慣行、構造的・文化的バイアスなど)多くの西欧企業からは参入困難とみなされてきた。その結果、日本の産業は米国だけでなくEU、カナダ、オーストラリアからもアンチダンピング法の適用対象となってきた。

2) 最近の状況

この15年間に日本企業が外国投資を急速に拡大し[54]、同じ時期に東南アジアの需要が急速に増大した結果、日本企業に対するアンチダンピング法の適用件数は減少した。代わって、長年にわたり2桁あるいはそれ以上の輸出の伸びを記録し、輸出価格もきわめて低い中国が、1990年代の世界の注目を集めている。次頁の表は日本製品に対する米国の現行のアンチダンピング命令、認定とその期間の一覧である。

米国のケースが減少しているにもかかわらず、多くの日本の企業が最近商務省のダンピング調査に積極的に参加することを拒むようになってきた。これは、円の価値に照らすと実際のダンピングのレベルが高いこと(企業が参加しなければ申し立てを商務省が修正したダンピングマージンを支払うことになるが、それは実際のマージンよりもかなり低い)、参加のコスト、ダンピング法に対する日本政府および企業の敵対心などの理由による[55]。

対日現行アンチダンピング命令、決定

	製品	命令、決定日		製品	命令、決定日
1	テレビ受像器	1970/3/10	26	真鍮板・細片	1988/8/12
2	漁網	1972/6/9	27	ポリ四フッ化エチレン樹脂粒	1988/8/24
3	高圧変圧器	1972/6/14	28	マイクロディスク	1989/4/3
4	自転車スピードメーター	1972/11/22	29	電解二酸化マンガン	1989/4/17
5	ローラーチェーン	1973/4/12	30	球面プレーンベアリング	1989/5/15
6	合成メチオニン	1973/7/10	31	円筒ローラーベアリング	1989/5/15
7	スチールワイアロープ	1973/10/15	32	ボールベアリング	1989/5/15
8	ポリクロロプリンゴム	1973/12/6	33	工業用ベルト	1989/6/14
9	先細ローラーベアリング(0-4")	1976/8/8	34	小企業用電話システム	1989/12/11
10	アクリルシート	1976/8/30	35	製図機	1989/12/29
11	メラミン	1977/2/2	36	mechanical transfer presses	1990/2/16
12	impression fabric	1978/5/25	37	ニトロセルロース	1990/7/10
13	スチールワイア綱	1978/12/8	38	レーザー光散乱装置	1990/11/19
14	大型電動モーター	1980/12/24	39	Benzyl paraben	1991/2/13
15	高圧増幅器	1982/7/20	40	セメント	1991/5/10
16	チタンスポンジ	1984/11/30	41	レンズ	1992/4/15
17	カルシウム次亜塩素酸塩	1985/4/18	42	電動切削機具	1993/7/12
18	携帯電話	1985/12/19	43	炭素鋼板製品	1993/8/19
19	突き合わせ溶接パイプ部材	1987/2/10	44	霜取りタイマー	1994/3/2
20	鋳造パイプ部材	1987/7/6	45	grain-oriented electric steel	1994/6/10
21	先細ローラーベアリング(4"-)	1987/10/6	46	ステンレススチール棒	1995/2/21
22	カラーブラウン管	1988/1/7	47	oil country tubular goods	1995/8/11
23	ステンレス突き合わせ溶接パイプ部材	1988/3/25	48	ポリビニルアルコール	1996/5/14
24	フォークリフトトラック	1988/6/7	49	鋼被覆板	1996/7/2
25	ニトリルゴム	1988/6/16	50	ガスターボ圧縮器	1997/6/16

出典）U.S.International Trade Commission, *The Year in Trade, 1995, Operation of the Trade Agreements Program*(1996), Table A-25. Fed-Track Guide to Antidumping Orders and Findings. International Trade Administration(ITA), *Antidumping Duty Orders in Effect on June 1,1997, and Suspension Agreements Currently in Effect.*

　米国アンチダンピング法は透明性が高くデュープロセスに基づいている。米国は、すべての当事者に行政保護命令(Administrative Protective Orders)の下で商務省(ダンピング認定)と国際貿易委員会(ITC, 損害認定)に提出されたあらゆる情報への完全なアクセスを認めている。透明性とデュープロセスはすべての当事者の参加コストに影響する。ウルグアイラウンド協定の一環として改正されたアンチダンピング協定はすべての加盟国に一層の透明性とデュープロセスを義務づけ、用語の解釈に一層の統一性を与え、申立人と被申立人に一層の負担を課した。新協定によってこれまで以上の統一性が保証されることになるだろうが、同時に世界中で手続参加のコストも増大するだろう。

3) より重大な問題の一部としてのアンチダンピング事案

　貿易システムは起こりうる多数の貿易問題に対してごくわずかな救済しか提供してこなかった。過去四半世紀にわたり、世界の貿易システムにおいては鉄鋼の生産能力が過剰であった。各国政府は補助金その他の慣行により問題を悪化させてきた。構造的な過剰生産能力を是正し市場の均衡を回復させるための多国間ルールは存在しないので、個々の国の生産者は他国からダンピングの申し立てを受けることを回避するために、定期的にGATT 6条の申し立てを提起してきた。アンチダンピングおよび相殺関税法の下で過去に提起された事案の半数は鉄鋼関係であるといわれる。例えば1990年代初頭には、鉄鋼に関する申し立てはEU、米国、カナダ、メキシコ、オーストラリアで提起されていた。1980年代初頭の米国では、多数のアンチダンピング、相殺関税、エスケープクローズの申し立てが行われた結果、多くの鉄鋼生産国が米国に対して輸出自主規制を実施した[56]。このようなアドホックの地域的あるいは世界規模の解決策は、WTOセーフガード協定で禁止されている[57]。

　鉄鋼以外にも、世界的な過剰生産能力と救済策の欠如のために産業界が国ごとのアンチダンピング申し立てやアドホックな解決策に訴えることを強いられてきた部門がある。ソ連崩壊以来、旧構成国に対して提起されている申し立てはすべてこのカテゴリーに含まれる[58]。アドホックな解決は、鉄鋼やアルミニウムといった大規模な産業にのみ利用可能であった。中小の産業は、問題の部分的な解決しかもたらさないWTOの認めた救済策しか利用できない。

　米国には、多元的な方策(アンチダンピングと通商法301条)や二国間交渉を通じて国際貿易問題に対してより包括的な解決を獲得できた産業がある。米国は日本との間で多数のセクター別協定を結んでおり、その大半は日本市場へのアクセスを規定している。中には、第一次半導体協定のようにアンチダンピング申し立てと二国間交渉の結果として締結されたものもある。半導体に関しては、包括的な解決の結果として、停止されていたアンチダンピング申し立ては取り下げられた[59]。

　ダンピングが第三国、さらには複数の第三国にも波及するようになるにつれて、問題をグローバルに一度で処理する有用な多国間ルール、あるいはセーフガード協定では禁止されているアドホックな解決を求める声が高まっている。

C. 日本によるアンチダンピング・相殺関税法の使用

1) これまではあまり使用されていない。米国に対してはゼロである

これまでのところ、日本はごくわずかのアンチダンピング調査しか開始しておらず、相殺関税は全く使用していない。こうした態度はGATT 6条を好まない人からは「称賛に値する」ものかもしれないが、それは同時に日本がWTOが扱っていない他の多くの貿易問題対処策を持っていることの反映と見ることもできる。中には例えば香港のように、きわめて開放的な経済でありながら貿易救済法の使用を拒否している国もあるが、一般には貿易救済法を使用することは、その国がより開放的な経済であることの反映である。

次の例を考えてみよう。数年前、ノルウェーのサケ産業は過度の操業により深刻な事態に直面していた。

「ノルウェー漁業は主要輸出市場である米国、EUと日本に大量のサケを低価格で輸出していた。米国でアンチダンピング申し立て、相殺関税申し立てが行われ、いずれも賦課命令が出された。サケ輸入の大半をノルウェーにあおいでいたEUではアンチダンピング申し立てが行われたが、EU委員会はダンピングと損害を認定したもののアンチダンピング税を賦課しなかった。その後、EUは大西洋産サケに最低輸入価格を設定して、GATT 19条に基づくセーフガード措置を実施した。ノルウェーのサケ産業に詳しい筋によれば、日本はルールに基づく手段をとらないでノルウェーから過剰な量のサケが輸入されないようにした。日本による輸入制限は公告されず、おそらくはGATT整合的ではない」。

米国は、価格引き下げ問題に対処するためにGATTが認めた救済策を追求してきたので、国際的に大きな注目を集めてきた[60]。EUの措置も若干の注目を集めたが、結局それはWTO違反の申し立てを受けなかった[61]。これに対して、日本の措置は全く注目されなかった[62]。この例は、主要な貿易国が同じ問題に直面したときに、GATT整合的な措置からそうでない措置まで含め、問題を解決するためにさまざまな措置をとり得るし、また現にとってきたことを示している。

多くの米国人は、日本の市場が、将来、日本がアンチダンピング申し立て

をより頻繁に使用する事態を導くことを望んでいる。日本市場は開放性を増しており、貿易問題への取り組みもますます透明性を増しているという兆候が認められる。

2) 関税以外のビジネス、構造的その他の貿易制限

　日米両国は、多くの時間と労力を互いの非関税障壁や構造的その他の貿易制限を指摘することに費やしてきたし、現在もそうしている。しかし、こうした障壁・制限は、日本がWTOの認める救済策を用いる必要性を減じてきただけでなく、米国その他に貿易歪曲を引き起こしてきたことを認識する必要がある。例えば日本の規制によって外国との競争から実質的に隔離されてきた自動車補修部品市場を見てみよう。こうした非関税障壁は、欧州や米国その他の主要な自動車部品生産者が日本の補修部品市場に進出することを阻んできたため、貿易救済策に訴えることも不可能である[63]。輸入が行われていない以上、日本が輸入増を問題にすることはあり得ない。しかし、こうした制限は、日本の補修部品市場における異常に高い利益率のために、日本の自動車部品メーカーが日本の自動車メーカーに部品をコスト割れ販売することができるだろうという別の問題を引き起こす。もしこれが現実に起これば、外国の自動車メーカーは原材料や部品をコスト割れ価格で購入する日本の自動車メーカーと競争することになり、世界の自動車貿易はゆがめられてしまう。最後に、貿易制限（およびその帰結としての二重価格）によってもたらされる日本市場の歪曲は国内の販売価格と輸出価格とのずれを生み出し、外国でダンピング申し立てを引き起こすだろう。日本が市場開放と規制緩和を継続する限り、ダンピング輸入や補助金による日本市場の歪曲は増大するだろう。一例だけ見てみよう。

3) 今後何が起こるか？

　中国の輸出部門が驚異的に成長する一方で、大規模な国家関与により中国経済の歪曲が続くため、日本はその国内市場においてGATT 6条申し立ての圧力を強く受けることになるだろう。強力な貿易救済法はいまや日本の国益にかなうと見るべきである。残念ながら、日本政府の公式の立場は、そして多

くの産業界の意見も過去にとらわれており、今後の必要性を考慮していない。

8. 誤用？ それとも無駄な使用？

A. 米国ではつまらない先例が多いか？ あるいは明確な先例がないか？

1) 商務省決定の予測可能性

　この数年間、商務省は多くの問題を検討し、アンチダンピング法の運用者としてさまざまな政策を採用してきたので、商務省が行政手続においてとる立場はより予測可能になった。また、行政手続は司法審査の対象となり、商務省の決定も裁判所によって変更されてきたので、すでに決着を見た問題もある。その結果、当事者は商務省がある問題についてどのような決定を下すかを相当確実に予測することができる。

　当事者が行政による審査手続に積極的に参加し、最終決定が下される前に問題を提起し議論するようにすれば、商務省がダンピングマージンの計算においてどのような修正を加えるかについて相当程度予測が可能である。だからといって、当事者が提出した証拠が商務省の要求する基準を満たしていなければその当事者は必ず敗訴するというわけではない。ただし、商務省の結論の下し方はかなり明快で透明なので、ダンピングが認定されるかどうかについての解答は相当程度予測が可能である。

2) ITCはいい加減か？

　マスコミやWTOや学界においてしばしば各国が「ルール」を誤用しているとの懸念が表明される。数年前にブルッキングス研究所のパネルディスカッションに参加した際、筆者は多くの学者や経済学者が、部外者として米国法のバイアスと考える点を指摘するのを聞いた。例えば、ある参加者は、高率(約50%)の損害なし決定を比較的低いダンピング否定決定(10%以下)との対比でダンピング計算のバイアスであると指摘した。実務家の立場からはこの対照的な数字は容易に説明できる。商務省のやり方は近年ますます予測可能になっているので、産業界は大きな価格差が存在する、あるいは価格はコストをはるかに割り込んでいるという確信を持って申し立てを行っている。ダン

ピングの認定は決していい加減ではない。価格差別の存在に関して高率で認定が出されているのは決して驚くべきことではない。これに対して、損害認定は独特なものであり、最終決定は調査開始から1年経った時点で下される。類似の事実関係であっても、個別の事案の特殊性に基づいてITC（国際貿易委員会）が異なる決定を下すことがあるし、ITCの6名の委員の異動もある。また、申し立て時点では存在していなかった事実についても最終認定時には考慮される。そのため、最終的に損害ありの認定が下される率が低いことは驚くべきことではない。

米国においては商務省とITCが国内法の規定に従いそれぞれの任務を懸命に果たしている。もちろん国内法はWTOの下での米国の義務を履行するように作られている。我々は大半の行政官はこれらの法をその通りに執行しようとしていると信じている。外国の生産者にとっての防衛手段は、司法審査あるいは行政審査を受けられること、そして法や措置がWTOの義務に適合しない場合にはWTOのパネル手続が利用できることである[64]。

同様に、国内産業や生産者が法を「誤用」しているという主張も実務家にとっては信用できない。米国では申し立てを準備する費用は莫大であり、大半の場合に何百万ドルもかかる[65]。実務家が調査に参加する費用も莫大である。私の個人的な経験によると、問題は産業が申し立てをあまりに早く提起することではなく、一般的に法の下での救済を求めるまでに時間をかけすぎていることである。他の国では、申立人の役割はそれほど大きくなく、したがって参加費用もそれほど高くない。しかし、アンチダンピング協定も補助金相殺措置協定も詳細な規定を設けており、輸入に問題がないのに申し立てが提起される可能性はきわめて低い。

3) 政治的影響力の行使？

当事者の一方が政治的影響力を行使しようとすることは常にあり得る。米国では透明性が高いので、そうした企ては公に記録され、それに対して行政官が事案は国内法に従って判断されると解答するのが通例である。政治的影響力とは、通常、国内産業が結論を左右しようとする企てであると考えられている。しかし、外国政府もしばしば個別のケースで政策に影響を与えよう

とする。外国政府のとりうる方策は多様であり、申し立て産業は、外国政府がどのような方策を講じているかの全体像をつかむことはめったにない。もう何年も前に我々が関与したある事案では、外国の大統領が米国大統領との首脳会談の話題の筆頭にアンチダンピング事案を据えたことがあった。政府は、しばしば貿易ルールが事実記録と合意されたルールに基づいて適用されることを認めたがらない。これはきわめて残念なことである。ルールは適用されるかされないかのどちらかである。WTOは各国に決定の司法審査あるいは行政審査を義務づけ、WTO紛争解決機関に申し立てる権利を認めている。もし貿易がルールによって規律されないとすれば、WTOにおける権利と義務のバランスの再検討が必要となる。すべての当事者は政治的な配慮を求めることが生み出す不適切な結果を憂慮すべきである。

B. 国際貿易システムは貿易問題に対処する手段をあまりにわずかしか提供してこなかったか？

貿易システムにはいくつかの穴があり、そのためにGATT 6条と16条に不必要な圧力が加わっているというのが筆者の意見である。構造的な余剰生産力に対処する多国間ルールの欠如についてはすでに検討した。アンチダンピングおよび相殺関税の事案の過半数が、この多国間ルールの欠如に起因しているといってよい。言い換えれば、ダンピングはしばしば構造的な余剰生産力という問題の存在を示す兆候であろう。ダンピング申し立てはこの問題が個別の市場に悪影響を与えるのを防ぐことができる。同様に政府の補助金も余剰生産力の事態を悪化させたり最も非効率産業に利益を与えたりする。もっと多くの救済策があれば国際貿易システムはもっとよくなるだろう。

同様に、WTOは、旧ソ連の崩壊といった異常な突発事態に対処するルールを持っていない。多くの部門における需要と既存の生産力の急激な落ち込みの結果として、多国間で対処すべき危機が生じる。米国などの近視眼的な競争法の下では、当事者が反トラスト訴訟に巻き込まれる恐れがあるので、アドホックにグローバルな解決を講じることは危険である[66]。ここでも、アンチダンピングは需要の崩壊と市場規律の欠如の兆候となるだろう。しかし、よりよい解決策が提供されるべきである。

ますますグローバル化する市場において、WTOは輸入国における価格差別にのみ有効に対処するアンチダンピングルールを採用した。第三国ダンピングは理論的には認められているが、これまで1件も発動されたことがない。輸出に大幅に依存している産業にとって、第三国あるいはグローバルな価格差別に対処する実効的な救済策がないことはきわめて問題である。

C. 迂回、アンチダンピング税の吸収、補償の欠如、払い戻し、産品間補助金その他の問題

WTOに追加的な救済策を設ける必要性の他に、米国、日本その他の加盟国はWTOが設けた救済策が実効的に機能するよう配慮すべきである。国際貿易システムは、合理的な資源配分を心がけるべきである。しかし、現行のWTOや国内法の規定は多くの場合に救済をあまりに遅らせたり規律からの逸脱を許してしまっている。いくつかの例を挙げよう。

1) 迂　回

迂回はGATT 6条の下で実効的な救済を与える上での重要な課題である。にもかかわらず、また、ウルグアイラウンドで、迂回は緊急に多国間で取り組むべき問題であると明記した迂回防止に関する決定[67]が下されたにもかかわらず、アンチダンピング委員会ではこれまでのところいかなる解決も図られていない。しかしながら、米国では行政当局が迂回を奨励するシステムを作り上げたため、問題は悪化している。米国の規則は迂回に対するインセンティブを設けている。このような帰結は米国がWTOの下で負う義務から導かれるものではないが、商務省の近視眼的な政策の結果として、規則によって義務づけられている。

2) アンチダンピング税の吸収

輸入者によるアンチダンピング税の吸収は、ダンピングの有害な効果を除去する上で重大な障害であったし現在もそうである。輸入者が外国の生産者や輸出者と関係を結んでいる場合に、アンチダンピング税の吸収を止めさせなければ、国内産業は決してダンピングされない価格と対抗することはでき

ない。言い換えれば、このような状況の下では、ダンピングは決して緩和されないのである。WTOアンチダンピング協定は、9条3項3でこの状況について規定した。それによると、輸入国は関係輸入者によるアンチダンピング税の吸収が行われたと推定し、輸入者と購買者の価格慣行を調査し、吸収されたアンチダンピング税によってダンピングが是正されるよう確保することを認めた。もしアンチダンピング税が吸収されていなければ、行政当局はダンピング額を決定する際に控除される追加コストとしてダンピング税が吸収されたという取り扱いをすることができる[68]。

残念ながら米国法はまだ9条3項3を採用していない。米国法は特定の審査の際にアンチダンピング税の吸収が行われているかどうか決定するよう要求しているが[69]、それはアンチダンピング税賦課決定が廃止された場合に損害が継続するかあるいは再び発生するかを審査するサンセットレビューの場合に限られている。アンチダンピング税の吸収はダンピングによって引き起こされる資源配分のゆがみの是正を大きく阻害するので、米国でも外国でも行政当局はこの問題に優先的に取り組むべきである。

3) 補償の欠如

WTOはGATT 6条の救済を得るために、かなり高いハードルを設けた。すでに生じた損害は救済されない。ダンピングと補助金は将来に向けて中和されるに過ぎない。部門によっては、WTOの要件を満たすだけの損害があれば、もはや当該産業は撤退するしかなくなっている場合もある。「損害の恐れ」の決定は認められているが、現行のWTOの要件が厳格であるために、実際にはほとんどこの決定は下されていない。早めに救済を与えればダンピングや補助金によってもたらされる資源配分のゆがみは減るであろう。早期の救済は、アンチダンピング税や相殺関税の賦課決定の期間を短縮させることになるだろう。既存のアンバランスを是正しない以上、WTOあるいは国内法で過去および現在の損害に対する融資の方策を設けるべきである。徴収したアンチダンピング税を財源としてアンチダンピング税の吸収から生じる現在の損害の一部を救済することは可能であるし、政府はぜひそうすべきであるが、過去のダンピングによって生じた資源配分のゆがみはそれでは是正さ

れない。私人の申し立て権を認めないとすれば、過去の損害を救済する最善策は、産業に企業が競争力を失い施設を閉鎖するような事態に至る前に早期の救済を与えることである。

4) 還 付

米国法は輸入者が支払ったアンチダンピング税の還付を認めていない[70]。その説明は明快である。もしある国が外国の生産者に輸入者のためにアンチダンピング税を支払うことを認めれば、修正措置はいっさいとられなくなるだろう。還付は、特に関係する輸入当事者にとって重要であると考えられている。関係当事者に金を移転させる方法は種々ある。例えば、対象産品あるいはその他の産品の移転価格操作、会社間の支払い・融資条件の調整、ロイヤルティその他の支払いの変更、個人に対する融資、資本金への組入れなど。残念ながら、これまでのところ商務省は何が還付とみなされるかについてきわめて厳格な解釈を採用してきた[71]。商務省は還付の立証のために書面による証拠の提出を要求しており、還付は実際には空手形に留まっている。

5) 産品間補助金

これは多数の産品を生産する企業にとっては重要な問題であるが、WTOはアンチダンピング法の分野でこの問題を扱っている。しかし、産品間補助金は輸入国で資源配分のゆがみを引き起こすだけでなく、輸出国市場でも第三国でも同様のゆがみを引き起こす可能性がある。この問題はWTOにおいて、補助金相殺措置協定、あるいは、シンガポール閣僚宣言[72]で設置が決まった貿易と競争政策に関する作業部会で検討されるべきである[73]。

WTOと個々の加盟国はルールを有効なものにするよう努力すべきである。有効なルールはより短期間の介入、より短期間の是正、より短期間の資源配分のゆがみをもたらし得る。これは日米両国にとっても重要な課題である。

9. なぜGATT 6条と16条は将来においてもWTOの重要な要素であり続けるのか？[74]

WTO加盟国の多くは、過去において貿易問題に対処するために利用でき

る多くの関税や非関税障壁を持っていた。各国が貿易レジームを自由化し、関税を引き下げ、国際収支のための例外を廃止し、非関税障壁を取り除き、WTOの義務に服するにつれて、貿易問題に対する唯一の救済策はWTO整合的なものに限られるようになってきた。中でも6条と16条は最もよく援用される救済策となってきた。これは重要な進歩である。メキシコとブラジルはその好例である。両国ともその貿易レジームを相当自由化した。それと同時に、以下の表に示されるとおり、両国とも最近6条を積極的に利用している。アンチダンピング税賦課決定がカバーする貿易額は小さく、輸入障壁その他の非関税障壁がカバーする貿易額は依然大きい[75]。6条を適切に利用することができれば多くの国が一層の貿易自由化を推進することができる。

メキシコとブラジルが開始したアンチダンピング税およひ相殺関税の調査件数(1990-1996年)

	メキシコ		ブラジル	
	アンチダンピング税	相殺関税	アンチダンピング税	相殺関税
1990年	12	0	1	0
1991年	13	0	8	1
1992年	25	0	9	9
1993年	48	11	5	1
1994年	10	0	7	11
1995年	1	0	1	0
1996年	3	0	17	0
合計	112	11	48	22

出典) U.S. International Trade Commission, *Operation of the Trade Agreements Program, 1990-1995,* USITC Pub.2403(1991), Tables A-1, A-2, USITC Pub.2554(1992), Tables A-22, A-23, USITC Pub.2640 (1993), Table A-24, USITC Pub.2769(1994), Tables A-23, A-24, USITC Pub.2894(1995), Tables A-22, A-23, USITC Pub.2971(1996), Tables A-22, A-23. WTO, *Annual Report, 1997*(1997), p.111.(当初調査およびレビューの双方をカウントした)

A. 合理的な資源配分は依然として重要である

大半の国が、雇用機会を含む一般的な福祉の提供を政府の重要な職務とみなしている。貿易自由化は各国がよりよい資源配分を通じて反映するための手段であるとみなされている。有害なダンピングや補助金が資源配分のゆがみをもたらすことはほとんど疑いない。WTOの加盟国の大半が完全な貿易自由化にはほど遠い現状では、6条と16条は依然として貿易自由化を推進するための重要な手段であり続ける。

多くの国が国内競争法を有しており、それは多くの重要な国家目的を果たしている。部分的にせよ競争法を調和させようとするさまざまな試みがなされているが、これまでのところ競争法の原則を実施するための国際的なルールは存在しない[76]。これに対して、特定の貿易慣行に対処する各国の権利については、ガット設立当初から合意が存在し、過去50年の間に何度も見直しと更新が図られてきた。最近では、ウルグアイラウンド交渉中にアンチダンピング協定と補助金相殺措置協定を更新・改訂し、またセーフガード協定を作成するために多大な努力が払われた。GATTの6条、16条、19条は国際貿易システムの不可分の構成要素であり、貿易自由化の継続性と一層の貿易自由化を支える方法で貿易歪曲や輸入急増に対処することを加盟国に保証してきた。過去50年にわたる貿易システムの成功が、現行のルールシステムの重要性を裏付けている。しかも、貿易法と競争法の両方を備えた国において、この二つの法は時に100年以上も共存してきたのである[77]。

競争法と貿易法がそれぞれの歴史を持ち、共存してきたにもかかわらず、両分野(少なくとも競争法とアンチダンピング法)の融合、あるいは競争法の「教訓」を反映したアンチダンピング法の修正を目指している人がいる。本節は以下を主張する。

①そのような劇的な手段を正当化するような変化は、貿易システムの構造には起きていない。
②加盟国が継続的な貿易自由化を吸収することができるかどうかは、加盟国が貿易歪曲に行政レベルで迅速に対処できるかどうかに密接に関わっている。
③過去の貿易自由化においては、自由化の進展につれて貿易歪曲の是正や輸入急増に対処するための貿易救済策の利用が増加してきた。
④アンチダンピング協定が規定するアンチダンピング政策は競争政策よりも合理的な資源配分をよりよく推進する。
⑤競争政策に関する国際的に合意されたルールは存在しないので、両分野の融合を論じるのは少なくとも時期尚早である。
⑥もし「学ぶべき教訓」があるとすれば、競争法こそアンチダンピング法から多くを学ぶべきである。

⑦アンチダンピング法と競争法で規制対象となる行為を検討するに当たっては、各々の法で認められた行為のタイプを念頭に置く必要がある。

ウルグアイラウンドが繊維・衣料製品を取り込み、農業貿易の自由化プロセスを開始し、多くの途上国から貿易自由化約束を取り付けることに成功したことにより、国際的に合意された貿易ルールは、貿易システムが今後も発展を続けることを保証するためにこれまでにも増して重要となった。国際貿易ルールの利用が減れば一層の貿易自由化がもたらされると主張する人がいるかもしれないが、これは加盟国が国内の工業や農業基盤を喜んで犠牲にするだろうということを前提としている。これは過去において繰り返し否定されてきた前提である。以下で、上記の主張について各々検討する。

B. 競争法とアンチダンピング法の融合を正当化するような世界貿易システムの構造変化は起きていない

過去半世紀にわたってガット、そして現在はWTOの加盟国は貿易自由化を推進してきた。しかし、貿易が行われる基本的な構造は決して最近作られたものではないし、世界経済における貿易法と競争法の関係を変えるものでもなかった。

香港代表はシンガポール閣僚会議の議題を論じたノンペーパーで「急速に多国籍化する経済との関係でガット・WTOルールの包括的な再検討が必要である」と論じた[78]。香港代表は、世界貿易と投資が複雑さを増しているためWTO協定の包括的な修正が必要となったと論じた。代表は「現在の多国間貿易ルールと救済は、以前のもっと単純であった世界のためにデザインされたものである」と述べる[79]。

この主張は、競争法と貿易法の関係に関して、多国籍企業が決して最近生まれたものでないことを見落としている。実際、今日の代表的な多国籍企業は19世紀後半から20世紀初頭にかけて海外子会社を設立し、それ以来多国籍企業は国際経済において重要な役割を果たしてきた[80]。少なくとも1970年以来、多国籍企業の国内および海外の子会社間の貿易は全世界の貿易額の約4分の1を占めている[81]。GATTを初めとする国際協定はその成長を抑制す

るどころか、「将来の市場アクセスに関する不確実性を減らすルールや規律を提供し、漸進的に貿易障壁を削減した 8 回の多国間交渉のフォーラムを提供して」[82]、多国籍企業と世界貿易の拡大を促進してきた。それと同時に、アンチダンピング法は20世紀を通じて欧州、北米とオーストラリアで発達し、国際的に合意された不公正貿易慣行から国内企業 (多国籍企業の国内での操業を含む) を保護してきた[83]。

　アンチダンピング法も競争法も新しい法ではない。多くの国でこれらの法は何十年間にわたって、時には100年近く共存してきた。近年、企業の構造にも基本的な法の構造にも変化は起きていないのである。

　しかも、貿易システムにおいて定期的なGATTルールの再検討が行われてきた。つまり、一連のガットのラウンドは多国間貿易政策を包括的に見直し修正するための継続的なフォーラムを提供してきた。最も最近の世界貿易システムにおける大きな変化はウルグアイラウンド交渉である。交渉の結果、最終文書、そしてアンチダンピング協定を含む多数の協定が締結された。これらの協定はWTOの一部として1995年 1 月 1 日に発効し、OECDの全加盟国を含む130以上の国によって採用された。

　7 年にわたるウルグアイラウンド交渉の間、GATTの多国間貿易ルールの全体が再検討され、すべての交渉参加国の間での慎重な協議を経て修正が加えられた。ウルグアイラウンド交渉の成功はアンチダンピング協定の断片的な変更の不適切さを雄弁に物語っている。アンチダンピング協定によって以下の変更が加えられた。

　　― 史上初めてアンチダンピング協定をWTOの全加盟国に適用したこと (1967年と1979年のアンチダンピングコードは署名国にのみ適用された)。
　　― ダンピングの算定に一層の統一性を付与し、損害認定に当たって考慮すべき基準を明確にした。
　　― 透明性とデュープロセスについて最低基準を設定した。
　　― 「入手可能な事実」の利用と情報の検証のための手続を定めた。
　　― ダンピングマージンが最低基準以下であるか輸入量がごくわずかな場合に調査の終了を義務づけた。
　　― 調査と回答について時間の枠を設定した。

― ダンピングと損害に関する決定を 5 年ごとに再検討することを義務づけた[84]。

これらの変更の多くが競争政策を支持する人の懸念に応えるものであったことは重要である。これらの人は、以前からダンピング法の標準化が進んでおらず、主要な概念が定義されずに行政当局の裁量による解釈に委ねられており、コストとダンピングマージンが過大に評価される可能性があることを問題にしてきた[85]。

ウルグアイラウンドを通じて、交渉参加者は、アンチダンピング、補助金、原産地規則、貿易の技術的障害など、あらゆるWTOの規律の予測可能性を高めることを重視した。締結された協定は、この目的にかなうよう合意されたルールを盛り込んでいる。アンチダンピング措置の予測可能性と透明性の増大もその一部である。

確かに、この 3 年間は現行のWTOのルールの枠組みの再検討に関しては全く進展が見られなかった。ウルグアイラウンド交渉においてGATT規定、アンチダンピング、補助金、セーフガード、原産地規則などの分野に大きな追加修正が加えられた。WTO加盟国にこれらの協定を実施し、それが実際にどのような効果を持つかを検討するための猶予期間を与える必要があったからである。

要するに、20世紀を通じて、世界貿易システムの変化とアンチダンピングを含む貿易を規律する多国間ルールの包括的な変化が並行して進んできた。世界貿易が拡大傾向にあることから競争法とアンチダンピング法の関係の変更が正当化されることにはならない。

C. 貿易自由化はアンチダンピング法のような貿易歪曲に迅速に対処する方策を必要とする

多国間貿易交渉は、国際貿易における関税その他の伝統的な貿易障壁の効果を減殺してきた。それと同時に、貿易障壁の引き下げは各国がダンピングや補助金のように不公正あるいは貿易歪曲的と見られる貿易慣行に迅速に対処する必要性を増大させてきた。貿易救済法を最も頻繁に用いてきた国がきわめて開放的な市場を持っていることは決して驚くべきことではない。しか

も、貿易救済法の対象となっている貿易の量はごくわずかである。途上国の関税構造の自由化が進むにつれて、多くの途上国がGATT 6条、16条、19条が自由化の継続のために不可欠であることに気づいた。メキシコ、ブラジル、アルゼンチン、インドは、関税および非関税障壁の引き下げにつれて貿易救済法の「ユーザー」になった国の一例である。貿易救済法を利用することでこれらの国の貿易は一層拡大してきた[86]。

要するに、地域的[87]あるいは世界的な貿易自由化が継続するためには、各国が貿易歪曲に迅速かつ行政的に対応できなければならない。アンチダンピングに関する国際ルールの存在は、貿易歪曲がダンピングから生じている場合にコミュニティや企業や労働者のために各国が必要な対処を行うことを可能にし、関税および非関税障壁の世界的な引き下げに貢献してきた。

D. 貿易自由化努力に伴い貿易救済措置の利用が増加してきた

競争法支持者の中には、アンチダンピング協定をWTOの全加盟国に適用することで、アンチダンピング事案が急増するのではないかとの懸念を表明する人がいる。しかし、最近の経験に照らせば、アンチダンピング法の利用増は望ましい進展である。特に途上国にとってはそうである。

WTOに加盟する以前、メキシコは輸入許可その他の貿易制限を用いていた。WTO加盟国となり、外国貿易法や規則[88]を制定したメキシコは、国内産業をダンピングから保護するためにアンチダンピング措置を積極的に利用している。1995年には18件[89]、1996年には3件のダンピング調査を開始した。他方で、メキシコの輸出は1993年には13％、1994年には17％増加し、輸入は1994年には22％増加した。1996年の輸出の伸びは21％、輸入の伸びは24％に達した[90]。

ブラジルについても同じことがいえる。1994年にブラジルの輸出は13％、輸入は30％増加した。1996年には輸入が6％増加した[91]。ブラジルは経済を自由化するにつれてアンチダンピング法を頻繁に利用するようになった。1995年から1996年にかけてアンチダンピング措置を講じた件数がWTO加盟国の中では5番目に多い国(17件)となった[92]。

同様に、インドもアンチダンピング法の助けを借りて貿易自由化を推進し

てきた。1994年にインドの輸出は16%、輸入は18%増加した[93]。同時に、インドは1994年から1995年にかけて9件のアンチダンピング措置をとった。1995年6月時点で有効なアンチダンピング措置は5件であった。1996年にインドは20件のアンチダンピング措置を開始した。同じ年に有効なアンチダンピング措置は15件に上った[94]。

貿易救済措置の利用増加は、貿易システムにとってはよい兆候である。WTO加盟国はその国内法、規則、慣行がWTOの規範に適合するようにしなければならない。しかし、貿易自由化に伴う協定の利用は批判されるべきではなく奨励されるべきである。

E. アンチダンピング政策は競争政策よりも国家間の合理的な資源配分をよりよく推進する

本章ですでに見たとおり、アンチダンピング法は経済の効率性を高め、コスト割れ販売など、国際市場がゆがめられている場合に合理的な資源配分を推進する。これに対して、競争法は理論的には有効でも実務的には有効でない場合がある。現在、競争政策には多くの制約があり、消費者や産業、そして経済全体を損なう経済の非効率性に十分に対処できないことがしばしばある。

異なる、しかし相互補完的なやり方で、競争政策と貿易政策はともに一国経済あるいは国際経済の合理的な資源配分を推進しようとする[95]。比較優位理論によれば、資源配分の見直しは人為的な優位や誤った市場情報ではなく相対的な経済効率に基づいて行われる[96]。「合理的な資源配分」とは資源配分が価格差別や相殺可能な政府の補助金などの「誤った」優位に基づいて決定されないことを意味する。こうした誤った市場情報のために国内産業が損害を被ったり雇用が失われたりしないよう、多くの国がアンチダンピング法や相殺関税法を制定している[97]。

1994年のGATT 6条はこの原則に基礎を置く。同条はまずダンピングを定義し、それを非難する。具体的には、6条はダンピングを「ある国の産品をその正常の価額より低い価額で他国の商業に導入すること」と定義する（1項）。ダンピングは「締約国の領域における確立された産業に実質的な損害を

与え若しくは与えるおそれがあり、又は国内産業の確立を実質的に遅延させるときは、そのダンピングを非難すべきものと認める」(同前)。注目すべきは、この一節が1947年のGATTの中でも最も厳格な表現を引き継いでいることである。それはGATTの原締約国が、価格差別によって製造拠点がゆがめられることに対する強い警戒を抱いていたことを示している。

6条およびアンチダンピング法は、企業が経済分析に基づいて一国の市場経済や国際市場経済でどのように行動するかを決定し、それを通じて経済の効率性を高め効率的な資源配分を達成することを保証する。この企業の意思決定と経済政策との相互作用は、しばしばアンチダンピング法の分析からは除外されている。

適切に機能している市場では、企業は十分な投資収益を生み出せるかどうかによって参入、拡大、維持あるいは撤退を決定する。投資収益率は、産品に関する様々な要因により、また資本コストや関係する市場により、企業ごとにまちまちである。しかし、投入した資本に見合った十分な収益が得られない場合に、活動を維持したり拡大する企業はない。何が「十分な」収益であるかについては、少なくとも資本コストがカバーされなければならない。政府の援助や産品間補助金がない限り、資本コストがカバーされなければ企業は撤退するしかない[98]。

言い換えれば、企業はコスト割れ販売がなくても市場からの撤退を強いられる場合がある。例えば価格が（コスト）＋（合理的な利益）を下回っている場合である。この点は重要である。なぜなら、多くの国の競争法は、販売価格が「競争相手のコストの合理的な割合」（これはしばしば平均可変費用を意味する）を下回っていない限り、コスト割れ販売でも違法としていないからである[99]（競争政策がコスト割れ販売とそうした販売により生じた損失の回復可能性の両方の立証を要求する場合すらある[100]）。

経済の効率性と合理的な資源配分が基本的な目標であるとすれば、世界経済はこうしたコスト割れ販売に対処しなければならない。もしある企業が長期にわたってコスト割れ販売を行っているとすれば、そこでは以下のいずれかの事態が起きている。①その企業は営業継続が不可能になっている、つまりいずれ撤退する、②その企業は政府あるいは第三者から補助金を得ている、

③その企業はその損失を競争によらない別の利益で補填し、産品間補助金を得ている。これらのいずれも誤った価格情報を生み出し、効率的な企業を経済効率性以外の理由で市場から排除してしまう可能性がある[101]。

競争政策では、低価格はその理由のいかんを問わず常に消費者にとっては利益となるといわれる (例えば、シャーマン法において略奪的価格設定の立証のために「埋め合わせ (recoupment)」の立証が義務づけられているのもそのためである。市場価格以下の価格が後に引き上げられ、損失が埋め合わされない限り、それは消費者に利益を与えたとしか見なされない[102])。しかし、先のコスト割れ販売の三つの場合における消費者の「利益」について考えてみよう。第一の場合、企業は営業継続が不可能になっている。その場合、一部の消費者は一時的には低価格から「利益」を得るかもしれないが、この利益は企業の株主や貸し手あるいはその双方の損失によって相殺されてしまう。第二の場合には、低価格による「利益」は政府の補助金の資金を負担する納税者のコストで相殺される。第三の場合には、ある市場におけるある産品の低価格による「利益」は別の産品あるいは別の市場での高価格で相殺される。いずれの場合も、コスト割れ販売された産品を購入したユーザーが、コスト割れ販売が持続し、それが競争上の優位を作り出しているという誤った市場情報に基づいて資源配分を決定することにより、二次的な資源配分の誤りが生じる可能性がある。価格が是正されれば、下流のユーザーは競争力の限界を認識し、自分たちの地位が維持できないことに気づくだろう。企業が誤った市場情報に基づいて市場からの退出や再参入の決定を行えば、一国あるいは世界の経済成長は損なわれる。要するに、コスト割れ販売による消費者の利益は決して無償ではなく、それに見合ったあるいはそれ以上の支出を他の消費者に強いるのである。

産品間補助金は、同一産品間でも異なる産品間でも、また、同一の市場でも異なる市場の間でも、様々な形で行われる。いずれの場合も市場歪曲が生じ、最終的には企業と消費者の利益を損なう。

Brooke Group対Brown and Williamson Tobacco事件の米国連邦最高裁判決[103]は、同一市場における同一ないし類似の産品間の補助金の例である。ある煙草メーカー (Liggett) が、競争メーカー (B&W) がある煙草を18ヶ月にわ

たって平均可変費用以下で販売し、同種の煙草の間での競争を制限しようとしたと主張した。B&W社のコスト割れ販売と同じ時期に別の銘柄煙草によって同社が得た競争的でない利益に関する証拠が提出された[104]。

しかし、この証拠にもかかわらず、米国連邦最高裁は反トラスト法違反を認定しなかった。裁判所は、B&W社が銘柄煙草の販売による利益で同種の煙草の販売による損失を補填する産品間補助金を行うことができたために起こり得たゆがみについては論じなかった。代わって、裁判所は同種の煙草市場における埋め合わせに分析を限定し、競争的でない価格設定あるいは価格調整を通じた埋め合わせが十分立証されていないと判示した[105]。裁判所は銘柄煙草の値上げが定期的に行われていることを認定したにもかかわらず、以上の判断を下した。提出された証拠は、産品間補助金の存在を立証している。もし輸入煙草について同じ事実があれば、それによって損害を被った国内産業はアンチダンピング法の救済を得られただろう。本件は、競争政策が貿易政策から学ぶべき教訓を如実に示している。同一市場内部でコスト割れ販売が行われる場合も市場歪曲は生じている。しかし、この問題に関して現在のところ救済策はない。望ましい解決策は外国貿易がからむ場合に救済を与えないことではない。また、提出された証拠が示すとおり、消費者全体としては利益を得るというのも誤りである。問題となった煙草を購入した人は利益を得ているが、それは銘柄煙草を購入した人からの持ち出しである。問題となった煙草を購入した人はしばしば銘柄煙草も購入していた。だから、個々の消費者にとってもネットの利益は得られなかったのである。正確に判断すれば消費者の利益は考慮の外に置かれるべきであり、裁判所は競争者に対する損害に焦点を当てるべきであった。これこそまさにアンチダンピング法が焦点を当てるポイントである。

1995年に日米間で紛争となった自動車部品販売の問題は、同一産品の市場間産品間補助金の例である。この事件で米国は、日本の自動車部品メーカーが自動車製造市場において部品をコスト割れ販売し、そのコストを補修市場における極めて高い価格で埋め合わせたと主張した。USTRによると、日本の消費者は補修市場における規制と非競争的な価格によって240億ドルも余分に払わされていた[106]。日本の自動車部品市場の閉鎖的な構造のため、外

国の競争者は市場参入制限の利益を得られず、補修市場での利益で自動車製造市場での販売を産品間補助できないため、資源配分のゆがみが生じたといわれる。また、多くの部品をコスト割れ価格で購入できる日本の自動車メーカーと競争する外国の自動車メーカーは、実際の競争力とは無関係に競争上不利な立場に置かれることになる。

　産品間補助金の問題は、WTO加盟国である途上国にとって特に重要である。これらの国がWTOの下でその貿易体制の自由化を進めるにつれ、その国の生成途上の国内産業(その多くは単一産品のメーカーである)は、外国企業(その多くは多産品を生産する複合企業である)との直接的な競争に直面することになる。途上国は、その国内産業が価格差別や産品間補助金その他の不公正貿易慣行に起因する損害を被らないよう保証する必要がある。

　以上の例が示すとおり、コスト割れ販売や産品間補助金はさまざまな産業で見られ、特定の産品に関して世界市場における重要問題となりうる。同一市場における低価格は常に消費者に利益をもたらすと想定する競争法は、こうした問題に適切に対処することはできない。

　野放しにされれば、価格差別やコスト割れ販売による「誤った情報」は他の生産者の決定に対して「雪だるま」的な悪影響を与え、市場の非効率を増大させかねない。コスト割れ販売が放任されれば、他の競争者(および潜在的競争者)はこの誤った市場情報に基づいて営業上の判断を下すだろう。そして、そのために市場への参入、拡大、生産性の改善、他の資源の効率的な利用ができなくなるだろう。こうした誤った市場情報は多段階にわたる経済的な非効率を生み出す。将来競争的な価格設定と効率的な資源配分が回復されるかもしれないが、それは全体としての経済の成長にとって大きな損失を伴う。なぜなら、競争企業や影響を受けた下流の企業は、一度は撤退した上でより効率的な再投資を行わなければならないからでる。

　以上見たように、価格差別とコスト割れ販売に関する競争政策の理論は現実世界では通用しない。例えば、競争政策はコスト割れ販売の適切な基準は平均可変費用以下の販売であるとする。しかし、市場が開放的か閉鎖的かにより、また、平均可変費用と適切な投資収益率のいずれを採用するかにより、企業の行動様式は異なってくる。競争法の基準は、個々の企業にとっても経

済全体にとっても最適ではない価格設定を許容する。例えば、平均可変費用で販売する企業は、固定費用を埋め合わせることができない。これが不合理とはいえない場合もあるが、これは決して利益を最大化し、あるいは全体としての経済的な利益を生み出すことはない[107]。

同様に、競争法は、直接的な補助金、間接的な貿易障壁や市場歪曲を含めて、「略奪的」でない政府の措置を許容する。貿易法はこれらの問題に完全に答えているわけではないが、少なくともこれらに対処しようとしている。

F. 競争政策に関して国際的に合意されたルールは存在しない

アンチダンピング法に代わって競争法を用いることを主張する人がいる。しかし、実際には、アンチダンピングに関しては130以上の国が合意した国際的なルールが存在するけれども、競争法については多国間ルールは存在しない。消費者への利益に焦点を当てる競争法を持つ国もあれば、消費者利益と生産者利益の双方を考慮する競争法を持つ国もある。先進国の間で二国間競争法協力協定の締結例が増えており、競争法を設ける国の数も増えてはいる。しかし、いかなる慣行を対象とするかを含め、競争法に関して国際的に合意されたルールがまもなくできあがるという見通しは全くない。

競争法の原則を国際的に拡大しようとすれば、原告適格、同種の産品、地理的市場といった基本的な概念について共通の定義を設ける必要がある。こうした術語について共通の定義が存在しないため、競争法とアンチダンピング法はこれらの概念のいくつかについは全く異なるアプローチをとっている。競争法の学者は、たとえ国際的に合意された定義がなくとも、こうした問題を正当に扱うことができると信じたがっているが、「消費者利益」に関して見たように、理論と現実はしばしば乖離している[108]。

競争法には実効的な執行手続が必要である。関係国の間である程度経済統合が進んでいれば、執行手段を設けて実施することは潜在的には可能である。EUとオーストラリア・ニュージーランド自由貿易地域（ANZCERTA）は加盟国の間の経済統合が進んでいるため、有効な執行メカニズムを設けたといわれる。しかし、他の大半の国では、管轄権と礼譲の問題のために反トラスト手続がもつれ、競争法の原則が十分に執行されていない。また、競争法の基準

を国際的に執行しようとすれば、十分な資源を持ち、有効な制裁を科すことができる強力な紛争処理メカニズムが必要である。したがって、競争ルールや紛争処理について合意が成立し、各国がそれを実施するようになるまでは、アンチダンピング法とのいかなる調和が図られるべきか、あるいはどのような調和が行われるべきかについて決定することはできないだろう。

G. 競争法はアンチダンピング法から多くの教訓を学ぶべきである

　国際的に合意された競争法が成立すれば、それはアンチダンピングに関するルールや原則に置き換わることができるかどうかが問題とされることがある。たとえ競争政策に関して国際的な合意が成立したとしても、筆者の答えは「ノー」である。とはいえ、これと逆の場合を検討することも同様に重要である。競争政策を部分的に代替し、あるいは補完するアンチダンピングに関するルールや原則が存在する。コスト割れ販売に関する議論がそれである。

　先に見た産品間補助金も、競争法が現行の貿易法のアプローチを採用することで利益を得る分野である。競争法が採用する市場の定義では、競争者が別の市場で得た利益である産品のコスト割れ販売を補填する場合に、適切な救済が提供されないだろう。

H. 競争法とアンチダンピング法が対象とする行為については法が提供する救済も合わせて考慮しなければならない

　競争法と通商法の方針の違いは重大な帰結を持つ。なぜなら、許容される行為の類型と切り離して規制対象となる行為について考えることはできないからである。そして、法体系が規制的性格を持つか懲罰的性格を持つかによって、用いられる基準や挙証責任、責任の程度、執行の方法や提供される救済が決まってくる。

　アンチダンピング法と相殺関税法は規制的性格を持ち、価格差別の解消あるいは外国の補助金の効果の相殺を目的とする。しかし、競争法の焦点は抑止にある。特定の行為類型を抑止するために刑事責任と民事責任が用いられる[109]。

　こうしたアプローチの違いは、本来何も問題はない。実際、両者はある面

では互いに補完し合っている。アンチダンピング法は特定の不公正貿易慣行に対して主として行政の立場からさまざまな対応を提供し、競争法は特定の慣行に対して厳しい規制を行う。

しかしながら、救済が非常に異なるために、共通の基準で損害や市場を定義するのは問題であるといわれる。例えば、刑事罰や3倍賠償が制裁として課される場合に、略奪的価格設定や損害に関して高次の基準を設けるのは適切である。課される制裁が価格設定慣行の変更である場合や、被害者ではなく政府に支払われる相殺金である場合に、同じ基準を用いるのは適切ではない。

したがって、競争政策の分野からアンチダンピング法に個別の概念を単に「移植する」のは望ましいことではない。なぜなら、こうした概念は貿易法には存在しない独自の救済の枠組みで用いられているからである[110]。

I. 望ましい方向

競争法とアンチダンピング法の関係に関する最近の議論の多くは有望なものではなかった。これら二つの法体系が経済効率を高めるために果たしている役割の違いにもかかわらず、両者の関係を択一的に論じる人もいる。しかし、これは適切ではない。

競争法支持者の中には、アンチダンピング法を「親競争的」にすることを主張する人もいる。しかし、競争法についても現実に有害な慣行に直面している企業の必要に応えられるようにする必要がある。「アンチダンピングと反トラストの二分法」に関する最近の論文からの以下の引用について考えてみよう。

> 「もしある企業が非効率性のためあるいは見通しの悪さのために失敗したのであれば、……(ダンピングによる損害の)主張は無視しなければならない。自由な企業システムにおいては、失敗は成功と同じく当然のリスクである。しかし、利益の落ち込みが外国の補助金やコスト割れ販売に起因するものであれば、法はこの真の原因を承認しなければならない。したがって、反トラスト法の執行者は、世界市場の現実を調査し、偏狭な経済理論の枠を越える意欲を示さなければならな

い」[111]。

　この引用が主張するように、競争政策はその前提、基準あるいは執行方法が世界貿易の現実によくマッチしていない分野を明らかにする必要がある。
　一方、個々の国や高度に統合した地域機関が競争法に基礎を置く原則を採用することは常に適切である。しかし、競争法の支持者は、競争法とアンチダンピング法が相互に補完し合っている現行のシステムから、競争法が優先するシステムへの地域的あるいは国際的なシステムの変更の必要性を十分に論証していない。
　4年目に入ったWTOは、貿易自由化を推進するルールに関する50年近いガットの経験の産物である。GATT6条、16条、19条は各国が市場歪曲や輸入急増に対処するための枠組みを提供する。今は新しい協定の実施、順応と経験に焦点を当てるべき時である[112]。近い将来競争政策を検討するとすれば、すでに協定が扱っている問題を再検討するよりも、現在WTOの規律が及んでいない反競争的な行為類型に焦点を当てるべきである。

10. 結　論

　大規模で複雑な日米貿易関係においては、紛争はいずれの側からも不可避的に発生する。日米両国ともに紛争をルールに基礎を置くWTOのシステムに付託するべきである。紛争を迅速かつ実効的に解決するために、すべてのWTO加盟国はルールの穴が今後も存続するかどうかを検討すべきである。筆者は本章で現在WTOのルールが扱っていない問題を明らかにすることを試みた。貿易システムは、貿易が自由化されるにつれてすべての国が合理的な資源配分から利益を得るという信念を前提としている。6条と16条は資源配分のゆがみを減らすために重要な役割を果たしてきたし、これからも果たすだろう。個々の事案が正当な根拠を欠く場合は今後もあるだろう。しかし、産業も政府も誤った決定を減らす多くの方策を持っている。同様に、WTOの加盟国はルールの明確化と解釈の統一に関して大きな成果を挙げてきた。
　日本は今後その貿易法をもっと積極的に利用すべきである。より開放的な貿易システムは紛争を処理するための多国間で合意されたルールを必要とす

る。日本も米国同様合理的な資源配分を確保するためにWTOのルールに依拠すべきである。

注

本稿執筆に当たり、編集、調査、引用チェックについて下記の方々にご協力いただいたことを感謝する。Patrick J. McDonough, Mara M. Burr, Courtney R. Eden, David A. Hyden, Arash Mostafavipour.

1) 参照、Terence P. Stewart ed., *The GATT Uruguay Round:A Negotiating History,* Vol.1 (1993), pp.809, 813, n. (13) (1890年関税法(マッキンリー関税法) 1244章237節 (26Stat.567,584 (1890))) と1897年関税法(ディングリー関税法) 11章5節 (30 Stat.151,205 (1897))) を引用。)
2) 参照、Terence P. Stewart ed., *The GATT Uruguay Round:A Negotiating History,* Vol.2 (1993), pp.1389, 1398-1404.
3) 参照、Stewart, *supra* n.2, pp.812-813. 1890年関税法は砂糖補助金を対象としていた。1897年に米国は一般相殺関税法を制定し、輸出補助金一般を対象とするようになった。1922年には相殺関税法の対象を国内補助金、すなわち商品の生産に対して供与される補助金にまで拡げた。また、1922年法は私的な補助金、すなわちカルテルや企業によって供与される補助金も対象に加えた。参照、1897年関税法11章5節 (30Stat.151,205 (1897)), 1922年関税法(フォード・マッカンバー法) 356章 (42Stat.858 (1922)))。
4) 参照、Stewart, *supra* n.2, p.818, n.47. J. Finger and A. Olechowski eds., *The Uruguay Round:A Handbook for the Multilateral Trade Negotiations* (1987), p. 157, Table 20.1, Annex 8, Tables 1 and 2.
5) 参照、Stewart, *supra* n.2, pp.131, 132, Table1. 同じく参照、Finger and Olechowski, *supra* n.4, Annex 8, Table 2.カナダは米国のコーン輸出補助金を取り上げて損害の恐れを認定し、相殺関税を賦課した。米国はカナダの決定をガットで争い、これを覆した。参照、Report of the Panel, Canadian Counterveiling Duties on Grain Corn from the United States, GATT Doc. No. SCM /140 (Feb.21, 1992). 同じく参照、Stewart, *supra* n.2, pp.1670-1671.
6) Matsushita Elec. Ind. Co. v. Zenith Radio, 475 U.S. 574 (1986).
7) 例えば参照、Report by the General-Director of GATT, *The Tokyo Round of Multilateral Trade Negotiations* (1973-1979) (1980), p.21. Terence P. Stewart, "Administration of the Antidumping Law:A Different Perspective," in R. Boltuch and R. E. Litan eds, *Down in the Dumps:Administration of the Unfair Trade Laws* (1991), p.288.

8) 参照、M. J. Anderson and G. Husisian, "The Subsidies Agreement," in Terence P. Stewart ed., *The World Trade Organization:Multilateral Trade Framework for the 21st Century and U.S. Implementing Legislation* (1996) , pp.299, 305-320.
9) 例えば参照、 U.S. International Trade Commission, *The Year in Trade 1995: Operation of the Trade Agreements Program* (1996) , Table A-25. Stewart, *supra* n. 8, p.296.
10) 例えば参照、*Ibid.*, at Table A-22.
11) 参照、Samuel J. Graham, "Letter to the Editor," *N.Y. Times,* July 4, 1916.
12) 参照、Stewart, *supra* n.7, p.293.
13) 参照、Terence P. Stewart, "The Uruguay Round Agreements Act:An Overview of Major Issues and Potential Trouble Spots, " in Stewart, *supra* n.8, pp.29, 49-52. Terence P. Stewart and T. Brightbill, " Trade Law and Competition Policy in Regional Trade Arrangements, " 27 *Law and Policy in International Business* 937 (1996) . Terence P. Stewart and T. Brightbill, " Some 'Heretical' Observations on the Interaction of U.S. Trade and Competition Laws:A Defense of U.S. Antidumping and Counterveiling Duties, " 4 *U.S.-Mexico Law Journal* 35 (1996) . Terence P. Stewart, " The Important Functioning of Antidumping Laws, " IV *International Economic Insights* 46 (1993) .
14)「米国のような国においては、研究開発投資、資本支出、工場閉鎖、雇用や補償決定などはすべて利益予測に基づいて行われている。会社が人為的な国際競争、つまり内在的な優位ではなく先に述べた人為的な優位から生じる競争に直面する場合には、会社は適切な利益が得られないと判断して誤った市場からの情報に対応してしまう可能性がある」(Stewart, *supra* n.7, pp.290-291.)。
15) この点に関して一般的に述べたものとして参照、*Ibid.,* pp.294-299.
16) *Ibid.,* pp.295-297.
17) USTRは日本の自動車補修部品市場の問題点を以下の通り要約している。
「日本の自動車補修部品市場における外国製品のシェアは現在わずか1％である。日本の厳格な規制により、外国部品を排除している日本の自動車メーカーあるいは流通システムと結託している63000の「認証工場」と20000の「指定工場」が自動車補修を独占している。日本の規制は、流通システムにおいて大きな交渉力を持ち、低コストの外国部品を使用する可能性が高い大規模自動車部品・サービスチェーンが、自動車補修サービスの大半を実施することを禁じている。こうして保護された補修部品市場では、米国産部品あるいは競争的な市場での価格に比べると200-300％も高い補修部品価格が設定されている。このシステムの下で、日本の自動車部品メーカーは自動車メーカーに部品を販売することで得られるわずかな利益を補うだけの過剰な利益を得ている。外国の自動車部品メーカーが日本の部品メーカーと競争することはきわめて困難である」。

Office of the U.S. Trade Representative, *U.S. - Japan Auto Agreement Summary* (1995), reprinted in 12 *International Trade Reporter* 1402-1403 (1995). 日米自動車協定の正文について参照、12 *International Trade Reporter* 1497 (1995).
18) 例えば参照、T.R. Howell et al., *Steel and the State:Government Intervention and Steel's Structural Crisis* (1988), pp.41-53. Stewart, *supra* n.2, Vol.1, pp.822-823.
19) 例えば参照、Ferrosilicon from Russia, 58 *Fed. Reg.* 34243 (1993) (アンチダンピング税賦課命令). Ferrosilicon from Ukraine, 58 *Fed. Reg.* 18079 (1993) (アンチダンピング税賦課命令). Pure Magnesium from Russia and Ukraine, 60 *Fed. Reg.* 25691 (1995) (アンチダンピング税賦課命令). Ferrovanadium and Nitrided Vanadium from Russia, 60 *Fed. Reg.* 35550 (1995) (アンチダンピング税賦課命令). Uranium from Russia, Ukraine, Kazakstan, Kyrgyzstan, Tajikstan, Uzbekistan, 57 *Fed. Reg.* 49220 (1992) (調査停止).
20) GATT, *GATT Activities 1988* (1989), p.47.
21) 参照、Stewart, *supra* n.1, p.886. 同じく参照、G.C. Hufbauer and J.S. Erb, *Subsidies in International Trade* (1984), pp.5-9.
22) 参照、Stewart, *supra* n.2, Vol.1, pp.131-133, 142-159. 途上国の大半は先進国と同等の国内補助や輸出補助金を実施する財政力を持っていない。その結果、現在の先進国の政策が続くとすれば、補助金は国際債務問題を悪化させるだろう。
23) 参照、*Ibid.*, p.959, Annex 1. 同じく参照、Howell *et al.*, *supra* n.18, pp.22-53, 535.
24) 参照、Office of Technology Assessment, *Competing Economies:America, Europe and the Pacific Rim* (1991), pp.138-139.
25) 参照、補助金相殺措置協定11条(調査の開始及び実施)、12条(証拠)、22条(公告及び決定の説明)、23条(司法上の審査)、同じく参照、アンチダンピング協定5条(調査の開始及び実施)、6条(証拠)、12条(公告及び決定の説明)、13条(司法上の審査)。
26) 参照、補助金相殺措置協定11条、アンチダンピング協定5条。
27) アンチダンピング協定2条4項2。
28) アンチダンピング協定5条4項。
29) 参照、Stewart, *supra* n.2, pp.1575-1588, *supra* n.1, pp.943-946.
30) 参照、 Stewart, *supra* n.2, pp.1537-1543. 同じく参照、Alan M. Dunn, "Antidumping," in Stewart, *supra* n.9, pp.250-254.
31) 参照、Stewart, *supra* n.2, pp.1537-1543.
32) 参照、アンチダンピング協定2条4項2。
33) 参照、1930年関税法777A (d) (2), as amended by Uruguay Round Agreements Act, P.L.103-465, 108Stat.4809 (1994), § 229 (a), codified at 19U.S.C. § 1677f-1 (d) (2). 同じく参照、Dunn, *supra* n.30, pp.252-253.
34) 途上国は国内補助金については5年、輸出補助金については8年の猶予

期間を認められる。後発開発途上国は国内補助金について8年の猶予期間を認められ、輸出補助金については廃止しなくてもよい。参照、補助金相殺措置協定27条3項。
35) 補助金相殺措置協定5条、6条。
36) 同前8条。これには一般的補助金、研究開発補助金、不利な地域に対する補助金、環境補助金が含まれる。
37) 農業補助金については農業協定が規定する。補助金相殺措置協定の規定の一部は民間航空機に対しては適用されない。なぜなら、ウルグアイラウンド交渉の時点では、将来民間航空機については別の多国間協定が締結されるという見通しがあったからである。参照、補助金相殺措置協定5条、6条1項(a)注釈15、8条2項(a)。
38) 参照、Request for Third-Party Antidumping Investigation of Sodium Azide from Japan, 61 *Fed. Reg.* 973 (1997).
39) 参照、Stewart, *supra* n.1, pp.898-899.
40) たとえば参照、Tracy Murray, "The Administration of the Antidumping Duty Law by the Department of Commerce," in Boltuch and Litan, *supra* n.7, p.40.
41) 関税やさまざまな非関税障壁が削減されるにつれて、当該国はWTOが設けた貿易救済策を用いるようになる。日本を初めとして、貿易救済法を積極的に用いない国の多くはWTOが明確に承認していない貿易フロー規制手段を持っている。
42) たとえば参照、Chikara Higashi, *Japanese Trade Policy Formulation* (1983), pp. 67-72.
43) 1890年から1993年の間に合計358件の相殺関税の申し立てが米国で行われた。参照、U.S. International Trade Commission, *The Economic Effects of Antidumping and Counterveiling Duty Orders and Suspension Agreements* (1995), at 3-1.
44) 1980年から1989年の間に米国は日本に対して6件の相殺関税調査を行ったにすぎない。参照、Richard Boltuck and Robert E. Litan, "America's 'Unfair' Trade Laws," in Boltuck and Litan, *supra* n.7, p.4, Table 1-3.
45) 参照、補助金相殺措置協定25条。
46) WTO Committee on Subsidies and Counterveiling Measures, *Subsidies: Notifications Pursuant to Article 25 of the Agreement on Subsidies and Counterveiling Measures by Japan* (11 August 1995).
47) 経営改革法の実施に関する暫定措置法(平成8年法61号) 2条。
48) 同前1条。
49) 参照、通産省『経営改革法に関するコメンタリー』(1995年)、6頁。
50) Daniel I. Okimoto, *Between MITI and the Market:Japanese Industrial Policy for High Technology* (1989), pp.64-80.
51) Japan Fair Trade Commission, *1994 Annual Report:Antimonopoly White Paper*

(1995), pp.217-219.
52) *Ibid.*, p.218.
53) GATT, *1994 Trade Policy Review of Japan* (1995), p.83.
54) 1982年に96億ドルであった日本の外国直接投資は1995年には514億ドルに増加した。参照、OECD, *OECD Economic Surveys:Japan* (1996), p.19, Table 3. *OECD Economic Surveys: Japan* (1982), p.44, Table 18.
55) 例えば参照、Polybinyl Alcohol from Japan, 60 *Fed. Reg.* 52649 (1995) (予備決定), 61 *Fed. Reg.* 14063 (1996) (最終決定), Clad Steel Plate from Japan, 61 *Fed. Reg.* 7469 (1996) (予備決定), 61 *Fed. Reg.* 21158 (1996) (最終決定).
56) 参照、Stewart, *supra* n.1, pp.824-825. 同じく参照、Howell *et al.*, *supra* n.18, pp. 243-246.
57) セーフガード協定11条1項(b)。
58) 前掲注19を参照。
59) Council on Competitiveness, *Roadmap for Results: Trade Policy, Technology and American Competitiveness* (1991), pp.51-54.
60) GATT, *Trade Policy Review of the United States* (1992), pp.236-237.
61) GATT, *Trade Policy Review of the European Communities* (1993), pp.125-126. 同じく参照、Commission Regulations (EEC) No.3382/91, *OJ* L319 (Nov.21, 1991) and 3270/91, *OJ* L308 (Nov.9, 1991). 規則3382/91は「ノルウェーから輸入された」生あるいは冷凍の大西洋サケに最低輸入価格を設定した。参照、Commission of the European Communities, "Fisheries:The Commission Introduces Market Measures to Regulate Imports of Atlantic Salmon" (Press Release) (Nov. 22, 1991).委員会が大西洋サケに最低輸入価格を設定したのは「異常に低価格で輸入が行われているという事実に鑑み」、「そのためにEC市場が深刻な攪乱を被る可能性があったからである」。参照、*Ibid.*
62) 1994年のガットの対日貿易政策審査報告書は、日本がサケの輸入を規制する多数のガットルール枠外の措置を有していると述べている。これにはある種の魚を「不安定な(sensitive)」と分類する措置が含まれる。参照、GATT, *supra* n.53, pp.120-121.
63) 参照、Office of the U.S. Trade Representative, *supra* n.17.
64) 参照、補助金相殺措置協定4条(禁止補助金に対する救済措置)、7条(相殺可能補助金に対する救済措置)、9条(協議及び承認された認定措置)、23条(司法上の審査)、アンチダンピング協定13条(司法上の審査)、17条(協議及び紛争解決)。
65) 例えば参照、General Accounting Office, *International Trade:Pursuit of Trade Law Remedies by Small Business* (1988), pp.8-9.
66) 例えば、1991年のソ連崩壊後にロシアから膨大なアルミニウムが輸出され、世界的な供給過剰と価格低下を招いた。米国のアルミニウム生産者はロシアからのアルミニウム輸入の急増に驚き、反トラスト訴訟を起こすと

警告したとのことである。1993年に米国はEU、ノルウェー、カナダ、オーストラリアとともにロシアと多国間協議を行い、1994年1月に了解覚書を結んだ（この了解覚書は1996年1月に失効した）。この了解覚書には反トラスト法上いくつかの問題点があった。第一に、米国の司法省は了解覚書との関連で米国のアルミニウム生産者の反トラスト法違反の可能性について調査したといわれる。また、ある個人が米国のアルミニウム生産者5社とアルミニウム協会を相手取って連邦地方裁判所カリフォルニア中央地区裁判所に価格固定を求めて訴訟を提起した。参照、Hammons v. Alcan Aluminum Corp., et al., 1996 WL 397455 (C.D. Cal. 1996).

67) 迂回防止に関する決定は、各国閣僚が
「アンチダンピング措置の迂回問題が、1994年のGATT 6条の実施に関する協定に先立つ交渉で議論されたにもかかわらず合意に至らなかったことに留意し、この問題についてできるだけ早く統一的なルールを適用することが望ましいことに鑑み、この問題を本協定の下で設置されるアンチダンピング委員会に付託することを決定する」。

68) 吸収問題に対する望ましい解決策として、アンチダンピング税を支払った当事者を第一の無関係な当事者 (first unrelated party) として扱うという方策があり得た。この方策は、国内産業に正常価格ないし「公正」価格で競争する機会を与える。おそらく、WTOの下で内国民待遇に関してコンセンサスがあったために、この方策は採用されなかった。

69) 参照、19 U.S.C. § 1675 (a) (4). この規定は「アンチダンピング決定の公表から2年あるいは4年経過後に開始される」行政審査において、商務省は「要請があればアンチダンピング税が外国の生産者あるいは輸出者によって吸収されたかどうかを決定するものとする」と規定する。

70) 19 C.F.R. Sec.353.26 (1996)

71) 例えば参照、Antifriction Bearings (Other Than Tapered Roller Bearings) from France, et al., 57 Fed. Reg. 28360, 28370-28371 (1992). 商務省は (1)「関係当事者間のコスト割れ移転価格の証拠は、それ自体としてはアンチダンピング税の払い戻しの証拠ではな」く、(2) 申し立て人は「コスト割れ移転価格とアンチダンピング税の支払いとのつながりを立証」しなければならないと述べた。参照、Ibid., 28371. 控訴を受理した国際貿易裁判所は商務省の決定を支持した。Torrington Co. v. United States, 881 F.Supp. 622, 629-632 (1995). この決定は現在連邦巡回控訴裁判所に上訴されている。Appeal No.97-1181.

72) シンガポール閣僚宣言 (1996年12月13日採択) 20項。閣僚会議は
○貿易と投資の関係を検討する作業部会を設置すること、そして
○反競争的慣行を含む貿易と競争政策の相互関係に関して加盟国が提起した問題を検討し、WTOの枠組みで今後検討するに値する分野を特定するための作業部会を設置することで合意した。

73) 本稿では貿易と競争政策の相互関係は扱わない。現在、競争政策に関し

て国際的に合意されたルールは存在しない。したがって、WTOの貿易と競争政策に関する検討部会は、競争政策に関する共通の基礎を発見するという困難な課題に取り組むことになるだろう。しかも、多くの国の競争政策はダンピングや補助金といった貿易歪曲的な慣行に有効に対処していないのである。

74) 本項の多くの記述は、1996年7月11日から12日にジュネーブで開催されたCentre for Applied Studies in International Negotiations主催のアンチダンピングと競争政策に関する会議に筆者が提出した同名のペーパーによっている。

75) 参照、U.S. International Trade Commission, *supra* n.43, pp.3-1 through 3-3. 表3-1と3-2 (p.3-2)によれば、米国の輸入総額中ごくわずかな額がアンチダンピング税や相殺関税の対象となっている。例えば、1993年にアンチダンピング調査の対象となったのは輸入総額の0.04%に過ぎない。参照、*Ibid.*, p.3-2.

76) 1996年12月13日のWTOシンガポール閣僚宣言は「反競争的慣行を含む貿易と競争政策の相互関係に関して加盟国が提起した問題を検討し、WTOの枠組みで今後検討するに値する分野を特定するための作業部会」を設置した。参照、前掲注72。「一般理事会は各部会の作業を審査し、2年後に各部会の作業の今後の進め方について決定する。これらの分野における多国間の規律に関する将来の交渉は、WTO加盟国の間で交渉に関して明確なコンセンサスによる決定がなされた場合に限って開始されることが明確に了解された」。同前。作業部会は1997年末までに数次の会合を開いている。

77) さらに、TRIMS協定の9条は、物品の貿易に関する理事会に対してWTO協定に「貿易政策及び競争政策に関する規定を追加すべきかどうか」を検討することを義務づけている。また、TRIMS協定5条5項とGATS 8条は、さまざまな措置が地位の濫用を構成し、あるいは関連市場における競争に悪影響を及ぼすと信じる理由がある場合に、協議と情報交換を行うことを規定している。

78) 香港代表ノンペーパー「グローバル化する経済におけるWTOルール」1996年4月12日、reprinted in *Inside U.S. Trade,* Apr.19, 1996, pp.26-27.

79) *Ibid.*, p.26.

80) J.Stopford, J.Dunning and K.Haberich, *The World Directory of Multinational Enterprises* (1980) , pp.xviii-xix.

81) OECD, *International Investment and Multinational Enterprises:Recent International Direct Investment Trends* (1981) , pp.5-8.

82) WTO, *International Trade:1995 Trends and Statistics* (1995) , p.20. 世界経済の統合の進展についてより詳細な情報として、*Ibid.*, pp.15-23 およびそこで引用されている文献を参照。

83) Stewart, *supra* n.2, pp.1390-1404.

84) Alan M. Dunn, "Antidumping," in Stewart, *supra* n.8.

85) 例えば参照、Boltuck and Litan, *supra* n.7, pp.14-15. ボルタックとリタンは

一部の学者から厳しく批判されてきた米国アンチダンピング法のいくつかの規定を挙げている。それらの「問題」(加重平均と個別の取引価格の比較など) の大半はウルグアイラウンドで解決された。参照、Stewart, *supra* n.7, pp. 288-330.
86) WTO, *supra* n.82, pp.47-50, 71-76.
87) ECとオーストラリア・ニュージーランド自由貿易地域は相互間でアンチダンピング法を廃止したが、他の多くの自由貿易協定は加盟国間でアンチダンピング法を維持している。1948年から1995年にGATT 24条に基づいてガットに報告された106の特恵的貿易協定のリストとして、参照、GATT, *Analytical Index:Guide to GATT Law and Practice*, 7th ed. (1995), pp.858-872. GATTの1条、3条、6条、24条のいずれの規定も、貿易自由化の進展により6条の権利義務の変更が必要になるという理論を支持しない。実際はその逆である。もし自由貿易地域で6条よりも広範囲をカバーする反トラスト法の原則を採用するために6条を修正したとすれば、それによって損害を被る国が当該修正の6条違反を理由としてWTOに申し立てることになるだろう。
88) メキシコ合衆国憲法131条規制法、*Diario Oficial*, Jan.13, 1986.
89) *WTO Focus*, Dec.1995, pp.10-11. 同じ時期にEUと米国は各々37件、30件のダンピング調査を開始している。同じく参照、F.McLaughlin, "Mexico's Antidumping and Counterveiling Duty Laws:Amenable to a Free Trade Agreement?" 23 *Law and Policy in International Business* 1009 (1992).
90) WTO, *supra* n.82, p.49. WTO, *Anuual Report 1997*, Vol.1 (1996).
91) *Ibid*.
92) *WTO Fucus*, Dec.1995, pp.10-11. WTO, *supra* n.90, p.111.
93) WTO, *supra* n.82, p.75.
94) *WTO Focus*, Dec.1995, pp.10-11.
95) 例えば参照、Paul Samuelson, *Economics*, 11th ed. (1980), pp.626-637, 651-661. Charles P. Kindleberger, *International Economics*, 5th ed. (1973), pp.17-21. Richard Blackhurst, Nicolas Marian, and Jan Tumlir, "Trade Liberalization, Protectionism, and Interdependence," *GATT Study*, No.5 (1977), pp.21-42. Kaysen and Turner, *Antitrust Policy* (1959), pp.11-20. R. Posner, *Antitrust Law:An Economic Perspective* (1976), p.4. H.Hovenkamp, "Antitrust Policy After Chicago," 84 *Michigan Law Review* 213 (1985). Phillip E. Areeda *et al.*, *Antitrust Law* (1995), p.401.
96) 例えば参照、Samuelson, *supra* n.95. Kindleberger, *supra* n.95.
97) Stewart, *supra* n.2.
98) Samuel L. Hayes, "Capital Commtments and the High Cost of Money," *Harvard Business Review*, May-June 1977, reprinted in *Finance:*Part V (Harvard Business Review reprint series), pp.41, 43. Edward Altman, *Financial Handbook*, 5th ed. (1981), pp.31-35. 中長期債務のコストに基づいて米国およびその貿易相手

国の資本コストを算定した表として、参照、Stewart, *supra* n.2, Vol.2, p.1564. なお、一般的に参照、*Ibid.*, pp.1553-1565.
99) Brooke Group v. Brown and Williamson Tobacco, 125 L.Ed. 2d 168 (1993).
100) *Ibid.*
101) 「誤った価格情報」についての突っ込んだ分析、また、最も一般的なアンチダンピング措置に対する経済学の反論に対する批判として、参照、Clarisse Morgan, "Trade and Competition - The Debate on Anti-Dumping," Jan.26, 1996, pp.2-11 (未完、筆者が所蔵)
102) *Supra* n.99.
103) *Ibid.*
104) *Ibid.*, pp.182-183, 191.
105) *Ibid.*, pp.195-197.
106) カンター通商代表のWTOルッジェーロ事務局長宛1995年5月9日付書簡、3頁。
107) Morgan, *supra* n.101, p.7.
108) 例えば参照、Standard Oil Co. v. United States, 221 U.S. 1 (1911), Chicago Board of Trade v. United States, 246 U.S. 231 (1918). 同じく参照、Areeda *et al. supra* n.95, p.1500 *et seq.*
109) もちろん、競争法には規制的性格の強い部分もある。米国の合併法と消費者保護法は規制的アプローチと抑止アプローチを併用している。同様に、EC競争法は両方のアプローチを含んでいる。EC条約85条と86条は刑事罰や民事上の訴権を規定していない。しかし、EC委員会は対象企業の年間売り上げの10%までの罰金を科することができる。参照、Spencer Weber Waller, "Understanding and Appreciating EC Competition Law," 61 *Antitrust Law Journal* 55 (1992), 57.
110) 同様の懸念は、アンチダンピング法の概念(例えば産品間補助金)を競争法に移植する場合にも表明される。いずれの場合も、こうした基準の起源と提供される救済について慎重に検討する必要がある。
111) Wesley A. Cann, Jr., "Internationalizing Our Views Toward Recoupment and Market Power:Attacking the Antidumping/Antitrust Dichotomy Through WTO-Consistent Global Welfare Theory," 17 *University of Pennsylvania Journal of International Economic Law* 69 (1996), 227.
112) WTO Trade Policy Review Body, *Overview of Developments in International Trade and the Trading System: Annual Report by the Director General,* WTO Doc. WT/TPR/OV/1 (1995). WTOのアンチダンピング慣行に関する委員会は、現在各国からの通報を審査中である。1995年12月の時点で合計56件の通報が寄せられている。参照、Renato Ruggiero, "Overview of WTO's First Year," *WTO Focus,* Dec. 1995, pp.10-11.

4 日米半導体紛争からの教訓

デーヴィッド・A・ガンツ*

「チャーリーン・バシェフスキーUSTR代表が12月10日に伝えたところによると、1997年第2四半期の日本の半導体市場における外国製品のシェアは、35.8％という高い数値を記録するまでに伸長した……バシェフスキー代表は、1996年の日米半導体協定が外国製品の勢力伸長を後押しした……として、『米国および他の外国の半導体製造業者は、高品質で高い競争力を持つ製品を提供しており、新半導体協定が、我々の期待したように、日本においてこれらの供給者たちに新たな市場を提供するよう作用していることを喜ばしく思う……』と述べた」[1]。

米国の半導体産業は、近年の高い一桁・二桁成長を反映して、18万9千の人員を雇用しており、1996年にはおよそ750億ドルの製品を出荷し、1998年の出荷は約900億ドルに達すると見込まれている[2]。したがって、米国政府が、半導体協定が日本市場を外国の半導体に開放するのに大いに成功を収め、かつ他に考えられる歪みを減じることに成功していると見るのは、何ら不思議ではない。

日米間の半導体をめぐる争いは、これら二大経済大国の間にこれまでに生じてきた貿易紛争の中で、最も長期にわたっていて複雑でかつ真剣に取り組まれてきた紛争の一つである。この半導体をめぐる争いは、法的、道義的、政治的文脈において、市場アクセス、管理貿易、国家の安全保障、双務主義対片務主義といった問題を提起してきた。そして、これまでの研究[3]は、両国政府のこの争いへの取り組み方に特別な注意を払って、紛争の様相と原因を検討してきた。本章は、貿易紛争の解決、特に301条[4]の下での二国間の

---

* David A. Gantz, アリゾナ州立大学ローセンター教授・研究科長 (Director)。米州自由貿易法センター副所長。

決着がWTOの紛争解決了解[5]によって規律され、制限されている今日の(国際)社会、そして市場アクセスに対する日本の主な障壁が容易に現行のガット・WTO協定違反と特定できない(国際)社会にとって、WTO[6]の設立以前にあったこの紛争の教訓が有益であると考えられる点に焦点をあてて、日米半導体協定に対する評価を示す。

1.では、半導体紛争が特異なものであるという理由を概説し、2.では、実務的決着による二国間での解決、1974年通商法301条と1947年のGATTの文脈における二国間での解決の問題を論じる。3.では、1995年1月1日以降にWTOと紛争解決了解の統制下で紛争が起こったとして、政府が異なる結果を伴うどのような異なった方法で問題に取り組んだであろうかを検討する。そして最後に4.では、同様の問題に関わる将来の紛争に対する取り組みについて、その選択肢を検討する。

1. 半導体紛争の特異性

半導体紛争は、当然のことながら、ここ20年間に日米間で起きた唯一の重大な紛争というわけではないし、必ずしも最大の紛争というわけでもない。日本製テレビの米国内での販売は、1970年以降、多かれ少なかれ継続的に米国政府および様々な米国政府機関(例えば商務省)による審査に服してきたし[7]、近年、日米政府が争ってきた主要製品の中では、鉄鋼[8]、自動車[9]そしてごく最近では写真用フィルム[10]があった。しかしながら、半導体紛争は、以下の全てに関係しているという点で特異な紛争といえる[11]。すなわち、

○両政府および当該製品の製造業者にとって、経済的価値だけでなく(国家)戦略的にあるいは国家の安全保障にとって大きな価値を有する製品であること。

○外国との競争から国内産業を保護し、資金調達の特恵的アクセスを確保するのに大いに成功を収めた「幼稚産業」アプローチを日本政府が初期にとったこと。

○米国の半導体産業が、(例えば自動車産業や鉄鋼産業とは違い)世界規模で最も競争力があり、しかも日本市場への参入に必要な努力をする準

備をしていたし、また進んで努力することが明白であったこと。
○日本の半導体市場への参入を支配する日本企業にとって重要な米国の電子製品市場が存在したこと。
○GATT 6 条およびアンチダンピング協定に明らかに違反する米国市場におけるダンピングおよび第三国でのダンピングの存在と一体となる市場アクセスへの制限が存在したこと。なお、ダンピングについてはGATTの準則に基づくアンチダンピング税賦課による処罰が可能であるものもあったが、市場アクセス制限については、少なくともいくつかの制限は必ずしもガットに申し立て可能ではなかった。そして、
○米国が用いた、あるいは用いると脅しをかけた方法がGATTの準則に違反するか否かに関わりなく、米国政府が自国の国益と考えるものを追求する明白な意思が存在したこと、
である。

また、半導体ケースのもう一つの面白い側面としては、部分的には上に掲げたいくつかの理由によるものだが、両国政府とも自国の国内産業の運命を決定する市場原理を受け入れる用意がなかったことが挙げられる。1974年以前には、日本における半導体の生産は通産省によって奨励されていた。通産省は研究開発組織を支援し、外国投資を事実上禁止し、輸入制限を行い、ローカルコンテント要求を設定していた[12]。その後、通産省が外国市場の障壁の撤廃に着手すると、政府は日本の半導体・コンピュータ会社に、「自由化対抗措置」[13]の掛け声の下、コンピュータの製造、マーケティングおよび販売に関して強固な取り決めを結ぶよう奨励した。米国の産業界は、日本の半導体企業は保護された国内市場ゆえに米国におけるダンピング[14]を含む「攻撃的な貿易戦略」を展開することができたと主張している。

しかしながら、米国産業の発展も同様に米国政府の支援によるところが大きい。初期には生産高の100％をしばしばプレミアム価格、すなわち研究開発および装備購入資金の提供を助成する優遇価格で米軍が購入したし、1970年代前半に至っても、米国政府の支援は研究開発費用の 2 分の 1 に達していた[15]。その後、米国政府は、外国で付加された価値に限定して関税を賦課するという、半導体産業に一層効果的な支援を行う貿易政策をとった[16]。

技術労働者の流動性やベンチャーキャピタルが得られやすかったこと、大学間の開かれた研究および特許のクロスライセンス、垂直的に統合された企業よりも商業的な半導体企業が成長したこと、といった諸要素も米国産業を支えたが[17]、他方で半導体産業の成長過程への政府の影響を否定することはできない。

したがって、1986年協定以前の状況を「自由」貿易とみなし、同協定締結後の状況を「管理」貿易として対比させるのは大間違いである。日本政府は、半導体の生産とその貿易条件を操作し、他方で米国政府は、より限定的ではあるが、政府あるいは軍の支援を通じてこの極めて重要な産業の発展を促進した。両国の半導体産業には、その歴史上、平穏な状況はまったく存在しなかった。協定後の状況の評価に当たっては、こうした事実を考慮に入れなければならない。これを考慮に入れないと、その評価はひどく誤ったものになってしまう。また、1996年協定のように紛争解決合意を民間協定化しようという試みは、産業の健全性を保とうとする両国政府の継続的関与を覆い隠すことにならないようにすべきである。

2. 半導体協定、301条と1947年のGATT

A. 問 題

1986年の半導体協定を導いた状況については広く論じられてきている[18]。米国の半導体製造業者は、(IBMやヒューレット・パッカードといった)米国の主要な大口ユーザーが反対しないとの決定を下した後、1985年6月に、USTRに日本政府の市場アクセスを拒否する行為について調査を開始するよう要請する301条申し立てを行った[19]。米国の半導体製造業者は、その数ヶ月後、再び米国のユーザーと協議した後で、日本から輸入された64K DRAMsおよびEPROMSに対してアンチダンピングの申し立てを行った。これらのユーザーは申し立てに対して懸念を表明したが、結局、1985年の日本側の攻撃的な価格設定の証拠が示されたことで申し立てに同意した[20]。ダンピング申し立てでは、日本の米国市場におけるチップ販売の価格が日本の国内市場における価格を下回っており、さらにはその製造コストも下回っていると主張

された[21]。米国商務省は、256K以上のDRAMsに対して、ほとんど先例のないアンチダンピングの職権調査開始という措置をとった[22]。

301条の申し立て[23]は、一連の複雑な主張を掲げた産業関係者による申し立てに応じる形で、米国政府が開始した。申し立てでは、有利な財政処理および研究開発上の優遇措置を通じた半導体の「ターゲティング」、関税による外国製品との競争からの保護、非関税障壁および(過去における)外国投資の制限、強力で垂直的に統合された少数の企業による系列販売慣行の認容、輸出、財務および国産品購入政策を規制する通産省の行政指導、ならびに半導体産業への外国直接投資の制限、などを通じて日本が外国製造業者の市場アクセスを拒否していると主張された[24]。

これらの要素のみが米国産業に困難をもたらしているかどうかについては検討の余地がある。米国産業の抱える問題のいくつかは、その産業自体の未熟な経営や未熟な戦略決定が原因となっていると指摘されている。例えば、米国産業は早期にCMOSチップデザイン技術はこれ以上開発しないことを決定したが、これは後に64K DRAMsのようなVLISチップのキーテクノロジーとなったし、収益率の低いメモリーチップを低賃金の国々に移して、代わりにもっと専門的なロジックチップに集中する移行戦略も、ごくゆっくりとしか行われてこなかった[25]。

しかしながら、閉鎖的な日本市場と日本製チップの外国におけるダンピングが米国の製造業者を害する原因となっていたことは明らかなようである。国際貿易委員会は、「1985年の国内価額および輸入価額の双方における劇的な価格破壊」[26]に伴って、1983年から1984年にかけての米国による64K DRAMsの輸入は、(1985年に7630万組に落ち込む以前には)8230万組から1億1560万組に増加したと公表している。さらに、世界のDRAM市場における日本のシェアは、1978年の約28％から1986年には75％以上に拡大し、一方、米国のシェアは、同じ時期に73％から約16％にまで縮小した[27]。

B. 半導体協定

「半導体協定」とは、実際には、1986年の半導体貿易に関する日米協定[28]、1991年の半導体製品の貿易に関する日米間の協定及び取極[29]、そして1996

年の政府間及び産業間の合意[30]の四つを指す。

　一連のダンピングの申し立てが進行すれば、商務省および国際貿易委員会における行政手続が認められた可能性があるが、実際には301条申し立てにより政府間交渉が確保されてきた。したがって、301条申し立てケースに対する最終的な解決がダンピング申し立てもカバーしたことは当然である[31]。そして紛争解決協定は多くの「初めて」を盛り込んだ。すなわち、これは戦略的なハイテクノロジー産業に関する初めての協定であったし、雇用ではなく競争上の利益を考慮した初めての協定であったし、第三国市場を含む外国市場アクセスに焦点を当てた初めての協定であったし、協定の不履行という理由で通商制裁が初めて日本に課される恐れがあった。そして、条件付の相互主義および管理貿易に焦点を当てた初の協定でもあった[32]。

　レーガン大統領は、1986年協定の締結を歓迎して、「この協定は、より自由でより衡平な世界貿易への重要な前進を示すものであり、わが国の半導体製造業者が日本市場において公正に競争する力を高めるであろう。また、この協定は、日本の製造業者が米国市場および第三国市場におけるダンピングを防止することにも役立つであろう」[33]との声明を発表した。

　同協定は、日本政府が「外国に本拠を置く企業に日本における市場アクセスの機会を増大させ、これらの企業がその機会を積極的に利用することの必要性を日本の半導体製造業者およびそのユーザーに認識させる……」[34]よう規定した。ここでは、この文言だけではなく、日本政府はこれを「了解し、歓迎するものであり、そして、5年以内に20％の市場シェアを獲得するという外国企業の目標達成のため援助するよう努力するつもりである」[35]と述べられた有名な(しかし秘密の)添付書簡(side letter)を通じても、単に米国の製造業者ということではなく、一般に外国の製造業者の日本の半導体市場への市場アクセスを容易にすることが意図されていた。このため、同協定は、日本の非常に閉鎖的な半導体市場を開放するよう求めて米国産業が付託した301条申し立てに決着をつけることとなった。

　また、1986年協定は、日本政府が自国の輸出者に対して正確なデータの提供と米国市場あるいは第三国市場において製造費を下回る価格で半導体の販売を行わないよう強く求めると規定したため[36]、並行していた64K DRAMs、

264K DRAMsおよびEPROMsに対するアンチダンピングの申し立てについても、調査中断合意(suspension agreement)としての役割を果たした。米国アンチダンピング法は、ほぼ排他的に米国市場における外国製造業者によるダンピングとそのダンピングを原因とする米国産業の損害のみを対象としていたにもかかわらず[37]、この第三国に関する規定は、半導体が世界市場で販売されていることを明らかに念頭に置いた規定である。日本の製造業者が第三国市場でのダンピングを続けたとしたら、世界の半導体消費者はダンピングの行われている国で必要な製品を購入し、米国は、半導体の購入についても半導体を使った製品の製造についても、半導体消費者が逃げ出す「高価格の孤島」となってしまうだろう[38]。1986年協定における第三国価格を監視する際の協力に関する規定は、「GATTの関連規定」に依拠するものとされた[39]。

この1986年協定は、少なくとも最初のうちは、大きな成功を収めたとはいえなかった。日本市場において外国勢力が20％のシェアを獲得するという「目標」は達成されなかったし、米国の見解によれば、日本の製造業者による第三国でのダンピングはその後も続いたのである。そこで、1987年4月、米国は、301条に基づいて、ポータブル・コンピュータやデスクトップ・コンピュータ、それにカラーテレビや電動工具など年間3億ドルの輸入量が見込まれる特定の日本製エレクトロニクス対米輸出品[40]に、100％の関税を賦課することにより、これに報復した[41]。日本の半導体市場における外国企業のシェアはその後拡大した。少なくとも一時的には明らかにこの制裁が効果を上げたのである[42]。ダンピング停止の指示がすぐに出され[43]、制裁は、米国政府が日本がダンピングに対して負うべき義務と信じているものに日本が完全に従った時点で一部解除された[44]。

半導体協定は1991年に更新された。1991年の政府間協定では、再び「市場原理に基づく半導体の自由貿易を促進し、日米の産業の競争的地位を高め、GATTにおいて確立された原則に合致する」ことが意図された[45]。また、1991年協定においても、製造コストを上回る販売を確保するため、輸出販売価格の監視が規定された[46]。しかしながら、第三国における有害なダンピングに関しては、両国政府は単に「GATTの関連規定とガット・アンチダンピング協定に合致し」た措置を講じ[47]、アンチダンピング協定12条(第三国における

ダンピング)の下での措置に関して協力する権利を留保したにとどまった。

　重要なのは、20％という「目標」が1991年協定の正文に規定されたことである。

　　　　「日本政府は、米国半導体産業が1992年末までに外国製品の市場シェアが日本市場の20％以上を占めるまでに伸長することを期待し、かつ、この期待が実現され得ると考えていることを認識している。

　　　　日本政府はこの期待の実現を歓迎する。両国政府は、上の表明が保証とはならず、また、外国製品の市場シェアの上限も下限も構成しないことに合意する」[48]。

　米国政府および米国製造業者は、もちろん、この文言を単なる期待の表明以上の約束(commitment)と解釈していたから、日本政府がその保証を実現するか否かによって、20％という目標が合理的な期間内に実現されない場合には、米国は再び制裁を課す可能性があった。実際には、外国製品の市場シェア20％という目標は1992年に(20.2％という数値で)達成された。ただし、その後、1993年には、この数字は約18％に減退した[49]。

　1994年、米国産業は、1991年協定は外国半導体の日本市場へのアクセスを増大させ、「米国市場および第三国市場における日本のダンピングを排除している」と述べて、慎重な言い回しで同協定を成功と評した[50]。理論的に正当なものであるかどうかについては問題が残っているし、GATT上、制裁の脅威により支えられた目標の履行が合法であるかは疑わしいままであるが、米国産業は、これらは少なくともこれまで提案された解決策の中で最もよく機能したと評価している[51]。

　1996年7月に第二次協定が失効したとき、半導体協定は、まったく異なるタイプの取極に置き換えられた。日本政府は明らかに1991年協定が他の協定との置換えなしに失効することを認めるよう望んでいたが、一方で、米国は半導体貿易の監視を継続する根拠を提供するある種の政府間「協定」を主張していた[52]。米国政府と米国産業はともに、1996年半ばまでに半導体協定がもたらした成果に満足し、日本にこれ以上のステップを求めることはしなかった。しかしながら、米国政府と米国産業は、あらゆる「後戻り」を避けてさらに広範に産業間の協力と関係データの収集を推進することを望み、再び

成文の協定を結ぶことでこれらが保証されると信じていた[53]。

1996年「協定」の成果は、日本電子機械工業会(EIAJ)と米国半導体工業会(SIA)の間の協定と政府間の「共同声明」という、二つの協定文となった。EIAJ／SIA協定は、ユーザー側と供給者側との間の様々な協力活動と、環境、労働者の健康・安全、知的財産権、貿易および投資の自由化ならびに市場の発展といった問題に関する供給者間の様々な協力活動の双方について規定している[54]。3年間有効であるこの協定で最も重要な点は、輸入・輸出統計値、産業調査、政府のデータその他利用可能なデータに基づき、関係国政府に対する市場・貿易フローの報告書を四半期毎に準備することを要求していることである[55]。このデータは、新設の半導体理事会という情報センターによって集計されるが、両国政府は依然として、市場シェアのデータを含めて、データを審査する役割を保持している[56]。EIAJ／SIA協定は「国内法に従って有害なダンピングを回避する重要性」を認め、その限度でのみダンピングを扱っている[57]。この協定の原当事者はEIAJとSIAであるが、同協定は、政府が半導体への関税を全廃し、あるいは全廃することに合意した他国の産業団体の参加も認めている[58]。また、1996年12月に、SIAとEIAJは別の了解で、有害なダンピングの回避と略式アンチダンピング調査において利用可能な任意の根拠に基づく一定のデータを収集する必要性について再確認した[59]。

3年間有効の政府間「共同声明」は、市場原理、WTOルールとの合致および国際協力について再度規定している[60]。この共同声明は、半導体産業自体が「半導体産業における劇的な変化」に対処する直接の責任を負うことを示し、市場データを両国政府に提出するという産業側の規定を歓迎し、定期的な協議を要請した[61]。日米両国は、他国政府(特にEU)に対して、特に貿易および投資の自由化、規制および課税、環境、労働者の健康および安全と標準化、知的財産権の保護、基礎科学研究および情報社会の推進などについて協議するための「世界政府フォーラム(Global Governmental Forum)」への参加を奨励した[62]。また、この取極は、ガット・WTOルールに従って「有害なダンピングを回避する必要」も認めている[63]。言い換えれば、この「共同声明」とEIAJ／SIA協定は並行しているのである。

1996年の取極は明らかに内容に乏しいものであったが、USTRは、「新し

く講じられた諸措置は、市場アクセスが政府レベルの協議だけでなく、具体的な産業レベルの協議を通じても促進される分野に対する革新的な四次元的アプローチを表している」と評価した[64]。これらの措置は、「産業間の協力を強調して、政府の監督の量を減らしている」[65]というのである。

この取極を非常に重要なものとみなすことには懐疑的な意見があるかもしれない。この種の産業間協定は非常に限られたものである。それはEIAJ／SIA協定が「すべての協力行為は反トラスト法を含む各国の法律に完全に合致して行われなければならない」[66]と述べた規定に示されている。特に、個々の企業の生産コストと価格決定のデータの共有は重大なリスクを伴うであろう。それはEIAJ／SIA協定の下で集計されるデータの限られた性質のために生じると予想されるものである。しかしながら、「共同声明」は引き続き半導体貿易を監視する法的根拠を提供しており、万一、日本政府が保護主義的措置を講じた場合には、米国政府は共同集計した貿易データを含む根拠に基づいてこれに抗議することができる。米国行政府は「1996年半導体協定においてなされた公約が完全かつ成功裡に履行されることを確保するよう、米国産業および日本政府と密接に協力する」と約束している[67]。

C. 実際の結果

既に指摘したように、米国政府(と米国の産業界)は半導体紛争が一連の二国間および多国間の協定によって解決されたと考えており、これらの協定は、米国の対日貿易政策の歴史の中で大きな成功を収めたものとみなされてきた。外国企業のシェアは日本市場において空前の35.8％というシェアに達し、米国市場および第三国市場における日本の半導体のダンピングはなくなったように見える。米国産業は収益をあげており、本国においても外国の生産拠点においても急速に生産を拡大している。その上、少なくとも半導体に関しては日米間の貿易摩擦は解消された[68]。

「成功」は定義も評価も困難である。米国政府と米国産業の求めたものに即していえば、数字が自ずと成功を物語っている。日本による半導体の輸入が将来的にも現在のレベルあるいはこれに近いレベルを保つという保証はないが、外国製造業者の市場シェアは、近年、実際には1995年に25.4％、1996年

に27.5％、1997年に33.3％[69]と20％の目標を上回っている。しかしながら、この分野においても他の分野においても、原因と効果を特定することは困難である。明らかに、市場的要素、すなわち、特に（米国企業が優勢な分野である）マイクロ・プロセッサーに対する需要の増大[70]や個々の企業の製品開発や製造決定、産業のグローバル化と、それに伴って「日本」製品と「米国」製品の多くが海外で生産されていること、そして消費者（コンピュータ産業）の爆発的な増加を含む市場の要素が、間違いなく世界の半導体産業の健全性に重大な影響を及ぼしたのであり、こうした要素が存在しなかったら、半導体協定が掲げた一定の市場シェアを獲得するという目標は達成し得なかっただろう。

　さらに、米国半導体産業は米国市場における半導体のダンピングを撲滅する努力を続けている。1993年の韓国製DRAMsに対するアンチダンピング税賦課命令は今も有効であるし[71]、台湾製スタティックRAM半導体に対するアンチダンピング税も依然として賦課されている[72]。

　Dで取り上げるGATT上の問題を除いても、通商法、通商政策の観点からすると、明らかにいくつかの問題がある。数値目標という観念が伝統的な自由貿易の概念と符合しないことは明らかであるが、半導体分野においては、米国が介入するまでは自由貿易の原理に則った運営はされていなかった。むしろ半導体分野は、政府の産業政策と、半導体協定と同様に自由市場の概念と合致しない「操作された」貿易によって特徴付けられていた。

　しかしながら、半導体協定の結果、保護主義的な表現にもかかわらず、日本政府が将来的に数値目標を設置することに合意する可能性はなくなった。1995年日米自動車協定においては、米国が検証数値目標の要求を引き下げなければ合意は不可能であった[73]。他方で、米国は依然として数値目標に魅せられたままであり、たとえ一方的であっても公式の声明で数値目標を用いることを主張している。だから、USTR代表が自動車協定の締結を発表したとき、同代表は「米国は、この協定の結果、米国の製造業者と日本のディーラーとの間での直接のフランチャイズ契約が増加し、1996年末までには約200店、新しい販売店が増え、2000年末迄には新しい販売店が全部で約1000店まで増加すると想定している」と述べた[74]。

この意見の不一致にもかかわらず、少なくとも1990年代中盤を通じて、半導体での成功によって、米国が(それが厳密にGATT整合的であろうとなかろうと)日本政府に市場アクセスへの構造上の障壁を撤廃するよう圧力をかける二国間の手続に訴えることが促進されたのは明らかである。

　ビジネスのグローバル化に伴い、政府による管理努力は国際協力なしには効果のないものとなるとの見込みから、将来的には管理貿易は衰退するだろうという者もある[75]。確かにこうしたことがいえる産業もあるだろう。しかし、米国や日本といった一つのあるいは二つのリーダー的な政府が通商政策の策定を追求する場合には、他の政府がそれに従う場合もあるだろう。おそらく半導体産業もこれに含まれる。このことは、1996年日米半導体協定が実際上他国の参加を認めたことからも明らかである。

D. GATT合法性の問題

　1986年および1991年の半導体協定とこれらの協定の実施は、GATTの下での日米両国の二国間関係と他のGATT締約国との二国間関係に関して一連の問題を生じさせた。

1) ECの主張

　ECは、1986年協定に対して直ちに批判を加え、「国際貿易の準則を危うくし、ヨーロッパ共同体の正当な利益を脅かす」であろうと主張した[76]。ECは明らかに、1986年協定の第三国価格監視の規定が、ヨーロッパにおいて「恣意的な」半導体価格の上昇へとつながり、市場アクセスの規定が米国企業に日本の半導体市場への優先的アクセスの機会を提供するようになることを懸念した[77]。

　ECはこの両方の問題について、日本に対するGATT 23条に基づく申し立てを行い、小委員会においてさらに、価格監視と抱き合わせとなっている日本の輸出許可制度は輸出許可を3ヶ月遅延させており、これもまたGATT違反であると主張した。ガットの小委員会はこれらの問題を検討し、1986年協定は米国半導体に対して日本市場への優先的アクセスの機会を与えていないとの裁定を下した。むしろ、1986年協定は文言上は無差別の協定であったし、

米国だけでなく第三国の製造業者も市場アクセスの機会増大による恩恵を被っていることは、貿易データが示していた。しかしながら小委員会は、第三国価格監視制度が生産費を下回る価格で輸出販売を行うことを制限するものであり、これがGATT 11条1項に違反する数量制限であって、日本の輸出許可制度がこれに該当するという点に関してはECの主張を認めた[78]。その際に小委員会は、監視はGATT 6条に適合するという日本の主張に対して、6条に基づくダンピング防止の権利は輸入国のみに認められる権利であるとして、これを認めなかった。

　日本は明らかに1986年協定の下で規定されている措置がガットのアンチダンピング協定[79]に合致するとの主張は行わなかったが、それには十分な理由があった。同協定は実際に第三国のダンピングへの対抗措置を規定しているが、かかる措置を講じるかどうかについては、輸入国が第三国ダンピングに関する適切な価格と損害についての情報を検討した後に、排他的に決定するとされている。

　ガットの小委員会の報告に対応して、日本は監視プログラムについて重大な変革を行った。すなわち、日本は輸出許可と価格監視を分離させ、遅延がなくなるようにしたのである[80]。米国は、これまたガット小委員会報告を部分的に受け入れ、日本の第三国ダンピングに対する制裁を1987年11月までに終了した[81]。

2) GATTの下での二国間問題

　ダンピングと申し立てられた日本製半導体の輸入に対して米国のとった行動は、GATTおよびアンチダンピング協定に整合であった。つまり、調査中断合意（「価格保証」）は、アンチダンピング措置を解決する手段としてGATTとアンチダンピング協定で明示的に認められている[82]。しかしながら、1974年通商法301条に基づき、日本が外国製半導体の輸入量を増加し得なかったことに対して制裁を課し、その理由を日本政府と日本の製造業者が第三国でのダンピングを迅速に排除しなかったためとしたことについては、GATT上合法であるかどうかは深刻な問題である。

　米国は、日本政府による1986年協定の当初の履行状況を、日本市場への参

入機会の提供についても、競合する米国企業を害する第三国における半導体のダンピングの減少についても、不十分であるとみなした。したがって、米国は301条を厳格に適用し、1987年に一定の日本の対米輸出品に対して100％の関税を賦課した[83]。日本はGATT 23条1項に基づいて1987年8月4日に通商制裁に関する協議を米国に要請したが、紛争解決手続の申し立てまでは行わないと決定したことを明らかにした[84] (前述のように、第三国でのダンピングに関する制裁は1987年11月に解除された[85])。

　日本がガットの小委員会設置を要請しなかったのは、間違いなく法的、政治的な理由があったからである。おそらく、当時の紛争解決手続において、いかなるGATT締約国も小委員会報告の採択を無期限に遅らせることができる場合は[86]、米国が単にガットの小委員会報告に反対を表明することでガットのどんな意義ある救済も妨げられるという問題に、日本は政治的考慮を払ったのである。さらに考えられることとしては、日本政府は、当時進行中で最終的には1988年の包括通商競争力法[87]となった法案に関する1987年の米国議会における論争を十分知っていたのだろう。競争制限的民間慣行を301条の下に組み込もうとする努力と「過剰な」対米貿易黒字を維持する国家を罰するというゲップハート下院議員の努力 (これは失敗に終わったが実質的にはスーパー301条に結実した) は、半導体に関する制裁よりはるかに日本にとって有害なものとなったと予想されるし[88]、第三国でのダンピングと日本市場へのアクセスの問題に対して日本政府が米国政府とともに取り組もうとしなければ、保護主義的な301条の改正をレーガン政権が阻止できなくなる可能性もあった。

　GATT上違法となりそうなダンピングを除いて、米国が日本に日本市場における様々な競争制限的慣行を301条に基づいて排除させようという努力には、GATTの下で何ら制約もないといえるかもしれない。しかしながら、1986年協定に従わないという理由で100％の懲罰的関税を課すという形で301条に基づき通商制裁を賦課するのは、異なる問題である。日本がGATT上の義務に明白に違反するようなケースを除いて、米国の制裁は、米国がGATTの下ではるかに低率で譲許した製品に100％の関税を賦課することにより、最恵国待遇義務に違反している、あるいは、一度100％の関税が適用されると関

連製品の対米輸出がすべて停止される可能性があるから、GATTの数量制限禁止にさえ違反していると十分にみなし得るであろう[89]。また、懲罰的関税はアンチダンピング税とはみなし得ないし、ダンピングマージンを越えており、またいずれにしても半導体ではなくコンピュータやテレビ電動工具類に適用されたのであるから、1987年の制裁もGATT整合的であると解釈することはできない[90]。

米国は、おそらく東京ラウンドやそれ以前の交渉で定められた関税譲許に基づいて、日本の市場アクセス制限をGATTの下で米国が得るべき利益を「無効化または侵害」するものと構成することも可能であっただろう[91]。しかしながら、外国製半導体の参入を妨げる日本市場における様々な構造上の障壁の長期的性質と、日本政府が半導体産業に直接の補助金を拠出していなかったことからして、この議論は説得力に欠けた。(外資制限、通産省による行政指導、系列販売の慣行など)1980年代初頭から中盤にかけて認められた障壁は、必ずしもGATT上申し立て可能なものではなかったし、民間の活動とも考えられた。問題とその不公正さは自明であったが、既存のGATTの枠組みの中ではそれらに対処することは難しかった。

興味深いのは、ECが、日本の様々な閉鎖的市場措置が東京ラウンドやそれ以前の交渉でのECの日本に対する関税譲許の「無効化または侵害」を構成することに基づいて、日本に対して広範なGATT申し立てを検討していたことである。しかしながら、米国はこの申し立てを支持することを拒否し、最終的に申し立ては行われなかった[92]。振り返ってみて、そして富士コダック事件[93]を考えてみると、これを支持しなかったことは賢明ではなかったかもしれない。

ガットに申し立て可能な日本の半導体産業保護措置の一つは通産省の「行政指導」であり、これは任意の指針でありながら、実際には国際貿易に従事する企業に対する通産省の強大な権力のために拘束力をもっている。半導体紛争においては、通産省が半導体のユーザーに対して日本製品と外国製品が同等である場合には日本製品を買うよう指導してきたと主張されていた[94]。おそらく、通産省の指導が強制的なものであったことを証明できる範囲で、「いずれかの締約国の領域の産品で他の締約国の領域に輸入されるものは、

その国内における販売、販売のための提供、購入、輸送、分配又は使用に関するすべての法令及び要件に関し、国内原産の同種の産品に許与される待遇より不利でない待遇を許与される。」[95]と規定しているGATTの内国民待遇すなわち無差別原則に日本政府が違反しているという申し立てを行うことは可能であっただろう。

　1988年、ガットの小委員会は米国から付託された事件において、非公式の行政指導(この事例では一定の農産物の生産を制限するもの)がGATTにおける「政府の措置」とみなし得るという裁定を下し、その理由としては、当該行政指導が政府により発せられ、それが日本国内の状況では影響力のあるものであることを挙げた[96]。1986年か1987年に召集されたガットの小委員会が、半導体紛争についても、同様の論理を用いて行政指導は3条4項の下で差別を構成するとの申し立てが是認されるのに十分な政府行為があったと認定したかどうかはわからない。

　ECは、ガットにおいて1986年半導体協定が差別的な市場アクセスを規定していると申し立てたが、日本市場の20％という数値目標についてはECからもガットの小委員会からも何の議論もされなかった。これはおそらくこのことが日米間の秘密であったためであろう。たとえ日本がガットの小委員会でこの問題を取り上げていても、小委員会は違反を認定することはなかっただろうと思われる。日本政府が米国半導体産業の期待を認め、その期待が実現されることを歓迎している1991年協定の文言(同協定の一部として公開されているもの)に基づけば[97]、この文言が貿易制限的慣行をもたらす可能性があると論じることは困難であっただろう。もちろん、この文言が外国の製造業者の間で差別を設けないと仮定すればである。また、GATTの規定には、内国民待遇以上に有利に輸入を扱うよう要請することを罰する規定はない[98]。

　1980年代の日米間でもそうであったように、ガットは問題を特定しなかったし、解決策を提案することもなかった。ある論者が適切に指摘しているように、「日本市場の主な障壁は、日本独特の産業組織と企業間そして企業と日本政府との特殊な関係に由来している。表立った貿易障壁は特定することが容易であり、GATTの準則に基づいて異議を申し立てることができる。し

かし、日本市場の構造上の障壁は目に見えにくいものであり、GATTの範囲外に属するものである」[99]。半導体問題その他の問題でGATTに基づく解決が図られなかったため、米国は、系列関係等の構造上の障壁および日本の貯蓄率の高さや当時の米国の慢性的赤字財政などのマクロ経済的問題を処理するための日米構造協議というほとんど一方的な協議に参加するよう日本に圧力をかけた[100]。しかしながら、この協議が日本経済の構造に重大な影響をもたらしたという証拠はほとんどない。

3. WTOに照らした半導体紛争の考察

　WTOの創設の結果として、二国間貿易紛争のアプローチが「結果志向的」規準から「ルール志向的」規準に変わるだろうといわれてきた[101]。確かに、おそらく半導体紛争と同様の性質を有する紛争も含めて、いくつかのケースではこうしたことが起こるだろうと期待する十分な理由がある。半導体問題に関しては、WTOの設立の影響として二つが考えられる。すなわち、第一のそして最も重要な影響は、GATT 23条の権限の下で発展してきたアドホックな紛争解決システムに代わって、WTOの紛争解決了解の詳細かつ包括的な紛争解決メカニズムができたことである[102]。第二の影響としては、WTOが非農業産品の貿易から農業産品の貿易、サービス貿易、知的財産権、そして限られた範囲ではあるが貿易関連投資措置その他の問題へと国際貿易ルールの範囲を大きく拡大したことである[103]。これは、1995年現在、拘束力ある貿易ルールの規律に服していない貿易障壁の数が大幅に減少したことを意味した[104]。

　しかしながら、日米半導体紛争が1995年1月1日以降に発生していたとしたら、異なった解決がなされたかどうかはきわめて疑わしい。

A. WTOの紛争解決了解

　1995年以前のガットの紛争解決システムは、とりわけ果てしない遅延と政治的圧力に屈していると批判されてきた。これらの問題は、被申立国を含むGATT締約国の一国が一方的にパネル報告の採択を無期限に妨害し、救済措

置の実施を阻害することができたために生じていた[105]。紛争解決了解はこれらの問題を根本的に解決した。すなわち、

 a) 義務的な協議によって60日以内に貿易紛争が解決されない場合には、申立国たるWTO加盟国は小委員会の設置を要請することができ、この小委員会は自動的に設置される[106]。

 b) すべての紛争解決手続は、手続の完了まで9ヶ月 (上訴がなされた場合には12ヶ月) という制限のある厳密なタイムテーブルに従う[107]。そして、

 c) 小委員会の報告 (または上級委員会の報告) は、(WTO加盟国による) 紛争解決機関が全会一致でこれを拒否しない限り、自動的に採択される[108]。

2人のコメンテーターの言によれば、「紛争解決了解は加盟国に、他のすべてのWTO加盟国が (小委員会) 報告に反対しても自国の勝利という果実を獲得することを保証している」[109]。

 しかしながら、WTOの紛争解決了解の下での紛争解決メカニズムの変更は、GATT 23条に基づく運用のメカニズムに比べて、(おそらく半導体のケースも含めて) 法的にも政治的にも強調され過ぎる場合がある。米国やECが関係していてよく報道をにぎわせたいくつかの紛争ではガットの小委員会報告の採択が遅延、妨害されるという結果に陥ってきたし[110]、これらの事例が1995年以前のGATTの紛争解決ルールは有効でないと言う観念を作り出してきたが[111]、これは必ずしも正しくない。1986年日米半導体協定に基づくECの日本への申し立てについてみると、GATT上の協議を最初に要請して (1986年10月) から小委員会報告採択 (1988年5月4日) までに要した時間はあらゆる基準に照らして適当であった。

 当時有効な手続の下では、日本も米国も (あるいは他のGATT締約国も) EUの申し立てを妨害して小委員会報告の採択を一方的に妨げることができた。しかし、日本も米国も小委員会の決定 (1988年3月24日) を大きく遅延させることもなく採択に同意した[112]。また日米両国は小委員会の決定に迅速に従った[113]。したがって、この事例に関しては、WTOの紛争解決了解がより迅速なあるいはより効果的な結果をもたらしたであろうという根拠はほとんどない。

紛争解決了解があったにもかかわらず二国間交渉を通じて解決された日米自動車・自動車部品紛争の結果がこの結論を裏付ける。この紛争は半導体紛争と多くの点で共通していた[114]。例えば、米国の自動車および自動車部品の製造者が直面していると申し立てていた（交換部品に対する日本の厳格な法規制や日本の自動車産業内での系列関係の存在などの）市場アクセスへの障壁がGATTその他のWTO協定に基づいて申し立て可能であったかどうかという問題や、制裁として日本製高級車に100％の関税を課すという威嚇などである[115]。この紛争では、日米両国とも紛争解決了解に則った手続に紛争を持ちこむことを示唆したが、最終的には両国とも持ちこまなかった。おそらく、両当事国やEU、WTO事務局長が、WTOはこの紛争をうまく解決できず、WTOの権威を損なうことになると判断し、紛争は二国間交渉で解決された[116]。また、日本はおそらく米国自動車産業が経済的に非常に重要でありかつ政治的に力をもっていて、米国がGATT・WTO上合法的であるか否かに関わらず保護措置を講じると予測したのだろう。事件がWTOに付託されれば裁定が下されていただろうが、それは間違いなくWTOの主要加盟国・支援国の一つを深く傷つけてしまう結果となっただろうし、以下に論じるように、富士コダック事件においては実際にそうした結果となった。

B. 拡大したGATT・WTOの対象範囲および301条

厳密な法的観点からすると、GATT・WTO違反を構成する状況を301条が将来的に処理する可能性は、物品の貿易だけでなくサービス貿易や知的財産権、貿易関連投資措置その他より広範にGATT・WTOの準則が適用されるようになったことからして、明らかに広がった。通商協定に基づく米国の権利が侵害されたときはUSTRは措置を講じなければならないと定めている「強制的措置」規定の下で、ウルグアイラウンド後の301条は、原則的にWTOの紛争解決手続に付託するとしてこれを組み込んでいる。WTOの紛争解決機関が異議申し立てのあった行為、政策または慣行が通商協定の下での米国の権利を侵害していない、あるいはGATTの「無効化または侵害」規定に違反していないと認定したときは、USTRは報復的措置を講じてはならない[117]。米国は最も頻繁に紛争解決了解を利用する加盟国であり、日本に対する知的財産

権および酒税に関する事件およびECに対するバナナと成長ホルモン牛肉に関する事件における勝訴を含めて、WTOにおいて敗訴するよりも勝訴したことの方が多い[118]。米国は、1998年までに米国が申立国となり決着のついた8件の事件のうち6件の事件で勝訴したが、日本に対する写真用フィルム（富士コダック事件）とECに対するコンピュータ機器の関税分類という二つの重要な申し立てで敗訴した[119]。被申立国であった三つの事件ではすべてで敗訴したが、これらはいずれも貿易への影響は小さなものであった[120]。結局、紛争解決了解が米国の利益全体に対しては有益な影響をもたらしてきたこと、そしてほとんどの事例においては米国のWTO加盟と301条の援用を継続することとは必ずしも矛盾しないことは明らかであるように思われる。

　しかしながら、半導体の市場アクセスに対する米国の主張を支持する規定や、外国製半導体の不公正な排除をもたらす日本の国内市場に残存する「構造上の障壁」を処理する規定は、WTOのどの協定にも見当たらない。TRIMS協定には限定的な内国民待遇・無差別原則規定が置かれており、大半の投資に対するパフォーマンス要求を禁止しているが[121]、おそらく国産品に有利なように外国製部品を差別する業界の行為には適用されないであろう。TRIMS協定も現在の形式では投資に対する外国の市場アクセスを保証してはいないのである。後述するように、富士コダック事件での裁定の結論から引き出される若干の論拠を除けば、広範な「無効化または侵害」の議論を1995年以前よりも説得的なものにする明確な変更は加えられなかったようだ。

　さらに、301条が将来的にGATT・WTO違反でない問題を処理できるかどうかは、重大な問題である。301条はUSTRによる「裁量的措置」を規定しているが、ここでは「外国の不合理なあるいは差別的な措置、政策、または慣行が米国の商業に負担を課するあるいはこれを制限する」場合には、通商協定に対する違反を必要としない[122]。WTO協定が批准のために米国議会に提出された当時は、USTRは議会に対して、米国は「これらの協定の対象とならない外国の不公正な貿易障壁を糾弾する(pursue)ために301条を使いつづける。……現在、米国がGATTに認められていない301条の措置を講じることができるのと同様に、かかる措置の対象となる政府もこれに対抗措置をとることができる。こうした状況はWTO協定の下でも変わらないだろう。GATT

に基づく対抗措置を受ける恐れがあるからといって、米国は半導体、製薬、ビールおよびホルモン処理された牛肉に関して措置を講じることを思いとどまることはなかった」[123] と確約している。

この陳述は部分的には正しいように思われる。この規定に基づく調査は貿易相手国にとって煩わしいものではあってもおそらく合法であろうが、GATT・WTO違反でない状況で米国が制裁を賦課したとすれば、貿易相手国はガットの枠外で対抗措置をとることになるだろう（301条措置の対象国がWTOの紛争解決を求めないという政治的決定を下す可能性は、状況如何で存在する）。

しかしながら、日本が自動車・自動車部品紛争において実行すると脅しをかけたように、貿易相手国がこれに代わってWTOの紛争解決了解を通じて一方的制裁に対抗することを選択する場合、(100％の懲罰的関税が賦課されていれば) 当該制裁はほぼ間違いなく米国による最恵国待遇違反であるという裁定が下されただろうし、100％の関税が検討され、これが当該産品の完全な輸入停止につながる場合には、数量制限禁止に対する違反という裁定さえ下されるだろう。理論的には米国は国益のためにWTOの紛争解決手続を無視すべきときにはこれを利用しない主権的権利を保持しているが[124]、米国に多大な利益をもたらしている[125] WTOの紛争解決手続への支持を低下させるという観点からも、WTOの協定に符合しない米国の措置によって損害を被ったWTO加盟国による報復という観点からも、重大な犠牲を払うことになるだろう。

結論としては、(米国国内市場におけるダンピングを除く) 半導体協定における問題のタイプからすれば、日本が今日、被申立国になっていればより有利な立場に立っていただろう。1987年には、米国は一方的に小委員会報告の採択を無期限に妨害することができた。しかし、紛争解決了解の下では小委員会報告を採択しないというコンセンサスが存在しない限り、小委員会報告は自動的かつ迅速に採択される[126]。日本政府にとって、GATT 23条に基づいてガット小委員会への申し立てを行うよりも新システムに基づいて行う方がたやすいどうかはわからない。政治的要素その他米国との広範かつ複雑な関係に関わる問題は、常に日米両国が具体的な通商問題を処理する方法に影響を及ぼすだろう。

C. 富士コダック事件

　以上の考察、そしてGATT 23条に基づいて事案がガットに付託された場合に米国政府と米国半導体産業が感じるであろう苛立ちは、最近の富士コダック事件においてはっきりと示されている[127]。この事例においては、半導体や自動車製品と異なり、日本は申し立てられた活動が政府行為というよりはむしろ純粋に民間の行為であることを理由として301条に基づく米国との二国間交渉に入ることを拒否し、米国にWTOの紛争解決手続以外の明確な選択肢を残さなかった[128]。本件でWTOの小委員会は、国内事業者によって行われる反競争的慣行と競争法の緩やかな執行を含めて国内立法を通じて国内政府がこれを容認することはGATT違反ではないことを非常に明確に示した。

　WTOでの申し立てに際して、米国は「日本政府は30年以上にわたって輸入写真用フィルムおよび印画紙の流通および販売を禁止してきた」として争った[129]。米国は三つのタイプの措置に反対した。すなわち、a) 日本のフィルム市場の垂直的・水平的統合、輸入を排除する市場構造の創造を促進する流通措置、b) 外国製フィルムにとって主要な小売店になると考えられる大規模小売店の成長に対する制限、およびc) 価格競争および広告の制限を通じた日本製品販売促進措置である[130]。

　米国は三つのタイプのGATT違反を主張した（新しいWTO協定の違反申し立ては行わなかった）。第一に、日本の「措置」はそれがGATT違反ではないとしてもGATT上の利益の「無効化あるいは侵害」を構成すると主張した[131]。第二に、当該流通措置が「いずれかの締約国の領域の産品で他の締約国の領域に輸入されるものは、その国内における販売に関するすべての法令および要件に関し、国内原産の同種の産品に許与される待遇より不利でない待遇を許与される」[132]というGATTの無差別原則規定に違反していると主張した。最後に、日本政府は非公式の指導によって大規模店舗出店許可の申請者に対して、政府の許可を求める前に地域の競合者と話し合って申請者の計画を調整するよう要求しており、これはGATTの透明性の要件に違反すると主張した[133]。

　小委員会は、ほぼ全面的に米国の主張を斥けた。米国は小委員会が「事件

の『真の問題点』ではなく細かい技術的な問題に焦点を合わせることによって、日本の制限された国内市場で何が起こっているかを無視した」と非難した[134]。小委員会が「手を広げて」競争法の緩やかな執行と小売業の規制を緩和する法律を制定しないことをGATT違反あるいは「無効化または侵害」と判断すると期待するのが合理的かどうかは問題である。まず、小委員会は、通常のガットの申し立てにおいて立証責任は申立国にあるが、非違反無効化侵害においては申立国はより重い責任を負う、すなわち「その立証責任を満たすのに十分なだけの詳細な(申し立て)正当化事由」を提示しなければならないとしている[135]。最終的に小委員会は、米国は日本の措置が無効化または侵害を構成した、あるいはGATTの無差別原則または透明性のルールに違反したと立証できなかったという結論を出した[136]。この決定に際して、小委員会は、米国が単に主張していた政府「措置」の存在に対する立証責任を果たすことができなかったことを繰り返し認めた。たとえば、差別待遇に対して米国が行った3条に基づく主張を否定する際には、小委員会は「米国は問題のいかなる流通『措置』も日本製のフィルムおよび印画紙よりも輸入フィルムおよび輸入印画紙に不利な待遇を与えたことを証明できなかった」と認定した[137]。

　しかしながら、米国政府は小委員会の裁定についていくつかプラスの面を見出し、このため、USTRはWTOの上級委員会に上訴を申し立てないことを決定した[138]。WTOの協定の下で一定の民間の活動が「措置」となる可能性があり、これが紛争解決手続で申し立て可能であること、また補助金以外の政府措置が交渉された関税譲許の利益を減じる可能性があり、これについて「無効化または侵害」の申し立てが可能であるとされたことは有意義であると考えられた[139]。特に小委員会は、行政指導は十分に申し立て可能であり、「我々(パネリスト)の見解では、政府の政策または措置は23条1項(b)の範囲内で期待される利益を合法的に無効化または侵害するような方法で民間アクターが政策または措置に従う可能性を含んでいれば、必ずしも実体的に拘束的・強制的性質を有する必要はない。実際、拘束力のない措置であっても、それが民間の当事者が特定の方法で行為するのに十分なインセンティヴあるいはディスインセンティヴを内包するものであれば、市場アクセスの競争条件に

マイナスの影響を与える可能性を秘めており……政府と事業者の間で高度な協力関係、協調関係が存在する場合には……政府の政策表明における拘束力のない、勧告的な文言であろうとも、法的に拘束力のある措置または日本が行政指導と呼ぶものと同様の影響を民間の行為者に及ぼし得る」[140)]と指摘している。

これらは富士コダック事件の裁定の傍論ではあるが、その意義は大きい。確かに、富士コダック事件の裁定は全体としては、日本の半導体消費者に対して「日本製品を買うように」と指導した通産省の行政指導はGATTの無差別原則違反であるという主張に基づく米国の申し立てが、特に差別待遇を立証するはるかに強固な事実的・法的状態の存在ゆえに、ガットの小委員会で是認されるであろうという推測にある程度の根拠を提供している。もちろん、通産省が半導体に関してガットの小委員会の結果として行政指導を撤回させられたとしても、日本の有力企業が「自主的に」同じ慣行を継続する可能性はあり、富士コダック事件の理論に基づけば、こうした慣行はおそらくGATT違反とはみなされないだろう。

4. 将来における同様の紛争の取扱い

半導体紛争が将来日米二国間に生じる他の貿易紛争の処理に関して何らかの指針を示したとしたら、それは何か。半導体紛争で焦点となった根本的な日本国内市場の構造障壁は、自動車製品や写真用フィルムで問題となった障壁と同様に撤廃されていない。米国その他の日本の貿易相手国は、構造障壁のためか経済の規制緩和が不十分なためか、あるいは競争法と競争制限的行為の規制の執行が不十分なためか、日本市場への公正なアクセスを制限し、または拒む不合理な状況は依然として存在しているとみなしている[141)]。それと同時に、GATT・WTO違反でない「不合理または差別的な外国の政策あるいは慣行であって米国の商業に負担を課すまたはこれを制限するもの」[142)]に対して301条の救済を利用することは、前述の理由から難しいだろう。

A. 日本における構造改革の奨励

1996年のEIAJ／SIA協定は、その非常に限られた義務が示すように、米国も米国半導体産業も半導体市場アクセスに対して大きな関心を持ち続けてはいないことを示唆する。これは1997年の33％という外国製品の市場シェアからすれば何の不思議もないことである[143]。しかしながら、富士コダック事件が示すように、他の多くの産品・産業にも同様の問題が残っている。たとえば、最初の半導体協定が締結されてから12年近くが経っているが、米国政府によれば、日本は地方市場へのアクセスを制限して外国投資を妨害しつづけており、外国直接投資が日本の国民総生産に占める割合は米国の7％に対して0.7％という結果になっている[144]。市場集中はいまだに厄介な問題であり、一握りの日本の主要なコングロマリットとその系列会社は日本の主要な証券取引所に登録されている会社の4分の1を数えている[145]。

日本の大幅な対米貿易黒字が続いていること[146]、米国企業と米国議会がUSTRに対して残存する障壁を排除するよう圧力をかけ続けていることから判断すると、これからもいくつかの分野で圧力がかけつづけられるだろう。

米国は、富士コダック事件の敗訴後、日本に対して競争政策の執行を強化するよう、別の手段、すなわち公正取引委員会にもっと刑事罰とより重い民事責任を課すよう要求することを通じて、市場アクセスを制限する民間企業間の活動を攻撃する努力を続ける可能性がある。USTRは、WTOの手続の途上において日本市場の開放性と外国製写真用フィルムに対する差別がないことについて日本政府が行った公式な声明は公約に当たると述べた。なぜなら、これらの声明は一種の国際裁判所においてなされたからである[147]。EUは直ちに、日本国内市場への無差別のアクセスを保証する日本政府の主張を検討する米国の主張に同調した[148]。米国は流通チャネルへのアクセス、大規模小売店へのアクセス、国産品販売奨励措置および競争政策について日本が公約に従っているか、そして表明された日本政府の政策と既存のあるいは新しい措置との整合性を監視し、1998年7月までにその見直しと報告を終える予定である[149]。

USTRは富士コダック事件から引き出した「公約」を日本が果たしていない場合にいかなる手段を講じるつもりであるかを示していない。裁判の場でな

された声明が、たとえそれが国際裁判であったとしても国際法上拘束力があるかどうかについては疑問の余地がある。しかし、こうした声明は政治的には重要であり、今後新たな市場開放を求めていく根拠となるだろう。

いわゆる「公約」の多くは新しいものではない。日本の通産省は、以前から(富士コダック事件における米国とコダックの主要な主張の一つであった)大規模小売店舗法に関する行政の方針は小規模店舗の保護ではなく消費者の利益にあると主張してきた[150]。在日米国商業会議所も、半導体市場アクセス紛争のキーとなった行政指導の慣行を廃止し、規制緩和と透明性の徹底を図るよう日本政府に圧力をかけている[151]。

1995年、米国司法省は、公正取引委員会の貿易団体の活動に関する独占禁止法ガイドライン草案に対して詳細な意見書を提出した。この意見書は、貿易団体は日本経済および日本市場においてとても重要な役割を果たしているが、同時に行政の情報への特恵的なアクセスを持っていたり、申請の受理や公共事業の受注、政府の貸付や貸付保証に関して優遇されている[152]。ガイドラインは、とりわけ排他的行為への取組が十分でない点と貿易団体の透明性の欠如について批判された[153]。これらの問題の大半は1986年の半導体市場アクセスに関連していたものであり、そして今日、コダックその他の日本への輸出者、例えば米国の自動車および自動車部品の製造業者も同様に経験している問題である[154]。

米国はまた、1998年5月に予定されていた先進7カ国蔵相会議に先立つ1998年4月までに独占禁止法の遵守について更なる見直しを行うよう日本に要求してきた。米国は再び、構造上の問題について、独占禁止法の下で例外として認められているものだけでなく、流通、小売およびサービス慣行も含めた提案を行った[155]。これらの問題はアジアの金融危機に照らして緊急の課題ととらえられている。リチャード・フィッシャーUSTR次席代表によれば、「日本は我々(米国)にアジア回復の最も重い責任を果たすことを期待することはできない」のである[156]。

日本における競争制限的行為に関係する市場アクセスの拒否の問題に対する一つのアプローチとしては、米国の反トラスト法に基づく措置がありうる。現行法の下では、外国の行為が米国の商業に直接的で重大でかつ合理的に予

見可能な影響を及ぼさない限り、輸入以外の外国の商業に関しては、米国法は適用されない[157]。これまでは、違反の立証の程度が、半導体の場合も写真用フィルムの場合もあまりに厳格であった。さらには米国が国内法の域外適用を行おうとするときに生じる政治的論争が、域外適用を行いたいという誘惑はあっても、米国がかかる状況を対象として外国の反トラスト活動へとその適用を拡大しようとするのを不可能にしている。

　北川俊光教授は、おそらく1996年半導体協定の結果として、「管理貿易」から「産業間の交渉」への変遷が可能であると考えておられる[158]。しかしながら、前述のように産業間の合意が達成できるものはいまだにごく限られている。半導体製造業者は、1996年8月および12月の合意が示すように様々な取り組みにおいて協力することができるし、こうした中には競争制限的行為を回避するのに有効なものもあるだろう。しかし、価格およびコストのデータ交換や競争者間や他者との間のマーケティング計画に関する話し合いは、米国反トラスト法に違反する可能性があり、こうした取り組みは避けられるようになるだろう[159]。さらに、日本政府が301条に基づいて市場アクセスの問題に関する交渉を行うことを拒否しようとする限り、日本の産業は、産業間の話し合いにおいて妥協しようとはしないであろう。

B. 競争制限および競争機会に関するWTO協定?

　外国からの市場アクセスを制限する競争制限的慣行への対応としては、かかる慣行を扱うWTOの協定を締結することも一つの明白な選択肢だろう。WTOの協定であれば、紛争解決手続に基づいて違反者に対して強制力を持つことになる。これは米国がより改善された市場アクセスを追求する目的で紛争解決了解と組み合わせて301条を用いる強力な法的根拠を与えることになるだろう。おそらく構造障壁に関して301条の利用を促進することについては日本には何の利益もないが、半導体や自動車それに写真用フィルムをめぐる紛争のように、紛争の政治化の回避は有益とみなされるかもしれない。

　WTOの中で競争政策または競争機会に関して合意に達することの困難さを過小評価すべきではない。米国とEUは、最近、競争政策の執行に関する積極礼譲(positive comity)を確保する協定について交渉し、両者は一方の管轄内

で行われている競争制限的行為で他方の管轄にも影響を及ぼすと主張されるものに対する調査を行うに際して協力することに合意し[160]、また情報の共有及び競争制限行為の調査における協力に関する二国間協定を締結した[161]。しかしながら、米国とEUが競争政策の実体を調和させる協定について合意できなかったことは、この問題に関する幅広い多国間協定の交渉は非常に困難であるか不可能であることを物語っている[162]。WTOの貿易と競争政策に関する作業部会は数年にわたり定期的に会合を開いているが、今日までこの作業部会の作業は、WTOの枠組みの中で将来検討する可能性のある競争政策に関する分野の検討と特定に限られている[163]。

WTOの職員は富士コダック事件とボーイングとマクダネル・ダグラスの合併をめぐる論争を引用して、WTOはもっとこの問題に対して注意を払う必要があると提案している[164]。こうした取組に対する一般的な支持もある。ワシントンD.C.のシンクタンクの一つである国際経済研究所は、現行の準則では不十分であるとして、貿易を制限する可能性のある民間商慣行を規律する国際協定を提案した[165]。また、『エコノミスト』も「競争政策が可視的になってきたことは部分的な成功である。関税その他の輸入障壁の減少につれて、これまで潜在的であった貿易を妨げる競争制限的慣行が明らかになってきた」[166]として、こうした取り組みを支持している。

EUは明らかにWTOの競争協定を望んでいる。EUの貿易と競争に関する委員会前委員長のレオン・ブリタン卿は、WTOの2000年ラウンドの議題に加盟国の競争政策の最低基準に関する議論を含めるべきであると主張している[167]。しかしながら、米国政府はつい最近までこうしたアプローチには反対し、代わりに競争法執行当局の世界的な協力の強化を主張してきた[168]。米国が支持しなければ、近い将来にWTOの競争協定について交渉がなされる可能性は極めて低い。USTRのチャーリーン・バシェフスキー代表は、米国が競争政策に関するWTOでの交渉に反対するという政策を「考え直す」ことはないとしているが、最近、WTOの準則は「民間の制限的慣行、貿易制限」へも向けられる必要があることを示唆した[169]。特に米国は、2000年に始まる予定の新しいWTOのラウンドに「WTO加盟国における競争機会と市場アクセスの改善」を含めるべきだと提案している[170]。米国のこの提案の具体的

な内容はまだ明らかにされていない。しかし、限定的な内容であれ、競争機会に関するWTOの協定が締結されれば、市場アクセスを否定する明確なWTO違反ではなく、国内の構造問題を問題にする301条に新たな生命が吹き込まれることになるであろう。

C. 結論

米国が半導体協定の成功から学んだこと、また、富士コダック事件の教訓に照らして、米国政府は将来301条を現在はガット・WTO協定に違反しない活動（それが富士コダック事件の小委員会の見解である）が焦点となる紛争に用いるかどうか、また、それをどのように用いるべきかを決定する必要がある。同時に米国やEUが、日本が貿易を歪曲する企業の反競争的な活動を阻止しなかった、また、以前に約束したようには規制緩和を進めなかったとして、WTOの紛争解決手続に付託するかどうかは別として、日本に対する圧力は残るであろうし、おそらくは強まるだろう。

米国が富士コダック事件のWTO小委員会で日本が行った「約束」を問題にしているのは、単なる次のステップにすぎない。もし半年か1年以内に日本政府が富士コダック事件でWTO小委員会で行った「約束」、また規制緩和や国内市場で無差別的に競争を奨励することに関して行った「約束」を守っていないと判断すれば、米国はそのガット・WTO合法性が疑わしく、また世界の貿易システムにとって大きなリスクを犯すことになるかもしれないが、再び301条に訴えるかもしれない。この点を考慮すれば、WTOにおいて市場アクセスと競争機会に関する国際的なゲームのルールをうち立てるために努力することは、米国やEUの利益というよりはむしろ日本の利益になるといえる。

注

1) "Share of Foreign Semiconductor Sales in Japan Hits Record High, Barshefsky Says", *Int'l Trade Daily* (BNA), Dec.12, 1997. 1997年の第3四半期には外国製品のシェアは32.1％にまで後退したが、同年の第4四半期には32.7％に回復した。外国製品のシェアは1995年には25.4％、1996年には27.5％、そして1997

年には33.3％であった。*Int' l Trade Daily* (BNA), June 5, 1998, d4.
2) U.S. Dept. Of Commerce, *U.S. Industry and Trade Outlook 1998: Microelectronics Outlook* 16-3, 16-4 (1997).
3) 生産的な議論として、Laura D'Andrea Tyson, "Managing Trade and Competition in the Semiconductor Industry", *Who's Bashing Whom?* (1992) pp. 85-154がある。
4) Section 301 of the U.S. Trade Act of 1974, as amended, 19 U.S.C. § 2411 *et seq.*
5) 紛争解決を規律する規則及び手続に関する了解、1994年4月15日署名、1995年1月1日発効(*I.L.M.*, Vol.33 (1994), p.112)。
6) 1994年4月15日、WTO協定(世界貿易機関を設立する協定)(*I.L.M.*, Vol.33 (1994), p.13)参照。
7) 北川俊光「半導体に関する紛争処理－米国対日本」(未公表、1998年)、メモNo.1 (3)、「米国市場向け日本製テレビ・セットに関する多様な法的ハラスメント」参照。
8) 日本および他国からの鉄鋼の輸入は、米国産業をダンピングから保護する(有意義な)メカニズムに服していた。輸入鉄鋼の最低「公正価格」を確定するために創られたトリガープライス方式、および、同方式が価格が生産トリガープライスのコストを下回る価格に下がった時のダンピングへの対抗措置の促進を認めることについて、42 *Fed. Reg.* 65,214 (Dec. 30, 1997) 参照。
9) Jay L. Eizenstat, "The Impact of the World Trade Organization on Unilateral United States Trade Sanctions Under Section 301 of the Trade Act of 1974: A Case Study of the Japanese Auto Dispute and Fuji-Kodak Dispute," *Emory Int' l L. Rev.,* Vol.11 (1997), pp.137, 165-74参照。
10) 写真用フィルムおよび印画紙販売に影響を及ぼす日本の措置に対する米国による申し立て(WT/DS44)参照。
11) これらのいくつかは、以下の文献に依拠している。Coalition for Open Trade, *Dealing with Japan — Responding to Private Practices in Restraint of Trade : An Assessment of Policy Tools* (1994).
12) 『日刊工業新聞』(1974年12月12日号)、日本情報処理開発協会(JIPDEC)『コンピューター白書』(1995年)、*Japan Economic Journal* (1969年1月14日)。
13) Tyson, *supra* n.3, p.93、『日本工業新聞』(1994年2月19日、1994年1月24日、1994年3月20日) 参照。
14) Coalition for Open Trade, *supra* n.11, pp.26-27.
15) Tyson, *supra* n.3, pp.88-89.
16) Item 807, Tariff Schedules of the United States, now item 9802.0080, Harmonized Tariff Schedules of the United States. これらの規定は、外国半導体の組立品に限らず、米国原産の部品から組み立てられた他の製品に対しても平等に適用される。

17) Tyson, *supra* n.3, p.90.
18) 特に、Tyson, *supra* n.3. Charles S. Kaufman, "The U.S.- Japan Semiconductor Agreement: Chipping Away at Free Trade," *UCLA Pac, Basin L.J.*, Vol.12, (1994) pp.329,332-341参照。
19) U.S. Trade Representative, Initiation of Investigation Under Section 301. Semiconductor Industry Association, 50 *Fed. Reg.* 28,866 (Jul.16,1985).
20) Tyson, *supra* n.3, p.107.
21) U.S. International Trade Administration, 64K Dynamic Random Access Memory Components (64k DRAMS) from Japan: Initiation of Antidumping Duty Investigation, 50 *Fed. Reg.* 29,458 (Jul. 19, 1985).
22) U.S. International Trade Administration, Dynamic Random Access Memory Semiconductors of 256 kilobits and Above From Japan: Initiation of Antidumping Duty Investigation, 50 *Fed. Reg.* 51,450 (Dec. 17, 1995).
23) (1985年) 当時、1974年通商法301条は改正されていた。19 U.S.C. § 2411 (a)の関連部分は以下の通りである。すなわち、
「(1)一般原則　大統領が、米国政府の行為は、
　(A) あらゆる通商協定の下での米国の権利を実施するため、あるいは、
　(B) 外国のあらゆる法律、政策、または慣行、あるいは
　　(i) あらゆる通商協定の規定に符合しない、あるいはそれらの下での米国の利益を否定する手段、もしくは、
　　(ii) 正当化し得ない、不合理な、あるいは差別的でかつ米国商業に負担を強いるかこれを制限する手段に対応するため、
　適切であると決定した場合、大統領は、かかる権利を実施するため、あるいはかかる法律、政策または慣行を撤廃するために、適切でかつ自らの権力の範囲内でとり得る全ての手段を講じるべきである。」
24) Kaufman, *supra* n.18, pp.340-344.
25) *Ibid.*, pp.344-345.
26) 64K Dynamic Random Access Memory Components from Japan, Inv. No. 731-TA-270 (Final), *USITC Publ.* 1862 (1986), pp.16-17.
27) Dataquest data, Tyson, *supra* n.3, p.106 (表) に掲載されている。
28) *I.L.M.*, Vol.25 (1986), p.1408.
29) 1991 *W.L.* 495165 (Treaty).
30) Office of the U.S. Trade Representative, Press Release, Aug.2, 1996参照。
31) しかしながら、これは、商務省がダンピングを認定し、そして米国国際貿易委員会が米国半導体産業に対する重大な損害を認定した後に初めて生じたものである。*U.S.I.T.C. Publ.*, 1862, *supra* n.26参照。
32) Tyson, *supra* n.3, p.109.
33) Memorandum from the President, *I.L.M.*, Vol. 25 (1986), p.1408 掲載。
34) 1986年協定、第Ⅰ部、第1パラグラフ。

35) Tyson, *supra* n.3, p.109参照。
36) 1986年協定、第Ⅱ部。
37) 米国は、対象商品が米国において「公正な価額」未満で販売されている、あるいは販売される恐れがあり、米国の産業が重大な損害を被っている、あるいは被る恐れがあると認定したときに、アンチダンピング税を賦課する (19 U.S.C. §§ 1673-73h)。第三国でのダンピング、すなわち製造国の商品が米国の輸出先となる第三国で米国商品と競争関係にある場合に、当該第三国においてダンピングが行われていると申し立てられた場合、USTRは当該第三国の当局に対して、「貴国の法の下で適切なアンチダンピング措置を講じられる」よう求める「要請書」を送付する (19 U.S.C. § 1677k (C) (1994))。米国が製造国の輸出者に対して第三国市場におけるダンピングを止めるよう要求する制定法上の根拠はない。
38) Tyson, *supra* n.3, p.110参照。
39) 1986年協定、第Ⅱ部、第3パラグラフ。
40) Presidential Determination Under Section 301 of the Trade Act of 1974, 52 *Fed. Reg.* 13,419 (Apr.22, 1987).
41) "Trade Sanctions Expected to Last At Least Until June," *Wall. St. J.*, Apr.20, 1987 (1987 WL WSJ 338513).
42) Coalition for Open Trade, *supra* n.11, p.29.
43) "Japanese Moves to Comply with Trade Pact Are Seen," *Wall St. J.*, Apr. 29, 1987 (1987 WL-WSJ 338513).
44) Amelia Porges, "GATT Dispute Settlement Panel," *A.J.I.L.*, Vol.82, (1988), p. 394 参照。
45) 1991年協定、第Ⅰ部。
46) 1991年協定、第Ⅲ部。
47) 1991年協定、第Ⅲ部(5)。
48) 1991年協定、第Ⅱ部、第10パラグラフ。
49) 出所：Office of the U.S. Trade Representative: Coalition for Open Trade, *supra* n.11, p.30参照。
50) Coalition for Open Trade, *supra* n.11, p.30参照。
51) *Ibid*.
52) USTR職員への電話インタビュー(1998年2月25日)。
53) 同上。
54) 半導体に関する国際協力に関するEIAJとSIAの間の協定(1996年8月2日)、Ⅱ条。
55) 同Ⅲ条。
56) Office of the U.S. Trade Representative, *Press Release*, Aug.2, 1996.
57) EIAJ／SIA協定、Ⅵ条。
58) SIA, *U.S. and Japan Announce New Industry and Government Agreements on*

Semiconductors, (1996).

59) Office of the U.S. Trade Representative, *National Trade Estimate Reports on Foreign Trade Barriers* (1997), p.227 (以下、[1997]*Foreign Trade Barriers*)。
60) 日米政府による半導体に関する共同声明、1996年8月2日 (カナダ、バンクーバーにて) 署名、第2パラグラフ。
61) 共同声明、第3パラグラフ。
62) 共同声明、第4パラグラフ。
63) 共同声明、第3パラグラフ。
64) [1997] *Foreign Trade Barriers*, p.227.
65) *U.S. Industry and Trade Outlook 1998: Microelectronics* 16-5 (U.S. Dept. of Commerce 1997).
66) EIAJ／SIA協定、Ⅶ条。強調は著者による。
67) Office of the U.S. Trade Representative, *National Trade Estimate Report on Foreign Trade Barriers* (1998), p.241 (以下、[1998] *Foreign Trade Barriers*).
68) 北川前掲注7、31頁。
69) *Int'l Trade Daily* (BNA), June 5, 1998, p.d4, チャーリーン・バシェフスキー米国通商代表部代表の発言。
70) *Ibid.*, ジョージ・スカライズ米国半導体工業会会長の発言。
71) 58 *Fed. Reg.* 27250 (May 10, 1993). 63 *Fed. Reg.* 11411 (Mar. 9, 1998) (Commerce Department notice of intent not to revoke antidumping order).
72) Notice of Amended Antidumping Duty Order of Sales at Less Than Fair Value of Static Random Access Memory Semiconductors from Taiwan, 63 *Fed. Reg.* 19,898 (Apr. 22, 1998). 米国国際貿易委員会は、台湾からの輸入品については (国内産業の) 損害を認定したが、韓国からの輸入品については認定しなかった (*U.S.I.T.C. Publ.* 3098, *Inv. Nos.* 731-TA-761-62 (Final) (Apr. 1998), p.1)。
73) U.S. International Trade Commission, "Last Minute Trade Agreement Averts U.S. Sanctions Against Japanese Luxury Cars," *Int'l Economic Review* 1 (July 1995), pp.18-22, Raj Bhala, *Int'l Trade Law* 1144, 1150 (1996) 収録。
74) Office of the U.S. Representative, "Text of U.S.-Japan Automotive Agreement is Completed," *Press Release*, pp.95-60, Aug. 15, 1995, p.4. および Jay L. Eisenstat, *supra* n.9, p.171参照。
75) 北川前掲注7、42頁。
76) European Community Office of Public Affairs, *Press Release*, Oct. 8, 1986, *I.L.M.*, Vol.25 (1986), p.1621.
77) *Ibid.*
78) 日本の半導体事件小委員会報告 (1988年3月24日)、1988年5月4日採択、*BISD* 35S/116, 117。
79) 1979年アンチダンピング協定12条、*I.L.M.*, Vol.18 (1979) pp.621, 633。
80) Porges, *supra* n.44, p.394.

81) 52 *Fed. Reg.* 22, 693 (Jun. 15, 1987). 52 *Fed. Reg.* 43,146 (Nov. 9, 1987).
82) 1979年アンチダンピング協定7条。
83) Determination Under Section 301 of the Trade Act of 1974, 52 *Fed. Reg.* 13, 419 (Apr. 17, 1987).
84) Porges, *supra* n.44, p.394.
85) 52 *Fed. Reg.* 43,146 (Nov. 9, 1997).
86) John H. Jackson, *The World Trading System* (1992), p.99.
87) 102 Stat. 1107, P.L. 100-418 (Aug. 23, 1988).
88) Judith Hippler Bello & Alan F. Holmer, "The Heart of the 1988 Trade Act: A Legislative History of the Amendments to Section 301", *Stan. J. Int'l. L.*, Vol.1, (1989), pp.26-29,30-37参照。
89) GATT 1条、11条。
90) アンチダンピング協定8条4項の下では、「アンチダンピング税は2条の下で確定されたダンピングマージンを超えてはなら」ず、いずれにしても「同種の産品」には適用されない(2条1項。対象産品の議論としては、"Trade Sanctions Expected to Last at Least to June," *Wall. St. J.*, Apr. 20, 1987 (1987 WL-WSJ 338513)。
91) GATT 23条1項。
92) Amelia Porgesへの電話インタビュー、Office of the General Counsel, U.S. Trade Representative, Feb. 11, 1998.
93) 後述第Ⅲ部参照。
94) Fred Warshofsky, *The Chip War: The Battle for the World of Tomorrow* (1989), p.180.
95) GATT 3条4項。
96) 日本による一定の農産物の輸入制限(1988年3月22日)(*BISD*. 35S/163,242)、日本の写真用フィルムおよび印画紙に影響を及ぼす措置における議論(富士コダック事件)、小委員会報告書、WT/DS44/R (31 Mar. 1998), p.384。この事例において、日本は農産物の輸入制限を正当化するのにGATT 11条2項における数量制限の一般的禁止の例外を援用しようとしたが、失敗に終わった。パネルは当該措置を政府による措置と認定したが、当該措置が11条2項の限られた例外には含まれないと判断し、それゆえこれらの措置はGATTに違反するとした。
97) 1991年協定第Ⅱ部第10パラグラフ。
98) 3条4項は「国内原産の同種の産品に許与される待遇より不利でない……」待遇を要求している。
99) Tyson, *supra* n.3, p.83.
100) *Ibid.* pp.83-84.
101) 北川前掲注7、43頁。
102) 紛争解決了解、WTO協定の付属書2、H.R.Doc. No.316, 103d Cong., 2d Sess.

103) WTO協定、農業に関する協定、TRIMS協定、GATS、TRIPS協定、1994年4月15日、H.R.Doc. No.316, 103d Cong., 2d Sess. 1327, 1355, 1448, 1586, 1621参照。
104) Raj Bhala & Kevin Kennedy, *World Trade Law* (1998), p.1064参照。
105) Jackson, *supra* n.86, p.99. Bhala & Kennedy, *supra* n.104, p.26参照。
106) 紛争解決了解6条1項。
107) 紛争解決了解20条。
108) 紛争解決了解16条4項。
109) Bhara & Kennedy, *supra* n.104, p.39.WTO紛争処理手続の詳細な議論としては*Ibid.*, pp.26-41。
110) たとえば、ECは油料種子補助金、パスタ輸出補助金および柑橘類輸入制限に関するEC敗訴の小委員会報告を妨害した。Richard O. Cunningham and Clint N. Smith, "Section 301 and Dispute Settlement in the World Trade Organization," in Terence P. Stewart, ed., *The World Trade Organization* (1996), pp.581,585.
111) *Ibid.*
112) 日本の半導体事件小委員会報告(1988年3月24日)、1988年5月4日採択、*BISD* 35S/116,117。
113) Porges, *supra* n.44, p.394.
114) 本章1参照。
115) U.S. Int'l Trade Commission, *supra* n.73, p.1145参照。
116) *Ibid.* pp.1150-52.
117) Section 301 (a) of the Trade Act of 1974, as amended, 19 U.S.C. § 2411 (a) (1995).
118) *Overview of the State-of-Play of WTO Disputes* (Jul. 7, 1998), *Implementation Status of Adopted Reports*, 特にCase no. WT/DS11およびWT/DS27参照。
119) *Ibid.*, Case nos. WT/DS44 and WT/DS62, 67, 68.
120) *Ibid.*, ガソリン規制(ヴェネズエラ、ブラジル), Case no. WT/DS2およびWT/DS4、綿製下着(コスタリカ) Case no. WT/DS24および羊毛製織物シャツ(インド) Case no. WT/DS33。
121) TRIPS協定2条付則。
122) Section 301 (b) of the Trade Act of 1974, as amended, 19 U.S.C. § 2411 (b) (1995).
123) Statement of Administrative Action, reprinted in H.R.Doc.103-316,103d Cong., 2d Sess. pp.656, 1032, 1036。
124) Judith H. Bello & Alan F. Holmer, "The Post-Uruguay Round Future of Section 301", *Law & Pol'y Int'l Bus.*, Vol.25, (1994), pp.1297,1307を参照。紛争解決手続の裁定の結果はWTO加盟国を拘束していない。むしろ、加盟国が有効にa)自国の慣行を紛争解決了解の裁定に従わせ、b)補償を支払い、あるいはc)被害国による報復を認めることのいずれかを選択してきている(紛争解決了解19条、22条)。GATT 23条1項(b)に基づく非違反の「無効化または侵害」が

認定される場合には、小委員会の裁定は単なる有効な勧告に過ぎない(紛争解決了解26条1項)。
125) 前掲注118-120を参照。
126) 紛争解決了解16条4項は、小委員会報告はコンセンサスにより当該報告を採択しない旨の決定がなされない限り、報告書の回覧後60日以内に「採択されるものとする」と規定している。上訴があった場合には、これまた採択しない旨のコンセンサスが存在しない限り、報告は上級委員会の裁定から30日以内に採択されなければならない(17条14項)。
127) 日本：写真用フィルムおよび印画紙に影響を及ぼす措置、申立国：米国(WT/DS44) (1997)。
128) Charles D. Lake & Jennifer Danner Riccardi, " Market Access Barriers in the Japanese Consumer Photographic Film and Paper Sector: Can Section 301 Address the Problem?," *UCLA J. Int'l & Foreign Aff.*, Vol.1 (1996), pp.143,144.
129) 日本：写真用フィルムおよび印画紙に影響を及ぼす措置、小委員会報告書、Doc. WT/DS44/R (31 March 1998), p.377 (以下「富士コダック」)。
130) Kodak, An Overview and Summary of the United States' Submissions to the WTO Dispute Settlement Panel, Aug. 1997, p.2. 富士コダック、p.377参照。(http://www.kodak.com/about kodak/bu/cpa/JPMarketBarriers/submissionWTO.shtml)
131) 富士コダック、p.378. GATT 23条1項(b) (23条1項(a)は反対にGATT違反の結果としての無効化および侵害に関する規定である)。
132) 富士コダック、p.378. GATT 3条4項。
133) 10条1項、富士コダック、p.378。
134) "WTO Panel Sides With Japan in Kodak-Fuji Film Case, " *Int'l Trade Daily* (BNA), Dec. 9, 1997, チャーリーン・バシェフスキーUSTR代表(の発言)より引用。
135) 富士コダック、p.379. 紛争解決了解3条8項、26条1項(a)。
136) 富士コダック、pp.488-89。
137) 富士コダック、p.483。
138) "Barshefsky Launches New Initiative to Monitor Japanese Film Market, " *Inside U.S. Trade,* Feb. 6, 1998, p.7, チャーリーン・バシェフスキーUSTR代表(発言)引用。上級委員会は、「小委員会報告において対象とされた法律問題および小委員会の行った法解釈」のみ再審査することが認められているに過ぎない(紛争解決了解17条6項)からである。したがって、米国が立証責任を果たしていないという小委員会の事実問題に関する裁定はいずれにしても再審査される可能性はなかった。
139) *Ibid.*
140) 富士コダック、p.385。
141) "WTO Members Blast Japan on Deregulation, Tariffs, SPS Initiatives, " *Inside U. S.Trade,* Jan. 30, 1998, pp.15-16. " Interagency Committee Will Test Japan's

Claims of Film Market," *Int'l Trade Daily* (BNA), Feb. 5, p.d8.
142) Section 301 (b) (1) of the Trade Act of 1974, as amended, 19 U.S.C. 2411 (b) (1).
143) *Int'l Trade Daily* (BNA), June 5, 1998, p.d4.
144) "WTO Members Blast Japan of Deregulation, Tariffs, SPS Obligations," *Inside U.S. Trade*, Jan. 30, 1998, pp.15-16.日本における米国の投資額は、1996年1年間でわずか396億ドルにすぎない。[1998] *Foreign Trade Barriers*, p.193.
145) American Chamber of Commerce, (*Int'l Trade Daily* (BNA), Feb. 9, 1998, p.d4に引用されている)。
146) 1997年には、米国は日本に対して657億ドル相当の商品を輸出し、日本から1214億ドル相当の商品を輸入したため、合計で557億ドルの赤字となっている。[1998] *Foreign Trade Barriers*, p.193.
147) "USTR Statement on Japan Film," Feb. 3, 1998, *Inside U.S. Trade*, Feb. 6, 1998, pp.9-12収録。"Interagency Committee will Test Japan's Claims on Film Market," *Int'l Trade Daily* (BNA), Feb. 5, 1998, p.d8、チャーリーン・バシェフスキーUSTR代表の発言の引用参照。
148) "EU joins in Pledging to Test Japan's Film Market Claim," *Int'l Trade Daily* (BNA), Feb. 10, 1998, p.d2.
149) USTR Statement, *supra* n.147. [1998] *Foreign Trade Barriers*, pp.238-39参照。
150) *Int'l Trade Daily* (BNA), Nov. 26, 1997.
151) American Chamber of Commerce, *Int'l Trade Daily* (BNA), Feb. 9, 1998, p.d4で引用されている。
152) U.S. Dept. of Justice, Comments of the Government of the United States on the Japan Fair Trade Commission's Draft Antimonopoly Act Guidelines Concerning the Activities of Trade Associations, June 9, 1995, p.2.
153) *Ibid.*
154) "The World Trade Organization's First Test: The United States-Japan Auto Dispute", *UCLA L. Rev.* Vol.44 (1996), pp.467,475-82 参照。
155) "Submission by the Government of the United States to the Government of Japan Regarding Deregulation, Competition Policy, and Transparency and Other Government Practices in Japan," Nov. 7, 1997, *Inside U.S. Trade, Special Report*, Nov. 14, 1997収録。
156) "Acting Deputy USTR Vows to Push for Deregulation of Japan's Economy," *Int'l Trade Daily* (BNA), Jan. 29, 1998, p.d6.
157) U.S. Department of Justice, Antitrust Enforcement Guidelines for International Operations (April 1995), Sec. 3.1. Foreign Trade Antitrust Improvements Act of 1982, 15 U.S.C. §6a (1988) 参照。
158) 北川、前掲注7、44頁。
159) たとえば、シャーマン法1条 (15 U.S.C. §1) は「複数の州または外国との取

引または商業を抑制するための」契約、連合および謀議の禁止を規定している。価格操作や市場分割のような慣行を通じて取引を制限すると解釈され得るあらゆる民間の会合あるいは合意は、責任を負うべき企業とその法律顧問によって回避されるであろう。

160) U.S. Dept. of Justice, Press Release, "U.S. and European Communities Sign Antitrust Cooperation Agreement" (Jun. 4, 1998).
161) Neal R. Stoll & Shepard Goldfein, "Antitrust and Trade Practice: International Cooperation in Enforcement," *New York Law Journal,* Jun. 16, 1998, p.3.
162) *Inside U.S. Trade*, May 15, 1998, p.3.
163) "WTO Working Group Begins Examination of Competition Rules, " *Int'l Trade Daily* (BNA), Dec. 1, 1997, p.d2.
164) "WTO Cites Need for Competition Rules for Business Practices That Restrict Trade," *Int'l Trade Daily* (BNA), Dec. 19, 1997, p.d7.
165) "IIE Calls for International Agreement on Antitrust Policy, " *Int'l Trade Daily* (BNA), Nov.21, 1997, p.d7.
166) *The Economist* (U.S. Ed.), "The Borders of Competition" (Jul. 4, 1998), p.69.
167) *Ibid.*に引用されている。
168) "U.S. Opposes Plan to Negotiate Antitrust Agreement in WTO, Officials Say, " *Int'l Trade Daily* (BNA), Nov. 24, 1997, p.d4.
169) "Barshefsky Launches New Initiative," *supra* n.138, p.8.
170) *Inside U.S. Trade,* May 5, 1998, p.3.

5　日米半導体紛争の解決

北川俊光*

1. はじめに——日米紛争と日本企業のビジネス行動

A. 半導体紛争の背景

1985年6月、USTRは、1974年通商法301条に基づいてSIA（米国半導体工業会）が行った申し立てに関する調査を開始した。SIAが申し立てたのは、(i) 日本メーカーによる半導体のダンピングの防止、(ii) 米国半導体メーカーの日本市場へのアクセス、(iii) 日本の半導体メーカーの第三国[1]市場向け半導体の価格監視、の3点であった。私は、半導体を含む日本の電気電子製品メーカーの企業法務担当者として、この紛争に関与した。

しかし、この紛争は私にとって最初の日米通商紛争ではなかった。1968年、私は米国財務省が日本のテレビメーカー・輸出業者を相手取って起こした反ダンピング調査に関与した。この調査は1990年代後半まで続いた。その後、1970年12月には、日本の米国向け半導体輸出に関して財務省が下した肯定的ダンピングマージンの決定に対して、米国NUE社がニュージャージー連邦地裁に反トラスト訴訟を提起した[2]。1974年には、ゼニス社が反トラスト訴訟を提起した。両訴訟は併合され、米国史上最大の反トラスト訴訟であるNUE／ゼニス訴訟として知られることになった。

本章を執筆しながら、私は米国産業とのさまざまな通商紛争、電気電子製品のメーカーに対する政府の調査や訴訟に関わった日々のことを思い出している。また、私は自動車、鉄鋼や繊維製品などの日本の産業に関わる他の経

---

* 九州大学教授（国際取引法）。九州大学法学士（1962年）、ハーバード大学法学修士（1971年）。北川教授は㈱東芝の法務部門に30年間勤務した。

済紛争を検討したことがあった。後述するように、テレビは日本の産業に対する多元的法的攻撃 (multiple legal harrassment) の最初の例であった。半導体は第二の例であった。

1984年、米国国内産業保護を目的として通商関税法 (Trade and Tariff Act) が制定された。通商関税法はアンチダンピング法を改正し、補助金相殺関税、エスケープクローズや301条の報復措置を強化した。米国産のコンピュータ技術に関する日立・IBM刑事事件は1982年のことであった。1984年には半導体チップ技術保護を目的とする半導体チップ保護法が制定された。そして、1985年6月に半導体通商紛争が勃発した。1986年には東芝ココム事件が起こり、米国政府・企業は1988年包括通商競争力法を用いて親会社である東芝とその子会社に対する報復措置を実施した。

半導体通商紛争の検討に入る前に、私は過去、そして現在も係属中の日米通商紛争を概観し、半導体紛争のユニークな性格を明らかにしたい[3]。

①第一のカテゴリーは、世界市場における取引の対象に関わるものである。これには以下のものが含まれる。
  (i)「産品あるいは製品」、特に日本で製造され世界市場に輸出されるもの。
  (ii)「技術」、特に知的財産権および先端技術の保護。
  (iii)「金 (money)」、特に「産品あるいは製品」に関する通商紛争を回避するために輸入国や第三国に製造施設を設立する海外投資。
②次のカテゴリーは、保護対象ないし通商紛争の対象に関わるものである。これには以下のものが含まれる。
  (i) 反トラスト法、製造物責任法など、さまざまな法に基づく訴訟を通じて輸入産品・製品による被害から輸入国の「消費者」を保護すること。
  (ii) 輸入産品・製品の不公正貿易慣行や技術移転、投資から輸入国の「国内産業」を保護すること。保護手段としては、アンチダンピング法、1916年アンチダンピング法、補助金相殺関税法、不公正輸入慣行法、エスケープクローズ、バイ・アメリカン法、301条、スーパー301条、スペシャル301条などさまざまな通商関係法に基づく政府の調

査がある。
　(iii) 産品・製品、技術や金の流通をめぐって「国家安全保障ないし国益」を保護すること。保護手段としては、1962年通商拡大法、1947年国家安全保障法などに基づく政府の調査がある。
　(iv)「環境」を保護すること。

　半導体紛争は(2) (ii)、(iii) のカテゴリーに含まれる。半導体紛争において、米国政府は米国半導体産業を保護するためにさまざまな救済措置を講じた。その中には米国の国家安全保障あるいは国益を保護するための措置も含まれる。具体的には、アンチダンピング法、1930年関税法337条(不公正輸入貿易慣行)、1974年通商法301条、私企業・産業による私的訴訟、政府間管理貿易に基づく二国間通商取極が含まれる。

　③最後のカテゴリーはテレビ、自動車、鉄鋼に関する日米通商紛争など、多元的法的攻撃の性格を持つものである。テレビの場合、日本のテレビメーカーは八つの異なった法的攻撃の対象となった。提訴の根拠として、日本のテレビメーカーが反トラスト法を含むさまざまな米国法に違反したと主張された。1970年、1974年の2度にわたり1916年歳入法違反が申し立てられた。1968年にはアンチダンピング調査が開始された。さらに、1976年には相殺関税調査が、同年には不公正輸入慣行調査が、1977年にはエスケープクローズ調査が開始された。半導体通商紛争は多元的法的攻撃のもう一つの例である[4]。

2. 多元的法的攻撃としての半導体通商紛争

　以下の図は半導体に関する多元的法的攻撃を示すものである[5]。通商慣行を攻撃するために同時にさまざまな法的措置を講じる多元的法的攻撃は、日本の多くの産業に対して実施された。米国にいわせると、同一の産品・製品に対する多元的法的攻撃は公正である。なぜなら、いずれの措置も米国の法規制に基づいており、これらの法の適用に過ぎないからである。しかし、WTOの規範と精神の下では、通商紛争は一方的措置や二国間取極ではなく多国間紛争解決手続によって処理されるべきである。

160　Ⅱ　事例研究

```
(a) 301条：
    SIAの申し立て
    USTRの報復

(b) 商務省・国際貿易委員会による
    64K DRAMアンチダンピング調査

(c) 商務省・国際貿易委員会による
    256K以上のDRAMアンチダンピング調査

         ↓
    日本の半導体メーカー
    日本半導体協会
    日本政府
         ↑

(d) 商務省・国際貿易委員会による
    EPROMアンチダンピング調査

(e) ダラス連邦地裁における
    TI社特許侵害訴訟

(f) 国際貿易委員会による
    337条調査

(g) アイダホ連邦地裁における
    ミクロン社反トラスト訴訟
```

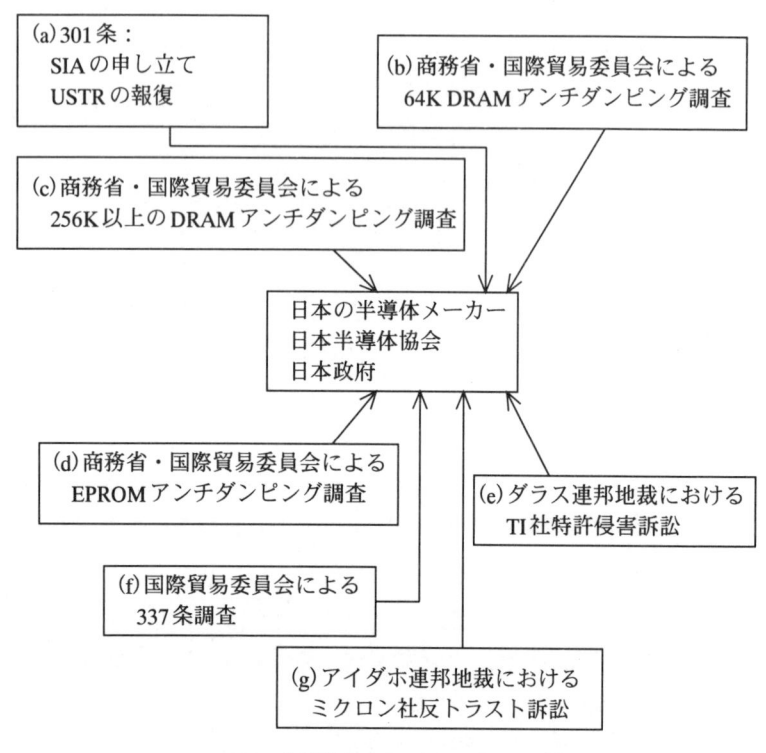

図　半導体紛争における多元的法的攻撃

(a) 301条：1985年6月、SIAは1974年通商法301条に基づく申し立てを行った。SIAが申し立てたのは、(i) ダンピングの防止、(ii) 市場アクセス、(iii) 監視、の3点であった。同月、USTRは調査を開始した。1986年8月、日米半導体協定(1986年協定)が署名された。1987年3月、米国は日本に対して1986年協定の不遵守を理由として制裁の発動を決定した。特に、米国は市場アクセスが改善されないことと第三国におけるダンピングを問題にした。同年4月、パソコン、電動工具、カラーテレビに対する100％関税を内容とする制裁が実施された。同年6月と11月、カラーテレビに対する制裁は解除されたが、その他の制裁は1991

年に新たな協定が発効するまで継続した。
(b) 64K DRAMアンチダンピング事件：1985年6月24日、ミクロン社は商務省に対してアンチダンピング調査を要請する申し立てを行った。
(c) 256K以上のDRAMアンチダンピング事件：1985年12月6日、商務省は富士通、東芝、NEC、日立を対象として職権に基づくダンピング調査を開始した。
(d) EPROMアンチダンピング事件：1985年9月30日、インテル社他2社はEPROMに関するアンチダンピング申し立てを行った。
(e) 1986年2月7日、TI社はダラス連邦地裁に特許侵害訴訟を提起した。
(f) 1986年2月7日、不公正輸入慣行に関する337条申し立てが国際貿易委員会に提出された。
(g) 1985年9月6日、ミクロン社は反トラスト訴訟に勝訴し、3億ドルを獲得した。

　なぜ半導体紛争が生じたのか。半導体が日米通商紛争の対象となる前にも、両国は多くの通商紛争を経験していた。しかし、深刻で困難な通商紛争の対象となったのは半導体が最初である。その理由を理解することは重要である。特に、外国メーカーにとって日本市場での20%のシェアがなぜ重要であったのかを理解することは重要である。

　半導体紛争が複雑化した第一の理由は、半導体の技術的性格にある。第二の理由は半導体の商業的性格にある。日本の産業界にとって半導体紛争の最も重要な側面の一つは、先に触れた「国内産業」保護、ないし「国家安全保障あるいは国益」の保護を掲げた米国の政策であった。通商関係の法規制はそれぞれ特定の利益を保護するという独自の目的を持つ。時として、これらの法規制は経済紛争を起こしたり解決したりするための道具として用いられる。

　半導体の技術的性格は半導体の戦略的性格に密接に関わる。これに対して、半導体の商業的性格は、米国と日本における半導体市場の条件に関わる。つまり、半導体の商業的性格には日米の半導体産業の競争関係が含まれる。

A. 半導体の戦略的性格

　半導体産業は、信頼性が高く洗練された軍事機材を開発するための米国の取り組みを通じて発展してきた[6]。「半導体産業は政府の明示的な介入から自由であったことはない」[7]のである。私はこの見解に同意する。日本政府もまた、半導体産業の発展の初期段階に介入し、日米半導体紛争の処理に当たっても介入を行った。

B. 半導体市場の条件

　米国の半導体産業は創業者利益を享受し、世界の半導体市場において大きな利益をあげていたが、それは長くは続かなかった。半導体市場に関しては、以下の点が重要である。(i) 1970年代後半の日米市場における競争、(ii) 1980年代初めの市場の条件、(iii) 日本のメーカーが米国のメーカーに追いついたこと、(iv) 米国への半導体輸出の開始、(v) 日本市場における米国製半導体の販売、(vi) 米国市場における日米の販売競争。

　まず、1970年代後半、日本製半導体は世界の市場で価格面で強い競争力を獲得した。他方で、米国の半導体メーカーは日本のメーカーが略奪的な値下げを行っていると批判した。そのため、米国政府はアンチダンピング調査を開始するに至った。日本市場における外国直接投資は1978年まで制限されていた。半導体に関する競争上の優位を背景に、日本メーカーは米国メーカーに追いつくようになり、1976年までにはLSIの生産能力を獲得した。その後、日本は64K DRAMを開発した。VLSの成功とDRAMの選択により、日本の半導体産業は大きな成功を収めた。1970年代中頃には、日本製半導体の米国への輸出が活発化する一方で、米国の半導体産業は不況を経験していた。

　日本市場においては、六つの日本企業(日立、NEC、東芝、三菱、富士通、松下)が寡占状態を形成し、これらの企業が約80％のシェアを獲得していた。これらの企業には余力があり、攻撃的な価格設定をすることができた。また、日本企業はDRAMの生産を独占した。1986年までに、米国の半導体メーカー9社のうち7社がDRAMの生産から撤退した。米国で半導体が発明され、産業として発展してきたことを考えると、これはまことに皮肉な事態であった[8]。

C. 日本市場における米国製半導体販売の不調

　日本の半導体市場が開放された後も、日本市場での米国製半導体の売り上げは伸びなかった。SIAは、その原因として、米国からの供給と日本の需要がマッチしなかったことを挙げている。しかし、この他に以下の要因が作用した。(i) NTTが日本製品のみを購入したこと、(ii) 補助金を通じた日本政府による日本企業の支援、(iii) 系列関係、(iv) 企業の垂直的統合関係、(v) カルテル、(vi) 協調的輸出、(vii) 反トラスト法の執行が弱かったこと、(viii) 低い資本コスト、(ix) 価格引き下げ戦略、(x) 日本メーカーの余力。日本メーカーがDRAMで成功を収めたのは、製品の欠陥が少なく、生産においてほぼ独占的地位を確保でき、DRAMの製造に関する学習曲線の引下げに成功したためであった。

3. 半導体協定の締結[9]

A. 1986年の半導体協定

　1986年9月2日に発効した半導体協定における主要な争点は、(i) 米国半導体メーカーの日本市場へのアクセス、(ii) 日本メーカーによるダンピングの2点であった。1986年協定の内容を要約すると以下の通りである。

　(i) 市場アクセス：「日本は、米国の半導体販売が漸進的で確実に改善されるべきことに同意する。また、日本は、改善を促進するための組織を設立することに同意する。無署名で日付も入っていない附属書に、20％という数値目標が盛り込まれた。この附属書の中で、日本政府は、日本市場における外資系企業による半導体の販売シェアが5年以内に少なくとも20％を越えるであろうという米国半導体産業の期待 (expectation) を承認した (recognized)」[10]。

　(ii) 価格監視：日本、米国以外の第三国市場における半導体の価格監視に関する1986年協定の規定によると、「日本は、半導体の輸出価格及び生産コストに関する情報を収集すること、半導体メーカーにこうした情報を集めさせることに同意した。収集すべきデータの詳細な内容、つまり、コストとして何が含まれるか、流通経路のどの箇所でどの製

品の価格が収集されるかについては附属書が規定した。収集されたデータは通産省と日本企業が保管し、将来ダンピング申し立てが提起された場合には、迅速なダンピング調査のために直ちに提供されるとされた」[11]。

1986年10月8日、ECは日本と米国に対して、GATTに関する協議を要請した。ガットの小委員会は、日本の半導体市場へのアクセスに関しては、1986年協定が米国のみに特恵的な待遇を与えたわけではないとしたが、第三国市場の価格監視はGATT 11条1項に違反するとした。その理由は、第三国市場の価格監視により、一定価格以下の半導体の輸出が規制されるからというものであった[12]。

(iii) アンチダンピング：1986年協定のアンチダンピング規定は、当時米国反ダンピング法の下で係属中のすべての申し立てについて調査中断合意を締結することを要求した。

(iv) 協議：1986年協定は、協定の遵守に関して定期的および臨時の協議を開催することを規定した。

B. 1991年拡大半導体協定（1991年協定）[13]

米国メーカーの日本市場でのシェアが改善されず、第三国市場でのダンピングが解消しなかったとして、米国は1987年7月3日、1986年協定の不遵守を理由として制裁を発動した。制裁は、パソコン、電動工具、カラーテレビに対する100％の報復関税であった。「新しい協定は、1986年協定の20％シェアという期待を達成する期限を延長し、外国市場シェアを日米両国政府が共同で計算すること、将来の米国のダンピング申し立てを解決するメカニズムを提供すること……を目指した。最初の協定の附属書に盛り込まれていた20％という数値目標は、新しい協定の本体に盛り込まれた。……両国政府とも、これは目標の達成を保証するものでもなく、目標の上限あるいは下限を定めたものではないとしていた」[14]。ECの申し立てに配慮して、価格と生産コストに関する情報収集に関する規定は、GATTの基準に合わせて明確化された。

C. 1996年半導体協定（1996年協定）[15]

　1995年の市場の条件を反映して、この協定は各市場における半導体のシェアを評価する仕組みを廃止した。また、1996年協定は、半導体紛争に対する政府の関与を廃止した。

　通産省と日本の産業界は、（協定の）すべての目的は達成されたので、協定はもはや不要であると主張した。そして、一切の政府の関与を拒否した。しかし、真に開かれた市場をもたらす関係を保証するには時間が必要だとの懸念があり、また、過去10年間はダンピングをもたらした条件が存在しなかったが、将来再びダンピングが生じる懸念もあった[16]。

4. 半導体協定の評価[17]

A. 1986年協定と1991年協定における20％市場シェアの問題──なぜ数値目標は望ましくないのか？

　この点について、日本政府の報告書は以下の通り述べる[18]。

(a)「20％市場シェアの期待に関して、日本政府はあくまで対日市場アクセス機会の改善を目的として協定を締結したのであり、協定は何ら保証ではなく、上限でも下限でもないと明記されていた」。

(b)「米国政府が301条の制裁措置をほのめかしながら20％市場シェアを数値目標として利用した結果、日米半導体協定締結時点の了解からの大きな乖離が生じた。

　実際、米国政府は管理貿易を追求するための手段として20％市場シェアを用いてきた」。

(c)「これは市場経済の放棄につながる。……数値目標設定型の通商政策は、経済合理性の観点から見ても問題がある。輸入国が外国産品に対して市場原理に基づかないで市場シェア、購入額を決定すれば、外国企業は輸入国企業との競争から逃れることになる。

　そして、ユーザーは品質・価格といった点で最も優れた産品を購入できなくなるおそれがある。輸入国企業にとっても、外国企業との競争から逃れることになるから、カルテル体質が醸成されやすい。この

ため、輸入国の最終消費者の経済厚生が減少することになる」。
(d)「数値目標設定型の通商政策はガット・WTOの規範や精神とも大きく乖離している」。
(e)「結果志向型の基準に基づく通商政策は、期待された結果が達成されなければ市場が不公正あるいは閉鎖的であると判断する。こうした政策は経済合理性を欠き、世界の資源の完全な利用の観点からも問題があるため、ガット・WTOの精神と相容れないことは明らかである」。
(f)「ガット・WTOの規範や精神に照らすと、半導体製品を資本の国籍によって区分し、日本市場における外国製半導体のシェアの優先を認めることには問題がある。

数値目標設定型の通商政策は望ましくなく、最恵国待遇や内国民待遇を損なうおそれがあり、ガット・WTOの精神とは相容れない」。

以上の見解は理論的には正しく、広く受け入れられるべきである。しかし、日本政府にとって真に問題なのは、日本市場への完全なアクセスという政策が実際に実施されるかどうかである。

在日米国商業会議所(ACCJ)は、一連の半導体協定について以下の評価を下している[19]。

(a) 1986年と1991年協定の評価として、ACCJはこう述べる。「最初の協定はダンピングを止めさせ、当分の間ダンピングを控えさせる上では有効であった。しかし、市場アクセスに関しては改善が見られず、この点が問題となった。1991年に最初の協定が失効した時点での外国製半導体のシェアは14%であった」。

(b)「大半の米国人は、最初の協定は、不遵守を理由として米国政府が制裁を発動していなかったならば効果を挙げなかっただろうと考えている。第二の協定は基本的に最初の協定の期間を延長したものであるが、若干の重要な修正を加えた」。

(c)「両協定を合わせて、半導体協定には10段階で8の評価が与えられる。アンチダンピングに関する規定は実施された。規定は、通産省にデータを提供する負担を減らすために改定され、製品の数も修正された。これらの修正は確実に実施された」。

(d)「1991年協定は1992年までに20％の市場シェアが達成されると予測していた。1992年の第4四半期に、直前期には16％であった市場シェアは20％を越えた。これは、シェアの下落傾向からして目標達成が困難であることが明らかとなった1992年6月に緊急措置がとられた結果である」。「1993年にシェアは若干低下したものの、1994年、1995年には上昇し、1996年の第1四半期には30％に達した。シェア上昇の一因は、特定の半導体に関して競争力を持つ韓国その他からの輸入が増加したことである」。

(e)「三つの協定を総合的に判断すると、慎重に文言を選び、時間と労力をかければ、期待に沿う結果は達成されるといえる。通産省が日本の業界に働きかけたことは重要な要素であった。論議を呼んだ市場アクセスの改善に関する数値指針もきわめて重要であった。しかし、最も重要なことは、協定が通商問題の存在を公式に認め、枠組みを設けて、目的達成のために業界が協力することを可能にしたことである。半導体協定の成功は、政府と業界が協力して成果を挙げ、調和のとれた関係を築くことができることを示している」。

「しかし、市場シェア目標は支持できない。それが厳格であるからではなく、経済的基礎を欠いているからである」[20]。これは確かである。しかし、米国は、半導体問題が解決した後にも、米国自動車メーカーの日本市場へのアクセスに関して数値目標方式の採用を提案した。日本政府はこうした結果志向型基準を採用して紛争を解決することには反対の立場を表明した。

B. 1986年協定と1991年協定における公正市場価格方式の問題点

両協定の下で、日本の半導体のメーカー・輸出業者は製品の公正市場価格(fair market value, FMV)を算定し、商務省がこれを確認するとされた。公正市場価格は日本国内の販売価格よりも高く、これが日本製半導体の米国市場向け最低輸出価格とされた。このため、日本のメーカーはもはや安値での販売競争ができなくなった。さらに、世界市場向けの最低輸出価格を設定するこの方式の結果、日本の半導体メーカーは輸出利益を増大させた。この結果、日本のメーカーは輸出部門を強化した。これに対して、米国の下流部門の業

界、例えば、日本とも競争関係にあるコンピュータ関連部門は公正市場価格方式に反対を表明した。この方式のために日本製半導体を高値で購入せざるを得なくなったというのがその理由である[21]。

これは、特定の国内産業を保護するために国内法を実施する場合、あるいは二国間協定に基づいて管理貿易を実施する場合に生じる問題の一つである。特定の国内産業を保護するための国内法の実施によって、別の国内産業が被害を被るという皮肉な結果が生じた。この例が示しているように、通商関係法は産業全体の活動をカバーすることはできず、国内市場であれ世界市場であれ、産業の活動を是正することはできない。

C. 1986年協定と1991年協定における産業復興の問題

米国の半導体産業は日本市場における20％シェアとダンピング防止を獲得して復興したのか。答はノーである。「1986年協定はきわめて包括的なダンピング、市場アクセス規定を置いたが、その対象はDRAMのみと狭かった。1986年協定は市場の不況に対しては何の助けにもならなかった。協定は米国の市場シェア低下を覆せなかった」[22]。

これは、国内通商関係法に基づく結果志向型の政策として実施される保護的な措置は産業を復興させることはできないという一般的な命題の一例である。国際通商紛争の歴史は、政府が後ろ盾となる救済措置は特定の国内産業を復興させることはできないことを示している。特に、グローバルにビジネスが展開する現代においてはそうである。

5. 結 論

通商紛争は、その対象がWTOでカバーされる場合にはWTOの紛争解決手続によって解決されるべきである。明らかに、WTOは二国間の協定で紛争を解決することには消極的である。また、特に日本や米国の場合、ビジネスが世界中で展開されていることを考えると、紛争を二国間の協定で解決することは難しい。

半導体紛争が明らかにしたように、301条の報復に代表される国内法に基

づく一方的な紛争解決は問題の真の解決にはつながらない。こうした一方的解決とWTOの紛争解決手続との関係については論じるまでもない。

　半導体紛争が明らかにしたように、管理貿易政策は米国産業の経済問題を実効的には解決しなかった。政府が後ろ盾となった、あるいは政府がとりまとめた産業政策、結果志向型の基準、市場シェアの数値目標は、国内産業を救済する十分な力を持たない。たとえば、本章1.で見た国内通商関係法の多くは域外効力を持たない。ビジネス活動がグローバルに展開しており、国内メーカーが多くの国で営業していることを考えると、この点は重要である。言い換えれば、国内産業のビジネス活動はその本国の主権の外にある。したがって、世界市場におけるある産業部門の通商紛争は、多数国間の紛争処理手続によって解決されるべきである。WTOの紛争解決手続が支持されるべきである。ただし、WTOの権限は、国家安全保障、国益、産業政策、社会保障、環境問題などには及ばない。こうした問題を処理するための効率的で公正なメカニズムについての研究が必要である。

注

1) 第三国とは米国、日本以外の国を指す。
2) その年、私はハーバードロースクールにおいて企業活動のグローバル化に伴う海外法律問題を理解するために、米国の法制度を研究していた。
3) 日米間のさまざまな通商紛争について参照、北川俊光『日米ビジネス紛争』(1994年)、同『国際法務入門』(1995年)。
4) 多元的法的攻撃に関して参照、北川俊光『企業の国際化と法務』(1987年)。
5) 同前、57頁。
6) 参照、Laura Tyson, "Managing Trade and Competition in the Semiconductor Industry," *Who's Bashing Whom?* (1993), p.86.
7) *Ibid.* p.85.
8) 日本の競争力向上に関して参照、Douglas A.Irwin, *Trade Politics and the Semiconductor Industry*. Anne O.Kruger, *The Political Economy of American Trade Policy* (1996), pp.24-30.日本の半導体産業の発展に関して参照、Laura Tyson & David B.Yoffie, *Semiconductors:From Manipulated to Managed Trade* (1993), pp.35-43.産業組織論および比較優位に関して参照、Tyson, *supra* n.6, pp.88-106, 133-36.

9) 半導体協定に関して参照、The American Chamber of Commerce in Japan, *Making Trade Talks Work: Lesson from Recent History*（1997）, pp.58-63. Industrial Structure Council（Japan）, *Report on the WTO Consistency of Trade Policies by Major Trading Partners* (1994, 1996, 1997). Tyson, *supra* n.6, pp.106-33.
10) The American Chamber of Commerce in Japan, *supra* n.9, p.58.
11) *Ibid.* p.59.
12) 参照、Report of the Panel, May 4, 1988, *BISD* 35S/116.
13) 1991年協定について、参照、Irwin, *supra* n.8, pp.54-61.
14) The American Chamber of Commerce in Japan, *supra* n.9, p.58.
15) 1996年協定について、参照、Industrial Structure Council (Japan), Position Paper on the Issues Regarding the Extension of the Japan-U.S. Semiconductor Arrangement, in *Report on the WTO Consistency of Trade Policies by Major Trading Partners* (1996), pp.374-75. 同じく参照、Industrial Structure Council（Japan）, Results of the 1986 Japan-U.S. Talks concerning the Semiconductor Arrangement, in *Report on the WTO Consistency of Trade Policies by Major Trading Partners*（1997）, pp.319-26. Industrial Structure Council（Japan）, Semiconductors Foreign Trade Barriers, in *ibid.*, pp.409-410. The American Chamber of Commerce in Japan, *supra* n.9, p.62.
16) The American Chamber of Commerce in Japan, *supra* n.9, p.62.
17) 半導体協定の評価に関して、参照、Irwin, *supra* n.8, pp.61-63. Tyson & Yoffie, *supra* n.8, pp.5, 50-70.
18) Industrial Structure Council（Japan）, Position Paper on the Issues Regarding the Extension of the Japan-U.S. Semiconductor Arrangement, in *Report on the WTO Consistency of Trade Policies by Major Trading Partners* (1996), pp.375-76.
19) The American Chamber of Commerce in Japan, *supra* n.9, pp.60-62.
20) Andrew R.Dick, Comment, in Irwin, *supra* n.8, p.70.
21) *Ibid.*, p.67.
22) Irwin, *supra* n.8, p.67.

6 北米投資・貿易における原産地規則

マーク・サンドストローム*

　先進国、途上国を問わず多国間の特恵貿易協定や特恵関税プログラムを締結するケースが増えており、これらは国際市場をターゲットとする製品を生産する企業の投資・貿易を左右する重要な要因となっている。特定の輸入産品がこうした協定・プログラムの恩恵を被るかどうかは、当該産品に適用される原産地規則と当該産品の製造工程によって決まる。また、原産地規則は、国際貿易に大きな影響を与える特恵以外の貿易措置、例えばアンチダンピング税や補助金相殺関税の適用、数量制限（数量割当）、国産品優先政府調達ルールや原産国表示の適用においても決定的な要因となる。

　特恵貿易協定や特恵関税プログラムを利用して完成品の生産を最適化し合理化するために、メーカーは原材料や部品の調達先の多角化を進めている。同じ理由から、製造工程の多国籍化も進められている。このため、原産地規則の重要性が増す一方、その運用はますます複雑になってきた。

　原産地規則は運用次第では貿易に対する障害となりうる。もっとも、大半の原産地規則は透明で明確であり、予測可能である。したがって、原産地規則を的確に理解することで、企業は複数市場をターゲットとする生産・販売活動のコストを最小化し、利益を最大化する投資・生産・販売戦略を立てることができる[1]。

　本章は米国市場における輸入・販売に主たる焦点を当てて、モノの貿易に関する原産地規則を検討する。米国およびその他の北米市場向けの製品を製造・販売する企業が考慮すべき原産地規則に関するさまざまな要素を検討する。1.では原産地規則について一般的に説明し、輸入品の原産地を決定するために用いられるさまざまな基準について説明する。2. と 3. は、

---

* Mark Sandstrom, Thompson, Hine & Flory 法律事務所パートナー。

自由貿易協定およびその他の特恵関税プログラムの適用可能性を決定する原産地規則を検討する。4. は輸入品に適用される原産国表示に関する原産地規則を扱う。5. ではWTOで進められている、関税特恵以外の目的で適用される原産地規則(以下、「非特恵原産地規則」)のハーモニゼーションの動きを見る。6. と 7. では、米国向け産品の輸入に影響を与える関税プログラムの適用に関する原産地規則について、企業が考慮すべきポイントをまとめる。

　本章の執筆に当たって、筆者は現実的なアプローチを採用した。すなわち、経営者が米国向け産品を生産する海外製造拠点を設立する投資・生産について決定を下す場合に考慮すべきポイントに焦点を当てた。一般的にいって、原産地規則は諸産業の利害やより広い経済的利害の対立状況を反映して決定される。そのため、原産地規則に対する評価はしばしば対立する。時としてそれは保護主義的であると批判され、また、ある原産地規則が特定の協定やプログラムの実施にとって必要か、また適切かどうかについて見解が対立することも多い。筆者は本章で特定の見解を支持することを避けた。代わって、筆者はルールのありのままを正確に伝え、必要な場合にはそれらがどれほど貿易制限的になりうるか、また貿易自由化にとってプラスに働くかを指摘した。

1. 原産地規則一般論

A. 主観的基準

　ある産品が当該国産の原材料または部品によって製造される場合には、当該産品の原産国の決定は容易である。しかしながら、原材料や部品の産地が複数の国にまたがる場合や製造工程が複数の国にまたがる場合には、最終製品の原産地の決定はもっと複雑な問題となる。こうした場合に原産地を決定するために、原産地規則はいくつかの基準を設けている。基準は主観的基準と客観的基準に分けられる。

　米国では、原材料や製造工程が複数の国にまたがる製品の原産地を決定するために第一に適用される基準は実質的変更基準 (substantial transformation test)

である。ある製品がある国の産品であるためには、その国で実質的変更が加えられている必要がある。原産地規則の適用上、原産地は一国に限られるので、この基準によれば、その製品に最後の実質的変更が加えられる国が原産地とみなされることになる。この基準を明瞭に述べたのは、1908年のアンホイザー・ブッシュビール協会対米国事件の連邦最高裁判決である[2]。判決は、ある製品は、「異なる名称、性格や用途を持つ……新しい異なる製品」に変更された場合に実質的変更が加えられたことになると述べた[3]。この原則は論理的には明確であるが、原則の実際の適用においては主観性と予測不能性がつきまとった。

米国関税局と米国の裁判所はこれまで多くの実質的変更に関する決定を下してきたが、それはしばしば予測可能性を欠くものであった[4]。例えば、関税裁判所は、鋳物の設備やつぼを機械加工したり仕上げを施すことを実質的変更と認定したが[5]、同裁判所を引き継いだ国際貿易裁判所は靴の上皮に底を張り付ける加工を実質的変更とは認めなかった[6]。また、関税当局は、コーヒー豆の焙煎とブレンドが実質的変更に当たると判断したが[7]、ピーナッツを加熱し、混合し、挽いてピーナッツバターにする工程を実質的変更とは認めなかった[8]。また、関税当局は、クリスタルグラスの柄を手でカットする工程を実質的変更と認める一方で[9]、陶器の皿に装飾を兼ねた取っ手を付ける工程を実質的変更とは認めなかった[10]。

「名称、性格あるいは用途」の基準の適用に当たって、関税当局および裁判所は、様々な基準を用いて個々の事実関係に基づいて判断を下してきた。変更によって新しい名称、性格あるいは用途が作り出されているかどうか以外に、三つの基準が用いられてきた。商品基準、実質基準、付加価値基準である[11]。Koru事件で判決が述べたように、「基準が多すぎるのは、実質的変更の基準に関する先例が『あまりにも産品に焦点を当てすぎており、……その法令上の意味よりも産品そのものを重視しすぎているため』である。裁判所が単一の基準に厳格に依拠しようとしないのは、『個別の事例の事実関係に焦点を当てることの重要性』のためである。……裁判所は、『繊維製品なら繊維製品という産品に適用される概念を液体の産品や鉄鋼を加工した産品に適用することは難しい』と判断している」[12]。

B. 客観的基準

最近、輸入産品の原産国の決定に当たって客観的基準を適用する例が増えている。ここで客観的というのは、特定の産品の原産国の決定が明確に定義された、あるいは数量的な基準に基づいて行われ、具体的な事例に適用される場合に明確で一貫した結論が導かれる場合を指している。

最近になって客観的な原産地規則の採用が次第に増えている背景にはいくつかの要因がある。主観的な基準の問題点は、前節で明らかになった。こうした問題点は米国関税当局もよく認識するところである。1994年に米国関税当局は、NAFTAの客観的な原産地規則をすべての国からの輸入品に適用するという提案を行った[13]。関税当局はこの提案の理由を次の通り述べた。

> 「実質的変更基準には長い歴史があるが、その運用には問題がないわけではなかった。
>
> それは、実質的変更基準がケースバイケースで適用され、何が新しい異なる製品かについて、また、ある加工が新しい名称、性格や用途を生み出すかについて、主観的な判断を必要とするからである。……実質的変更基準が多数の裁判や行政の決定対象になってきたという事実自体、この基準の基本的な問題点を示している。つまり、ケースバイケースの決定が特定の事実関係に応じた基準の適用をもたらし、個々のケースに特有な基本原則の解釈を導き、関税当局にとっても通商に従事する業界にとっても、特定の加工が原産地の決定にどのような影響を与えるかについて、予測可能性の欠如と不確実性を生み出している。……関税分類変更基準は伝統的な実質的変更基準に代わり、以上見てきた問題をクリアーするために発達してきたものである。関税当局は、関税分類変更アプローチに基づくルールはより明確で客観的で透明であり、予測可能性も高いと考えている」。(59 *Fed. Reg.* 141, 142.)

客観的な原産地規則の決定基準を採用するもう一つの理由は、自由貿易地域や関税同盟の加盟国の関税当局が原産地を決定するルールのハーモニゼーションの必要性である[14]。自由貿易地域や関税同盟の域内で取り引きされ

る産品は一貫した予測可能な関税上の処遇を保証されなければならない。そうでなければ、当該地域に対する、また域内での貿易に重大な歪曲が生じ、加盟国の産業に経済的な不利益が生じることになる。米国にとって、この問題は1989年1月1日に発効した米加自由貿易協定(以下「CFTA」と略す)との関係で顕在化した。CFTAは米国が加入した史上初の大規模かつすべてのセクターを包含する自由貿易協定であった。CFTAが採用した主要な原産地規則は関税分類の変更を要求する、いわゆる関税分類変更基準であった[15]。この関税分類変更基準はメキシコを加え、1994年1月1日に発効したNAFTAにおいても採用され、より詳細かつ複雑な内容を与えられた[16]。

　1989年以前は、米国が原産地規則に関してカナダやメキシコと同様な関税分類変更基準を採用することはきわめて困難であった。なぜならば、1989年までは、米国は他の大半の貿易相手国が採用しているのと同様の関税譲許表を採用していなかったからである。それまでは1962年関税分類法が採用した米国関税譲許表(以下「TSUS」と略す)が27年にわたって採用されていた[17]。同じ時期、大半の貿易相手国はベルギーのブリュッセルに本拠を置く関税協力理事会(CCC)の下で採択された異なる関税分類表を採用していた。TSUSと他の貿易相手国が採用した関税分類表の相違のために、ガットの下で行われたケネディラウンドや東京ラウンドにおいては大きな困難が生じていた。米国が提案した関税譲許と他の国が提案した関税譲許を比較しようとすれば、両者を比較するための調整計算のためにしばしば関税交渉にかかる時間と同じくらいの時間が必要であった。

　1980年代、米国は統一商品分類・コードのための国際条約(以下「統一システム」と略す)の交渉に参加するためにその関税分類表の改訂を進めた。統一システムは1988年1月1日に発効した。1年後に統一システムに準拠した米国統一関税譲許表(以下「HTSUS」と略す)が米国で発効した。

　関税協力理事会(1994年に世界関税機関(WCO)と改称)の115の加盟国は統一システムに準拠した関税譲許制度を採用している。統一システムを採用している国の関税譲許表は上6桁まで共通である[18]。6桁までの関税分類が統一されていれば、大半の産品の分類は可能であり、それに応じて輸入品に適用される原産地規則も決定される。そのうえ、関税分類の上6桁が統一されてい

れば、関税分類変更基準の下で行われる決定の統一性も保証される。いずれにしても、米国の関税譲許表がカナダやメキシコのそれとハーモナイズされていなければ、1989年のCFTAや1994年のNAFTAの実施は大変難しくなっただろう。

広く採用されているもう一つの客観的な原産地基準はローカルコンテント、あるいは自由貿易協定の場合には地域的な価値(ないし付加価値)の基準である。以下で詳細に検討するとおり、ローカルコンテントないし付加価値基準は、当該産品にある国で加えられた価値が最低どのくらいの割合であれば当該国を原産地とすることになるかについて、最低基準を設定する。

客観的な基準の最後は、適用例はまれであるが、ある特定の加工工程が最終製品に加えられることを要求するものである。例えば、工程重視の原産地規則によると、ある繊維製品の原産地とみなされるためには、当該製品の裁断・縫製その他の加工がその国で行われなければならない。

大半の国は、原材料や製造工程が複数の国にまたがる場合には、米国同様主観的基準と客観的基準の一つあるいは複数の基準を組み合わせて適用している。例えば、日本の原産地規則は一般的に、関税分類の変更、特定製造工程の要求、ローカルコンテント(特恵関税プログラムの場合)、最低工程基準に基づく客観的な基準を適用している[19]。ECにおいては、原産地規則は非特恵の場合には主観的な実質的変更基準が、特恵の場合には客観的な関税分類変更基準と特定工程基準が主に適用される[20]。

様々な目的のために用いられる原産地規則について検討する前に、若干の一般的なコメントをしておく。現在の傾向は、実質的変更基準に代表される主観的基準から客観的基準へのシフトである。国民経済が世界経済に統合される度合が高まり、自由貿易協定の数が増えるにつれて、原産地規則の適用における一貫性がますます重要になってきた。1994年、米国関税局は客観的な関税分類変更基準を、すべての国からの産品に原産地規則として適用しようとした。この試みは失敗に終わったが、WTOの原産地規則に関する技術委員会が同じ年にWTO原産地規則協定(後述)に関する報告書を提出した際に、この問題は米国および他のWTO加盟国の間で再び問題となった。筆者は、米国および大半の国の間で向こう5年から10年の間に原産地規則は客観

的基準に準拠するようになると予想している。

　以下の議論が明らかにするように、関税分類変更を基準とする原産地規則の適用には多くの困難がある。なぜならば、この適用に当たっては二あるいはそれ以上の微妙な関税分類の決定が必要となるからである。他方で、この規則のメリットとしては、大半の場合に、単一の「正確な」決定が可能となることが挙げられる。そのうえ、この決定の正しさは経済的状況が変化しても揺るがない。

　ローカルコンテンツないし付加価値に基づく客観的な原産地規則は、特定のローカルコンテンツの割合を計算するためにコストやその他の製造データを集めることを製造業者に要求し、大きな負担となりうる。そのうえ、関税分類変更基準と違い、ローカルコンテンツないし付加価値基準に基づく決定は限界事例においては時間によって不変ではありえない。原材料や労働コストの変化によりローカルコンテンツないし付加価値が要求される割合に近い線で変化することはありえる。外国為替レートといった外的な要因も決定に影響を与えることがある。

　しかしながら、こうした複雑さにもかかわらず、客観的な原産地規則は投資、製造、販売活動について、それを実行に移す前に、また、特定の決定がもたらす関税その他の帰結について高い予測可能性をもって分析することを可能にする。

2. NAFTA

　NAFTAは米国、カナダ、メキシコの間の貿易を大きく変え、成長させた。また、NAFTAは、北米の内外で第三国によって生産される産品の貿易にも大きな影響を与えた。米加原産品の貿易は、1994年時点で大半の産品について無税であった。メキシコと米国、カナダとの間で課税対象となる産品に対する関税は、NAFTAの実施以来半分にカットされ、その後も毎年カットされて大半の産品については2003年に無税とされることになっている。

　NAFTAの特恵的な関税率が適用されるためには、当該産品がNAFTA加盟国原産でなければならない。ある産品が原産であるかどうかはNAFTAの原

産地規則によって決定される[21]。NAFTA第4章は原産地規則に関する一般原則を規定する。原産地規則自体はNAFTA附則401に規定されている。米国、カナダ、メキシコはNAFTAの実施を通じて実質的に同一の原産地規則を採用した[22]。米国のNAFTA原産地規則はHTSUSの一般的注釈12として規定された。NAFTA加盟国は各国における原産地規則の実施に関するガイドラインとして実質的に同一の規則を採用した[23]。

NAFTA原産地規則、その実施規則、そして三つのNAFTA加盟国の関税譲許表が実質的に同一であることを考えると、あるNAFTA加盟国で生産され他のNAFTA加盟国が輸入した産品がNAFTAの適用を受けるかどうかについての決定は、他のNAFTA加盟国での生産・輸入にも適用されることになる[24]。

NAFTAの原産地規則は関税分類に即している。つまり、個々のHTSUS関税分類や関税分類群に別々の原産地規則が適用される。そのため、ある産品の関税分類を決定するまでは、当該産品に適用される原産地規則を決定することはできない。

NAFTAの原産地規則の下では、ある産品は以下の場合に限ってNAFTA域内原産で特恵的なNAFTA関税の適用対象となる。

(i) そのすべてがカナダ、メキシコあるいは米国の領域内で取得されあるいは生産されたもの、

(ii) カナダ、メキシコあるいは米国の領域内で以下の変更を被ったもの、

(A) 本注釈(f)の規定する場合（最低基準ルール(de minimis rule)）を除いて、当該産品の生産に用いられる原……料が……本注釈あるいはそこに含まれるルールに規定されるような関税分類の変更を被った場合

(B) 関税分類の変更が要求されない一方、(r)、(s)、(t)および本注釈の他のすべての要件を満たす場合、

(iii) カナダ、メキシコ、米国原産の原材料を用いて生産される製品の場合、あるいは……HTSUS一般的注釈12条(b)の要件を満たす場合。

HTSUSの一般的注釈12条(b)はごく明白である。その(ii)項はHTSUS一般的注釈12条(t)に規定されたNAFTA原産地規則の本体に言及している。それは非NAFTA諸国産の原材料に全部または一部を依存する産品に適用される。

(iii)項は(ii)項によく似ている。なぜなら、それは産品の個々の部品がNAFTA原産地規則を満たす場合を規定するからである。NAFTA原産地規則において、産品ということばはNAFTA加盟国に輸入された状態で原産地決定のルールが適用される産品を指す。また、原材料ということばは産品の生産に用いられる中間財のすべてを指し、部品あるいはその原材料を指す。

NAFTA原産地規則は主に二つの客観的基準を用いる。関税分類変更基準とローカルコンテントないし付加価値基準である。より例外的に、主に繊維製品に関して、特定の製造・加工工程基準が取り込まれている。

A. 関税分類変更基準

関税分類変更基準においては、ある原材料を最終製品に加工することで原材料の関税分類と最終製品の関税分類が異なることが要求される。その代表的な例として、HTSUSで7304.39に分類される炭素鋼継ぎ目なし標準パイプが挙げられる。これには、「常温で圧延、ロール整形されたものでない鋼鉄または高品位鋼の継ぎ目なし……チューブまたはパイプ」が含まれる[25]。この細分類に対応するNAFTA原産地規則は、HTSUS一般的注釈12条(t)に規定され、「他の章から7304.10以降7304.39までの細分類への変更」を要求する。HTSUS細分類7304.10以降7304.39まではすべての炭素鋼継ぎ目なしパイプをカバーしている。例えば原産品としてNAFTA関税の適用を受けるためには、継ぎ目なしパイプの加工工程が73章以外の章に分類される原材料でなければならない。73章は鉄鋼製品をカバーする。炭素鋼継ぎ目なしパイプは熱した鋼塊を圧延機で押し出すか、熱した丸鋼棒を回転させて穴をあけることで製造される。鋼塊も鋼棒もHTSUS 72章に分類される基礎的鉄鋼製品である。したがって、炭素鋼の溶接パイプを生産する工程はNAFTA原産地規則を満足している。なぜなら、それは原材料の関税分類をHTSUS 73章以外の章から継ぎ目なし鋼の細分類へと変更し、当該細分類の原産地規則の要件を満足するからである。したがって、NAFTA加盟国で鋼塊や鋼棒から生産される炭素鋼継ぎ目なしパイプは、その製造工程の性格から、他のNAFTA加盟国に輸入される際にNAFTA関税率の適用を受けることになる。

NAFTA原産地規則は最終製品がNAFTA関税率の適用を受けるためにはす

べての非NAFTA産原材料が関税分類変更基準を満たすことを要求する。しかし、例外がある。それは、ごくわずかの価値しかない非NAFTA産原材料の場合である。NAFTAの最低基準ルールは、関税分類変更基準を満たさない原材料の割合が最終製品の価額の7％を越えない場合には、当該産品をNAFTA原産とみなすことを妨げないと規定した。

原産品とともに配達され、当該産品の標準的なアクセサリー、スペアパーツ、工具類とみなされるものは、原産品とみなされ、非原産品が関税分類変更基準を満たしているかどうかの判断からは除外される。しかし、アクセサリー、スペアパーツ、工具類は地域的な価値割合の計算上は除外されない(後述)。

ある産品が関税分類変更基準を満たしている場合でも、関税分類の変更が①水その他にその原材料を溶かすことで、その性格を実質的に変更しない場合、または②事実関係によると、当該産品がNAFTA原産地規則を迂回する目的で生産され、またはその価格が決定されたりしている場合には、原産品とはみなされない。

すでに見たように、ある種の特に輸入に関して利害が微妙な産品についてはきわめて厳格な原産地規則が適用され、NAFTA関税は相当割合の原材料や加工工程が一あるいは複数のNAFTA加盟国で行われることが要求される。繊維製品に適用される関税分類変更基準はそのような厳格なルールの例である。大半の繊維製品は、NAFTA関税の適用を受けるのはNAFTA加盟国原産の糸や繊維から生産されたものである場合に限られる。こうした繊維製品に関する原産地規則は糸前倒し(yarn-forward)、または、人造繊維製品の場合には繊維前倒し(fiber-forward)ルールと呼ばれている。

B. ローカルコンテント基準

NAFTAの起草過程で懸念されたのは、関税分類変更基準が、特に自動車や繊維製品といった輸入に対して敏感な産品の場合に、NAFTA関税率の適用を受けるために十分なだけローカルな原材料や加工による付加価値を要求しないのではないかという点であった。特に、米国とカナダは、日本を含む第三国の企業があるNAFTA加盟国でわずかな加工を施すことで他のNAFTA加盟国にゼロないし低い関税率で輸出するのではないかという強い懸念を

持っていた。そのため、NAFTA原産地規則の多くは関税分類変更基準の代わりに、あるいはこれと並んで地域的なローカルコンテント基準を採用している。

大半の産品の場合、ローカルコンテント基準(以下「RVC」と略す)を算定するために二つの方法が用いられる。取引価額方式とネットコスト方式である。取引価額方式では、一又は複数のNAFTA加盟国で生産・加工された産品の価値が当該産品の価額の60％以上でなければならない。産品の価額はWTOの関税評価協定が規定する関税評価に関する一般原則に基づいて関税当局が算定する取引価額と定義される。この定義によると、取引価額は独立の買い手に適正価格で販売された工場出荷価格に等しくなる。取引価額に従ってRVCを算定する公式は以下の通りである。

$$RVC = \frac{TV - VNM}{TV} \times 100$$

RVCは地域的な価値割合
TVは取引価額
VNMは生産者が当該産品の生産に用いた非原産原材料の価額

RVCを算定する第二の方式はネットコスト方式である。この方式によれば、当該産品を生産するネットコストの50％以上が一あるいは複数のNAFTA加盟国原産でなければならない。ネットコストは原材料、労働コスト、オーバーヘッド(利益を除く)を含む総生産コストから販売促進費(広告、アフターサービス費を含む)、ロイヤルティ、荷造り、運送費用および金利を除く額として定義される。ネットコスト方式における割合は取引価額方式よりも低い。それはネットコスト方式ではいくつかの費目が控除されているからである。ネットコスト方式でRVCを算定するための公式は以下の通りである。

$$RVC = \frac{NC - VNM}{NC} \times 100$$

RVCは地域的な価値割合
NCはネットコスト
VNMは生産者が当該産品の生産に用いた非原産原材料の価額

RVC基準の適用例として、NAFTA原産地規則がHTSUS 73章の別の鉄鋼製品に適用された場合を見てみよう。戸外で肉を焼く鋼製の携帯コンロはHTSUSの細分類で7321.13.0020に分類されている。この例において、コンロは

様々な国からの部品を用いてメキシコで製造されているとする。鋼製のコンロの本体は日本から輸入され、その価額は4ドルとする。コンロの脚はカナダから輸入され、その価額は2ドルとする。コンロの炉の部分は米国で製造され、その価額は3ドルとする。コンロの脚と炉はNAFTA加盟国原産であるから、NAFTA原産である。他方で、鋼製のコンロ本体は日本産であるからNAFTA原産ではない。最終製品であるコンロの取引価額は12ドルとする。

HTSUS細分類7321.13.0020に適用されるNAFTA原産地規則は次の通り定める。

> 「他の分類から細分類7321.12以降7321.83までへの変更、または7321.90（コンロの部品）から7321.12以降7321.83までへの変更、この場合、以下の割合以上の地域的な価値割合が含まれれば、その他の分類からの変更であってもよい。
> (1) 取引価額方式が用いられた場合には60％以上、または
> (2) ネットコスト方式が用いられた場合には50％以上。」

コンロの本体、脚および炉はHTSUS細分類7321.90.6030の下でストーブやレンジ以外の調理器具の部品と分類されている。したがって、NAFTA原産地規則の第一の基準（関税分類変更基準）はクリアーされない。コンロを加工する工程は非原産の部品である本体をHTSUS細分類7321.90.6030（部品）から7321.13.0020（コンロ）に変更するにすぎない。しかし、原産地規則は7321以外の分類からの変更を要求する。したがって、7321に分類されるいかなる原材料も、関税分類変更基準をクリアーする形では加工されない。

しかし、原産地規則は、完成品が所定のNAFTA地域的価値を満足する場合に、非原産部品から加工されるコンロがNAFTA原産とみなされる別の基準を設けている。取引価格方式を適用すると、このコンロのRVCは66.7％となる。

$$\text{RVC} = \frac{\text{TV} - \text{VNM}}{\text{TV}} \times 100\% = \frac{\$12 - \$4}{\$12} \times 100\% = \frac{\$8}{\$12} \times 100\% = 66.7\%$$

こうして、最終製品であるコンロのRVCは取引価額方式が要求する60％をクリアーし、コンロはNAFTA関税率で米国に輸入されることになる。

自動車や重要な自動車部品に適用される原産地規則は他の産品に適用され

る原産地規則よりも厳格である。例えば、主要な自動車部品や組立部品には追跡原則が適用され、非NAFTA産原材料は、最終製品である自動車に組み込まれるまでにNAFTA加盟国内でどのような加工、変形を受けようとも、非NAFTA産であることに変わりはない。また、自動車のRVCはネットコスト方式に基づいて算定される。しかも、自動車の最低RVCは1998年には50％から55～56％に、2002年には60～62.5％に引き上げられることになっている。

　NAFTAは一定の場合に垂直統合の進んだ生産者とそうでない生産者との生産方式の違いを反映してRVCの計算方法に柔軟性を持たせている。垂直統合の進んでいない生産者がNAFTA原産地規則を満足して加工された部品を独立の売り手から購入するとする。この場合、当該部品はたとえその原材料が非NAFTA原産であったとしても100％NAFTA原産となる。他方で、垂直統合を進めた生産者が非NAFTA原産の原材料を用いて部品を生産するとする。この生産者は最終製品を生産するために用いたこの非NAFTA原産の原材料をあくまでも非NAFTA原産として扱うことを要求される。そのため、この生産者は部品を外注する生産者に比べて明らかに不利な立場に置かれる。この不利を解消するために、NAFTAは生産者が自ら生産し、最終製品の生産に用いたすべての原材料を中間原材料 (intermediate material) と名付け、中間原材料がネットコスト方式に基づいてRVCとみなされる場合には、この原材料を含む最終製品のRVCを計算するに当たってNAFTA原産とみなしてよいと規定した。生産者はすべての原材料を中間原材料と名付けてよい。ただし、その原材料を製造するための原材料にRVC要求が適用される場合には後者のみにRVCが適用される。

　すでに見たように、ある製造業者がNAFTA原産の部品を購入した場合、当該生産者は最終製品のRVCを計算するに当たって当該部品全体をNAFTA原産と扱うことができる。NAFTAはこれをロールアップ (roll up) と呼んでいる。他方で、もしこの業者が非NAFTA原産の部品を購入したとすると、たとえその部品の原材料がNAFTA原産であったり原材料にNAFTA域内で加工が加えられていたとしても、本来は当該部品全体を非NAFTA原産と扱わなければならない。この現象はロールダウン (roll down) と呼ばれる。この帰結は、当該業者を、最終製品を製造するために用いた部品を原産品としてRVC

の計算に加えることができる垂直統合の進んだ業者よりも不利な地位に置くことになる。しかし、累積(accumulation)条項により、NAFTAは垂直統合の進んでいない業者に対してこうしたケースで最終製品のRVCの計算に当たってNAFTA原産原材料の価額にNAFTA域内で付加された価額を加えることを認めた。

C. 特定製造・加工工程基準

　ごく限られた場合に、NAFTA原産地規則は特定の製造・加工工程がNAFTA域内で行われなければ当該産品はNAFTA原産とはみなされないと規定した。こうした要求は主に繊維製品に関して適用される。その代表的な例として、HTSUS細分類6101.10.0000の男性・男児用ウールオーバーの場合を見てみよう。この細分類に関するNAFTA原産地規則は次の通り規定する。

>　「分類項目……(除外される糸、繊維、織物の分類項目が列挙)……を除く他の章から細分類6101.10以降6101.30までの変更。ただし、以下の条件を満たすことが必要である。
>
> (A) <u>当該製品は一あるいは複数のNAFTA加盟国の域内で裁断または編まれ、縫製その他の加工を受けること。</u>
> (B) HTSUS 61章の規則1に挙げられた裏地生地に関しては、関税分類変更基準を満たすこと。」(アンダーラインは筆者)

　これまでの記述からも明らかなように、NAFTA原産地規則はしばしば複雑である。実際にはこれまで紹介した以外にも複雑な概念がある。例えば、RVCの計算に当たって用いられるコスト平均算定方式や、最終製品の生産に用いられる代替可能なNAFTA原産および非NAFTA原産の原材料の原産地を決定するために用いられる在庫管理方式などである。また、RVCの算定のために必要なデータの収集と分析の負担は大変に重い。複雑なRVCの算定が必要な多くのケースで、輸入業者は該当する原産地規則に基づいてNAFTA原産地規則を適用する負担を考えると、むしろ最恵国税率を受け入れるという選択を下すことがありえる。

　他方で、すでに述べたように、NAFTA加盟三国の関税当局が規定し実施

しているNAFTA原産地規則は、企業がNAFTA適格を得るために何をすればよいか、特定の製造・流通の決定がどのような関税上の帰結をもたらすかを知り、製造・流通のための投資決定を下すことを可能にした。

3. 米国のその他の特恵関税プログラム

　日本その他の先進国同様、米国は特定の発展途上国からの特定の産品に対して非課税扱いを実施している。その中核は一般特恵制度(GSP)と呼ばれる[26]。GSPは一定の要件の充足を条件として100以上の国や領土から輸入される広範囲の産品[27]を非課税扱いとしている[28]。これらの要件の一つがGSP原産地規則である。それは以下の通り規定する。

　　「本章の下で与えられる非課税扱いは受益対象となる発展途上国で栽培、生産、製造されるあらゆる産品に及ぶ。ただし、以下の条件の充足が必要である。

　(1) 当該産品は受益対象となる発展途上国から米国に直接に輸入されたものであること、また、

　(2) (a) 受益対象となる発展途上国、または本章2467(2)の下で単一の国として扱われるグループ[29]の複数の加盟国で生産された原材料のコストないし価額、及び

　　　(b) 当該受益対象発展途上国ないし複数加盟国で行われた加工工程の直接コストの合計が当該産品の輸入時点での評価価額[30]の35％を下回らないこと。」(19 U.S.C. §2463(2)(A) (Supp. 1997))

　GSP適格を得るためには、当該産品は適格国原産でなければならない。つまり、当該産品は、受益対象発展途上国(BDC)で実質的変更を被る必要がある。当該産品はBDCから米国に直接に輸入されたものに限られる[31]。最後に、GSP上のローカル価値要件はNAFTAの地域的な価値割合の要件と同様である。ただし、35％がローカル価値であればよい。また、価額の算定に当たっては原材料費および直接の加工費のみが算定され、オーバーヘッドその他の分配不能な一般的運営費は除外される。NAFTAの場合と同様に、単に合体、包装されただけでは、また当該産品の性格を実質的には変更しない水に溶か

すといった工程だけでは、原産とはみなされない。

　もし、BDCで最終製品に仕上げられた産品の中間部品が非BDC諸国から輸入された原材料や部品を含んでいる場合には、当該中間部品が二重の実質的変更を被っている場合にはその価額のすべてをローカル価値に参入することができる。例えば、BDCがバルブを輸入し、それをポンプに組み込んだ場合、バルブはポンプの製造工程で実質的に変更されたとみなされる。そのポンプが洗濯機に組み込まれた場合、ポンプもまた実質的に変更されたとみなされる。この場合、バルブを含めたポンプ全体の価額がBDCで生産された洗濯機のローカル価値とみなされる。しかし、ポンプが米国に輸出される場合には、当該産品は二重の実質的変更を被らない。この場合にはBDCにおいてバルブをポンプに組み込む直接コストのみがローカル価値とみなされる。輸入されたバルブ自体の価額はポンプのローカル価値には含まれない。

　米国で存在するもう一つの関税特恵プログラムは、カリブ海域経済復興法[32]によって創設された、いわゆるカリブ海域特恵(CBI)である。CBIプログラムはGSPによく似ている。相違点は対象がカリブ海および中央アメリカ諸国に限られる点だけである。また、他のCBI諸国やプエルトリコ(通常は米国の関税地域に含まれる)や米国領ヴァージン諸島で生産された原材料のコストや価額も最低ローカル価額の算定に加えられる。それ以外の点では、ただ1点の例外を除いてCBI原産地規則はGSP原産地規則と同じである。それは、35％のローカル価値のうち、15％までは米国で生産された原材料のコストや価額(プエルトリコを除く)を加算できるという点である[33]。

　1991年に米国議会はアンデス貿易特恵法(ATPA)を制定した[34]。ATPAはアンデス協定の4加盟国であるボリビア、エクアドル、コロンビア、ペルー向けに特恵関税プログラムを創設した。ATPA原産地規則はその大半がCBI原産地規則と同じである[35]。いずれのATPA諸国で行われた原材料や加工の直接コストも、35％ローカル付加価値基準によりATPA国のローカルコストに加算することができる。CBIと同じく、米国産の原材料のコスト・価額も15％まで加算することができる。

　1985年に米国はイスラエルとの自由貿易協定を実施し、イスラエルからの輸入に対して特恵関税待遇を供与した[36]。米国イスラエル自由貿易協定が

定めた原産地規則はCBIやATPAの原産地規則と同じであり、35％の最低ローカル価額要件に米国産の価額を15％加算できる点も共通である。しかし、イスラエル自由貿易協定の場合、他の関税特恵プログラムに基づく産品の価額やコストを加算することは認められない。

　1997年3月11日、米国下院は大半のサハラ以南のアフリカ諸国で生産された産品に特恵関税待遇を与える法律を可決した。この法律を上院が可決するかどうか、またその場合どのような法形態がとられるかは不明である。しかし、本年、特定のアフリカ諸国からの特定の産品に対して関税をゼロとする関税特恵プログラムを盛り込んだ法律が成立する可能性は高い。この法律には、米国の他の関税特恵プログラムの原産地規則と同様の原産地規則がおそらく盛り込まれるだろう。また、この法律は、他の関税特恵プログラムでは除外された輸入に敏感な産品、例えば繊維製品なども含まれるだろう。（同法は成立した。訳者注）

　もし、ある日本の企業が米国向けに販売するために産品を製造・加工する施設を海外に建設する能力を持っているとすれば、米国の現行の様々な特恵協定・プログラムにおける原産地規則を分析することで、その企業は当該産品の販売による関税を最小化するように施設を建設することができる。この分析に当たって、NAFTAとその他の特恵関税プログラムの原産地規則の違いを考慮する必要がある。したがって、NAFTAの要求する60％の取引価額に当たるローカル価値基準を満足できないとしても、GSPやCBIやATPAの35％要件を満足することはできるかもしれない。米国での販売向けに海外生産を計画している日本企業にとって、工場がメキシコ（NAFTA）にあってもコスタリカ（GSP、CBI）にあっても大差はないかもしれない。CBIとATPAの場合には米国産原材料の価額が最高15％まで35％のローカルコンテントに加算されるが、GSPの場合にはこの加算は認められない。この点も、海外の工場立地の決定に当たって考慮すべきポイントであろう。

4. 原産国表示

A. 概 論

　大半の国が、自国に輸入される外国産品についてそれがどこで生産されたかを消費者に伝えるために表示することを要求する。法律[37]および規則[38]により、米国もまた輸入された外国産品に対して米国の最終購入者にその原産国を知らせる表示を要求している。当該産品が一あるいは複数の国が原産の原材料を含んでいたり、複数の国で加工工程を経ている場合には、最後に実質的な変更が行われた国が当該産品の原産国となる。輸入時点で、当該産品は「……製」その他、原産国の名前を示す表示を持たなければならない。

　実質的変更基準は米国内の最終購入者を決定する際にも用いられる。最終購入者は米国内において当該産品を輸入された形態のままで最後に購入した人を指す。もし製造業者が輸入産品を実質的に変更し、別の名称、性格、用途を持つ新しい産品を作り出した場合には、その製造業者が輸入産品の最終購入者とみなされる。最終購入者の決定は重要である。なぜなら、この場合には外国の原産地表示は製造業者の工場から出荷される時点で不要となるからである。先に見た継ぎ目なし鋼パイプを製造するための鋼棒の例は、このルールの意味をよく示す。米国のパイプ製造業者が輸入する鋼棒には原産国の表示が必要である。しかし、米国関税当局の多くの決定が示すとおり、鋼棒を継ぎ目なしパイプに変形する過程でパイプ製造業者は鋼棒に実質変更を加えたとみなされる。その結果、パイプ製造業者がパイプを出荷するに当たっては、鋼棒の原産国を表示する必要はなくなる。

B. NAFTA加盟国産品

　NAFTA加盟国であるカナダとメキシコから輸入される産品はNAFTAの原産国表示規則に服する。この規則はNAFTA特恵関税適格を決定するためのNAFTA原産地規則と同様で、より自由な客観的な基準に基づいている。NAFTA原産国表示規則の基本原則は、NAFTAの附則311に規定されている。それによると、NAFTAの各加盟国は各々独自の原産国表示規則を定める。すでに見たNAFTA原産地規則と異なり、各国が採用するNAFTA原産国表示

規則は附則311の原則には従うものの、同一ではない[39]。米国のNAFTA原産国表示規則は米国関税規則102条に規定されている[40]。NAFTA原産国表示規則とNAFTA原産地規則を区別することは重要である。ある産品がNAFTAを原産国としながら関税上はNAFTA上の特恵待遇を受けないことはありうる。NAFTA原産国表示規則は、ある産品がNAFTA加盟国に輸入される場合に当該産品に原産国として表示されるべきNAFTA加盟国の名前を決定するために用いられる。NAFTA原産国表示規則は、あるNAFTA加盟国が他のNAFTA加盟国からの輸入に対して各々異なった関税率を適用しているとして、複数のNAFTA加盟国の原材料・加工工程を利用した産品に適用される関税率を決定するためにも用いられる。

NAFTA原産国表示規則はまた、あるNAFTA加盟国から輸入した産品を加工する製造業者が当該産品の最終購入者であるかどうかを決定するためにも用いられる。しかし、米国国際貿易裁判所は最近、NAFTA加盟国から輸入した産品の製造業者が最終購入者であるかどうかを決定するために、伝統的な実質的変更基準もまた用いられるという決定を下した[41]。

C. 繊維製品

原産地規則に関して、繊維製品は特別の、通常は限定的な扱いを受ける。原産国表示に関しては、輸入される繊維製品は、NAFTA加盟国産であるとそうでないとを問わず、特別の規律に服する[42]。これらの規則は1996年7月1日に発効し、主に関税分類変更基準と特定の加工・工程基準という二つの客観的基準で構成されている。規則は、国内の繊維製造業者の要求を受けて1994年の世界貿易機関を設立するマラケシュ協定の一環として議会が設けた繊維製品に関する原産国表示要件を実施するために制定された[43]。多くの場合、特に繊維前倒し繊維製品の原産地表示の場合、これらの規則は他の国の原産国表示に関する規則や1997年7月1日に規則が発効する以前の米国の実質的変更基準とは食い違っている。

布、ハンカチ、タオルなどのような平らな産品の場合、繊維の原産地規則は、当該産品の原産国は当該産品が生産された国であることを要求する。もしある繊維製品がHTSUS分類上繊維前倒し基準の適用を受けるとすれば、

当該繊維製品が最終製品になるまでにどれほど加工を施されたとしても、その原産国は当該繊維製品の原産国ということになる。その一例は、HTSUS細分類上6307.90に分類される「その他の合成繊維製品」である。この細分類に対応する原産地規則は以下の通り規定する。「6307.90に分類される産品の原産国は当該産品の原材料である繊維の原産国である」。この細分類には、繊維から作られたさまざまな製品が含まれる。例えば、こうした製品が日本で中国産の繊維を原材料として製造されたとすれば、米国にとってはこの製品の原産国は中国ということになる。他の大半の国は、この製品は日本で最終的な実質的変更を被っているから日本原産とみなすであろう。こうした米国と他の貿易相手国とのルールのずれは、他国における米国および第三国向けの生産者に重大な問題を投げかける[44]。

米国の繊維原産地規則は、1956年農業法(Agricultural Act of 1956, as amended)204条に基づく繊維製品の輸入割当の運用のために原産国を決定する機能も果たす[45]。この輸入割当は、多繊維取極(MFA)と一般に呼ばれる繊維の国際貿易に関するガット取極の実施のためのものである[46]。1994年に、MFAは繊維・衣料品協定(ATC)に取って代わられた。ATCは10年間でMFAの下で構築された輸入割当を廃止するものである[47]。

D. 連邦取引委員会(FTC)の「メードインUSA」ガイドライン

米国連邦取引委員会(FTC)は、不公正で詐欺的な行為、慣行を禁じる連邦取引委員会法5条の権限に基づいて、米国で販売される製品のラベリングが不正確であったり詐欺的であったりしないよう保証する規律を設ける[48]。FTCは特にある産品が「メードインUSA」ないしそれと同等であることを示すラベリングに注目している。FTCはメードインUSAというラベルを持つためには、ある産品はそのすべての原材料や加工工程を含め、全体が米国原産でなければならないと要求している[49]。FTCは1997年にこの基準を自由化することを提案したが、米国の一部の国内利益集団と議会からの圧力によりこの提案の撤回を余儀なくされ、今も厳格な基準が維持されている。

FTCは外国産部品で作られた産品でも米国で組み立て加工が行われた場合には、ラベルが米国内で行われた工程を正確に描写することを条件として米

国産とのラベルを貼ることを認める。FTCはまた、輸入品が外国産である場合、関税当局の規則の要求に従う。輸入品が輸入者またはその後の加工者によって実質的に変更された場合に限り、関税当局の原産地表示規則は適用されない。関税当局の原産国表示と異なり、FTCのラベリングの要件は、広告その他販売促進目的の表現にも適用される。

5. WTOにおける原産地規則のハーモニゼーション

　ウルグアイラウンドにおいて、原産地規則協定が合意された[50]。原産地規則協定は、たとえば1994年のGATT 1、13条の最恵国待遇義務やアンチダンピング税、相殺関税、セーフガード措置、原産国表示、差別的数量制限や関税割当、政府調達、貿易統計といった非特恵的通商政策に適用される原産地規則に関する一般原則を定めた。また原産地規則協定は、特恵的原産地規則の共通原則についても定めた。これには自由貿易協定や特恵関税プログラムなどが含まれ、非特恵的通商政策に関する原則ほどは法的に洗練されていないが、その内容はよく似ている。非特恵的原産地規則に関して原産地規則協定が署名国に要求する原則には以下のものが含まれる。

(a) 当局が一般的に適用される行政決定を行った場合、その要件は明確に定義されなければならない……。

(b) 関連して用いられる通商政策の手段や文書のいかんを問わず、原産地規則は直接または間接に貿易上の目的を追求する道具として使われてはならない。

(c) 原産地規則はそれ自体として国際貿易に制限的、歪曲的、かく乱的な効果を持ってはならない……。

(e) 原産地規則は一貫し、統一的で公平で合理的に運用されなければならない。

(j) 当局が原産地の決定のためにとる行政行為はすべて、決定を下した当局から独立した司法的、仲裁的または行政的裁判所または手続で審査され、決定の修正や取消ができなければならない。

(原産地規則協定2条)

原産地規則協定は加盟国の非特恵的原産地規則をハーモナイズするための作業計画を規定した。ハーモニゼーションにはいくつかの原則が適用される。その一つは、「特定の産品の原産地であると決定される国は、当該産品が完全に生産された国または当該産品の生産に二以上の国が関与している場合には、最後の実質的な変更が行われた国のいずれかとする」[51]という原則である。原産地規則協定はまた、原産地規則は「客観的な、理解しやすく、予見可能な」ものであるべきであると規定した[52]。

　最後の実質的な変更に言及があるからといって、伝統的な主観的な基準がハーモニゼーション作業の最終結果であるというわけではない。原産地規則協定から明らかなように、原産地規則のハーモニゼーションは、客観的な基準、つまり、関税分類変更基準、付加価値(最低ローカルコンテント)、製造・加工要求などに基づくべきであるとされた。

　ハーモニゼーション作業を進める主要な責任は、原産地規則技術委員会に委ねられた。同委員会は委員会への参加を希望する原産地規則協定加盟国の任命する代表によって構成される。ハーモニゼーションの作業計画はいくつかの段階に分けられる。技術委員会の最初の勧告は、1998年に出される予定であったが、遅れており、1999年に延期された。ハーモナイズされた原産地規則全体が、WTO加盟国によって採択されるのは早くても2000年のことである。米国国際貿易委員会(以下、ITCと略す)は、米国政府の技術委員会における作業をリードしてきたが、最近、原産地規則のハーモニゼーションに関する作業日程を公表した[53]。ITCは統一関税譲許表(以下、「HTS」と略す)案を1999年4月1日に公表し、最終案と報告書を2000年2月28日に公表するとしている。(2001年4月現在、最終案はまだ公表されていない。訳者注)

　米国の繊維原産国表示規則と他の貿易相手国の原産地規則とが一致しないことや、関税当局が一般的原産地規則を1994年に提案したことに対する米国の産業界の抵抗を考えると、原産地規則協定の下で非特恵的原産地規則のハーモニゼーションをはかるという試みは、少なくとも今後とも議論を呼びそうである。しかしながら、米国は最後にはNAFTA原産地規則と同様の客観的な基準に基づく統一的な非特恵原産地規則の採用に同意すると筆者は考える。

6. 米国向け販売用の産品生産に向けた海外拠点の計画に当たって考慮すべきポイント

　米国販売向けの産品の生産に従事する海外製造拠点を建設しようとする企業は、自由貿易協定や特恵関税プログラムがその市場での販売用に輸入される産品に適用される関税率に与える影響を考慮すべきである。適用される原産地規則の原則は、こうした企業が海外拠点の構成を輸入品に支払う関税額を最小限にするように決定することを助ける。

　具体的な原産地規則は大半が維持されるだろうが、最低ローカルコンテントないし付加価値に基づく基準の結果は、時間とともに変わる可能性がある。ローカルコンテントの基準は原材料の価格や費用や加工賃の変動、外国為替レートの変動、最終製品を仕上げるために使われる原材料や部品の価額の変動などに左右される。ローカルコンテントの基準は常にローカルなインプットの価額と最終製品の全体の価額との割合を含んでいる。もし、いずれかの価額が他との関係で変動すれば、基準の適用結果や特恵関税待遇の適格もそれに応じて変化する。こうして、ローカルコンテントが最低割合に近い場合には、費用や価額の変化は適格を保証するためにモニターされる必要がある。

　非特恵関税率、たとえば最恵国関税率の変動で、特恵関税率の経済的利益を減らすものも考慮に入れる必要がある。NAFTA関税率と同じく、多くの輸入品に対する最恵国関税率は、米国その他のWTO加盟国によって毎年引き下げられている。1994年に終わったウルグアイラウンドの一環として、諸国は多くの産品に対する最恵国関税率を5年から10年の間に毎年引き下げることに合意した。最初の引き下げは、1995年1月1日に行われた。そして、10年計画で行われる引き下げの最終回は、2004年1月1日である。合意された関税引き下げは、各国の譲許表に記載され、世界貿易機関を設立するマラケシュ協定に付属書として掲載されている。米国も他の貿易相手国も最恵国関税率をすべての産品について引き下げたわけではない。むしろ多くの場合に既存の最恵国関税率が段階的に引き下げられるにすぎない。しかし、最恵国関税率の引き下げは、同じ産品に対する特恵関税率の利益を減らす。したがって、特恵関税率が生み出す経済的利益を最大化するためには、輸入される産

品にかかる特恵関税率と最恵国関税率が引き下げられる額の両方を見る必要がある。

　原産地規則自体は長期にわたってあまり変化しないが、すでに見たWTOにおける原産地規則のハーモニゼーションの努力は、米国やその他のWTO加盟国の原産地規則を変更することになるだろう。少なくとも、非特恵的プログラムや通商政策手段に関してはそうである。こうした変化がもたらすインパクトは、原産国表示およびとりわけ繊維製品の場合には原産国表示と輸入割当の実施において顕著であろう[54]。

　NAFTAのような自由貿易協定は、加盟国の間で取り引きされる産品の関税をゼロにするが、こうした協定は自由貿易地域内における他の関税引き下げやゼロ関税プログラムの利益を小さくすることもある。たとえば、NAFTAの下でNAFTA加盟国間で取り引きされる産品の割戻金は大幅に制限された。割戻金はある国に輸入された後にそのままの形で、または加工された形で輸出される産品に関して払い込まれた関税を払い戻す仕組みである。また、NAFTAは他の関税ゼロプログラム、たとえば外国貿易地域(メキシコのマキラドーラを含む)や保税暫定輸入(TIB)、保税倉庫その他の内国加工プログラムなどの適用を修正し、制限する。税の払い戻しに対するNAFTAのインパクトの例として、米国向けに販売される洗濯機の部品としてメキシコが輸入するポンプを考えてみよう。ポンプは日本からメキシコに10％の関税を払って輸入されるとする。そのポンプは洗濯機に組み込まれ、米国にNAFTA関税率5％で輸出される。通常メキシコは輸入されたポンプに支払われた10％関税の払い戻しを受ける資格がある。しかし、NAFTAの下では、戻し税の特典が与えられる関税の総額は、最初のNAFTA加盟国(メキシコ)に輸入された時点で支払われた関税と他のNAFTA加盟国(米国)に輸出された時点で支払われた関税のうち少ない方の額を超えることができない。この例で少ない方の額は、5％の米国関税であるので、メキシコはポンプが輸入されたときに支払われた10％の関税のうち、5％しか払い戻すことができない。こうしてこの例では、最終的に5％の関税がメキシコに、さらに5％の関税が米国に支払われ、合計10％の関税が支払われることになる。NAFTAの戻し税規定の効果は、あるNAFTA加盟国に輸入され、別のNAFTA加盟国に輸出される

産品に支払われる関税の合計は、より高い関税を賦課した国の関税に等しくなるということである。NAFTA加盟国内の関税率がゼロに近づくと、戻し税の額もゼロに近づく。

関税を最小限にするよう工場立地を検討するに当たっては、製造工程をいくつかの段階に分け、それらを別の国で実行することが検討されてよい。どの国でどの工程を実施するかの検討に当たっては、一国以上でのローカルコンテントの合算を認める特恵関税プログラムも考慮すべきである。GSP（特定の国の連合体に限る）、CBIとATPAでは35％の最低価額要求を満たすために特定国で付加された価額が加算される。しかも、CBIとATPAの場合は、この最低ローカル価額の15％は米国産の原材料で埋めることができる。NAFTAの場合、他のNAFTA加盟国でつくられた原材料を加算することがRVC基準の場合に認められている。

中間財を外注するか自ら製造するかのオプションを持つ製造業者は、NAFTAのRVC原産地規則が適用される産品の製造拠点を決定するために、すでに検討した中間原材料や合算に関するNAFTAの規定の適用を慎重に検討すべきである。

特定の原産地規則の適用が明確でなかったり、NAFTA原産地規則の適用に当たって絶対的な保証が要求されている場合には、企業はNAFTA加盟国の関税当局の決定を要請することができる[55]。この決定は、原産地規則のルールが特定の製造形態にどのように適用されるかを示してくれる。手間がかかる手続であるが、NAFTAはまた、NAFTA原産地規則作業部会の関税小委員会が当局の矛盾する決定を調停する手続を設けている[56]。

注

1) 原産地規則に関する最近の研究として、参照、LaNasa, "Rules of Origin and the Uruguay Round's Effectiveness in Harmonizing and Regulating Them," *A.J.I.L.*, Vol.90 (1996), pp.625-640. Sandstrom, Cheung, and Lynch, "Market Access," in *The World Trade Organization: Multilateral Trade Framework for The 21st Century and U.S. Implementing Legislation* (1996) (以下"Sandstrom"). Silveira, "Rules of Origin in International Trade Treaties: Towards the FTAA," in *NAFTA*

and the Expansion of Free Trade: Current Issues and Future Prospects, Ariz. J. Int'l & Comp. L., Vol.14（1997）, p.411 *et seq.* Vermulst, Waer, and Bourgeois, *Rules of Origin in International Trade: A Comparative Study*（1997）（以下"Vermulst"）.

2) Anheuser-Busch Brewing Association v. United States, 207 U.S. 556（1908）. なお、以下も参照、Hartranft v. Wiegmann, 121 U.S. 609（1887）, United States v. Gibson-Thomsen Co., Inc., 27 C.C. P.A. 267（1940）.

3) *Ibid.*, p.562

4) 実質的変更に関する米国判例および関税当局の決定に関する一般的な文献として、参照、Sturm, *Customs Law & Administration,* Ch.15.1 p.53（2nd ed., 1996）.

5) Midwood Industries v. United States, 313 F. Supp. 951（1971）

6) Uniroyal, Inc. v. United States, 542 F. Supp. 1026（CIT 1982）

7) C.S.D. 92-3, 26 Cust. Bull. 393（1992）.

8) Customs Headquarters Ruling HQ 555996, January 24, 1997. 米国国際貿易裁判所はこの関税当局の決定を実質的に支持した。参照、CPC International, Inc. v. United States, 933 F.Supp. 1093（CIT 1996）.

9) C.S.D. 93-2, 27 Cust. Bull. 352（1993）.

10) C.S.D. 93-1, 27 Cust. Bull. 347（1993）.

11) この点に関連して参照、Koru North America v. United States, 701 F. Supp. 299, n.9（CIT 1988）（以下「Koru」と略す）. 商品基準は新しい商品が作り出されているかに焦点を当てる。実質基準は変更の加えられた部分が最終製品の不可欠の部分であるかどうかに焦点を当てる。付加価値基準は輸入品を最終製品に加工することで加えられた付加価値の大きさに焦点を当てる。

12) 前掲注9。

13) Customs Notice of Proposed Rule Making, 59 *Fed. Reg.* 141（1994）. その後この提案は撤回された。その理由は、主として、米国国内の輸入に対して大きな利害関係を有する産業界からの反対のためである。

14) 自由貿易地域は加盟国間で域内のモノの貿易にかかる関税を削減・撤廃する一方、各加盟国が非加盟国からの輸入に関してはそれぞれ独自の関税制度を維持することを認める。関税同盟は同盟内での関税の廃止と第三国からの輸入に関する共通対外関税制度の創設を含む。

15) CFTA 301条2項。CFTAの原産地規則は協定の附則301.2条に含まれている。

16) 北米自由貿易協定。December 17, 1992, *I.L.M.*, Vol.32（1993）, p.289 *et seq.*

17) Titles I and II, Pub. L. 87-456, 76 Stat.（1962）, as amended by Pub. L. 87-794, 76 Stat. 882（1962）.

18) 関税率は8桁で決められ、統計上の細分類は10桁で決められている。8桁および10桁の細分類に関しては、世界関税機関加盟国の間で統一性は存在しない。関税譲許システムの構造に関する一般的な議論として、参照、

Sandstrom, *supra* n.1, p.120.
19) 日本で適用される原産地規則について参照、Norio Komuro,"Japanese Rules of Origin," Vermulst, *supra* n.1, pp.301-343. 日本の関税法・手続について、参照、Mitsuo Matsushita & Thomas J. Schoenbaum, *Japanese International Trade and Investment Law* (1989), pp.57-89.
20) 欧州連合(EU)で適用される原産地規則について参照、Waer, "European Community Rules of Origin," Vermulst, *supra* n.1, pp.85-194.
21) NAFTAの原産地規則についての概説として参照、U.S. Customs Service, *NAFTA : The North American Free Trade Agreement : a Guide to Customs Procedures*, (1994). Reyna, *Passport to North American Trade: Rules of Origin and Customs Procedures under NAFTA* (1995) (以下「Reyna」と略す).
22) 米国はNAFTA原産地規則をNorth American Free Trade Agreement Implementation Actで実施した。参照、19 U.S.C. §§3301-3473 (Supp. 1997).
23) 米国の一般的なNAFTA規則はPart 181, Title 19 of the Code of Federal Regulations (19 C.F.R. Part 181 (1997) (以下「NAFTA規則」と略す)) に規定されている。NAFTA原産地規則に関する米国の規則は、NAFTA規則のSection 181.131および大変有益なPart 181附則 (19 C.F.R. §181.131 and Appendix (1997)) に規定されている。
24) NAFTA上の処遇を受ける適格の有無についての基準はNAFTA加盟国の間で同一であるとしても、実際にあるNAFTA加盟国に輸入される産品に適用される関税率は国によって異なる。カナダ、メキシコ、米国はNAFTA域内で取り引きされる産品の関税率を削減し、最終的にはゼロにすることに同意したが、第三国からの輸入に対する最恵国税率を統一することには同意しなかった。この異なる最恵国税率がNAFTA域内で取り引きされる産品の段階的関税削減の出発点とされたため、NAFTA関税率は最終的にゼロとなるまでは同一ではない。他方で、米国とカナダの間で取り引きされる大半の産品の関税率は1998年1月1日の時点でゼロとなった。
25) NAFTA原産地規則の下では、米国、カナダ、メキシコの関税譲許表の章はある特定の10桁の細分類の上2桁として表示される。見出しは上4桁で表示され、細分類は上6桁、8桁または10桁で表示される。NAFTA原産地規則は一般に上6桁または8桁の細分類で表示される。
26) 19 U.S.C. §§2461-2467 (Supp. 1997).
27) 特定の繊維製品、時計、輸入に特に敏感な電化製品および鉄鋼製品、ガラス製品、靴、皮製品、農産物はGSPの対象から除外されている。参照、19 U.S.C. §2463(b) (Supp. 1997).
28) 参照、HTSUS一般的注釈4。
29) 例えば、アンデスグループなど。これには、ボリビア、コロンビア、エクアドル、ペルーとベネズエラが含まれる。
30) 大半の国の関税評価法制は、輸入品の取引価格を評価価額としている。

それはすでに見たNAFTA地域的価値割合の第一の算定方式と同じである。
31) 当該国から第三国を経由して米国に輸入される場合でも、当該第三国で加工その他の取引が行われなければ米国に直接輸入されたとみなされる。
32) Title II, Pub. L. No. 98-67 (1983), codified at 19 U.S.C. §§2701-2707 (Supp. 1997).
33) 19 U.S.C. §2703 (a) (1) (Supp. 1997).
34) Title II, Pub. L.No. 102-182 (1991), codified at 19, U.S.C. §§3201-3206 (Supp. 1997).
35) 1998年1月30日、米国関税当局はATPA規則を改訂し、CBIとの共通性を一層高めた。参照、63 *Fed. Reg.* 4601 (1998).
36) The United States-Israel Free Trade Agreement Implementation Act of 1985, Pub. L. 99-47, as amended by Pub. L.104-234, codified at 19 U.S.C. 2112 (b) (Supp. 1997).
37) 19 U.S.C. §1304 (Supp. 1997).
38) 19 C.F.R. Part 134 (1997).
39) 参照、Reyna, *supra* n.1, p.289.
40) 19 C.F.R. §§ 102.0-102.20 (1997).
41) CPC International, Inc. v. United States, 19 I.T.R.D. 1022 (1997).
42) 繊維の原産国表示に関するルールは以下に規定されている。Section 102.21 of the Customs regulations, 19 C.F.R. §120.21 (1997).
43) Section 334, Pub. L. 103-465, 108 Stat. 4809 (1994), codified at 19 U.S.C. 3592 (Supp. 1997).
44) 1997年に、EUは米国繊維原産地規則、特にハンカチなどの平らなシルク製品に関する原産地規則に関して、WTO紛争解決手続への付託を示唆した。米国はEUの求めに応じて原産地規則を修正することに同意した。しかし、こうした修正は議会の立法を通じて初めて可能であり、米国がいつ、また本当に同意した修正に応じるかどうかははっきりしない。
45) 7U.S.C. 1854 (Supp. 1997).
46) T.I.A.S. 7840 (1973).
47) Agreement on Textiles and Clothing, Final Act Embodying the Results of the Uruguay Round of Multilateral Trade Negotiations done at Marrakesh on April 15, 1994, *I.L.M.*, Vol.33 (1994), p.1143 *et seq.*
48) 15 U.S.C. 45 (1997).
49) "Made in USA" and Others U.S. Origin Claims, FTC Notice of Issuance of Enforcement Policy Statement on U.S. Origin Claims, 62 *Fed. Reg.* 63756 (1997).
50) Agreement on Rules of Origin, Final Act Embodying the Results of the Uruguay Round of Multilateral Trade Negotiations done at Marrakesh on April 15, 1994, *I.L.M.*, Vol.33 (1994), p.1143 *et seq.*
51) Article 9 (1) (b), ARO.

52) Article 9 (1) (c), ARO.
53) United States International Trade Commission, *Simplification of the Harmonized Tariff Schedule of the United States,* 63 *Fed. Reg.* 10411 (1998).
54) すでに見たとおり、繊維製品の輸入割当は、ATCの下で2005年に完全に廃止されることになっている。
55) NAFTA, Article 509.
56) NAFTA, Article 513.

Ⅲ　日米経済紛争の解決手続・制度

7 日米貿易関係──韓国の視点からのコメント

李 相敦*

1. 韓国経済の盛衰

　10年前には、ニューズウィークなどいくつかの米国の雑誌が、韓国の経済動向に関する特集のなかで、韓国を「第二の日本」と表現した。欧米の報道メディアは、韓国がテレビと自動車とともに勃興する、と伝えていた。多くの欧米のアナリストたちによれば、韓国の成功の要因は、人々の高い教育水準、有能な官僚機構、強い財閥にあるとされていた[1]。

　ところが、突然の通貨危機のあと、1997年11月に韓国政府はIMFに緊急貸付を要請した。国民は、指輪やブレスレットなどの貴金属を売ってでも、韓国経済が対外債務を負うことを避けようと努めた。IMFや世銀、アジア開発銀行からの資金注入により、最大の危機は脱したように思われるが、経済構造は今なお非常に不安定であり、崖縁に立たされている。多くの金融機関が事実上倒産し、財閥を含む多くの産業が連鎖的に行き詰まってきている。このような経済状態の急速な変化に対処するために、金大中大統領率いる新政権は、大規模な構造再調整計画を追求せざるをえない。とはいうものの、労働者や低所得層に強い支持基盤をもつ金大中大統領がそのような政策をとれば、政治的には不評を買うこととなる。

　このような経済的崩壊には多くの理由がある。まず、過剰な投資が至る所でなされている。とりわけ石油化学、造船、自動車産業などの基幹的産業においては、財閥(Chaebol)が率先して莫大な過剰投資をおこなっている。財閥は借り入れへの依存度が高く、その結果、銀行は債務に苦しむ財閥から逃れ

---

* Sang Don Lee, 韓国・中央大学法科大学校教授。

られない。財閥所有の諸企業のあいだでは、事実上、持ち合いがなされており、銀行からの借り入れもまた、相互に保証しあっている。ひとたび財閥が支払不能となれば、銀行はその主要顧客と命運をともにするほかない。

また、金融システム自体が非常に非効率的なままである。強い労働運動と政治的な腐敗により、強く必要とされた構造再調整は不可能であった。いまや銀行や企業だけではなく、報道メディアや病院、さらには大学さえも倒産の瀬戸際にある。

韓国国民は、現在の経済的困窮状態について、財閥や官僚機構、金泳三前大統領の指導力不足を非難する。早すぎた自由化やグローバル化が、このような経済危機を招いたと主張する者さえいる。1996年12月のOECDへの韓国の加入もまた非難された。

韓国の通貨情勢が絶望的に悪化しつつあることを認識したIMFは、1997年の10月、緊急援助を申し出たといわれている。韓国の経済政策責任者は当初、そのIMFの申し出を断り、韓国のウォンを防衛しようとした。しかし、中央銀行である韓国銀行は、すでに減少しつつあったドル預金を浪費し、状況を悪化させたにすぎなかった。

韓宝製鉄や起亜自動車のような基幹産業の凋落によってひどい打撃を受けて不調をきたした韓国経済は、金融危機によってさらに悪化した。すでに1996年後期から韓国経済は不況に入っていた。しかし、金泳三政権は政治的スキャンダルへの対応に追われており、無力であった。IMFの緊急援助により、緊縮通貨政策が要求されたため、すでに100万人以上が失業した。今日、韓国国民は、その過去、現在、未来を冷静に見直しつつある。彼らは、その成功と失敗を評価し直しているのである。韓国政府が「国家を再建する」という国民的キャンペーンをはじめたにもかかわらず、多くの国民はその未来に懐疑的となっている。

70年代や80年代の韓国の経済的成功は、60年代はじめから追求されてきた輸出志向的経済政策によって可能になった。もし韓国が、外向的政策よりも内向的政策を追求していたとしたら、韓国は貧しい低開発国のままだったかもしれない。韓国の成功が意欲的な輸出志向政策のおかげであることは明白である。しかしながら、80年代後期まで、国内市場は外国産品やサーヴィス

に対して閉ざされていた。

　韓国の発展の手本は日本である。韓国の経済官僚は、過去に日本がどのようにしたのかを研究した。そして、彼らは日本の輝かしい成功をみて、日本よりもうまくやることができるとさえ考えた。韓国にとっても、米国は製品を得る優良な市場であった。それゆえ韓国は、米国および日本と特別な関係を持っていたという点において、幸運だった。同時に、そのことは、韓国経済が日米両国から強い影響を受けざるをえないことを意味していた。

　韓国の対米・対日貿易収支をみれば、どれほど韓国が、日米両国の影響を受けるかがわかる。しかしながら、韓国の対日貿易は常に不均衡であり、赤字であった。それゆえ韓国は「第二の日本」ではありえず、したがって、この点で「第二の日本」論ははじめから誤っていた。けれども、韓国の法律や諸制度は日本から移入されたものであり、これまでの韓国の経済政策は日本のそれとよく似ている。その結果、米国など諸外国と韓国との間に過去に生じた貿易紛争は、日本と諸外国との貿易紛争とよく似たものが多かった。この意味で、韓国は「第二の日本」といわれるのである。だからこそ、日米貿易関係は常に韓国の経済生活に影響をあたえてきたのである。

2. 80年代、90年代、韓国は貿易問題に直面した

　対米貿易摩擦によって、韓国は貿易政策に関心を持つようになった。80年代には、カラーテレビやアルバムなど、多くの韓国製品が米国のアンチダンピング手続の対象となった[2]。1985年、韓国が米国市民の知的財産権を保護せず、またさらに保険市場を開放するという約束を遵守していないとして、米国は韓国に対し1974年通商法301条による報復的措置をとるという脅しをかけた[3]。1987年にはサムスンの半導体が1930年関税法337条の標的となった[4]。

　1987年の大統領選挙の際には貿易問題は重要な争点となった。当時野党候補だった金大中氏は、牛肉などの農産物をこれ以上輸入しないことを公約した。与党の盧泰愚氏はあわてて牛肉の輸入を認めないという公約を打ち出した[5]。米国とニュージーランドは、この問題をガットの紛争解決手続に持ち込み、韓国はガット紛争解決小委員会に初めて本格的に関わることとなった

が、結果は韓国の全面的敗北であった[6]。

1988年に米国包括通商競争力法が制定されると、韓国は主要標的国となり、優先交渉国に指定される可能性があった。優先交渉国の指定を避けるために、韓国政府は自由化措置の第二ラウンドに入った。そこで、スーパー301条は韓国に対して非常に効果的であることが明らかになった[7]。

つづいてウルグアイラウンド交渉が韓国の主要な関心事項となる。1992年の大統領選挙候補であった金泳三氏は、韓国米市場の保護に多大な関心を示し、米市場を開放しないことを公約した。当時、多くの韓国人は日本が米を関税化の例外として、その米市場を果敢に守りぬくことを熱望していた。しかし、日本が自国の米市場を保護することを断念してからは、韓国も関税化を受け入れるよりほかなく、金泳三は農相を更迭して、自己の選挙公約を遵守できないことを公式に謝罪した[8]。

金泳三政権はグローバル化に向けて訴えかける運動を展開した。それが「シェケワ(世界化)」計画である[9]。韓国語でグローバル化を意味するシェケワは、グローバル・スタンダードに沿って現行制度を改革しようとするものであった。ところが、完全な自由化を目指すという印象を避けるために、韓国政府はグローバル化よりも韓国語のシェケワを用いることにこだわった。韓国政府は、OECDに参加するという決定をシェケワのための手段として説明した。さらに著作権法、コンピュータ・ソフトウェア・プログラム法、特許法の改正により、シェケワに向けた重要な段階を踏んだ[10]。そうして、韓国の知的財産権法は、WTOのTRIPS協定によって採択された国際標準に従うものとなった。

顧みれば、韓国の自由化は遅い時期に外圧によってやむをえずなされたものではあるが、非常に迅速に進んだ。すべてを10年でやってのけたことは注目に値する。現在、IMFの緊急援助をもたらした金融の崩壊に直面する中で、経済自由化を急ぎすぎたために危機に陥ったのか、それとも自由化が生ぬるかったためにそのような危機を招いたのか、という論争がなされている。

3. 日米貿易紛争と韓国

　韓国は常に日米貿易紛争に注目してきた。韓国が日米貿易関係に重大な関心を寄せなければならない理由はたくさんある。まず第一に、韓国には、日本から移入された法律や制度が多い。というのも韓国は、さまざまの日本の法律や組織を植民地時代を通じて引き継いだからである。第二に、韓国の経済戦略はとりわけその輸出志向政策は、おもに日本を手本としている。第三に、米国は日韓両国にとって最も重要な市場である。

　実際、韓国の対米・対EU貿易紛争は、日本の対米・対EU貿易紛争とよく似ていることが多い。たとえば、米や牛肉、オレンジなどの農産物の市場開放は、日韓に共通した問題である。

　酒税をめぐる紛争をみれば、両国がいかによく似た制度をもっているかがわかる。EUは、長年の間、ウイスキーやブランデー、ウォッカに高率の税を課す日本の酒税制度がGATT 3条(内国民待遇条項)違反であると非難してきた。日本の蒸留酒である焼酎はウイスキーやブランデーよりもずっと低い税率しか課されていなかった。日本政府は、国産ウイスキーにも輸入ウイスキーにも同率の税を課しているのだから、欧州の酒を差別しているわけではないと主張した。それに対し、EU側は、日本の焼酎もウイスキーやブランデー、ウォッカなどの蒸留酒も実際には同種の産品であり、日本の税法はウイスキーやブランデーなどの輸入蒸留酒の消費を抑制しようとするものだと考えた。この紛争は10年以上もつづき、結局、WTOの上級委員会は、焼酎とその他の蒸留酒が基本的に「同種または直接に競合しているか、代替的である製品であり、したがって日本の税制は1994年のGATT 3条に違反している」と決定した[11]。

　現在、韓国の酒税法がEUによりWTOの紛争解決手続にかけられている。韓国法は、ウイスキーやブランデーに100%、韓国で普及している国産蒸留酒ソジュに35%と、異なった税率を規定する。韓国政府の立場によれば、これらは異なった蒸留酒であり、国際ウイスキーと輸入ウイスキーとを韓国税法が差別していない限り、輸入蒸留酒を差別することにはならない、という。1998年7月31日、WTOの紛争解決小委員会は、韓国の税制がWTO協定に違

反していると決定し[12]、その2日後、韓国外交通商相は、韓国政府がWTOの上級委員会に上訴することを発表した[13]。(その後、上級委員会は小委員会の判断を支持する報告を出した。編者注)

4. 韓国は、日米貿易紛争から利益を得たことがあるか？

　近年、韓国はいくつかの分野で日本と競争してきた。とりわけ、電子工学、造船、半導体産業において競争がなされ、またある程度は、自動車部門でもそうである。それゆえ、そのような部門において米国が貿易上とった措置が結果として予期せぬ好都合を韓国にもたらすことがある。

　80年代の日米自動車自主規制協定はその例といえるだろう。米国の自動車産業による201条申し立てが米国国際貿易委員会に拒絶された後、1981年から1985年にかけて、日本は自主的に自動車輸出を制限すると決定した[14]。日本は自動車の対米向け輸出の総数を制限することに合意したため、日本の自動車メーカーはより高価な車種を輸出するようになった。その結果、米国での日本車の売り上げはますます高コストになり、オプション付きの車が米国の車の平均価格を押し上げた[15]。

　韓国の現代自動車は1986年に低価格乗用車を米国に輸出しはじめた。日米自主規制協定がなんらかの好ましい市場条件を韓国にもたらしたといわれている。しかし、韓国車が米国市場に参入した主要な要因は低コストにある。1988年以降、労働コストが飛躍的に増大するにつれて、韓国の対米自動車輸出は減少している[16]。

　1986年に署名された日米半導体協定は[17]、韓国の半導体メーカーが米国でのシェアを拡大するのに役立ったといわれている。しかしながら、韓国の半導体メーカーが製造能力を拡大するという決定をするのに協定がどの程度影響したのかは明確でない。韓国は、協定以後、主要な半導体生産国になったのだから、韓国の半導体産業はある程度はただ乗りの利益を受けたのかもしれない[18]。

5. 最近の米国の対日貿易政策とその韓国にとっての意味

A. 日米構造協議（SII）

日米構造協議は1989年から1990年におこなわれた一連の交渉のことである。それはおもに、日本の経済構造を調整しようとする米国の努力であった。米国はそのような経済構造を主要な貿易障壁とみなしている[19]。

日米構造協議は、従来の貿易交渉が取り扱わなかったような多くの事柄をその対象としている。貯蓄性向や排他的商慣行、流通機構、系列制度などの日本の国内慣行が事実上障壁となっているとブッシュ政権は考えた。日米構造協議は全くの国内政策に触れたけれども、そのような問題がいまや貿易問題だと考えたのである。

韓国は日本と類似の流通機構を持ち、日米構造協議において日米が話し合った問題の多くは、韓国のシステムにもみられる事態である。たとえば、韓国の電機メーカーは販売店に自社製品のみを売るよう要求するというような、独特の流通システムを維持している（例として、サムスン系列の電器店は、サムスン製品のみを販売する）。このようなシステムのもとでは、少なくとも理論上は製造者が販売者の価格設定慣行を支配できる。しかしながら、さまざまな種類の国産品や輸入製品を販売する独立の流通業者も多い。また、現代などの財閥に所有されている大型デパートも、国産品だけでなくさまざまの輸入電気機器を扱っている。それゆえ日本の系列販売店とはちがって、韓国の財閥は事実上外国製品の主要な輸入業者である。実際、韓国の消費者団体はいつも、財閥が奢侈品の輸入を促進することで貿易赤字を悪化させていると非難してきた。

韓国の流通カルテルは日本のそれと較べて弱く富士コダック事件[20]に関するWTOの最近の決定はそれほど大きなインパクトを持たないと考える専門家は多い[21]。したがって、日本の系列は主に貿易に関わる競争政策の問題だが[22]、韓国の財閥にまつわる問題ははるかに広く複雑である[23]。

B. 日米自動車・自動車部品紛争

クリントン政権は「結果志向的」といわれる新たな攻撃的貿易政策を採用し

24)（それは明らかに、WTOのルール志向的精神にそぐわないものである）、日本と韓国に高い関心をもった。結果志向的貿易政策においては、自動車貿易が主要問題であった。

　日本の場合、一連の交渉が米国の意にかなう結果をもたらさず、米国は日本の高級車に対し301条の報復的措置を採った。301条がWTO協定違反だと主張する日本は、この問題をWTOの紛争解決手続に持ち込んだ。しかし、両国はすぐに1995年8月の合意にこぎつけた[25]。

　その後、同様に韓国が米国の結果志向的政策の次なる標的とされることはほぼ不可避的であるように思われた。韓国は自動車の関税率を引き下げたにもかかわらず、輸入車のシェア、とりわけ米国車のシェアは非常に少ない。輸入車の大多数は、欧州車、とくにドイツ車によって占められていた。日本車は、問題とされている輸入多様化措置のために韓国市場への参入を許されていなかった。

　韓国の自動車市場の閉鎖性について米国は形式的に苦情を提起したので、韓米両国は交渉をおこなった。長くつづいた日本との貿易交渉に較べれば、韓国当局は直ちに米国の要求を受け入れた。米国と韓国は、わずか3週間の交渉の後、1995年9月28日に協定を取り結んだ[26]。協定の結果、韓国は次のような改革を約束した。

　まず第一に、外国車に対する煩雑な認可の要求を減らすこと。第二に、大きなエンジンを積んだ自動車に法外に高い税を課す自動車税法を改定すること。第三に、広告と融資を制限する規制を撤廃し、韓国政府の輸入反対キャンペーンを取りやめること。

　韓国の自動車税制は、排気量3リットル以上のエンジンを積んだ乗用車の所有を抑制するものであり、そのことに米国はとりわけ不満であった。米国車は小型の韓国車や欧州車に較べて大きなエンジンを積んでいるので、米国車は韓国人の嗜好にまったく合わなかった。ところが1995年協定は韓国の自動車会社に大きなエンジンを積んだ高級車を製造する機会を与えた。協定以後、米国車の売り上げは徐々に増大していったけれども、協定は国内メーカーが自社製高級車を製造することを促したのである。ふたたび、米国は不満を募らせた。しかし、不況と金融危機が到来し、今も引き続いているため、多

くの外国車の輸入業者は店じまいセールをおこない、廃業してしまった。

自動車協定に関する法的問題は多い。それは、実際には、301条という脅かしによってあてがわれた輸入自主拡大の枠組みである。1980年代初頭、米国は日本に輸出自主制限措置をとるように圧力をかけたが、1990年代後半には、米国は日本と韓国に輸入自主拡大を実行するよう圧力をかけるようになった。実際、いずれの場合にも、まったく「自主的」ではない。さらにいえば、米国の措置は、「ルール」ではなく、率直に「結果」に基づいたものである。WTOを発足させる主要な理由のひとつに、ルール志向的貿易制度を世界に導入する、ということがある。それゆえ、米国の結果志向的政策はWTOの非常に根本的な原理に反するように思われる。

6. 結論

過去18年間の韓国の貿易収支が明確に示すように、1980年代半ばには、韓国の対米貿易が黒字であっただけで、韓国の対日貿易が黒字であったことはない。事実、韓国の対日貿易の不均衡は韓国にとって重要な構造的問題であった (表1～5参照)。

この点において米国国際経済研究所のバーグステンとノーランドの指摘を想起すべきである。すなわち、80年代の米国の貿易赤字は米国の問題であり、90年代の日本の貿易黒字は日本の問題だという[27]。この意味で、米国に対する韓国問題は、韓国には未だ存在したことがない。80年代の対米貿易黒字は米国の問題に起因する。さらに、この意味において、日本に対するのとほぼ同様の強さで米国が韓国に貿易圧力をかけ続けることを不公正で無根拠と考える韓国人は多い。

上に述べたように、韓国にとっての主要な問題は莫大な対日貿易赤字である。韓国は、市場が閉鎖的だといって日本を非難することができるだろうか、また、そうすべきだろうか。おそらく、それはある程度は可能である。しかし、1978年以来、韓国が日本に対して、「輸入多様化措置」という名の保護主義的政策を維持していることもまた事実である[28]。韓国は1999年末までにこの問題の政策を廃止することを約束した。ところが、1997年12月24日の

表1　国際収支

(単位：百万ドル)

	経常勘定	貿易 輸出	輸入	収支	貿易外収支	移転支出
1960	13	33	305	-273	10	276
1965	9	176	416	-240	46	203
1970	-623	882	1,804	-992	119	180
1971	-848	1,132	2,178	-1,046	28	171
1972	-371	1,677	2,250	-574	33	170
1973	-309	3,271	3,837	-566	67	190
1974	-2,023	4,515	6,452	-1,937	-308	222
1975	-1,887	5,003	6,674	-1,671	-442	227
1976	-314	7,815	8,405	-591	-72	349
1977	12	10,047	10,523	-477	266	223
1978	1,085	12,711	14,491	-1,781	224	472
1979	-4,151	14,705	19,100	-4,396	-195	439
1980	-5,321	17,214	21,598	-4,384	-1,386	449
1981	-4,646	20,671	24,299	-3,628	-1,518	501
1982	-2,650	20,879	23,474	-2,594	-554	499
1983	-1,606	23,204	24,967	-1,764	-435	592
1984	-1,373	26,335	27,371	-1,035	-878	541
1985	-887	26,442	26,461	-19	-1,446	578
1986	4,617	33,913	29,707	4,206	-628	1,039
1987	9,854	46,244	38,585	7,659	977	1,218
1988	14,161	59,648	48,203	11,445	1,267	1,448
1989	5,055	61,409	56,812	4,597	211	247
1990	-2,179	63,124	65,127	-2,004	-451	275
1991	-8,728	69,582	76,561	-6,980	-1,596	-152
1992	-4,529	75,169	77,316	-2,146	-2,614	232
1993	385	80,950	79,090	1,860	-1,967	491
1994	-4,531	93,676	96,822	-3,145	-1,989	604
1995	-8,948	123,203	127,949	-4,747	-3,640	-561
1996	-23,716	128,250	143,528	-15,278	-7,683	-756
1997	-8,850	137,540	140,350	-2,802	-6,248	-261

7 日米貿易関係——韓国の視点からのコメント 213

表2 韓国の対米貿易収支

(単位：百万ドル)

	輸出	輸入	収支
1960	4	134	-130
1965	62	182	-120
1970	395	585	-190
1971	532	678	-146
1972	759	647	-112
1973	1,021	1,202	-181
1974	1,492	1,701	-209
1975	1,536	1,881	-345
1976	2,493	1,963	530
1977	3,119	2,447	671
1978	4,058	3,043	1,018
1979	4,374	4,603	-229
1980	4,607	4,890	-284
1981	5,561	6,050	-489
1982	6,119	5,956	163
1983	8,128	6,274	1,853
1984	10,479	6,875	3,603
1985	10,754	6,489	4,265
1986	13,880	6,545	7,335
1987	18,311	8,758	9,553
1988	21,404	12,757	8,647
1989	20,639	15,911	4,728
1990	19,360	16,942	2,418
1991	18,559	18,894	-335
1992	18,090	18,287	-197
1993	18,138	17,928	209
1994	20,553	21,579	-1,026
1995	24,131	30,404	-6,272
1996	21,670	33,305	-11,635
1997	21,625	29,981	-8,356

表3 韓国の対日貿易収支

(単位：百万ドル)

	輸出	輸入	収支
1960	20	70	-50
1965	44	167	-123
1970	234	813	-579
1971	262	962	-700
1972	408	1,031	-623
1973	1,242	1,727	-485
1974	1,380	2,620	-1,240
1975	1,293	2,433	-1,140
1976	1,802	3,099	-1,297
1977	2,148	3,926	-1,778
1978	2,627	5,981	-3,354
1979	3,353	6,657	-3,304
1980	3,039	5,858	-2,819
1981	3,444	6,374	-2,930
1982	3,314	5,305	-1,991
1983	3,358	6,238	-2,881
1984	4,602	7,640	-3,038
1985	4,543	7,560	-3,017
1986	5,426	10,869	-5,444
1987	8,437	13,657	-5,220
1988	12,004	15,929	-3,925
1989	13,457	17,449	-3,992
1990	12,638	18,574	-5,936
1991	12,356	21,120	-8,764
1992	11,599	19,458	-7,858
1993	11,564	20,016	-8,451
1994	13,523	25,390	-11,867
1995	17,049	32,606	-15,557
1996	18,767	31,449	-15,682
1997	14,771	27,836	-13,065

表4 韓国の半導体貿易

(単位：百万ドル)

	輸出	輸入
1984	1,251	1,172
1985	964	1,036
1986	1,397	1,501
1987	2,076	2,261
1988	3,179	3,111
1989	4,023	3,630
1990	4,538	4,093
1991	5,555	4,692
1992	6,804	5,426
1993	7,026	5,042
1994	12,984	6,466
1995	22,115	9,077
1996	17,843	10,544
1997	17,424	12,888

表5 韓国の自動車貿易

(単位：百万ドル)

	輸出	輸入
1984	213	44
1985	580	47
1986	1,428	61
1987	2,839	229
1988	3,616	148
1989	2,370	262
1990	2,128	425
1991	2,490	573
1992	2,844	352
1993	4,493	231
1994	5,287	345
1995	8,430	627
1996	10,463	856
1997	10,678	649

IMFの取り決めののち、韓国は、この政策を1999年7月までに廃止することを約束した。韓国は金融市場の完全な自由化も約束した。そのような約束は、現実には、韓国の金融危機とは関係していない。それゆえ、それは米国と日本に対するある種のボーナスである。それゆえこの譲歩は「IMFプラス・アルファ」と呼ばれた。

　日米両国は依然として韓国の主要な貿易国であり、今後もそうであろう。そのため、良くも悪くも、日米貿易関係は韓国に重大に影響しており、今後もそうであろう。

注

1) 韓国経済に関する概観として参照、IL Sagong, *Korea in the World Economy* (1993)。
2) McGee / Yoon, "Technical Flaws in the Application of the U.S.Antidumping Law:The Experience of the U.S.-Korean Trade," *U.Pa.J.Int'l Bus.L.,* Vol.15（1994), p.259. Moon Soo Chung, "Current United States Regulation of Escape Clause, Anti-dumping and Countervailing Duties as Applied to Goods Imported from the Republic of Korea," *Korean J. of Comp.L.*, Vol.13 (1985), p.1などを参照。
3) たとえば Sang Dong Lee, "Trade Law and Customs of Korea," in Thomas J. Schoenbaum and Sang Don Lee, eds., *Doing Business with Korea,* (1990), pp.1, 18-23 を参照。
4) Eherenhaft, "The 'Section 337 Proceeding' Against Unfair Methods of Competition which Injre the U.S. Economy," *Korean J.of Com.L.,* Vol.16 (1988), p.95.を参照。
5) Sang Don Lee, *supra* n. 3, pp.22-23.を参照。
6) Republic of Korea: Restrictions of Import of Beef - Complaint by the United States, Report of the Panel Adopted on November, 7, 1989, *BISD* 36S, p.268.
7) Bello and Holmer, "The GATT Uruguay Round:Its Significance For U.S. Bilateral Trade with Korea and Taiwan," *Mich.J.Int'l L.,* Vol.11（1990), pp.307, 310.
8) 「米市場開放：金泳三政権の真相」『東亜日報』1998年4月20日。(金泳三大統領は、「目新しいこと」を報道メディアに発表することを常に好む。彼は、インドネシアのボゴールで開かれたAPECサミット会合に出席した直後、シドニーからソウルに帰国する途中、シェケワという考えを提示した。そ

れは、トップニュースになると彼は考えたのである。大統領がソウルに着くと、大統領府は、金大統領の新しいスローガンを発表した。）
9)「シェケワ(世界化)：金泳三政権の真相」『東亜日報』1998年3月31日。
10) Nahm, "South Korea - Intellectual Property Rights: Revisions Made to Bring Laws in Line with TRIPS," *East Asian Executive Reports* (March 15, 1996), pp.8, 20-22.
11) Japan: Taxes on Alcoholic Beverages, WTO, Appellate Body, WT/DS8/AB/R, WT/DS10/AB/R, WT/DS11/AB/R (4 October,1996).
12)『朝鮮日報』1998年8月1日。
13)『朝鮮日報』1998年8月2日。
14) Certain Motor Vehicles and Chassis and Bodies Thereof, *USITC Pub.*1110, Inv. No.TA-201-44 (1980).
15) たとえば参照、Dallmeyer, "Fair Import,Unfair Trade: The Effect of Sections 201 and 301 on U.S. - Japan Trade Policy," in T.Schoenbaum and M.Matsushita, and Dallmeyer, D. eds., *Dynamics of Japanese - United States Trade Relations* (1986), p.20.を参照。
16) 表6を参照。
17) たとえば参照、Kingery, "The U.S. - Japan Semiconductor Agreement and the GATT:Operating in a Legal Vacuum," *Stan.J.Int'l L.,* Vol.25 (1989), p.467.
18) 1998年2月に筆者がおこなった、数人の政府系機関の経済学者に対するインタビューによる。
19) Mitsuo Matsushita, "The Structual Impediments Initiative: An Example of Bilateral Trade Negotiation," *Michigan J.Int'l L.,* Vol.12 (1991), p.436.
20) Japan: Measures Affecting Consumer Photographic Film and Paper, Report of the Panel,WT/DS44/R (31 March 1998).
21) 韓国産業経済貿易研究所「日米フィルム紛争およびその競争政策の意義」(1997年、韓国語)。
22) たとえば参照、Bader, "The Keiretsu Distribution System of Japan:Its Steadfast Existence Despite Heightened Foreign and Domestic Pressure for Dissolution," *Cornell Int'l L.J.,* Vol.27 (1994), p.365. Shephard, "Using United States Antitrust Laws Against the Keiretsu As s Wedge Into the Japanese Market," *Trans.Law.,* Vol.6 (1993), p.345. 系列を支持する議論として、たとえば参照 Gilson and Roe, "Understanding the Japanese Keiretsu,Overlaps Between Corporate Governance and Industrial Organization," *Yale L.J.,* Vol.102 (1993), p.871.
23) Kon Sik Kim, "Chaebol and Corporate Governance in Korea," Ph.Dissertation, D., University of Washington Law School, 1995.

表6　韓国の対米自動車輸出

	輸出(台数)
1986	203,610
1987	442,737
1988	481,106
1989	233,515
1990	195,927
1991	171,024
1992	119,467
1993	111,324
1994	206,625
1995	184,224
1996	201,470
1997	215,684

24) Charlene Barshefsky, "The Future of U.S. - Japan Trade Relations," *Law and Policy Int'l Bus.,* Vol.25 (1994), p.1287.
25) Lewis and Weiler, " Will the Rubber Grip the Road? An Analysis of the U.S. - Japan Automotive Agreement," *Law & Pol'y Int'l Bus.,* Vol.27 (1996), p.631
26) U.S. - Korea Automotive Memorandum of Understanding to Increase Market Access for Foreign Passenger Vehicles in the Republic of Korea,September 28, (1995).
27) Bergstein, C. and Noland, M., *Reconcilible Differences? - United States and Japan Economic Conflict* (1993), p.20.
28) 「輸入多様化措置」は1978年に初めて採用された。その唯一の目的は、日本以外の国からの輸入を認めつつ、日本製品の輸入を妨げることによって、韓国の対日貿易収支を改善することであった。韓国政府は毎年、多様化に関するリストを修正してきた。1997年現在、113品目がリストに載っている。

8 日米経済紛争解決とWTO

ペトロス・C・マブロイディス*

1. 日米貿易紛争解決においてWTOが果たしうる役割

A. 一般的考察

　日米貿易紛争解決に当たってWTOが果たしている役割は、日米間に特有のものではないしまたそうあるべきでもない。WTOは多角的なフォーラムであり、このような性格はWTOが貿易紛争解決に際して信頼を獲得するためには維持されなくてはならない。貿易紛争は、仮に例外的なものであるとしても、それはおそらく関係当事国が原因ではなくその内容の所以であろう。日米間の紛争が、両国特有のものであるということを示すものは何もない。実際にはそれとは反対に、異なる国家間で同じ問題に関する紛争が繰り返し起きているということを示す充分な証拠が存在しているのである[1]。

　したがってこの点に関する私のコメントは、紛争当事国のアイデンティティとは関係なく一貫した方法で紛争を解決する機関としてWTOを見る視点から理解されなくてはならない。

B. 個別的考察

1) 最近の事件記録

　最近(すなわちWTO成立以降)小委員会による事件処理の仕方には大きな進歩が見られる。小委員会の報告は内容的に一貫しており、国際慣習法に適合するように対象協定を解釈するという紛争解決了解の要件を遵守している。その結果、判例法は単線的に発展している。取り上げられた事件のうち、も

---

* Petros C. Mavdroidis, スイス・ヌシャテル大学教授。

う一方の事件についてはまだ結果が出ていないため、日本の酒税事件についてのコメントしかできない。この小委員会報告は、これまでの報告と同様説得力を持つものであると考えられる。この小委員会は紛争解決了解3条2項に完全に従って判断基準(ウィーン条約法条約)を選択し、「同種の産品」という用語の解釈に関して非常に合理的な議論を展開した。さらに続けて、これまでのGATT判例法によってこの議論を補強しただけではなく、採択されなかった報告[2]に示されている議論を退けた。こうして、小委員会は自らの役割をアドホックな機関ではなくむしろ継続的な機関の一部と考えていることを示している。

　思うに、これは小委員会(そして同じ目的を持つあらゆる司法機関)が果たすべきもっとも重要な任務である。フランク[3]は、法の適用における一貫性はあらゆる司法機関(特に、強制手段の独占がしばしば欠如している国際機関)が信頼を獲得するもっとも適当な手段であるという議論を展開しており、これは正しいように思われる。同様の考え方として、単に紛争を解決するだけの司法機関(結果志向型)とルール志向的な機関に関するデイビーの見解[4]がある。後者の機関では、(法的理由付けという形態をとる)手段が重要である。そしてまさにここにおいて、一貫性が要求されている。

　上級委員会はWTO法に必要な一貫性を与えるものと考えられた。小委員会がアドホックな機関であることを考慮し、ウルグアイラウンドの交渉者はシステムの一貫性を保つためにより恒常的な何らかの機関が必要であると考えた。しかしながら、構成要素の一つである小委員会委員は小委員会設置のたびに変化するという事実にもかかわらず、小委員会は上述のようにあたかも恒常的機関であるかのように行動している。

　上級委員会のこれまでの記録に対して、論者はせいぜい複雑な評価しか与えてこなかった。そしてこれは上級委員会自身の欠点ではない。法律問題に関して、意見が一致することもあれば、時には対立することもある(もっとも常に意見が分かれるわけではない。なぜなら法はその主要な目的すなわち法的安定性を達成するためにかなりの程度正確なものであるからである)。例えば私は、ECの牛肉ホルモン事件やインドの繊維事件の結果に関して疑問を提起した。しかし私がここで扱っているのは上級委員会の役割である。そしてこの議論で

は上級委員会が自らの役割を確認するという視点(コヘインの言葉を借りれば「インサイドアウト」の視点)だけではなく、WTO締約国が上級委員会をいかにみるか(「アウトサイドイン」の視点)を扱っている。

　上級委員会はWTO法の解釈の一貫性を確保するために存在すると考えられている。その任務によると、委員会は法律問題のみ、しかも紛争当事国によって付託された法律問題のみに集中すべきとされている。このような制限を越える決定をする場合にかなり臨機応変の対応を示してきたという事実はあるが、これまでのところ上級委員会が常にこのようにやってきたわけではない(例えば、カナダの雑誌事件参照)。さらに各国政府は、上級委員会を同じ事件の見直しに必要な機関として理解しているように思われる。ほぼ全ての小委員会報告は上訴されている。委員会は、法の擁護者というよりはむしろ時間的に後にある小委員会のようなものと考えられている。そうでないのなら、まったく「勝ち目の低い」事件を上訴する多くのWTO締約国の行動を評価することは困難である。公共選択論はおそらく政府にこのような行動を命令するであろう。つまり上訴することによって政府は国内のロビイストに対して、(しばしば曖昧な)国益を守るために政府にできることはすべてやったと説得力を持っていうことができる。さらに敗れた場合に、国内政策の変更(なんらかのロビイストの反応がなければ、政府はいずれにせよ受け入れていたであろう)をWTOのせいにすることができるのである[5]。

　しかしながら　WTO加盟国が上級委員会をいかに見るかにかかわりなく、その役割を確認することは上級委員会にゆだねられている。そしてこの視点からは、上級委員会が利用できる唯一の手段は判例法である。確かにICJ規程59条の考慮は、WTOにおいても同様に広く認められている。そして確かに、上級委員会の決定は紛争当事国のみを拘束する。しかしながらこの点については、論理的な一貫性が存在しないことを認めないわけにはいかない。つまり、一方で対象協定中の用語の法的な解釈に集中するように求めながら、同時にその決定は特定の紛争当事者に特有であると、どうしていうことができるだろうか。個々の事件を越えた適用は、単に不適当ではないというだけではなく、歓迎されるべきである。確かに上級委員会は、自らの法を参照している。しかしながら、時にはその法は曖昧さを免れない。例えば、日本の

酒税事件において上級委員会が存在する条文を無視して作り出したGATTの既得権という概念には何が含まれるだろうか。また、インドの繊維事件において上級委員会が述べたような推論を行わなければならないならば、WTO加盟国はどれほど正確にその義務を遂行するだろうか。そしてECの牛肉ホルモン事件での上級委員会の立証責任と制限的解釈に関する混同から、何を引き出すべきであろうか。

　これまでのところ上級委員会の決定は、理論的には批判されてきていない。一つには、判断するにはまだ早すぎて、人々は委員会にまず定着するチャンスを与えようとしているという説明が可能であろう。このような議論は、貿易分野ではほとんどの領域においてルール志向のアプローチがいつも歓迎されてきたわけではないという事実によって補強される。他には、上級委員会が本質的には小委員会の勧告の核心を覆すものではない（いくつかの周辺的な事項についてカナダの雑誌事件および米国のガソリン事件において、そして救済措置に関する限りECの牛肉ホルモン事件においてはそうしたけれども）という説明も可能である。最後の見解は、これまでのところ政府が反応してこなかった理由は説明できるが、学者が無関心であることについてはほとんど説明できない。

2) 事実上の差別における事実認定

　ここで、筆者は若干途方にくれているということを認めないわけにはいかない。事実上の差別という文脈で、富士コダック事件の小委員会報告が参照されている。しかしながらこの小委員会は違反に対する申し立てを扱ったものではない。しかし、事実上の差別はGATT違反である。なぜなら、GATT 3条は法律上と事実上の差別を分けておらず、また関連のGATT判例法では両者を含むものと解釈されてきたからである。

　そのため私のコメントは、ここではより一般的な性格のものであり、事実認定自体の問題を扱う。トーマスは、ガットの小委員会が伝統的に、争いのない事実に基づいて決定を行ってきたということを指摘[6]している。最近の事件においても（日本の酒税事件）、小委員会の判断は当事者が提出した証拠に対して十分適合的なものであった。そしてほとんどの場合、この証拠は十

分なものであった。例えば、ここで述べた小委員会では、日本が提出した証拠ですら、日本の市場における焼酎と洋酒の需要の代替可能性が存在することを否定するものではなかった。

　小委員会で事実問題に関して争いが生じた最初のケースは、成長ホルモンの有害性について当事国が争っているように思われたECの牛肉ホルモン事件である。しかしながらパネルの記録を見ると、当事国によって求められた専門家の意見の間には不一致は存在しない。しかしながらこれは、近い将来特に、パネリストおよび上級委員会のメンバーが両立しない科学的証拠を評価するよう求められるかもしれないSPS（衛生植物検疫措置）協定との関係で生じうる問題である。ここでは説得力のある解決を見つけることは困難である。しかしここでもまた、これはWTOに特有の問題ではなく、世界中の司法機関が同様の問題に直面した場合、時には裁量権を行使するのである。それゆえここでWTOが直面している課題は、特別なものではない。つまりWTOは他の司法機関と同様、裁量と恣意の間の正しい境界を決してぼやかすことのないようにしなくてはならないのである。

　例えば外国製品のみに対する政府の規制の悪影響を示す市場調査といったもっとありふれた問題に関しては、二つのことに留意しておかなくてはならない。一つには、GATTは規制緩和のための道具ではないということである。3条は差別を禁止しているのであり、あらゆる政府の介入が違法であるということが事前に推定されているわけではない。そして第二には、証拠が対立する場合にパネルが専門家を通じて追加的な証拠の提出を求めることは禁止されていないということである。しかしこれまでのところ、このような文脈で証拠が対立するような事件は起こっていない。

3）WTO紛争解決了解の欠点──事実認定と競争に関する事件

　WTOの欠点として一方では事実認定、そしてもう一方では競争に関する事件を扱えないことが述べられているが、私の意見は異なる。事実認定については、既に存在する制度以上にうまくやれるとはおもわない。小委員会は、紛争解決に必要だと考えるすべての証拠を要求する権限を持っているのである。もしこれが全過程の時間枠に間接的な影響をもたらすなら、紛争当事国

は誤った迅速な解決のために小委員会報告の正しさを犠牲にするよりはむしろ、正しい判断を確保するために(私には不合理に制限されているように思われる)期限を喜んで延長するであろうと思われる。

競争に関する事件については、確かにこのような紛争をWTOの枠組みに取り込むことが必要だという見解が繰り返し主張されてきた[7]。私はこの意見に関して懐疑的である。出版予定の論文[8]で、我々は国際社会の介入や規制を正当化するために我々が必要だと考える一連の問題について、WTOの擁護者達が正面から取り組んでいないと主張した。第一に、経済理論によると、国家的見地から追求された反トラスト政策からは望ましくない状況が生まれるとされるが、これまでのところ誰もそのような状況を予測してはいない。第二に、仮に既存のメカニズム(米国1974年通商法301条のように容易に利用される制度でさえ)を利用することが、そのメカニズムがそれほど重要ではないことを示しているというなら、反トラストおよび貿易の両分野に存在する制度がその様な問題を扱うのに一見明白に妥当なものに思われ、実際に用いられた場合には極めて有効なものであったのである。そして第三に、未解決の貿易課題は多く存在する(アンチダンピング、農業、繊維製品、政府調達)のであり、なぜ競争に関する多数国間協定が優先しなくてはならないのかについて、これまで誰もうまく説明してはいない。

2. 日米貿易紛争解決のための二国間アプローチ

この点に関しては、一言コメントがある。紛争解決了解3条6項は、紛争解決了解に基づいて正式に提起された問題に関する相互に了解された解決は、紛争解決機関に通報されなくてはならないことを明らかにしている。そのため、正式に提起された問題とそうではない問題のいずれについて述べているのかが問題になる。しかしながら法的には、二つの状況の唯一の違いは前者においては存在し後者では存在しない透明性に関する義務である。紛争解決了解に基づいて正式に提起されたわけではなく二国間での解決に至った場合であっても、すべてのWTO加盟国はこのような解決の結果自らの権利が無効化または侵害されたという範囲において、申し立てをおこなうことが

できるのである。結局のところ、半導体事件はこのような例に近いものではなかっただろうか。

3. WTOにおける米国通商法301条の役割

A. 一般的考察

　米国1974年通商法301条を批判する人のほとんどが、時にはおそらく既存の多数国間ルールに違反することもある現実の使用にその注意を向け、それに続けてWTOルールとの全体的な両立性についておおざっぱな議論をおこなっているということを指摘しておきたい。米国1974年通商法301条は外交的保護の伝統的な手段である。国際裁判所において私人が当事者適格を有しない場合に、このような制度は、その申し立てが当該利益の代表を引き受ける政府の注意をひくためには必要である。

　このような制度は米国だけに存在するわけではない。日本のことを述べているわけではないが、ECでは理事会規則3286/94が原則的に同様の機能を果たしている。国際的な枠組みとこのような制度の全体としての両立性を評価することは困難である。というのは、ほとんどの場合私人の申し立てを受け入れる政府にかなりの裁量が与えられているからである。その結果、このような制度の現実の利用に批判は集中せざるをえないのである。

B. 個別的考察

1) WTO時代における301条の重要性

　上述のように、301条は外交的保護の手段(すなわち、事情に応じてWTOのパネルや上級委員会といった適当な国際的司法機関に私人の申し立てを持ち込む手続的媒体)として機能する限り、WTOの成立によって影響を受けないであろう。

2) WTOの非対象事項を扱う事件での米国法301条の役割

　まず最初に、「非対象事項」とみなすことが何を意味するかということについて明らかにしなくてはならない。競争法を厳格に施行しないことは、対象事項となりうる。例えば、二つの輸出企業が、日本の公正取引委員会に対し

て、輸出カルテルを形成し、その代わりに日本の消費者のために国内販売への補助をおこなうことを公正取引委員会が許可すれば、世界中で莫大な利益をあげることができるという要望書を通知したとする。公正取引委員会はいいアイディアだと考え、その企業がすべての起こりうる政府の訴追を免れるという許可証を与える。このケースでは、競争自体は対象協定には含まれないけれども、すべてのWTO加盟国はGATT6条に基づき日本に対して正当な要求をすることができる。

しかしながら、明らかに非対象事項を扱う場合には、米国1974年通商法301条を評価する基準は国際法である。これは、WTOルールが特定の分野におよばないという事実が301条を合法的なものにするわけではないということを意味している。国際法の他の規則が適用され、その結果一定の行動が禁止されるということもありうるのである。

注

1) マグロ・イルカ事件と最近のエビ・ウミガメ事件、日本の酒税事件と韓国の酒税事件、さらにガット・WTOレジームに付託された一連のアンチダンピング事件を参照。
2) 米国のCAFE基準事件の小委員会報告。
3) Thomas Franck, *Fairness in International Institution* (1995).
4) William Davey, "Dispute Settlement in GATT," *Fordham International Law Journal* (1987).
5) Robert E. Hudec, *Developing Countries in the GATT Legal System* (1987).
6) J. C. Thomas, "The Need for Due Process in WTO Proceedings," *Journal of World Trade*, Vol.31 (1997), p.45 *et seq.*
7) 例えば、この点に関するErnst U. Petersmannの研究を参照。
8) Bacchetta, Horn and Mavroidis, "Do Negative Spillovers from Nationally Pursued Competition Policies Provide a Case for Multilateral Competition Rules?" (forthcoming).

⑨ 不完全な法体系、システムの適合不全と最適ではない解決
―― 日米通商関係における紛争解決と紛争予防のダイナミズムの変革

フレデリック・M・アボット*

　本プロジェクトに結集した通商法・政策の専門家の目的は、日米通商関係を改善するためのメカニズムを考えることである。本章は特に、両国間の紛争の回避と処理を検討する。

　日米間の通商紛争の回避と処理の問題に関しては、特に以下の3点が注目に値する。

　第一に、WTO設立協定その他の協定が、1947年のGATTのシステムをソフトローからハードローのシステムへと転換したことである。規定はより詳細になり、紛争解決手続は手続への政治的影響を減らす方向に改革された。WTOの規定は通商紛争をWTOの紛争解決手続に持ち込むように設計されている。GATT法体系の発展は日米の通商官僚をWTOの紛争解決手続に導き、多くの場合にこの手続の利用を義務づける。

　しかしながら、WTOの規制には大きなギャップがあり、このギャップは二国間や多数国間の通商取り決めで埋められるとは限らない。例えば、国内市場における競争の維持に関する最低限のルールがないこと、GATSのカバーする分野が限られていること、外国人投資家の処遇（コーポレートガバナンスを含む）に関するルールがないこと、政府調達協定のカバーする範囲が限られていることなどである。

　日米間の通商紛争の多くはこうした「ギャップ」領域に関わる。理論的には、こうした紛争はWTO紛争解決了解の非違反無効化侵害として処理可能だが、非違反無効化侵害のルールの適用は明確さを欠き、この方法は日米両国に問

---

* Frederick M. Abbott, シカゴ・ケント・ロースクール教授。本章の元になったのは、1997年4月7～9日にワシントンで開催された会合に提出されたペーパーである。本章の記述は原則として会合時点の事実・状況に基づいている。

題を残す。日米間の貿易・投資をめぐる紛争の回避と解決のシステムの改善は、両国間の関係を規律するルール体系の拡大と洗練を通じて徐々に達成されるだろう。拡大と洗練はWTOの枠内で起こるとは限らない。より完璧な体系を交渉する場として、さまざまな二国間、数国間、多数国間のフォーラムが考えられる。例えば、NAFTA、APEC、OECDなど。そして、どのフォーラムを選択するかは文脈によって変わってくる。ルール体系の拡大と洗練は、体系の適合不全に起因する限界によっても影響を受ける。

　第二に、国内市場と国際市場に対する政府介入の望ましいレベルに関して、日米間では見解の相違が存在する。この相違から、政府の介入は外国との競争から国内産業を保護するために実施するべきか、それとも雇用安定化といった国内政策目標達成のために実施するべきかをめぐって紛争が生じることになる。さらに、日米間には消費者、企業、政党の行動に関して根強い相違が存在する。日米の通商官僚が両国の経済慣行をより適合的とする方法について合意したとしても、そして、そうした変革が望ましいという点でも合意したとしても、彼らがそれを実行に移す権限を持っているとは限らない。

　システムの変革が不可能で、システムの適合不全が通商関係のアンバランスをもたらす場合、通商摩擦を緩和するために何らかの調整メカニズムが望まれる。システムの根強い適合不全を特定し、調整メカニズムを作り出すことは、通商官僚にとって重要な課題である。

　第三に、過去数十年にわたって、日米間では明示的あるいは黙示的に政府が強制する市場アクセス合意によって紛争を解決するのが一般的な傾向であった。こうした合意は反競争的であり、実際上民間の競争者による市場の分割を促進するものであった。競争的な市場という観点から見て、こうした解決は市場閉鎖策よりはましであるが、けっして最適とはいえない。管理された市場アクセス合意に対するこの批判は、開かれた競争的な国際市場の方が望ましいという前提に立っている。日米の通商官僚がこの前提を共有しているかどうかは重要な問題である。

　日米間の貿易・投資紛争を解決する魔法は存在しないということをまず最初に明らかにしておく必要がある。紛争は、「中国問題」が日米関係により直接の影響を及ぼすようになるにつれて、より深刻化するかもしれない。不完

全なルールの体系は一夜にして完全なものに変わることはない。マクロ経済政策の相違は簡単に解消されるものではない。最適とはいえない市場分割による解決はよりよい解決に取って代わられるべきである。もっとも、これが容易なことならばとっくに実現していただろう。

1. 日米通商紛争の広い文脈

多くの政治的、経済的、文化的要素が国家間での通商紛争の発生とその解決のあり方に影響を与える。以下の政治的、経済的、文化的要素は、日米両国の通商関係における紛争の回避と解決を分析する上で重要な背景を構成する。

①戦後、日本を連合国が占領し、その後米国が安全保障の傘を日本に提供したことは、両国間の通商紛争に対する接近と解決のしかたに大きな影響を与えた。冷戦の終結と米ソ間の軍事的緊張の緩和により、安全保障面で日本が米国に依存しているという認識は和らいだ[1]。しかし、日本に対する中国の潜在的な軍事的脅威は、これからも日本と米国の政治的関係、したがって通商関係に影響を与え続けるだろう。我々は依然として危険で不安定な世界に生き続けるのであり、日米の政治的関係にとって米軍による保護の継続はやはり重要である。

②米国と日本の経済は歴史的に見て異なった原則に基づいて運営されてきた。日本は事業の安定性と完全雇用を優先してきた。経済的な決定は広範な社会的影響を考慮した上でコンセンサスによってなされることが多い。日本人は経済的安定のために事業計画に対するかなりの政府介入が必要であると考えている。さまざまな点で、この日本モデルは日本国内で成功を収めてきた[2]。

米国は企業の意思決定と市場の諸力の作用を通じた企業の収益性を優先する[3]。企業の収益性は経済一般の成長をもたらすと考えられている。企業利益の配分は総じて市場の諸力に委ねられ、個々の従業員に対する市場の影響は無視される。事業計画に対する政府の関与は不要あるいは非生産的とみな

される。さまざまな点で、この米国モデルは米国内で成功を収めてきた。

　日米それぞれの経済的な考え方の成功は、相手のシステムの失敗にある程度反映している。今日の日本経済は過剰規制とそれに起因する非効率に苦しんでいるが、社会的、労働条件は比較的安定している。米国は社会的条件や労働条件の格差拡大とそれに起因する不安定性に苦しんでいるが[4]、経済は総じて比較的高い生産性と効率性を維持している。

③過去10年間にわたって日本の対米貿易黒字の高水準が続いたため、米国の政治家の間では両国間の通商条件に何らかの不公正な要素が存在するのではないかという認識が生まれている。この不公正の認識のため、米国行政府、特にUSTRに対して、貿易収支均衡化のために対策を講じるよう求める強い圧力がかかっている。最近、日本の対米貿易黒字が減少傾向にあり、それに代わって中国の対米貿易黒字が急増しているため[5]、米国内で日本との通商条件の変更を求める政治的圧力は弱まってきている。同様に、日本の不況が長引いているため、日本を米国の経済厚生にとっての脅威と見る見方は弱まった。しかしながら、日本は中国その他のアジアにおける輸出向け製造業者の主要なオーナーである[6]。このことは日米間で新しくより複雑な通商紛争が起こることを予告する。

　日本が対米貿易収支の黒字を計上しているため、紛争解決において米国に有利な力の不均衡が生じている。両国間の通商関係が支障をきたした場合に、米国よりも日本の方が失うものが大きいと思われる。ただし、これは直感的な想定であって、現実がこの通りになるとは限らない。

　他方で、サービス貿易に関しては米国が一貫して対日貿易黒字を計上している[7]。

④国際政治および国際法の基本的な原理として、日米両国のいずれも相手国国内の政治的意思決定過程に介入しようとすべきではない[8]。特定の国の国民であると否とを問わずすべての個人に適用される基本的な処遇の規範である国際人権法の制約に服することを別として[9]、各国は国際システムにおいて自国の国内統治システムに対して責任を負う。各国は、条約や慣習国際法など、自らが同意した国際法上の義務に服する[10]。日米両国とも、WTO設立協定[11]の当事国であり、日米友好通商航海条約[12]を結んでおり、OECD[13]

やAPECフォーラム[14]の加盟国である。これらの国際協定や国際機構の加盟国としての法的義務が、日米両国の通商関係の法的枠組みを構成する。

⑤日米の通商関係に関する基本的な法的枠組みに加えて、過去数十年の間に両国間で締結された公式あるいは非公式の合意や了解が存在する[15]。これには、1960年代後半の鉄鋼に関する初期の取り決め[16]、1970年代以来続く自動車に関する取り決め、日米半導体協定[17]、携帯電話サービス、スーパーコンピュータ[18]、自動車・部品に関する最近の取り決め[19]、保険に関する取り決め[20]などが含まれる。

　国際経済の原理の観点からは、これらの取り決めは政府の管理の下で民間の製造業者やサービス業者の間の市場分割を公式あるいは非公式に認めるものであり、日本に対する米国の不平の解決策としては最適ではない。潜在的競争者の間での公式あるいは非公式の市場分割を防止することは、まさに日米両国の反トラスト・競争法の目指すところである。最適とはいえない解決策をとることを正当化する米国政府の主張は、日本政府が競争的市場を作り出すという最適策をとるための効果的な方策をとらないからというものである。米国政府は、市場分割を、日本市場から米国の輸出業者や投資家が排除されるという事態よりはましな次善策とみなしている。

　WTOのセーフガード協定は輸出自主規制協定その他の取り決めの使用を廃止しようとしている[21]。また、この協定は「加盟国は、公私の企業が1項に規定する措置に相当する非政府措置をとりまたは維持するよう奨励しまたは支持してはならない」と規定する[22]。

⑥1974年通商法301条は、USTRが日本の通商法・慣行について審査を開始するよう米国民が求める手続を定め、一定の場合にはUSTRに対して申し立ての解決あるいは日本政府との公式な紛争解決に向けた交渉を開始するよう義務づける。申し立てに対して満足のゆく解決が得られなかった場合、米国は制裁を発動することがある[23]。

　USTRはまた、米国の貿易相手国の法的義務に背馳する、あるいは米国産業にとって不公正と判断する政策や慣行を指摘した、『外国貿易障壁に関する国別貿易評価報告書(FTB報告)』を毎年刊行している。この報告書は301条交渉の基礎となる。301条はまた、USTRに対して、知的財産権を侵害する「優

⑦日本政府は通商政策に関してかなり積極的になってきた。毎年刊行される『通商白書』は日本の国際経済関係の複雑な性格を説明し、産業に対する政府の過剰規制に起因する国内問題について、少なくともその一部を認めている[25]。さらに、通産省の公式の諮問機関である産業構造審議会は、主要貿易相手国の通商政策のWTO整合性に関する年次報告『不公正貿易報告書』を刊行している[26]。この報告書には米国の通商政策・慣行に関する報告も含まれている。

⑧日米通商関係を扱ったきわめて多量の文献が存在する。その多くは両国の経済関係の構造を扱う。1990年代の文献でおそらく最も影響力を持ったのはローラ・タイソンの*Who's Bashing Whom?* (1992) であろう[27]。この本は米国、日本、欧州のハイテク産業の傾向を分析する。著者は、この3地域のいずれにおいても、高次の技術の生産者は低次の技術の生産者よりも経済成長に貢献したと述べる。そして、日本は、国内のハイテク産業を外国との競争から保護する政策をとってきたと述べる。タイソンは、1980年代の市場指向・セクター別協議（MOSS協議）および取り決め、1980年代後半から1990年代初めにかけての半導体市場アクセスに関する取り決めなどを通じた日本のハイテク市場参入に向けた米国の努力を分析し、こうした努力が米国の輸出と経済成長にとってプラスの効果を持ったと結論する。ここから、タイソンは、米国は日本との通商関係において「慎重な積極主義」をとるべきであると論じる。タイソンはクリントン政権の経済諮問委員会議長に任命された。このことは行政府がタイソンの著書に共感を覚えたことを示すものであり、この本は影響力を持ち得るだろう。

⑨日本と米国の通商関係は、世界経済における構造的な地域主義の傾向によって相当の影響を被っている。米国はNAFTAの加盟国であり、米州自由貿易地域（Free Trade Area of the Americas, FTAA）の樹立に向けた努力を始めたところである[28]。日米両国ともAPECのメンバーである。このフォーラムは公式な制度的構造は持っていないが、きわめて活発に活動している[29]。日米両国ともECとその共通通商政策[30]や、最近のメルコスールの改革[31]から影響

を受けている。その他にも多くの地域経済統合取り決めが存在する。名前を挙げたのは、世界の通商システムに対する経済的影響の点で特に重要なものである。

2. 紛争解決の目的

　相互に活発な貿易・投資を行っている国の間では紛争は不可避的に生じる。両国の国民の間でも紛争は生じる。本章は、政府間紛争に焦点を当てる。ただし、多くの政府間紛争には私人の利害が関係している。日米経済関係史を振り返ればわかるように、政府間紛争の文脈はさまざまである。紛争の文脈によりまちまちなアドホックの紛争解決システムでは政府間関係の安定性は達成されない。そこで、本章は紛争解決システムの制度的構造に焦点を当てる。これを考える上で、まず紛争解決においてどのような一般的な目的が追求されるかを明らかにすることが有用である[32]。

①「衡平」あるいは「適法」な結果の達成。紛争解決の目的の検討における最も難しい問題の一つは、どのような結果が最も望ましいかという問題である。衡平な結果と適法な結果を区別することは重要である。衡平な結果は、中立的な仲裁者が公正と判断するような、当事者間の利害の均衡を達成するものである。適法な結果は、当事者がその行為に適用される法規則に従うように命じられるものである。301条が法と衡平を区別していることが想起されるべきである。言い換えれば、米国は、適用法規に合致する紛争解決結果には必ずしも満足しないということである。そのため、米国は、「合理的」な結果に承服しない国に対して制裁を発動する権利を留保している。
　適法あるいは衡平な結果以外の目的が追求される可能性にも言及しておく必要がある。それは、紛争当事国の一方が「勝利」するという結果である。言い換えれば、紛争解決が勝ち負けのつく戦いととらえられ、通商上の優位を目指す戦いにおいて相手方よりも優位に立つことが当事国の目的とされる場合である。しかし、紛争当事国の交渉者がもっぱら自分たちに有利な結果を引き出せるような取り決めを結ぼうとしたり、交渉者が自分たちの目標は「権

利とは関係なく勝利」だと認めるということは、ありそうもないことである。しかしながら、国際経済関係を優越と存続を賭けた戦いとして描く経済書が存在し[33]、そのような見方の論理的な帰結は、通商紛争に「勝つ」という目的である。

②事実を提示する適切な機会の確保。ある政府が別の政府の慣行について申し立てる場合、その政府は当該相手国政府に対して自らの言い分を提示する機会を持ちたいと願うだろう。

③利害関係者からの情報提供の許容。第二次大戦までの国際関係における伝統的な紛争解決の外交モデルは、政府間関係における秘密保持を強調するものであった。秘密保持が望ましいことにはいくつかの理由があった。特に重要なのは、政府は、交渉戦術として自国民には受け入れがたいような提案を、実際にそれを最終的な解決として採用する気がなくとも持ち出すことがあり得るからである。政府は最終的な解決で自国民を納得させることができればよいのであり、そのために、国内の政治的圧力なしに交渉するフリーハンドを確保しようとしてきた。

情報化の時代にこのモデルが適切かどうかは問題である。政府は全知全能ではなく、時として通商交渉において重要な国内利害を考慮に入れないことがある。

④法の支配に服することでシステムの安定性を強化すること。安定的な通商関係の維持は両国にとって望ましい経済厚生上の利益を生み出す可能性がある。安定性獲得のための合理的な手段は既存の行動準則に従うことである。紛争解決の目的の一つは、既存の行動準則の遵守を通じて安定を奨励することである。これと逆の可能性として、安定性はそれ自体として非生産的な場合がある。最適でない結果を生み出す法準則は、たとえその結果不安定性がもたらされるとしても、問題にされるべきである。これは通商関係に対する「攻撃的一方主義」の前提である[34]。

⑤実効的に紛争を解決すること。政府間の通商紛争が長引いた場合、特に（行き詰まった場合に）通商制裁が予測される場合、市場の不確実性が生じ、私的取引のリスクプレミアムが増大する。政府関係者、市場関係者の双方にとって、通商紛争の早期の解決には明確なメリットがある。

⑥国際通商システム全体の安定性の保護。二国間関係の改善を目的とする紛争解決メカニズムであっても、それが多数国間関係に影響を及ぼすことを認識した上で構築されるべきである。例えば、日本と米国は互いに一定の国内市場シェアを与え合うことで紛争を解決することができるかもしれない。しかし、こうした解決は、両国と第三国あるいは地域との関係を不安定なものにするだろう。日米の紛争解決システムは第三国への影響に配慮したものでなければならない。

⑦公共の福祉の増大。国際通商法システムの究極的な目的は、システム構成国の公共の福祉の増大にある。この目的は、市場を自由化し、世界中で生産資源の効率的な配分を可能とするルールによって実現するということが一般的に承認されている。同様に、開かれた市場のルールは、例えば児童に対する過酷な労働条件の規制といった公共の利益を目的とする政府の規制に服することも一般的に承認されている。紛争解決メカニズムは市場の開放を促進するかもしれないし、逆に例えば市場分割などを通じて市場の規制のために用いられるかもしれない。紛争解決メカニズムはその市場への影響と公共の福祉への影響に照らして評価されるべきである。

　日米関係における公共の福祉は、より限定的な文脈でとらえられるかもしれない。日本と米国の経済関係と公共の福祉を改善するが、第三国の公共の福祉を損なうような紛争解決メカニズムがあるかもしれない。場合によっては、どの範囲の公共の福祉を重視するかを選択する必要があるかもしれない。

3. 選択肢としてのWTO紛争解決了解

　最近のWTO紛争解決枠組みの発展に鑑み、このシステムが日本と米国にとって紛争と回避と解決のシステムの改善という基準を満たしているかどうかを検討する必要がある。日本政府は、WTOを紛争解決のために積極的に活用することを宣言している。米国は当初このシステムに対して否定的であったが[35]、その後は日本に対する申し立てをこのシステムに持ち込もうとする傾向を見せている。日米間の紛争解決システムの改善という課題は、

WTOのシステムの重視によって達成されるだろうか？

A. 背 景

　1995年1月1日にWTO協定が発効し、自由な国際通商システムを再構築するための10年近い交渉がようやく終わりを告げた。交渉は、専門家の多くが期待した以上の成功を収めた。ガットのアラカルト方式(東京ラウンドコードについて、希望国のみの加入を認めたこと)に代わって、単一の総合的な規制体系が作られた。サービス貿易、貿易関連投資措置、知的財産権の保護などについて新分野の協定が締結された。農業保護主義に対する規制が導入された。紛争解決システムにも重要な改正が施された。

　ウルグアイラウンド交渉で導入された変更の多くは、ガットの法構造の欠陥と認識された点を改めることを目的としていた。それは、ガットが十分に法に基礎を置いておらず、加盟国の実効的な経済的・政治的力に基礎を置いている、また実効的な交渉力を持たない加盟国の利害を公正に扱っていないという認識に基づいていた。

　ガットの法的性格に対する不満は発展途上国や新興工業国(NICs)だけがいだいたわけではなかった。日本政府はガットルールの執行強化を希望しているように思われた。日本はEC条約やNAFTAといった公式の地域統合メカニズムの枠外にいた。世界の通商システムがゆるむと、地域主義は通商環境を後退させる。日本はこのような立場をとっていない。日本にとっては多数国間の通商システムが有効に機能し続けるよう確保することが重要である。日本政府は、ガットのルールを強化することが自国の利害にとって最もプラスであると認識していた[36]。

B. ソフトローからハードローの体系への移行[37]

　ウルグアイラウンド交渉の結果としてもたらされ、WTOに盛り込まれたガットシステムの変容は、ソフトローからハードロー体系への移行ととらえられる。ソフトローという言葉は、国際法学者が有効に遵守を強制できない法規範を指す言葉として長年にわたって用いてきたものである。その例として、国家にある行為を要求するが、国際司法裁判所や国連安全保障理事会な

どを通じた具体的な強制の基礎を伴わない、さまざまな国連総会決議が挙げられる。ソフトローという言葉は、1992年の環境と開発に関するリオ会議の成果の一部を表現するためにも用いられた。リオ会議で、諸国は多数の非拘束的宣言を採択した。その中には環境と開発に関するリオ宣言が含まれる。リオ宣言は、条約によって課されるような具体的な法的義務を課すものではないため、ソフトローとしての性格を持つとされた[38]。1947年のGATTはもちろん条約であり、加盟国に対して明確な法的義務を課した。1947年のGATTをソフトローととらえることは、これを国連総会決議やリオ宣言と同一視することを意味しない。1947年のGATTをソフトローととらえる、やや不正確な理解は、1947年からウルグアイラウンドまでのGATTの運用実態を踏まえたものである[39]。ソフトローシステムとしてのガットについての独創的な説明として、オリビエ・ロングの*Law and Its Limitations in the GATT Multilateral Trading System*が挙げられる[40]。元ガット事務局長であるロングは、ガットが国際機関として有効に機能してきたのは、その加盟国が固定されたルールの体系を重視する代わりに柔軟な政治的交渉過程を通じてそれを運用してきたためであると述べる。複数の加盟国の要求が既存のルールと相容れない場合には、新しいルールが作られてきた[41]。GATT改正の手続が不都合であれば、新しくより容易な改正の手続が用いられた[42]。紛争はコンセンサスによって処理され、抵抗する加盟国に対して制裁措置が課されることはまれであった。

　ハードローは、遵守に対する期待が比較的高い規範の体系を指す。WTO協定の発効によってもたらされた変更は、ガット・WTOがソフトローからハードロー体系へと移行する過程の一環ととらえられる[43]。こうした傾向は以下の二点に顕著である。第一に、ルールが一般的なルールから個別的なルールへと洗練されてきたことである。第二に、紛争解決手続がコンセンサスに基づくものから準司法的なものへと変質してきたことである。これら二つは別個の動きであった。ルールの洗練はガット創設以来の動きであり、1979年に終わった東京ラウンド交渉の主要なテーマでもあった[44]。他方で、ウルグアイラウンドにおける紛争解決システムの変容は、1947年以来続いてきたコンセンサス重視の慣行からの実質的な訣別を意味した。

C. ルールの洗練

1) 東京ラウンドからウルグアイラウンドへ

1947年に採択されたGATTはきわめて抽象度の高い一般原則を含んでいる。最も重要な一般原則である最恵国待遇原則[45]と内国民待遇原則[46]は、理論的にはきわめて多様な事例に適用される。しかし、いずれの場合も実際の適用はそれほど単純ではなかった。それは一つにはGATT自体が一般原則の例外を規定しており、一般原則と例外が複雑な相互関係を形成したためであり、一つにはGATT締約国が一般原則の具体的な事例への適用に当たって異なる解釈を行ったためである。

例外の例を挙げると、GATT 24条は最恵国待遇原則の例外として関税同盟や自由貿易地域の創設を認める[47]。最恵国待遇原則は比較的単純であるが、関税同盟の例外はそうではない。関税同盟の例外の解釈はGATT創設以来しばしば問題となってきた。関税同盟の例外の解釈に関する曖昧さを解消するため、ウルグアイラウンド交渉で24条に関する了解が作成された。24条に関する了解は24条自体よりもはるかに長い。ウルグアイラウンド交渉中にGATT事務局が用いた関税平均手続を取り込んでいなければもっと長くなっただろう[48]。

一般原則の適用をめぐって見解が分かれ、そのために許される解釈の幅を狭める必要があるので、GATTに具体性を持たせる必要が生じる。内国民待遇原則はしばしば紛争解決手続で援用される。ガット加盟国は内国販売に関して輸入品を国産品と同等に扱うことを求められる。ただし、輸入品と国産品を形式的に平等に扱うことが求められるわけではない。例えば、政府は、人や動物の健康を保護するために一定の手続を国内で要求すると同時に、同種の輸入品に対して同様の安全性を確保するため国境で検査を義務づけることができる。この場合、同等なレベルの健康保護という規制の目的は同じである。同種の輸入品に対して国産品とは異なるルールが適用されるが、輸入品に対する規制の結果として国産品に競争上の優位がもたらされるのでない限り、内国民待遇に対する違反とはならない[49]。輸入規制が国内規制と同等かどうかを決定する際の曖昧さを避けるため、SPS協定は、輸入措置の適用方法に関する具体的なルールを規定し、ルールの透明性を確保し、ルール

の適用方法を規制しようとした[50]。

　GATTの6条と16条はアンチダンピング税と補助金相殺関税の適用に関するルールを規定する。東京ラウンド交渉が開始される時点までに、多くのガット締約国は、これらのルールはダンピングや補助金の決定に関してあまりにも柔軟すぎると考えるようになっていた。そこで、国内産業に対する実質的損害の決定方法の明確化など、ルールを明確にする作業が開始された[51]。東京ラウンドでこれらのより具体的なルールが採択されたが、ダンピングや補助金に関する政府間の紛争は減少しなかった。そこで、ウルグアイラウンドでもルールの一層の明確化が進められた。新しいGATT 6条の適用に関する協定（アンチダンピング協定）は、より詳細なルールを定めた。例えば、輸出価格と正常価格の比較に当たって用いられる為替レートに関する規定である[52]。同様に、補助金相殺措置協定はどのようなタイプの補助金が相殺措置の対象となるかについて、きわめて詳細な規定を設けた[53]。

　SPS協定、アンチダンピング協定、補助金相殺措置協定や貿易の技術的障害に関する協定（TBT協定）、関税評価協定、原産地規則協定、輸入許可協定は、「行政による貿易に対する障害」の運用に関する具体的なルールを設けている。これらの協定の目的は、それぞれの対象事項に関する内国民待遇原則などのGATTの一般原則の適用を明確化し、ルールの実施における国家や地域機構の担当者の裁量を制限することであった。しかし、裁量の制限に対しては強い抵抗があり、制限は限定的なものに留まった。

　裁量の制限に対する限定の例として、アンチダンピング協定の紛争解決に関する規定が挙げられる。紛争解決小委員会がアンチダンピング協定について「二以上の許容しうる解釈」が存在し、被申立国の当局の措置がそのいずれかに基づいていると判断する場合には、当該措置は協定に適合していると認める[54]。このいわゆる審査基準（スタンダード・オブ・レビュー）に関する規定が意味するのは、WTO加盟国はアンチダンピング措置の適用に関して単一のルールについては合意せず、加盟国によって出される複数の解釈が成り立つことについて合意したということである。GATT法研究者の間では、この規定をめぐって懸念が表明されている。これは、条約規定の意味は明確に決定されうるという条約解釈の一般原則と相容れない。これは個々のWTO加盟

国に同一の成文に対する異なる解釈の採用を認める規定であり、「行政による貿易に対する障害」を規律するWTO諸協定の経済効果を特定し予測することの難しさを示している。諸協定の効果の予測が協定自体の曖昧さによって妨げられるのである。

ガット・WTOシステムにおけるルールの具体化、ハード化に向けた最も顕著な動きは貿易関連知的財産権協定（TRIPS協定）である。TRIPS協定で、WTO加盟国は、GATT義務を履行するメカニズムを個々の政府が選択するという伝統的なやり方を放棄した。そして、知的財産権保護に関する実体法上の厳格な最低基準を定めると同時に、基準を実施するために加盟国政府が設けるべき法的メカニズムについても規定した[55]。TRIPS協定は、知的財産権の分野におけるソフトローシステムは利益保護には十分ではないというOECD加盟国政府の見解を反映している。利益保護のためには、TRIPS協定の実体法上の基準が定めるハードローと、違反に対して通商制裁が科される可能性が必要であると考えられたのである。

WTO協定が25,000頁もあることがしばしば指摘されるが、これは加盟国の関税譲許表を含めた長さであり、正確ではない。基本的な成文は約500頁であるが、1947年のGATTや東京ラウンドコードに比べるとはるかに詳細な規定を設けている。この協定は、WTOがよりハードな法の適用を目指していることを示している。

D. コンセンサスによる紛争解決から準司法的な紛争解決へ

WTO協定はガットの紛争解決システムをコンセンサスに基づくシステムから準司法的なシステムへと変えた。新旧いずれのシステムもGATT 23条に基礎を置いている。23条は協議制度と加盟国に対する勧告、関税譲許撤回の許可について規定する[56]。23条の規定は次第に精緻化され、1979年の紛争解決に関する了解としてまとめられた。このシステムによれば、ガット理事会は加盟国からの申し立てを受理し、コンセンサスに基づいて通常3名の専門家で構成される小委員会を設置する。小委員会は紛争に関する報告をとりまとめる。報告は被申立国がそのルールをGATTに適合させるためにとるべき措置に関して勧告を行う。小委員会報告が被申立国に対して拘束力を持

つためには、ガット理事会は被申立国を含む全加盟国のコンセンサスによって報告を採択しなければならない。最近のガットの歴史を振り返ると、この紛争処理システムは有効に機能してきたといえるが[57]、コンセンサスに基づくシステムは小委員会の設置失敗や小委員会の決定の回避を招き[58]、十分に法的なシステムとはいえないという見方もある。

ウルグアイラウンドの終結に当たって採択された紛争解決了解[59]は、従来のガット紛争処理慣行を大きく変えた[60]。紛争解決了解はすべての多角的貿易協定に関する紛争の処理に適用される。義務的協議期間に続いて、紛争解決機関がコンセンサスで設置に反対しない限り、WTO事務局あるいは事務局長によって小委員会が設置される[61]。小委員会の報告は、紛争解決機関がコンセンサスで採択に反対するか、当事国が上級委員会に上訴しない限り、紛争解決機関によって採択される。上訴された場合、上級委員会の報告は、採択に反対するコンセンサスが成立しない限り紛争解決機関が採択する。報告の採択に反対するコンセンサスが成立する可能性はほとんどないから[62]、小委員会報告は自動的に採択されることになった。

小委員会報告の自動的採択以外に、新しい紛争解決了解にはいくつかの重要な特色がある。紛争解決了解は、加盟国がWTO協定の解釈適用をめぐる紛争、あるいは「対象協定の目的達成の阻害」を紛争解決了解の規則および手続によって解決することを求める[63]。さらに、加盟国は紛争解決機関の許可なしに他の加盟国に対してWTOルールの違反を理由として通商制裁を発動してはならない[64]。こうして、紛争解決了解は対象協定がカバーする事項に関して通商制裁の一方的な発動を禁止した[65]。

もう一つの重要な革新は、紛争解決に関してより厳格な期限を設けたことである。小委員会や上級委員会が報告を提出する期限[66]に加えて、紛争解決了解は加盟国が紛争解決機関の勧告や裁定を実施するための期限についても規定を設けた[67]。

1947年のGATTの紛争解決手続は、紛争当事国の間でコンセンサスを達成するための政治的な交渉を許容していた。この手続は総じて紛争解決には有効であったが、司法手続としての法的性格を欠いていた。司法手続では、中立的な第三者、つまり紛争の帰結に対して直接の利害を持たない者が意思決

定機能を果たさなければならない。また、当事者の利害ではなく当事者に適用される法が紛争の帰結を決定するというのが司法手続の前提である。1947年のGATTのシステムでは、加盟国の利害と利害に関して譲歩する意思が紛争の帰結を決定した。

　WTOの紛争解決了解は、小委員会の設置と小委員会報告の採択を自動化し、加盟国を意思決定過程の外に置いた。小委員会と上級委員会が第一次的な意思決定者としての役割を担うことになった。小委員会は事件ごとに任命されるので、小委員会委員は判事というよりは仲裁人として行動することになる。上級委員会委員は長期にわたって勤務し、上級審判事としての独立した性格を有する。全体として、新しい紛争解決了解の手続は「準司法的」ととらえるのが適切である。新しいWTOのシステムの前提は、法が加盟国を支配するということである。紛争解決手続の結果は、少なくとも公式には、政治的交渉に基づくものであってはならない。

E. WTO紛争解決制度の対象に含まれるのは何か？

　日米両国ともWTOの加盟国である。したがって、両国は一定の紛争を紛争解決了解に基づいて処理することに同意している。WTO協定にも紛争解決了解にも、WTO加盟国が特定の紛争を別の紛争処理メカニズムに付託すると合意することを禁じていない[68]。しかしながら、日米両国が既に紛争解決了解に付託して解決すると合意している紛争の範囲について検討しておくことは意義がある。この点に関して重要なのは紛争解決了解23条である。

　　　「23条　多角的体制の強化
　　1　加盟国は、対象協定に基づく義務についての違反その他の利益の無効化若くは侵害又は対象協定の目的の達成に対する障害について是正を求める場合には、この了解に定める規則および手続によるものとし、かつ、これらを遵守する。
　　2　1の場合において、加盟国は、
　　　(a) この了解に定める規則および手続に従って紛争解決を図る場合を除くほか、違反が生じ、利益が無効にされ若くは侵害され又は対象協定の目的の達成が妨げられている旨の決定を行ってはなら

ず、また、紛争解決機関が採択する小委員会又は上級委員会の報告に含まれている認定又はこの了解に従って行われた仲裁判断に適合する決定を行う。」[69]

　紛争解決了解23条は1994年のGATT 23条、GATS 23条、TRIPS協定64条と合わせて読む必要がある。紛争解決了解23条と1994年のGATT 23条はいくつかの紛争類型を規定している[70]。

1. 1994年のGATTの規定の違反を含む紛争（違反申し立て）
2. 1994年のGATTの違反は含まないが、他の加盟国の協定上の利益を無効化または侵害し、あるいは協定の目的達成を妨げる加盟国の行為を問題にする紛争（非違反申し立て）
3. 「その他何らかの状態」を含む紛争（状態申し立て）[71]

　GATS 23条と紛争解決了解23条は、違反申し立てと非違反申し立てを規定するが、状態申し立てには触れていない[72]。TRIPS協定64条と紛争解決了解23条は、TRIPS協定発効後5年間は違反申し立てのみ受け付け、その間非違反申し立てと状態申し立ては閣僚会議で検討すると規定している。5年以内に閣僚理事会でコンセンサスが得られない場合、5年経過後は非違反申し立てと状態申し立てにも紛争解決了解23条が適用される[73]。

　紛争解決了解23条はガット・WTOの紛争解決規定に義務的な性格を付与した。1947年のGATT 23条は許容規定であった。これに対して、紛争解決了解23条は、もし申し立てが紛争解決了解の対象内であれば、当事国が別の合意をしない限り、申し立てた加盟国は紛争を紛争解決了解に従って処理しなければならないと規定する。

　紛争解決了解が非違反申し立てを義務的な紛争解決手続に付託すると規定した結果、日米両国が二国間の通商紛争を紛争解決了解に付託して処理する義務の範囲について、曖昧さが生じた。他の加盟国がWTO協定に基づいて得られる利益を「無効化または侵害する」政府の行為の範囲はきわめて広い。ペータースマンが述べるように、GATT違反を申し立てないで無効化または侵害のみを申し立てた事案は1947年のGATT 23条の下ではごくわずかであった[74]。GATSとTRIPS協定の状況は新奇なものである。

　紛争解決了解23条および他の協定の規定を広く解釈すると、日米両国が

相手国に対して満足のいく調整を求めて申し立てをする余地が広がる[75]。この結果、紛争がWTOに持ち込まれるケースが増えるだろう。また、日本や米国がいわゆる一方的措置に訴える可能性も制限されるだろう。

紛争解決了解23条を広く解釈すると、日本も米国も対象内とは考えていない事項にまでWTOの規律が及ぶ可能性が出てくる。例えば、高率の国内販売税は輸入を妨げ、1994年のGATTの下での輸出国の利益を損なうだろうか？ 国内競争政策は1994年のGATTの下での利益を無効化または侵害するだろうか？

日米両国にとって、紛争解決了解23条の解釈は両刃の剣である。一方で、広い解釈はWTOによる紛争解決を強制することで一方的措置の発動を阻止する。他方で、広い解釈は申し立ての範囲を拡げ、政治的困難を引き起こすかもしれない。

紛争解決了解23条を狭く解釈すると、これと逆の結果が生じる。一方で、それは一方的措置の可能性を残す。他方で、WTOに持ち込まれる紛争の範囲は限られる。

23条の適切な範囲は、当分の間決まらないだろう。文言上は23条の範囲は広い。しかし、WTO加盟国がこの規定の広い適用を意図したかどうかは明らかでない。

○ **WTOの仲裁**

加盟国による公式の申し立てと紛争解決機関による決定で構成されるWTOの紛争解決了解の手続に加えて、紛争当事国の合意に従い、WTOが実施するアドホックな仲裁手続がある[76]。アドホック仲裁の当事国は譲許の実施と停止の監理に関する紛争解決了解のルールに従う[77]。

F. 何がWTOの紛争処理手続の対象外になるか？

WTOのルール体系が不完全であることは広く認められている。WTO加盟国は、非違反申し立てのメカニズムによってこの不完全さをある程度埋め合わせようとしている。システムの不完全さは多くの重要なWTO文書が認めている。例えば、原産地規則協定は原産地規則のハーモニゼーションに関す

る作業計画を規定するが、ルール自体は規定していない[78]。GATSは加盟国が約束表で積極的に列挙した部門についてのみ市場アクセスの約束を設定した。しかも、この約束についても例外規定が設けられている[79]。TRIMS協定は、輸出入に影響を及ぼす差別的な措置に関する基本原則を定めるが、投資に関する一般的な条件を規定するものではない[80]。GATSもTRIMS協定も内国民待遇に基づいて起業の権利（あるいは営業の権利）を認めることを要求していない[81]。

　ようやく1996年12月のシンガポール閣僚会合において、WTO加盟国は貿易と競争政策に関する作業部会の設置に合意した[82]。日米間の多くの紛争で、米国は、日本市場が競争的でなく、競争法を改正してその適用も約束したにもかかわらず米国企業は日本市場に十分アクセスできないと主張している。米国は、こうした主張を内国民待遇や非違反無効化侵害にからめてGATTに基礎づけることができるかもしれない。しかし、競争問題を的確に扱うWTOのルールがないことは明らかである。

　以上の指摘は決してWTOを批判するものではない。それは事実の指摘である。非違反申し立てを不合理なまでに拡大しない限り、日米間の通商紛争をWTOの紛争解決了解と紛争解決機関の管轄下に含めることは不可能である。しかし、これを実行すれば、小委員会や上級委員会は、当事国の間で適用されるルールについて合意がないにもかかわらず法と衡平の原則を適用することを求められることになり、WTOには過大な負担がかかることになるだろう。WTOシステムにこうした負担をかけることは日米いずれにとっても得策ではない。

G. WTOにおける日米の紛争処理の傾向

1) 1947年のGATT

　日米両国が二国間の紛争を処理するために1947年のGATTの紛争解決手続を利用することはまれであった[83]。例外として、日本の絹[84]、革製品[85]、タバコ製品[86]、農産物[87]の輸入制限に対する米国の申し立てがある。これらのうち3件ではGATTに違反する数量割当が問題となり（革製品、絹、農産物）、他の1件では輸入品に対する差別的処遇が問題となった（タバコ製品）。

タバコと絹の申し立ては二国間協議によって解決された[88]。

1947年のGATT 23条に基づいて日本が米国を訴えることが困難であったのにはいくつかの理由がある。日本社会は一般的に訴訟を好まない。GATT紛争解決手続の利用は日本の伝統に反するため、回避された。また、日本は冷戦期(それは1947年のGATTとほぼ重複する)、米国に安全保障の面で依存しており、軍事的な保護者をやっつけることには消極的であった。

米国も、日本市場へのアクセスについてはしばしば不平を述べたが、日本に対して1947年のGATTの紛争解決手続を用いることには抵抗があった。これにはいくつも理由がある。第一に、不平がGATTの対象内の事項であるかどうか確信がなく、GATTの紛争解決手続に訴えても成果が上がらないおそれがあった[89]。第二に、米国の目標は米国の供給者にとって特恵的に市場アクセスが改善されることであり、GATTの紛争解決手続を通じてはこのような成果は得られないおそれがあった[90]。同様に、日本の輸出者の米国市場へのアクセスに関する二国間合意(灰色措置)はGATT適合的ではない可能性があり、こうした結果を得るためにGATT申し立てを提起することは無意味であった[91]。第三に、米国は日本に対して法的影響力よりも政治的影響力の方が大きく、法的手段よりも政治的・外交的手段を用いた紛争解決の方を好んだといえるかもしれない。

2) WTO

ガット・WTO紛争処理システムの利用に関する日本の態度が変わりつつあることは明らかである。米国が自動車・部品に関して301条手続を開始し、WTOでの協議要請前に通商制裁の発動を宣言した際、日本政府は声高に抗議した[92]。その後、日本はWTO協議を開始し、紛争は二国間協定を通じて最終的に解決された[93]。日本政府は、米国との通商紛争を政府あるいは民間企業を拘束する約束を盛り込んだ灰色協定で解決することは避けるとの意思を表明している[94]。米国政府は、富士コダック事件について二国間で解決するよう日本政府を説得することができなかった。そのため、この件に関してWTOの紛争解決手続を開始した[95]。この重要な事件の意味することについては後述する。1996年、日本政府は半導体協定をそれまでと同様に数値

目標を盛り込んで延長することを拒否した[96]。以上とは逆の例として、日本政府は最近、米国の圧力を受けて、WTO紛争解決手続の枠外で外国保険会社の日本市場へのアクセスを改善することに同意した[97]。

米国は、EU、カナダとともに日本の差別的な酒税に関して申し立てを提起した[98]。これは、日本の内国税制が輸入アルコール飲料を差別的に扱っていることを問題にしたものである（GATT 3条2項違反）。

1996年の『不公正貿易報告書』は、次の通り述べる。

「日本はすべてのWTO加盟国に、貿易障壁となったり多角的貿易システムとは相容れない外国の措置を是正するためにWTO紛争解決手続を用いることを伝達しなければならない。WTO紛争解決手続に若干の限界があることは事実である。しかし、その改善に貢献するとともに、強化された紛争解決手続を積極的に利用することは、多角的貿易システムから利益を得ている国にとっての義務である。日本は、必要な場合にはこの手続を積極的に利用すべきである」[99]。

産業構造審議会は、特にWTOの義務に抵触する米国による301条手続の利用を問題にしている。

「日本が一方的措置の対象となる場合には、日本政府はWTO紛争解決手続に救済を求め、あらゆる機会を利用して、一方的制裁の威嚇によって貿易相手国に圧力をかける通商政策に対する反対を唱えるべきである」[100]。

○富士コダック事件

富士コダック事件における米国の日本に対する申し立ては、日本政府が業界と協力して、ケネディラウンド、東京ラウンドで市場開放措置について日本政府が同意した後に日本市場に参入しようとする外国企業を阻止するための障壁を作ったという主張に基づいていた[101]。米国政府は、この主張を裏付ける十分な証拠を集めたと信じている。そして、事実関係に焦点を当てたこのやり方の方が、以前ECが日本の貿易慣行に対して主に貿易統計を用いて試み、失敗した非違反申し立てよりも優れていると信じている[102]。少なくとも、USTRの一部の担当者は、日本の通商慣行を問題にするための最も

有効なメカニズムはWTOの紛争解決手続で非違反申し立てを行うことだと考えるようになっている。彼らは、日米間の紛争解決のためにそれ以外のメカニズム、例えば拘束的な決定を下さないAPECの紛争解決メカニズムなどを利用することには消極的である[103]。日米両国とも、富士コダック事件が重要な問題を内包していることを認めている。もし米国の非違反無効化侵害の主張が認められれば、必ず同様の申し立てが相次いで出されるだろう。逆に、もし小委員会や上級委員会が米国の主張を斥ければ、米国政府は将来、二国間であれ多数国間であれ、日本に対する申し立てにおいて日本から大きな抵抗を受けることになるだろう。

　日本政府と業界は、日米通商紛争をWTOに付託することで、彼らが望んだ結果を得ているように見える。日本政府は非違反申し立てが不気味な脅威になるとは考えていなかったかもしれない。WTOは米国の非違反アプローチを受け入れないと日本政府は確信しているかもしれない。また、通産省は、より自由主義的な規制構造を日本国内で実現しようとすると国内で政治的な抵抗に直面するので、紛争をWTOに付託することで日本の規制に対する圧力が高まることになると期待しているのかもしれない。WTOの義務的な利用は、国内変革のための適切な手段とみなされるかもしれない。

　いずれにせよ、富士コダック事件は、紛争をWTOで解決することが日本の国益にかなっているかどうかについて、日本国内でとまどいを引き起こしているといえるかもしれない。このため、WTOに代わるフォーラムとしての二国間の紛争処理方式に改めて関心が集まっている。それと同時に、もし米国がこの事件で勝てば、米国は代替的な方式の検討には消極的になるだろう。(この事件でWTOの小委員会は、米国の主張を斥ける報告を提出した――編者注)

4. APEC、NAFTAと友好通商航海条約

　現行の日米間の紛争解決メカニズムはWTO紛争解決了解だけではない。

A. 日米友好通商航海条約

　日米友好通商航海条約[104]24条は、この条約の解釈適用に関する紛争は、

別段の合意がない限り国際司法裁判所に付託して解決されると規定する。しかし、これまでこの条約の解釈適用をめぐって国際司法裁判所に付託された事例はない。

　条約は、日米経済関係について、起業の権利、商業活動に関する内国民待遇など、重要な原則を規定している[105]。例えば、米国で営業する日本企業が、雇用関係に関して私訴でこの条約を援用した例がある[106]。また、コダック社は日本のフィルム・写真用品市場アクセスに関する301条申し立てにおいてこの条約に言及した[107]。

　友好通商航海条約は重要な法原則を規定するが、日米間の国際経済紛争を処理するために国際司法裁判所がWTOの紛争解決了解の代替案となるかどうかは疑わしい。国際司法裁判所の活動の主眼は国際公法である。国際司法裁判所の小法廷手続を通商紛争解決のためのフォーラムとして用いることは可能であろうが、国際司法裁判所は国際経済法を扱った経験に乏しく、この手続が適切であるとは考えにくい。また、サービスや投資に関するルールは次第にGATSやその他の協定によってカバーされるようになってきており、友好通商航海条約が当事国の権利の淵源として持つ価値は次第に小さくなってきている。

　友好通商航海条約は日米間の法的権利義務の淵源として重要であるが、国際通商法体系のさまざまな分野で生じている発展を考えると、両国間の通商関係を改善し紛争を処理するためにこの条約を改定することが最善策といえるかどうかは疑わしい。

B. NAFTA

　日本政府はNAFTA 20章の紛争解決手続にアクセスすることはできない。しかし、メキシコやカナダに拠点を持つ日本の民間投資家は第三者による仲裁手続を利用できる。それは日本人が所有するカナダやメキシコの企業による対米国投資に関する紛争の場合である[108]。

　NAFTAはWTOよりも整った規範体系である[109]。投資に関するNAFTAのルールは包括的である。サービス貿易に関するNAFTAの規定はGATSのポジティブ・リスト方式ではなくネガティブ・リスト方式を採用しており、その適

用分野はGATSよりもはるかに広い。ただし、NAFTAは競争法の適用に関するまとまったルールを設けていない。

日本がNAFTAに加入するか、あるいは日米間の自由貿易協定を締結すれば、不完全な規範体系という問題が解決されるだろうか。この方式には利点がある。ただし、APECの出現でその可能性はやや薄らいだように思われる。

日米自由貿易協定というアイディアは新しいものではない。1988年、ITCは米国上院金融委員会に対して、日米自由貿易協定が米国の国益にかなうかどうかについての報告書を提出した[110]。米加自由貿易協定の交渉は1988年には終わっていたが、NAFTAの交渉はまだ始まっていなかった。NAFTAは米加自由貿易協定をモデルとして作られた。したがって、ITCの調査官は包括的な自由貿易協定がどのような内容を持つかについてのかなり明確なイメージを持っていた。

ITC報告書によると、専門家の意見は分かれた。一般的な反応として、こうした協定の提案は検討に値すると考えられた。しかし、さまざまな留保や注意が表明された。積極面として、こうした協定は日米経済関係の重要性を認め、通商問題を解決するためのあまり対決的でないフォーラムを提供し、関係改善に資する可能性がある。他方で、消極面として、米国の大半の専門家が両国間の問題の核心であるとみなしている日本の非公式で構造的な市場アクセスの障壁を自由貿易協定が扱うことができるかどうかについては、懐疑的な意見が出された。協定が成功するためには、競争・構造問題を扱うルールを取り込む必要があるという点で大方の意見が一致した。また、こうした協定はGATTルールと適合的でなければならないという点でも大方の意見が一致した。

NAFTAはWTOよりも包括的なルール体系であるため、両国の通商関係を改善する基礎として有益かもしれない。紛争解決の分野で、NAFTAは紛争当事国の国民である仲裁人を利用する小委員会方式を用いる。これは、通常第三国の仲裁人を利用するWTO方式よりも優れているかもしれない。

ITC報告書を繰り返せば、非公式で構造的な障壁の問題を扱わない日米自由貿易協定は、いずれの国にとってもメリットがないかもしれない。それは米国にとっては不適切な「譲歩」と受け取られ、日米関係に影響する政治的反

撥を引き起こしかねない。

　一般的にいって、NAFTAに日本が加入するというアイディアは真剣に検討するに値する。しかし、APECの登場に伴い、日本、米国および他のAPEC加盟国の間の政治的経済的関係のバランスを損なうことなしに2国間(あるいは4国間)でこうした取り決めを結ぶことが可能かどうかは疑わしくなった。

C. APEC

　ボゴール宣言実施のための大阪行動計画[111]において、APEC加盟国政府は、「APEC自由化・簡素化プロセスの進展に伴う紛争解決手続の発達の可能性を検討する」[112]ことに同意した。さらに、APEC加盟国政府は私人と政府との紛争、私人間の紛争の双方についての紛争解決手続の構築についても合意した[113]。これらの目的を追求するため、APEC貿易投資委員会の下部機関として設立されたAPEC紛争仲介専門家部会(DMEG)が会合を持ち、1996年11月のマニラサミットに向けて中間報告を提出した[114]。中間報告の中で、専門家部会は、APEC紛争解決メカニズムは、WTOの紛争解決了解を支持し、加盟国がWTO協定その他の国際協定に基づいて有する権利義務を損なうことなく、WTOの紛争解決を補完し、自発的なものであるべきであると加盟国政府が希望していることを強調した。また、すでに貿易と投資委員会の中に、対決的でない紛争解決を奨励する「通商政策対話」制度が設けられていることを指摘した。中間報告が検討した唯一の具体的な提案は、「APEC事務局が作成する仲介人名簿」に基づく政府間紛争の仲介手続の可能性であった[115]。専門家部会は、次回の専門家部会の会合までに加盟国政府がこの提案について意見を提出するよう要請した。

　マニラ行動計画(MAPA)において、加盟国政府は「貿易と投資委員会の『通商政策対話』の活用を含む紛争仲介サービスの選択肢を論じる」ことに同意した[116]。

　APECのダイナミズムを過小評価すべきではない。また、アジア太平洋地域の貿易と投資の規制においてそれがますます重要になってきていることも事実である。しかし、当分の間は、APECが日米関係において紛争解決メカ

ニズムの重要な選択肢を生み出すかどうかは明らかでない。それはAPECがいまだ包括的なルールの体系を作り出していないからである。APECは自国経済を自由化するという加盟国の善意の約束に依存している。APECは協議と対決的でない通商紛争の解決を奨励している。こうした努力は、公式の統合構造を持たない地域にとっては称賛に値するものであり、重要である。しかし、日米の経済・政治関係は高度に発達しており、両国の官僚の間でコミュニケーションは不足していない。米国では、市場アクセスの問題を詳細で強制可能な決定によって解決したいという政治的要求が強い。APECがこうした解決のためのフォーラムを提供できるかどうか明らかでない。もし日本が、市場アクセスを求める米国の圧力に対抗するためにAPECの対決的でない方式に依拠するとすれば、米国のビジネス界はAPECプロセスに対する好意的な見方を改めるであろう。そうすれば、APECの制度としての存続が危うくなるおそれがある。

5.「中国問題」

　米国と中国の間には大きな貿易不均衡が存在し、それは拡大している。その結果、日米通商関係における圧力が緩和されたというのが一般大衆の見方である。しかし、通産省の報告書や日本の経営者との対話を通じて明らかになったのは、中国の対米輸出の相当部分が、日本企業が所有する中国企業を通じて実施されているということである。現在、米国では中国に対して「何らかの手を打つ」ことを求める政治的圧力が高まっている。これまでUSTRがとってきたのは、WTO加盟を「あめ」として用いて中国の市場アクセスの改善を促し、特に知的財産権の保護に関して301条を「鞭」として用いて中国のルールと執行の改善を求めるという方針である。

　日中間の資本所有関係のために、米国が日中両国との間で抱える貿易不均衡問題は一体化して扱われるようになるかもしれない。現在、日米通商関係は、貿易不均衡が縮小したため、小康状態が続いている。しかし、この状態が長く続くと考えるのは誤りだろう[117]。

6. 不完全な法体系、システムの適合不全と最適ではない解決

　本章の冒頭で筆者は、日米の貿易・投資関係と紛争解決に関する問題の多くは、WTOその他の法体系の不完全さとマクロ経済政策に関する両国の考え方の違いに起因すると述べた。また、これらの問題に対する過去の政府間の解決が反競争的な性格を持つ市場アクセス協定（灰色協定など）によることが多かった点も指摘した。

　問題をこのように簡潔に表現すると、紛争回避と紛争解決の問題に対する解決策も立てやすくなる。

　第一に、問題の多くが両国関係を規律する法体系の不完全さに起因するのであれば、法体系をより完全にすることで解決が得られるだろう。その際、第一に問題になるのは、両国間で望ましいルールについていかにして合意に到達するかである。第二の問題は、多角的貿易システムにおける両国と他の国や地域との関係が損なわれないようにいかにしてルールを決定するかである。

　マクロ経済政策の不適合という問題は、第一の問題の解決に間違いなく影響を与える。言い換えれば、マクロ経済政策が異なっていれば、両国が望ましいルールについて合意することは難しい。しかし、日米両国が自らに課すべき課題は、マクロ経済政策が真に異なっている分野を特定し、それが交渉の余地のない違いであるかどうかを検討することであろう。交渉の余地のない違いに関しては、調整策を講じる必要がある。

　より完全な法体系を交渉するためのフォーラムの選択は重要である。二国間の法体系が適切な場合もあれば、小規模な多角的法体系（たとえばNAFTA、APECやOECD）が適切な場合もあり、より大規模な多角的法体系（たとえばWTOルール）が適切な場合もある。いずれのフォーラムにも限界があり、あらゆる場合に理想的なフォーラムは存在しない。

　最適でない解決の問題はきわめて重要である。国際貿易システムの開放的性格を維持すべきであるとすれば、市場配分協定は避けるべきである。本章の目的の一つは、市場配分的解決の余地を最小化するシステムを推進することにある。WTOセーフガード協定の採択により、加盟国は通商問題に対する「灰色領域」の解決に対する反対を表明した[118]。しかし、WTO協定発効後

の事態をみると、灰色領域の問題の根強さは明らかである。

最適でない解決は不完全な法体系とシステムの適合不全と密接に関連している。灰色領域と市場アクセス協定を放棄できるかは、当事国が貿易・投資に関する権利を自由に追求できるより完璧な法体系ができるかどうかにかかっている。開放的な市場のルールはシステムの適合不全と対立する。したがって、最適でない解決を回避するためにはシステムの適合不全の問題に取り組むことが必要である。

注

1) 例えば参照、Hadi Soesastro, "Implications of the Post Cold War Politico-Security Environment for the Pacific Economy," in C.Fred Bergsten & Marcus Noland eds., *Pacific Dynamism and the International Economic System* (1993), p.365.

2) 例えば参照、Francis Fukuyama, *Trust: The Social Virtues and the Creation of Prosperity* (1995), pp.161-207. フクヤマは次の通り述べる。
「しかし、年功は将来にわたる最善の制度ではないが、過去の日本においては、多くの西欧諸国が達成できなかった職の安定性と経済効率のバランスを取る上で、明らかに有効に機能した。これが現在までうまく機能したという事実、いや、そもそも機能したということ自体、日本の社会生活における相互的な義務の力というものの証拠である」(*Ibid.*, p.193)。

3) 過去20年にわたり、米国経済において無制約の市場に基礎を置く意思決定を重視する傾向が強まってきたことは、自由を擁護する政治的見解の台頭の反映である。この自由擁護運動の知的な源はフリードリヒ・フォン・ハイエクである。参照、Friedrich von Hayek, *The Road to Serfdom* (1945). フォン・ハイエクの哲学を継承する者、例えばミルトン・フリードマンがいわゆるシカゴ学派を支配し、米国経済および国際経済の政策決定に強い影響を与えた。

4) この結果、例えば、社会的に不利なマイノリティの人々が犯罪を犯し、刑務所に収容される割合が高くなっている。現在支配的な米国の社会経済哲学に対する優れた批判として、参照、John Kenneth Galbraith, *The Culture of Contentment* (1992).

5) 例えば参照、Inflow of Chinese Goods Slows Down U.S.Trade Deficit Improvements, *LA Times*, Oct.19, 1996, p.d1 (同年8月、中国の対米貿易黒字が2ヶ月連続して最大となり47億1千万ドルを記録したこと、他方で日本の対米貿易黒字は38億ドルであったことを指摘する). Japan's U.S. Trade Surplus

Plunged 56% Last Month, *NY Times,* May 21, 1996, p.d7 (日本のブランド商品が海外、例えば中国で生産される割合が増えていることを指摘する).
6) 1996年の『通商白書』によれば、日本の対中直接投資は1990年には161億ドルであったが、1994年には1853億ドルに増加し、1995年上半期には1364億ドルに達した。参照、1996 MITI White Paper on 1996 Inestment, Table 12 (http://www.jetro.go.jp/WHITEPAPER/INVEST96/t12.html)
7) 例えば参照、Frederick M.Abbott, *Law and Policy in Regional Integration: The NAFTA and Western Hemispheric Integration in the World Trade Organization System* (1995), p.139.
8) 例えば参照、国連憲章1条2項、2条7項。
9) 例えば参照、核実験事件 (オーストラリア対フランス)、1974 I.C.J.253 (ペトレン判事の個別意見). Filartega v.Pena-Irala, 630 F.2d 876 (2nd Cir. 1980). Kadic v. Karadzic, 70 F.3d 232 (2nd Cir. 1995).
10) 参照、ウィーン条約法条約26条。T.O.Elias, *The Modern Law of Treaties* (1974), p.236 (現行のすべての条約は当事国を拘束し、誠実に実施されなければならない). 慣習の法的拘束力について参照、漁業事件 (U.K. v. Norway, 1951 I.C.J. 116 (as amended 1956)).
11) 参照、General Agreement on Tariffs and Trade: Final Act Embodying the Results of the Uruguay Round of Multilateral Trade Negotiations, Apr. 15, 1994, Legal Instruments-Results of the Uruguay Round Vol.1 (1994), reprinted in *I.L.M.*, Vol. 33 (1994), p.1125 *et seq.*
12) 参照、United States-Japan Treaty of Friendship, Commerce and Navigation, Apr. 2, 1953, U.S.-Japan, 4 U.S.T. 2063, T.I.A.S. No.2863 (1953年10月30日発効).
13) 本章4. B.の議論を参照。
14) 本章4. C.の議論を参照。
15) 例えば、日米構造協議について参照、Mitsuo Matsushita, *International Trade and Competition Law in Japan* (1993), pp.200-02. 二国間取り決めの有益な一覧として参照、"Only 13 of 45 Accords with Japan Succeeded in Market Access Business Group Reports," *International Trade Reporter,* Vol.14, Jan.15, 1997, p.76.
16) 参照、Consumers Union v. Kissinger, 506 F.2d 136 (D.C. Cir. 1974).
17) 参照、Japan: Trade in Semi-Conductors: Report of the Panel, GATT Doc. L/6309 (Mar. 24, 1988).
18) 例えば参照、Laura D'Andrea Tyson, *Who's Bashing Whom?* (1992), pp.76-82.
19) 参照、Japan-U.S. Automotive Agreement and Supporting Documents, Aug.23 1995, *I. L.M.*, Vol.34 (1995), p.482 *et seq.* 同じく参照、U.S., Japan Strike Deal on Auto Trade Addressing Parts, Dealerships, Repairs, 1995 DER 125, June 29, 1995 (LEXIS/NEXIS). EU/Japan/US: Europe Gives Cautious Welcome to US-Japan Car Deal Copyright, European Intelligence, July 8, 1995 (LEXIS/NEXIS). Australian Minister Urge [sic] Japan Not to Favor US Auto Parts Makers, Agence France

Presse, July 11, 1995 (LEXIS/NEXIS). "Japan, U.S. Report on Auto Accord, Say Dispute Is Now Removed from WTO, " *International Trade Reporter,* Vol.12, July 12, 1995, p.1176.

20) 例えば参照、"Japan to Liberalize Insurance Rates in Personal Injury Area in Line with Pact," *International Trade Reporter,* Vol.14, Jan.8, 1997, p.50 (以下、保険自由化と略す)

21) セーフガード協定11条1項(b)「……加盟国は、輸出自主規制、市場の秩序を維持するための取り決めその他輸出または輸入の面における同様の措置をとろうとし、とりまたは維持してはならない。」

22) 同前11条3項。

23) 一般的に参照、Robert E.Hudec, "Thinking about the New Section 301: Beyond Good and Evil, " in Jagdish Bhagwati & Hugh T. Patrick eds., *Aggressive Unilateralism* (1990), p.113.

24) 参照、 Frederick M. Abbott, " Protecting First World Assets in the Third World: Intellectual Property Negotiations in the GATT Multilateral Framework, " *Vanderbilt Journal of Transnational Law,* Vol.22 (1989), pp.707-09.

25) 例えば参照、JETRO, *White Paper on International Trade: Japan 1992* (1992), pp.89-98.

26) 例えば参照、 Industrial Structure Council (Japan) , *1996 Report on the WTO Consistency of Trade Policies by Major Trading Partners* (1996).

27) 同じく参照、C.Fred Bergsten & Marcus Noland, *Reconcilable Differences: United States-Japan Economic Conflict* (1993). Lester Thurow, *Head to Head: The Coming Economic Battle among Japan, Europe and America* (1992).

28) NAFTAの潜在的な影響の分析について参照、Abbott, *supra* n.7, ch.8.

29) 例えば参照、Manila Action Plan for APEC and related documents. 本章4. C.

30) EUの共通通商政策とその米国への影響について参照、Abbott, *supra* n.7, ch.7.

31) 参照、 Marcos Castrioto de Azambuja, "Institutions for International Economic Integration," *American Society of International Law Newsletter* (1996).

32) ここにいう目的は、互いに補完的な対立物であるかもしれない。言い換えれば、個々の目的はそれなりの魅力を持った対立目的を明らかにするかもしれない。

33) 例えば参照、Thurow, *supra* n.27, pp.245-58.

34) 一般的に参照、Hudec, *supra* n.23. Tyson, *supra* n.18.

35) 自動車取り決めに関する本章3.G.2)の議論を参照。

36) こうした見解は、筆者が1993年に日本で行った政府関係者とのインタビューでしばしば表明された。参照、Abbott, *supra* n.7, ch.8.

37) この箇所の記述について参照、Frederick M. Abbott, "The Intersection of Law and Trade in the WTO System: Economics and the Transition to a Hard Law System, " in David Orden & Donna Roberts eds., *Understanding Technical*

Barriers to Agricultural Trade (1997), p.33.
38) 例えば参照、Ulrich Beyerlin, "The Concept of Sustainable Development," in Rudiger Wolfrum ed., *Enforcing Environmental Standards: Economic Mechanisms as Viable Means?* (1996), p.95. バイエリンはソフトローという言葉を用いていない。代わりに彼は持続可能な成長について、それは「国際環境保護と開発の分野ですべてのアクターが尊重すべき包括的な政治的目標」であると述べている。
39) GATTの自動執行性を否定した重要な判決において、欧州裁判所はGATTが固定的なルールの体系ではなく相互主義に基づく交渉のフォーラムとしての性格を持つことを強調した。Case 21-24/72, International Fruit Company N.V. v. Produktschap voor Groenten en Fruit No.3, 1972 *E.C.R.* 1219.
40) Olivier Long, *Law and Its Limitations in the GATT Multilateral Trading System* (1985).
41) 例えば、途上国に対する特別かつ異なる待遇に関するルールは、こうして発展してきたものである。
42) 例えば、東京ラウンド交渉の一部をとりまとめるために、コンセンサスによる枠組み合意の方式が用いられた。
43) ガット・WTOのソフトローからハードロー体系への移行は、さまざまな側面からとらえることができる。例えば、単一の法体系の創設は、複数のルール群という選択的性格の払拭という傾向を示すものととらえられる。ルールは今やより多くの当事国によって適用されるようになっている。しかしながら、規範がより多くの当事国に適用されるようになったといっても、そのことから規範の遵守も高まるようになるとは限らない。
44) ルールの洗練は、各国政府に認められる裁量のレベルを大幅に引き下げるとは限らない。例えば、SPS協定の場合、ウルグアイラウンド交渉の最終段階で、国際的に合意された規範からの逸脱を容易にする方向での修正が加えられた。
45) 参照、GATT 1条。
46) 参照、GATT 3条。
47) 同様の例として、最恵国待遇原則と途上国例外との緊張関係、輸出補助金の禁止と一次産品輸出期待との緊張関係を参照せよ。例外の解釈はGATTにおいて最も深刻で長きにわたる紛争を引き起こしてきた。
48) 参照、GATT 24条の解釈に関する了解。GATS 5条。同じく参照、Abbott, *supra* n.7, pp.35-54.
49) 内国民待遇原則の説明として参照、Japan: Taxes on Alcoholic Beverages, WT/DS8/R, WT/DS11/R, 1996 GATTPD LEXIS 2, July 11, 1996.
50) 参照、SPS協定 Annex C.
51) 参照、アンチダンピング協定。
52) 同前2条4項1。

53) 補助金相殺措置協定 Annex I。
54) アンチダンピング協定17条6項(ii)。
55) 参照、TRIPS協定。同じく参照、First Report of the Committee on International Trade Law of the International Law Association, Buenos Aires, 1994 (報告者：E.-U.Petersmann & Frederick M.Abbott)
56) 一般的に参照、Robert E.Hudec, *Enforcing International Trade Law* (1993). Pierre Pescatore et al., *Handbook of GATT Dispute Settlement* (1991 and updates).
57) 同前参照。
58) 実際、ウルグアイラウンド交渉中、二つのマグロ・イルカ事件小委員会報告や米国のCAFE基準事件、ECのバナナ事件報告を含む多くの重要な小委員会報告の採択がブロックされた。しかし、その原因の一端は、係争事項がラウンド終結のための取引材料とされたことにある。その意味ではこれらの事実を根拠に小委員会手続が有効でないという主張は的確ではない。
59) 紛争解決了解。
60) 参照、Ernst-Ulrich Petersmann, "The Dispute Settlement System of the World Trade Organization and the Evolution of the GATT Dispute Settlement System Since 1948," *Common Market Law Review*, Vol.31 (1994), p.1157 *et seq.*
61) 紛争解決機関はWTO一般理事会の別称である。
62) 勝訴した当事国が救済を求めないということもあり得る。しかし、この当事国はいつでも申し立てを撤回することができるから、反対票を投じることになるにもかかわらず報告が紛争解決機関に持ち出されるのを認める理由はない。ただし、小委員会や上級委員会の報告があまりに問題をはらんでいる場合、紛争解決機関がネガティブコンセンサスによってそれを非難し、将来の紛争解決決定に対する影響すら持たせないようにするという可能性はある。
63) 紛争解決了解23条1項。
64) 紛争解決了解23条2項(c)。
65) 通商制裁の一方的な発動の禁止は、米国とその301条に対して設けられたものである。301条は、外国の通商関連慣行について、USTRに検察官兼判事兼執行機関の地位を与えるものである。
66) 参照、紛争解決了解12条8-9項、17条5項。小委員会報告の原則的な提出期限は小委員会が設置され付託事項が合意されてから6ヶ月である。上級委員会は、上訴通告から60日以内、あるいは延長が認められた場合には90日以内に報告を出さなければならない。
67) 一般的に、この期間は紛争解決機関が小委員会報告あるいは上級委員会報告を採択してから15ヶ月を越えてはならないとされる。参照、紛争解決了解21条3項(c)。
68) 紛争解決了解3条6項によると、加盟国は紛争解決機関および関連する理事会および委員会に「対象協定の協議及び紛争解決に関する規定に基づいて

正式に提起された問題についての相互に合意された解決」を通報する。当事国が正式に提起しなかった問題については通報は必要ではない。
69) 23条は以下の通り続く。
「(b)関係加盟国が勧告及び裁定を実施するための妥当な期間の決定に当たっては、21条に定める手続に従う。
(c)譲許その他の義務の停止の程度の決定に当たっては、前条に定める手続に従うものとし、関係加盟国が妥当な期間内に勧告及び裁定を実施しないことに対応して対象協定に基づく譲許その他の義務を停止する前に、同条に定める手続に従って紛争解決機関の承認を得る。
　　紛争解決了解3条2項も加盟国の義務の範囲に関して規定する。
2 WTOの紛争解決制度は、多角的貿易体制に安定性及び予見可能性を与える中心的な要素である。加盟国は、同制度が対象協定に基づく加盟国の権利及び義務を維持し並びに解釈に関する国際法上の慣習的規則に従って対象協定の現行の規定の解釈を明らかにすることに資するものであることを認識する。紛争解決機関の勧告及び裁定は、対象協定に定める権利及び義務に新たな権利及び義務を追加し、または対象協定に定める権利及び義務を減ずることはできない。」
70) 一般に参照、Petersmann, *supra* n.60.
71) 参照、紛争解決了解26条(非違反申し立てと状態申し立てについて異なる手続を規定する)。
72) GATSの下で、非違反申し立ては協定第3部の「特定の約束」に関連するものに限られている。これは非違反申し立てに対する重要な制限である。参照、GATS 33条3項。
73) TRIPS協定64条2項、3項。
74) Petersmann, *supra* n.60, p.1172. (23条の下で提起された200以上の申し立てのうちわずか15件が非違反無効化侵害の申し立てであり、「その他の状況」に関わるのはわずか4件であったと指摘する)
75) 紛争解決了解26条1項によると、非違反申し立てを行う加盟国は、当該措置の撤回を求めることはできず、満足のいく調整を求めることができるにとどまる。
76) 紛争解決了解25条。
77) 紛争解決了解25条4項。
78) 原産地規則協定 Annex 1A.
79) GATS 16、17条。
80) 参照、TRIMS協定。
81) GATSは営業の権利の約束を認めているが、金融サービスを除いてそれを義務づけてはいない。
82) 参照、シンガポール閣僚宣言、1996年12月13日、reprinted in *I.L.M.*, Vol.36 (1997), p.218 *et seq.*

83) 参照、Industrial Structure Council (Japan), *1996 Report on the WTO Consistency of Trade Policies by Major Trading Partners* (1996), pp.44-45 (以下、「不公正貿易報告書」と略す).
84) Japanese Measures on Imports of Thrown Silk Yarn, L/4637-25S/107, 1978, GATTPD LEXIS 1, Report of the Panel adopted on May 17, 1978.
85) Panel on Japanese Measures on Imports of Leather, GATT Doc. L.5623 (May 15 & 16, 1984), reprinted in *BISD* 31S/94 (1985), 112-13. 日本の革製品輸入制限に関してはこの他にも米国による申し立てがある (1979、1980、1981年)。
86) GATT Dispute Settlement Panel Report: Japanese Restraints on Imports of Manufactured Tobacco from the United States, June 11, 1981, available in 1993 BDIEL AD LEXIS 39.
87) Japan: Restrictions on Imports of Certain Agricultural Products: Report of the Panel, March 22, 1988, *BISD* 35S/163 (1989).
88) 日米両国が関与した1947年のGATTの下での申し立ての中で、おそらく最も有名なのは、日本の半導体事件に関するECの申し立てであろう。参照、Japan: Trade in Semiconductors, May 4, 1988, L/6309, *BISD* 35S/116 (1989), p.162.
89) 例えば、電気通信サービス市場へのアクセスについての申し立て。
90) 例えば、スーパーコンピュータや半導体の市場アクセスに関する申し立て。もっとも、いずれの申し立てでも最終合意は多国間合意として締結された。
91) 例えば、日本製自動車や鉄鋼の輸入制限。
92) 参照、「不公正貿易報告書」、前掲注83、240頁。
93) 参照、 Automotive Agreement and Supporting Documents, Aug.23, 1995, reprinted in *I.L.M.*, Vol.34 (1995), p.1482 *et seq.*
94) 例えば参照、*Ibid.,* p.1524. (日本の自動車会社の計画に関する橋本龍太郎通産相とミッキー・カンター通商代表の共同声明)
95) 参照、「不公正貿易報告書」、前掲注83、257-66頁。
96) 参照、 Joint Statement by the Government of the United States and the Government of Japan Concerning Semiconductors, Aug. 2, 1996, *International Trade Reporter,* Vol.13, Aug.7, 1996, p.1287.
97) 参照、前掲注20。米国が最近公表した、日本の港湾施設への無差別のアクセスが保証されないことに対する制裁の発動も同様に注目に値する。参照、"Albright Raises Trade Issues in Frank Discussions in Japan,"*International Trade Reporter,* Vol.14, Feb.26, 1997, p.331.
98) 参照、Japan: Taxes on Alcoholic Beverages, WT/DS8/R, WT/DS10/R, WT/DS11/R, 1996 GATTPD LEXIS 2, July 11, 1996.
99) 不公正貿易報告書、前掲注83、44頁。
100) 同前、258頁。
101) 参照、 Japan: Measures Affecting Consumer Photographic Film and Paper, First

Submission of the United States of America, 1997 GATTPD LEXIS 1, Feb.20, 1997.
102) 以上の見解は、1997年2月、筆者に対してUSTRの担当者が述べたものである。筆者は、USTRの担当者が言及したのは、日本の半導体貿易に関するECの申し立て(前掲注88)であったと判断している。
103) 同様の見解はカナダの官僚からも表明されている。ただし、それはカナダ政府の公式見解ではない。彼らの一人は、APECは拘束的な法規範を欠いているので、拘束的な紛争解決決定はあり得ないとの見方を述べた。
104) 日米友好通商航海条約(前掲注12)。
105) 同前、7条。
106) 参照、Frederick M.Abbott, "Regional Integration Mechanisms in the Law of the United States: Starting Over," *Indiana Journal of Global Legal Studies,* Vol.1 (1993), p.155, n.34.
107) 参照、Executive Summary of Fuji Film's Comments Regarding Legal Issues, In the Matter of Investigation Pursuant to Section 302 Concerning Barriers to Access to the Japanese Market for Consumer Photographic Film and Paper, Docket No. 310-99, Aug. 11, 1995, pp.10-12 (友好通商航海条約とOECD資本自由化コード違反に関するコダック社の主張に対する回答)
108) 参照、Abbott, *supra* n.7, p.102. 営利企業の所有者の国籍は当該企業がNAFTA国籍を有するかどうかを決定する際の基準ではない。したがって、日本人が所有するカナダ会社も、米国への投資に関してカナダ人投資家としての権利を有し、第三者による仲裁に付託する権利を有する。
109) 一般的に参照、Abbott, *supra* n.7.
110) Pros and Cons of Initiating Negotiations with Japan to Explore the Possibility of a U.S.-Japan Free Trade Area Agreement, Report to the Senate Committee on Finance on Investigation No.TA-332-255 Under Section 332 of the Tariff Act of 1930, 1988 ITC LEXIS 78 (Sept. 1988).
111) 参照、APEC Economic Leaders' Declaration for Action, Nov.19, 1995 and The Osaka Action Agenda: Implementation of the Bogor Declaration (posted 1995) http://infomofa.nttls.co.jp/infomofa/apecinfo/www/agenda/agenda.html at Part I,C 12.
112) *Ibid.*, C12, Collective Actions, a.iii.
113) *Ibid.*, at Collective Actions, b.
114) 例えば参照、Manila Action Plan Highlights, http://apecsun.apecsec.org.sg/mapa/vol1/mapahigh.html (以下「MAPAハイライト」と略す). APEC Committee on Trade and Investment, 1996 Annual Report to Ministers, download from http://apecsun.apecsec.org.sg/apecnet.html.
115) APEC Expert's Group on Voluntary Consultative Dispute Mediation, Dispute Mediation Progress Report on Collective Actions, Nov. 1996.

116) MAPAハイライト、前掲注114、at Dispute Mediation, Box 12, Undertakings on Dispute Mediation.
117) 最近の円安ドル高によって日本の対米輸出が相当増加する可能性があり、この結果貿易摩擦が引き起こされるかもしれない。
118) セーフガード協定11条。

10 日米間の紛争の防止と解決

トーマス・J・ショーエンバウム

1. 序

　私は本章において、日米間の摩擦と諸々の紛争の存在に我々の態度がいかに関わっているかということに焦点を絞って話を始める。我々はかかる摩擦の存在に驚くべきではないし、また、ことさらにこれを案じるべきでもない。つまり、摩擦にはプラスの側面がある。摩擦は関係を前提としており、実際、日米間において生じた経済摩擦は、親密で、有益で、かつ広範な日米関係を際立たせる結果となっている。わずか50年ほどの間に、日米関係は、欧米関係に匹敵する極めて重要なものとなってきた。これは信じられないほどの成果である。

　ならば、摩擦はつきものである。摩擦は、当事者間の行動を規律し、実体・手続・制度といったものを調整する規範を生み出すことにより、関係の維持に役立っている。摩擦は変革と秩序の再構築のための手段であり、我々は、摩擦を抑制するよりもむしろ管理することを目的とすべきである。

　したがって、我々が対応しなければならない問題は、日米間で今後も生じ続けるであろう、避けることのできない広範な経済摩擦の最良の管理方法を、いかに構築するかということなのである。

　日米間の紛争解決基準としての役割を担ってきた現行の枠組み協定(Framework Agreement)は、その役割を終えたように見受けられる。両国間の紛争解決基準として新しいものを提案することが適当であろう。必要とされているのは、既存の国際制度を有効に利用し、しかし、それと同時に当事者間に生じる実に多様な紛争に適する様々なフォーラムと手段を提供する、柔

軟な二国間紛争解決のモデルである。また、日米間の紛争解決に関する新協定は、政府間紛争のみを対象とするのではなく、政府と私人との間の紛争や私人間の紛争をも対象とする包括的なものとすべきである。

以下では、既存の紛争解決制度、特にWTOおよびAPECのフォーラムの利用に重点を置いて、包括的な紛争解決アプローチの可能性を概観する。

2. 政府間の紛争解決

A. WTOの紛争解決

日米両国はともにWTOの加盟国である。WTOの紛争解決手続は、ウルグアイラウンド交渉[1]の結果、1995年1月1日に成立し、これまで3年以上にわたって利用されてきた。いかなる見地から見ても、この紛争処理システムは大きな成功をおさめている。100件をこえる事件がWTOに付託され[2]、1997年8月までに、25件が協議段階で解決され、56件が協議中であり、そして29件が小委員会の申し立て手続に付され、あるいは上級委員会への申し立て手続に付された[3]。新設の上級委員会は7件の裁定を下した[4]。上級委員会の意見も小委員会の意見も、その質は一般に非常に優れたものである。WTO加盟国はWTOの紛争解決機関(DSB)により採択された裁定および勧告に従っている[5]。

WTOの紛争解決機関は国際貿易裁判所に極めて近い機能を果たしている[6]。義務的管轄権が存在し、紛争は概ね法準則の適用により処理され、裁定は当事国を拘束し、裁定が遵守されなかった場合には制裁が課される。

紛争解決手続はWTO加盟国が他の加盟国(一国か複数国かを問わない)との協議を要請した時点で開始される[7]。これ以後は次のような厳格な行動日程に従った手続が進んでいくことになる。まず、①当該紛争が協議要請後60日以内に解決されなかった場合、小委員会の開催が要請され[8]、次に、②当該紛争はアド・ホックの紛争解決小委員会により審議され、裁定が下される[9]。さらに、③同小委員会の裁定に対しては上訴が可能であり、これについては常設の上級委員会により裁定が下される[10]。紛争解決機関は(実質的にはWTOの一般理事会であるが、この機関が)手続を監督し、小委員会の設置や小委員会

と上級委員会の報告書の正式な採択、裁定および勧告の履行の監視、制裁の許可といった職務を果たしている[11]。手続の概略図は以下のとおりである。

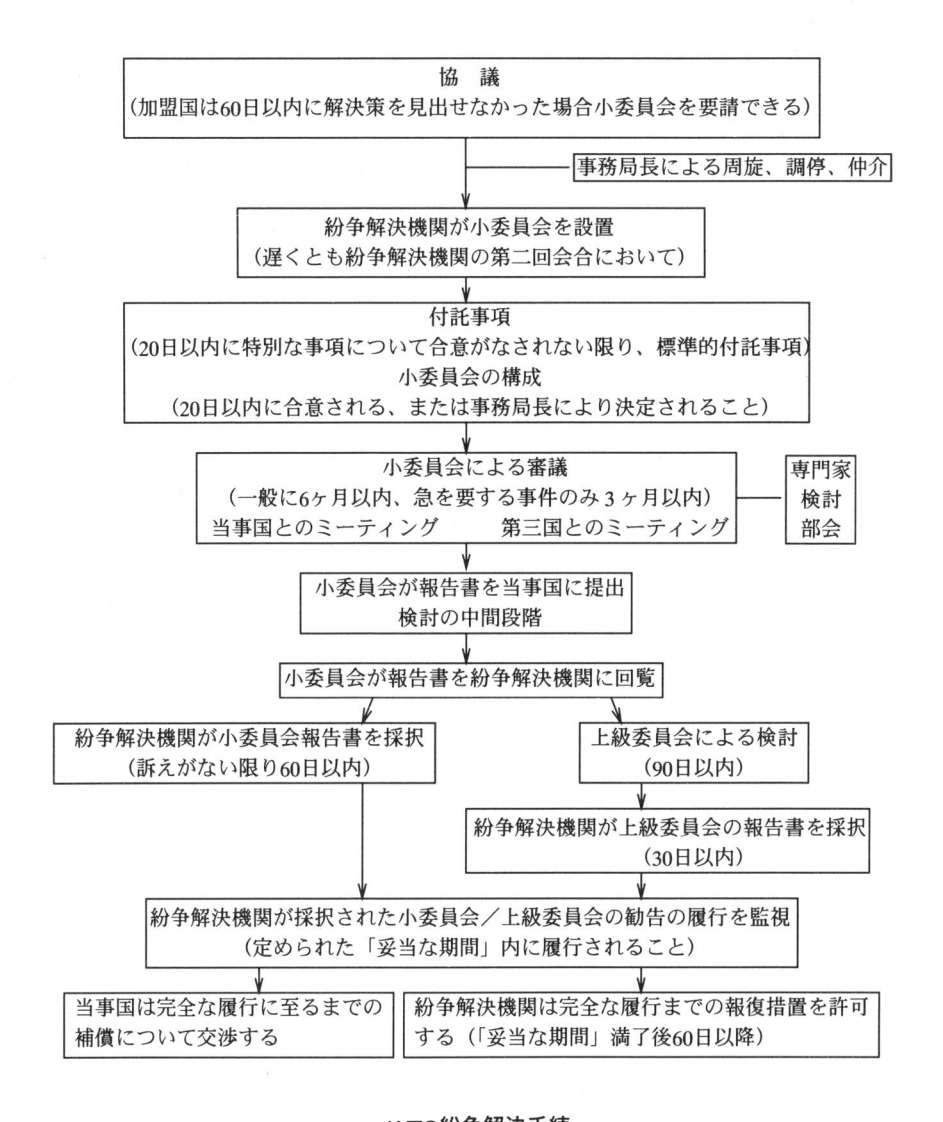

```
┌─────────────────────────────────────────────┐
│            協　議                            │
│ (加盟国は60日以内に解決策を見出せなかった場合 │
│  小委員会を要請できる)                        │
└─────────────────────────────────────────────┘
         │────────── 事務局長による周旋、調停、仲介
         ▼
┌─────────────────────────────────────────────┐
│     紛争解決機関が小委員会を設置              │
│ (遅くとも紛争解決機関の第二回会合において)    │
└─────────────────────────────────────────────┘
         ▼
┌─────────────────────────────────────────────┐
│            付託事項                          │
│ (20日以内に特別な事項について合意がなされない │
│  限り、標準的付託事項)                        │
│          小委員会の構成                      │
│ (20日以内に合意される、または事務局長により   │
│  決定されること)                              │
└─────────────────────────────────────────────┘
         ▼
┌──────────────────────────────┐   ┌──────┐
│      小委員会による審議       │   │専門家│
│ (一般に6ヶ月以内、急を要する  │──│検討　│
│  事件のみ3ヶ月以内)           │   │部会　│
│ 当事国とのミーティング        │   │      │
│ 第三国とのミーティング        │   │      │
└──────────────────────────────┘   └──────┘
         ▼
┌─────────────────────────────────────┐
│  小委員会が報告書を当事国に提出     │
│       検討の中間段階                │
└─────────────────────────────────────┘
         ▼
┌─────────────────────────────────────┐
│ 小委員会が報告書を紛争解決機関に回覧 │
└─────────────────────────────────────┘
         │                    │
         ▼                    ▼
┌──────────────────────┐  ┌──────────────────┐
│紛争解決機関が小委員会│  │  上級委員会による│
│報告書を採択          │  │  検討            │
│(訴えがない限り60日   │  │  (90日以内)      │
│以内)                 │  │                  │
└──────────────────────┘  └──────────────────┘
                                  ▼
                          ┌──────────────────┐
                          │紛争解決機関が上級│
                          │委員会の報告書を  │
                          │採択              │
                          │(30日以内)        │
                          └──────────────────┘
         │                    │
         ▼                    ▼
┌─────────────────────────────────────────────┐
│ 紛争解決機関が採択された小委員会／上級委員会 │
│ の勧告の履行を監視                           │
│ (定められた「妥当な期間」内に履行されること) │
└─────────────────────────────────────────────┘
         │                    │
         ▼                    ▼
┌──────────────────────┐  ┌────────────────────────┐
│当事国は完全な履行に  │  │紛争解決機関は完全な履行│
│至るまでの補償について│  │までの報復措置を許可する│
│交渉する              │  │(「妥当な期間」満了後60 │
│                      │  │日以降)                 │
└──────────────────────┘  └────────────────────────┘
```

WTO紛争解決手続

出所) *GATT Focus Newsletter* (Aug,1994)

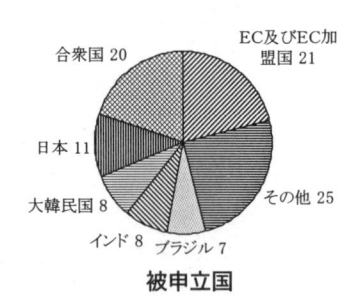

264 Ⅲ 日米経済紛争の解決手続・制度

被申立国

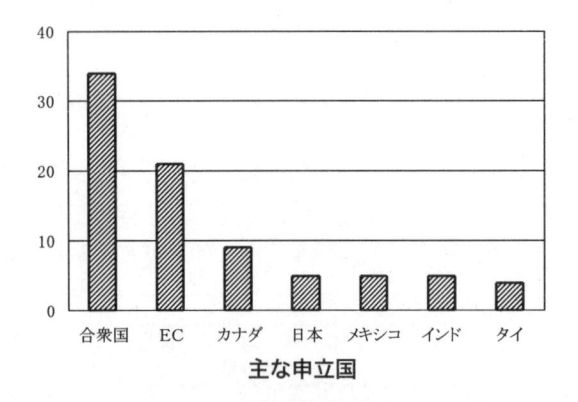

- EC及びEC加盟国 21
- 合衆国 20
- 日本 11
- 大韓民国 8
- インド 8
- ブラジル 7
- その他 25

主な申立国

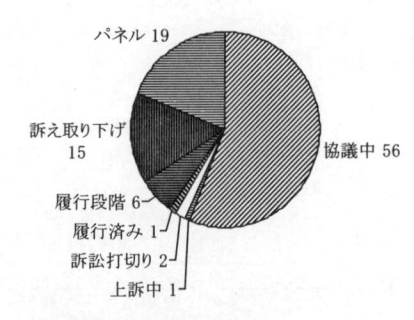

- 合衆国 34
- EC 21
- カナダ 9
- 日本 5
- メキシコ 5
- インド 5
- タイ 4

紛争解決手続の利用実績

- 協議中 56
- パネル 19
- 訴え取り下げ 15
- 履行段階 6
- 履行済み 1
- 訴訟打切り 2
- 上訴中 1

紛争解決手続の利用実績（1997年8月現在）
他の10件の事件は二国間で解決されてきたものとみなされた。

出所）*WTO Focus Newsletter* (Aug, 1997)

WTOの紛争解決手続は、日米間の一定のタイプの紛争、すなわち、対象協定、つまりWTO諸協定の下で生じる法律問題や不和の解決に大変有用なフォーラムを提供している。かかる準則に基づく紛争は、まさにWTOの制度で解決が意図されている紛争である。日米両国はこうした紛争を解決するという目的のためにWTOの制度を利用しているし、また今後も利用し続けるべきである。

しかしながら、対象協定に関連する準則に基づく紛争は、日米間の経済紛争の一部を構成するにすぎない。多くの紛争は、例えば日本で施行されている大規模小売店舗法[12]のような規制の問題や、系列をめぐる論争のような競争法・競争政策に関わる問題を含んでいる[13]。かかる紛争は一般的に法律問題を含まず、またWTOの対象協定の範疇には含まれない。

B. 他の紛争解決手段

日米両国は、WTOの小委員会による紛争解決以外に、現行の貿易協定の下で生じる法律問題を含まない経済摩擦を解決するための代替的な紛争解決手段を求めることに同意する必要がある。さらに、両国は、過去20年以上にわたって締結された多くの二国間経済協定で、現在いかなる公式の紛争処理システムにも服していないものに関する紛争解決の規定をつくるべきである[14]。

問題を解決するための二国間交渉以外に、この目的のために利用可能なフォーラムが二つ存在している。WTOとAPECである。WTOに関しては、紛争解決了解が小委員会と上級委員会の裁定に加えて紛争解決方法の幅広い選択肢を提供していることは、しばしば見落とされている。紛争解決了解は、当事国間の協議を規定し、この協議は協議要請後最低60日間は行うことが義務づけられている[15]。さらに、紛争当事国は、周旋、調停、仲介[16]あるいは仲裁を利用することに合意することもできる[17]。日米両国が、特にWTOの対象協定に密接に関わる紛争や、他国の利益、特にECの利益を包含する紛争を処理するためにこれらの紛争解決手段を用いることは適切である。かかる紛争については、一方当事国が紛争解決了解の下で非違反申し立て手続[18]または状態申し立て手続[19]を援用することができる。

他の紛争解決のためのフォーラムとしてAPECがある。1996年にAPECは、紛争仲介専門家部会(DMEG)[20]を設置し、以下の諸原則を採択した。

(a) APECの紛争仲介は、WTO協定に対する信頼をより確かなものとすることを目的とすべきであり、WTOの手続の完全性を強化することを目的とすべきである。

(b) APECの紛争仲介は、WTO協定その他の国際協定の下の権利および義務を害しないものであるべきであり、WTOの制度および手続と重複したり、これから逸脱したりするべきではない。

(c) APECの紛争仲介は任意のものであるべきであり、当事国相互の経済的利益を尊重し、他のAPEC加盟国の利益にも適正に配慮した、非対立的で任意のアプローチを促進すべきである。

(d) APECにおける紛争仲介に関する作業は、貿易および投資の自由化と促進という目的に関するAPECの作業の進展と並行して進められるべきである。

(e) APEC加盟国は、私人を当事者とするものも含む紛争解決のための既存の国際協定・国際条約の枠組みの中で作業し、これらの協定および条約の適切な執行を含めた、その目的の実現のための適切な国内法整備を行うことに積極的であるべきである。

(f) 加盟国経済において利用できる仲介、調停および仲裁サービスに関する情報へのアクセスを促進することが引き続いて優先されるべきである[21]。

日米両国は、様々な方法でAPECおよびDMEGを利用することに同意し得るであろう。第一に、APEC貿易と投資委員会の通商政策対話(Trade Policy Dialogue)は、紛争を招く可能性のあるあらゆる問題に関する意見を交換するためのフォーラムを提供している。また、このフォーラムは、情報を集め、行き渡らせることにより、APEC全体の透明性を高めている。第二に、APECのフォーラムは、特に、それが他のAPEC加盟国も巻き込む紛争である場合には、アド・ホックな紛争解決のための会合を召集するために利用することができるであろう。個々の紛争に最適な紛争解決方法が当事国の合意に基づいて選択され、合意され得るだろう。ここで考えられる方法としては、協議、

仲介、周旋もしくは調停、仲裁、事実審査および審査委員会がある。

C. 交渉（協議）

　WTOの紛争解決手続は以前のガットの手続の欠点を効果的に矯正してはいるが、おそらく矯正しすぎた面がある。ウルグアイラウンド交渉中、紛争解決モデルとしての交渉モデルと裁判モデルの選択は、あまりにもしばしば二者択一のものとして提示された[22]。これは誤った二分法であり、実際には両方のモデルが必要なのである。つまり、対象協定の法準則を適用することにより処理され得る紛争もあれば、より経済的・政治的な性質の紛争であって、法的でない手段によって処理されるべき紛争もある。

　WTO紛争解決了解は、小委員会と上級委員会による紛争処理以外に紛争解決方法の選択肢を提供していないというわけではない。逆に、紛争解決了解は、当事国間の協議[23]、周旋、調停および仲介[24]、事実問題の処理のための専門家検討部会の召集[25]ならびに拘束力ある仲裁[26]という、紛争処理方法の選択についての完璧なメニューを提供している。それにもかかわらず、紛争解決了解の手続準則のために、当事国は時として早まって小委員会から上級委員会に至る手続に集中してしまう。

　これは特に準則の三つの面が原因となっている。三つの面とは、第一に、協議、調停、周旋または事務局長による仲介の期間が60日間という短期間であることであり[27]、第二に、申し立て当事国が協議を要請した後、遅くとも二回目の紛争解決機関の会合において、紛争解決小委員会が設置されなければならないという準則であり[28]、そして第三に、小委員会および上級委員会による審議が短期間であることである[29]。交渉を基礎とする手続は、たとえ小委員会の設置後であろうとも[30]、60日間の協議期間を終了してなお継続できることは事実であるが、実際にはこれは比較的まれである[31]。一旦裁判が開始されると、交渉は通常行われなくなる。

　裁判を通じて準則に基づく判決を紛争に強要することにより、WTOのシステムに不適正な歪みが付加され、また、得策でない結果へと結びつく可能性もある。準則を基礎とする一定の紛争でさえ、交渉手続を通じて処理した方がよりよい解決をもたらすことがある。その一例が、米国の301条および304

条の下での日本車への輸入税賦課の紛争(日米自動車・自動車部品紛争)である[32]。この紛争で米国は1995年5月に日本から輸入された自動車6車種に100％の関税を賦課した。これはGATT準則の甚だしい違反であり、WTOの小委員会は当然日本勝訴の裁定を下したであろう。しかし、かかる結果は米国において政治騒乱を生じさせたであろう。幸運にも、同紛争は裁判を通じてというよりもむしろ交渉を通じて処理され、こうした結果は回避された[33]。

対照的に、ECのバナナ事件[34]は、交渉を通じて処理されるべき紛争が裁判手続を通じて法的根拠に基づいて裁断された例である。この紛争は、ECに従来からバナナを輸出してきた一定の国々(いわゆるアフリカ・カリブ・太平洋(ACP)諸国)を優遇するECのバナナ輸入制度に対して、米国および一部の中南米諸国が異議を申し立てたもので、ロメ協定[35]に関してECに認められたガットのウェーバーの範囲が問題となった。米国および他の申立国は勝訴したが、この主たる要因は、WTOの小委員会と上級委員会がロメ協定による義務免除を狭く解釈したことにある[36]。この技術的な法的裁定は、一部のACP諸国に重大な経済的影響をもたらす可能性がある。このケースにおいては、法的問題よりも経済的・政治的要素を優先すべきであり[37]、交渉を通じて和解的解決を図るべきであった。

日米両国は、今後、本来交渉を通じて解決されるべき紛争を早まってWTOの紛争解決手続に付託することのないように気をつけるべきである。紛争が生じた際、両国はその処理のテクニックとして裁判を用いるか交渉を用いるかについて協議すべきである。

3. 周旋、仲介、調停、および審査

日米両国は、裁判以外の第三者による紛争処理のテクニックを利用すべきである。かかるテクニックとしては、周旋、仲介、調停、および審査の四つが挙げられる。これらはいずれもWTO、APECのどちらの下でも設置され得る。これらの紛争解決方法は任意のものであるから、日米両国はこれらの方法を利用することに合意しなければならない。しかしながら、これらの方法はいずれも拘束力を持たないから、リスクは小さいであろう。紛争の性質に

応じて、どのテクニックを利用するかを決定すべきである。

　これらの方法はすべて、交渉により紛争を解決できないときに難局を打開するための方法である。いずれも、第三者の介入により当事者が受容できる解決に到達することを支援するものであり、その介入は様々な形式をとり得る。

　第一に、第三者が単にコミュニケーションの手段や場を提供して当事者間の誠実な交渉を助長する場合。これが周旋の提供である。

　第二に、周旋におけるよりも第三者が積極的に関与する場合。紛争当事者が第三者にそれぞれの側の提案を解釈して批判することや、独自の解決策を提案する権限を認める場合である。これが仲介である。

　第三に、第三者が紛争を調査し、その解決のための公式の提案を両当事者に提示する場合。これが調停である。

　第四に、紛争が、事実問題の争いを中心とする場合である。かかる難局を解決する一つの方法としては、第三者に客観的評価の提供を要請することがある。これが事実審査である。審査委員会による事実審査は、裁判による解決であれ裁判によらない解決であれ、それらとは別個に、あるいはそれらと一体のものとして実行され得る。

A. 仲　裁

　仲裁は、交渉、仲介、審査、調停とは異なり、裁判による紛争処理方法である。紛争は、両当事者の合意により、両当事者により決定された構成の仲裁裁判所に付託され、両当事者によって決定された手続により統制される。仲裁判決には拘束力を持たせることも持たせないこともある。

　仲裁は日米間の紛争解決において極めて有効な役割を果たし得る。両国のここ20年間の経済交渉を通じて、数十の二国間通商協定が締結されてきたが、これらの二国間協定の弱点の一つは紛争解決のメカニズムを欠いていることである。かかる二国間協定が遵守されているかどうかについて争いがあるとき、両国は制裁と対抗措置の応酬をして貿易関係の緊張を高めている。かかる二国間協定はWTOの対象には含まれないため、紛争を解決する手段がない。

日米両国は、こうした二国間通商協定に関して起こる今後の紛争を、APECもしくはWTOに基づく拘束力ある仲裁に付託して解決することに同意すべきである。

B. 私人対政府の紛争の解決

紛争解決手続に関してWTOが直面している最も困難な問題は、おそらく、非政府組織(NGO)や会社そしてひいては個人に至る私人たる当事者に対して、手続を利用する権利を付与するかどうかという問題である。現時点ではもちろん、WTOの正式メンバー、すなわち国家およびECのような関税同盟のみが紛争解決手続への参加を許されている。

この点に関連して、WTOの加盟国にとって、手続を利用する権利が非常に幅広いものであることは注目に値する。ECのバナナ事件において、上級委員会は、米国がバナナの輸出国でないにもかかわらず、ECのバナナに対する輸入制限について紛争解決機関に申し立てる権利を米国に認めた[38]。1994年のGATT 23条の下で、WTOの加盟国は、自国の貿易利益に対する権利が無効化あるいは侵害されていると「みなす(could consider)」場合、「申し立て適格」を有する。紛争解決了解も申し立て適格を制限する条件を明記しておらず、加盟国に対して、紛争解決手続が有益なものとなるであろう場合に申し立てを付託するよう注意しているだけである[39]。したがって、WTOの加盟国は一般に事件を付託する幅広い裁量を有している。

私人たる当事者はWTOの紛争解決手続を直接に利用する権利を有してはいないが、申し立て適格に対する加盟国の広範な権利は、私人たる当事者が間接的に紛争解決手続を利用することを容易にしている。つまり、私人たる当事者は加盟国が事件を付託するよう説得しさえすればよいのである。現在、加盟国が私人たる当事者のケースを付託することができるかどうかを定めた基準または規準は存在しない。この点は加盟国の裁量に委ねられている。したがって、米国が、ECのバナナ事件において、チキータ・バナナやハワイ・バナナ産業協会といった私人たる当事者のケースを付託することは可能だったのである[40]。

WTOの加盟国が私人たる当事者のケースを付託することを認める場合に

ついて定めるWTOの基準は存在しないが、かかる基準は一部の諸国の国内法上は存在する。この例として主だったものを三つ挙げると、米国の1974年通商法301条[41]、EC理事会規則3286/94[42]、そして日本における輸出管理法がある。

301条は、USTRに義務的報復措置と裁量的報復措置の両方を認めている。義務的措置を用いるには、外国の行為または慣行が通商協定の下での米国の権利を侵害するか、あるいは国際法を侵害していることが必要である。裁量的措置については、たとえ法的侵害がなくとも、外国の不合理なまたは差別的な行為または慣行に対して報復することが認められている[43]。この後者の許可は、例えば、技術的には国際法規範を侵害しない反競争的慣行や政府の規制といった市場アクセスへの障壁に対して援用されてきた[44]。

301条の下での申し立て適格の要件はきわめて幅広い。あらゆる利害関係人[45]がUSTRに申し立てることができる。USTRは申し立てを受理するかどうかに関して事実上完全な裁量を与えられている。申し立ての受理は、USTRによる調査と関係国への協議要請へとつながる。対象協定を含む場合、USTRは301条の義務的規定に基づいて紛争をWTOの司法的手続に付託することを要求される[46]。しかしながら、このことは301条の裁量的規定の対象となる問題については当てはまらない[47]。どちらのタイプのケースにおいても、USTRは外国に対して一方的な報復措置をとることを認められているが[48]、これは紛争解決了解の下での米国の国際的義務と抵触するであろう[49]。

EC理事会規則3286／94は301条よりも綿密に規定されている。あらゆる自然人・法人、あるいは法人格を持たない団体で「共同体に影響を及ぼす貿易障壁に起因する侵害により損害を被ったとみなす」[50]ものは、EC委員会への申し立てを認められる。「貿易障壁」という文言は、WTOの対象協定または他の国際貿易ルールに違反する行為あるいは慣行に限定されている[51]。EC委員会は申し立てを受理するか否かについて裁量を有するが、当該報復措置はWTOの紛争解決機関の勧告と符合しなければならない。同委員会は報復措置を講じる前にその問題をWTOの紛争解決手続に付託しなければならず[52]、したがって、EC理事会規則3286/94は一方的報復措置を排除しており、301

条と違って紛争解決了解の規定に完全に符合している。日本の法令はこれまで一度も適用されたことはないが、EC規則と類似している。

これはおそらく意図されなかった結果であるが、ECのバナナ事件の申し立て適格に関する決定は、加盟国による申し立てを装った、私人たる当事者のWTOへの申し立ての増大へとつながるであろう。また、ECのバナナ事件の上級委員会報告は、口頭審理において「WTOの加盟国は自国の代表団のメンバーとして自国を代表する者を決定する」と主張することにより、加盟国が私人たる当事者のために協議する道を開いた[53]。この裁定は、私人たる弁護士に法的問題に関して助言したり、書面による訴答や摘要を用意するといった他の役割を果たすことを許すまでに拡大していくことが予想される[54]。

この発展の意味するものは何か。私人たる当事者によるWTO紛争解決手続の利用は、それ自体、問題として表面化することはないであろう。むしろ、その利用には、①貿易関係の緊張を軽減する、②WTOへの支持を築く、そして、③経済的・政治的闘争を通じるよりもむしろ客観的手段により諸問題を解決することを促進する、といった利点がある[55]。それにもかかわらず、以下のような懸念もある。すなわち、WTOの紛争解決システムにおいて、アド・ホックな意思決定機関は申し立ての増加に忙殺されてしまうのではないか、また、加盟国はいかなる私人たる当事者の申し立てを取り上げるかについて現行の広範な裁量を付与されるべきであろうか、という懸念である。後者の懸念の一面として、私人たる当事者のケースを付託する決定に関して、国家に影響を与える選挙資金の提供その他の買収が行われる可能性がある。

これらの懸念は、現行の紛争解決手続の改革を通じてある程度対処することが可能である。申し立て件数が申し立て処理能力の限界を越えるという問題は、常設の名簿および小委員会委員の設置、上級委員会の拡大、そして、その委員への国際貿易裁判所の常勤裁判官たる地位の付与、および紛争解決機関事務局の拡張によって対処し得る。当事者適格の問題は、国家が自国民の代りに申し立てをするために充足しなければならない国際公法の下での基準を紛争解決了解に組み込むことにより、部分的には解決し得るであろう。国際司法裁判所は、ノッテボーム事件[56]において、国籍だけでは不十分であ

り、申立国と私人たる当事者との間に「真正な結合関係」が存在しなければならないとの判決を下した。バルセロナ・トラクション事件[57]は、企業のような法人は、法人の株主の国籍国ではなく、法人が設立されている国家により適切に代表されるべきであるという判決を下した。しかしながら、これらの国際法規範は、国家に私人による申し立てを取り上げる広範な裁量を認めることに起因する、買収や貿易関係の緊張増大の可能性といった問題を解決することはないであろう。

これらの困難と私人による申し立てを認めたいという希望とのバランスをはかると、WTOかAPECのどちらかにおいて私人たる当事者のための追加的な紛争解決フォーラムを設置することが望ましい。私人たる当事者は国内法の下で加盟国の許可を通じて申し立てなければならないし、申し立ての付託のためには国際法の基準に符合しなければならないであろうが、加盟国は、自ら申し立てを付託するか、私人たる当事者に直接にWTOに申し立てることを認めるかという選択肢を持つことになるであろう。加盟国が自ら付託する申し立てと、私人たる当事者が直接行う申し立てとを区別するために、基準を設ける必要がある。そこで、以下の区別を提案する。すなわち、①対象協定に対する侵害を主張する申し立てで、加盟国の広範な利益を含んでいるものは、当該加盟国自らが付託するべきであり、②一つの企業あるいは産業のみに関する申し立てで、主に市場アクセス競争または規制問題に関わるものは、関係する私人たる当事者により直接に付託されるべきである。

後者の例として、富士コダック事件[58]がある。富士コダック事件は一企業（コダック社）のみが関係する事件であり、その申し立て内容も日本における富士フィルムとその関連会社による反競争的慣行を問題とするに留まっている。この問題が重要であることは否定できないが、米国政府全体を巻き込むにふさわしいとはとうてい言い難く、この紛争を日米間の紛争とするのはどう見ても無理がある。実際、これを日米間の紛争として構成することにより、無駄に日米貿易関係の緊張が高じてしまう[59]。これは、私人たる当事者の申し立てとして処理するほうがはるかに良いだろう。富士コダック事件は決して例外的な現象ではない。それどころか、むしろUSTRには301条に基づく一企業・一産業による申し立てが殺到している[60]。

私人と政府との間の紛争処理に関しては、いくつかの先例が存在する。最も興味深いものに、以下の四つがある。すなわち、①投資紛争解決国際センター（ICSID）[61]、②NAFTA 11章[62]、③メルコスール[63]の紛争解決制度、および④APECの任意の協議による紛争仲介サービス[64]である。

　ICSIDは、私人と国家との紛争を調停および仲裁によって解決する紛争処理制度として、特に成功を収めた例である。ICSIDは国家の同意を基礎としており、いくつかの類型の投資紛争を対象とし得る[65]。私人たる当事者は、ICSIDに直接紛争を付託する権利を有するかわりに、本国に自己の申し立てを取り上げるよう要請することはできない。仲裁契約には拘束力があり、裁判不能（non liquet）は禁止されている[66]。準拠法となり得るのは、国際法、国内法あるいはその両方（dépeçage）である[67]。NAFTA 11章の手続もこれに類似しており、投資家と国家との紛争に対して3通りの仲裁準則があり、これに基づく拘束力あるアドホックな仲裁手続を提供する[68]。仲裁パネルはNAFTAの規定および国際法に従って紛争を裁断しなければならない[69]。メルコスールは、私人たる当事者の住所地国の政府または主たる営業地国の政府による審査を経た申し立てのみを認める[70]。提案されているAPECのシステムは、仲裁よりもむしろ仲介に重点をおいた、アドホックな任意のメカニズムである[71]。

　私人たる当事者による紛争解決メカニズムは、これらのシステムの特色を組み合わせたものを採用することができるだろう。第一に、当該システムに付託可能な紛争のタイプは、市場アクセス競争および貿易利益の無効化もしくは侵害を含む規制問題に慎重に限定されなければならない。第二に、申し立てはWTO加盟国政府、すなわち、国際法基準の下で申し立て適格をもつ国家により伝達され、審査される必要があろう。第三に、当該紛争解決メカニズムは、仲裁、仲介、調停、周旋、および、専門家による審査といった、裁判によらない紛争解決メカニズムのプログラムからの選択に重点を置くものとなるであろう。これはつまり、拘束力ある紛争解決と同様に、拘束力のない紛争解決も選択肢として存在すべきであるということである。第四に、準拠法は、裁判不能の可能性を最小化するよう、広く定めるべきである。国際法規範を第一の選択肢とし、適用できる国際基準がない場合には、国内法、

特に被申立国の法を適用すべきである。このことは特に、現在いかなる国際法も存在していないが、ほとんどの国で国内法が存在している市場アクセス競争に関する紛争において有用であろう[72]。

4. 結　論

　日米両国は、経済紛争を防止し、解決する方法について至急合意する必要がある。両国が締結した多くの二国間協定および多数国間協定が存在するにもかかわらず、紛争解決手続に関してはいかなる了解も存在しない。このことは、近年の日米間における貿易関係の緊張増大をもたらした一因である。

　日米両国は、経済紛争を解決するための手段について合意した二国間紛争解決了解を締結すべきである。そして、この了解において、①WTOの対象協定に関連する準則に基づく経済紛争について、WTOの紛争解決手続を利用すること、②二国間協定に関連する準則に基づく紛争を、拘束力のある仲裁、あるいは拘束力のない仲裁を通じて解決することについての合意、③準則に基づかない経済紛争を解決するために、裁判によらない紛争解決手段を利用することについての合意、および④WTOまたはAPECにおいて、私人たる当事者と政府の間の紛争解決手続の設置を支援することについての合意を明確に定めるべきである。

注

1) WTOは1994年4月15日の世界貿易機関を設立するマラケシュ協定により創設された。協定の正文は、The Result of the Uruguay Round of Multilateral Trade Negotiations, The Legal Texts（GATT Secretariat,1994）および *I.L.M.*, Vol.33 (1994), p.1145 *et seq.* に収録されている。
2) *WTO Focus Newsletter*, August 1, 1997.
3) *Ibid.*
4) 下記の上級委員会の報告書が、WTOの紛争解決機関により採択されている。
   米国－ガソリン規制（AB‐1996-1)
   日本－酒税（AB-1996-2)

米国-綿製および人造繊維製の下着の輸入制限(AB-1996-3)
ブラジル-乾燥ココナッツに影響を及ぼす諸措置(AB-1996-4)
米国-毛製織物のシャツおよびブラウスの輸入に影響を及ぼす諸措置(AB-1997-1)
カナダー(外国)雑誌に関する一定の措置(AB-1997-2)
ヨーロッパ共同体-バナナの輸入、販売、流通体制(AB-1997-3)
　これらおよび他のWTOの報告書は、http://www.wto.orgで閲覧可能である。
5) これまでのすべてのケースにおいて、WTOでの紛争の敗訴国は矯正的行為を履行する意思を通知してきた。日本の酒税事件においては、日米間で日本の差別的な酒税課税のシステムの撤廃に向けたタイムテーブルに関する交渉が継続中である。*Inside U.S.Trade,* October 31, 1997, p.5参照。
6) WTOの紛争処理制度はウルグアイラウンドの貿易協定の一つである紛争解決了解により創設された。正文はThe Legal Texts, *supra* n.1, p.404参照。
7) 紛争解決了解4条3項。
8) 紛争解決了解4条7項。
9) 紛争解決了解6条、7条。
10) 紛争解決了解17条。
11) 紛争解決了解2条。
12) "U.S. Lays Out Demands for Structural Sector Deregulation in Japan," *Inside U.S. Trade Special Report,* November 14, 1997参照。
13) *Ibid.*
14) これは例えば、1995年の自動車および自動車部品に関する日米協定を含むであろう。"U.S. Warns Japan on Autos," *International Herald Tribune,* December 5, 1997, p.12参照。
15) 紛争解決了解4条。
16) 紛争解決了解13条2項。
17) 紛争解決了解25条。
18) 非違反申し立ては、貿易協定に違反せずに貿易利益を無効にされた、または侵害されたと主張する一方当事国によって、WTOに対して付託され得る。紛争解決了解26条1項。
19) 状態申し立てとは、一般のWTOの申し立て手続である。紛争解決了解26条2項。
20) *I.L.M.,* Vol.35 (1996), p.1102 *et seq.*
21) APECの紛争仲介に関する作業についての原則、第1部、付属書1 (1997)。
22) 同前。
23) 紛争解決了解4条。
24) 紛争解決了解5条。
25) 紛争解決了解13条2項。
26) 紛争解決了解25条。

27) 紛争解決了解4条7項。
28) 同上。
29) 紛争解決了解12条。
30) 紛争解決了解5条5項。
31) 紛争当事国が60日間の期間を超過して交渉を続けたまれなケースとして、米国のキューバ自由民主化連帯法事件(いわゆるヘルムズ・バートン法事件)がある。ECにより付託されたこのケースは、キューバと貿易をしているか、米国国民から収用した財産に投資している外国企業に対して制裁を認める米国の法律の有効性の問題を含む。ECの要請に基づいて、パネルは1997年4月、その作業を見合わせ、米国とECの間の交渉が継続中である。*Inside U.S. Trade*, Oct. 17. 1997, p.1.
32) この紛争は解決されたため、WTOのパネルの裁定には服していない。同紛争の詳細な分析として、Eleanor Roberts Lewis and David J. Weiler, "Will the Rubber Grip the Road? An Analysis of the U.S.-Japan Automotive Agreement," *Law & Policy in Int'l Bus.*, Vol.27 (1996), p.631 *et seq.* 参照。
33) *Ibid.*, pp.653-654.
34) 上級委員会報告書、AB-1997-3. この事件には多くの側面がある。同紛争の原因は、アフリカ・カリブ海・太平洋の旧植民地諸国(ACP諸国)で生産されたバナナに対する優遇措置を認めるECの規制であった (*O.J.L.* 47, 1, February 13, 1993)。これに対して、中南米の複数の政府がガットにおいて申し立てを提起して認められたが、EECのバナナ輸入制度に関するガット紛争解決小委員会報告(*I.L.M.*, Vol.33 (1994), p.177 *et seq.*)は締約国団によって採択されなかった。しかしながら、ヨーロッパ裁判所にドイツによって付託された申し立ては、ECの法秩序においてそのままでは直接的に適用され得ないGATTに基づいて却下された(Federal Republic of Germany v. Council of European Union, case 280/93 of October 5, 1994, *I.L.M.*, Vol.34 (1995), p.154 *et seq.*)。1994年、ECは、コロンビア、コスタリカ、ニカラグア、ベネズエラの要求を満たすバナナの割当数量を含む新枠組み協定を採択した。1994年10月17日に、USTRは、チキータ・バナナおよびハワイ・バナナ産業協会の申し立てに応えて、ECのバナナ輸入制度について301条の調査を開始した。(60 *Fed.Reg.* 3284 , Request for Public Comment 参照。)この調査に基づいて、WTO紛争解決手続の利用が決定された。"U.S Will Take Banana Dispute with EU to WTO, USTR Kantor Says," *Int'l Trade Reporter*, Vol. 12, Oct. 4, 1995, p.1658. 参照。
35) 1989年12月15日にロメで署名されたロメ協定は、1995年11月4日、モーリシャスで署名された協定により改正された(ロメ第4協定)。ロメ協定は、一部の発展途上国を特恵受益国と認めるECの主要な貿易条約である。
36) 上級委員会は、WTOのロメ協定に関する義務免除は、ロメ協定によって必ず免除するとされた発展途上国に対する特恵措置のみを免除するものと

解釈した。上級委員会報告書、前掲注34、p.72を参照。
37) ECのバナナ輸入プログラムを無効にすることは、ECや米国には経済的影響はほとんどないであろうが、影響を受けるACPの発展途上諸国においては、広範な経済的秩序崩壊を引き起こす恐れがある。"Bananas: 'EU Must Comply'," *Financial Times,* October 20, 1997, p.5参照。
38) 上級委員会報告書、前掲注34、pp.59-61.
39) 紛争解決了解3条7項。反対に、多国間協議に参加することを望む加盟国は「実質的貿易利益」を有していなければならない(紛争解決了解4条11項)。そして、介入するためには、第三者はパネルに付託されている問題における「実質的利益」を有していなければならない(紛争解決了解10条2項)。
40) アメリカ法の下でのバナナ事件の発議は、1974年アメリカ通商法の下で、これらの会社により301条の申し立てがなされたものであった。前掲注34参照。
41) 19 U.S.C. § 2411 *et seq.*
42) *O.J.* No.L 349/71 of Dec.31,1994.
43) 19 U.S.C. § 2411 (a) (1).
44) 議論として、Alan O. Sykes, "Constructive Unilateral Threats in International Commercial Relations: The Limited Case for Section 301," *Law & Pol'y in Int'l Bus.*, Vol.23 (1992), p.263 *et seq.*参照。
45) 19 U.S.C. § 2411 (a).
46) 19 U.S.C. § 2413 (a)
47) これは、ウルグアイラウンド協定の履行に関する米国の行政府措置声明において明示された。H.R. Doc. No.316,103d Cong. 2d Sess 137 (1994).
48) 19 U.S.C. § 2411 (a).
49) 紛争解決了解23条は一方的報復措置を禁止している。
50) 前掲注42、4条1項。
51) 同2条1項。
52) 同12条。
53) ECのバナナ事件、前掲注34、p.8。
54) 上級委員会は、特に、その後の裁定について、この開放を保留した。
55) 本論文とは別に、私人たる当事者のWTO紛争処理メカニズムの利用に対する同様の提案として参照、Andrea Giardina and Americo Beviglia Zampetti, "Settling Competition-Related Disputes: The Arbitration Alternative in the WTO Framework," *Journal of World Trade,* Vol.31 (1997), p.5 *et seq.* また、私人たる当事者による利用のより幅広い提案として参照、Glen T. Schleyer, "Power to the People: Allowing Private Parties to Raise Claims Before the WTO Dispute Resolution System," *Fordham L. Rev.*, Vol.5 (1997), p.2275 *et seq.*参照。
56) リヒテンシュタイン 対 グァテマラ(1955年)、*I.C.J. Rep.* 4.
57) バルセロナ・トラクション事件第二段階(本案判決)、ベルギー対スペイン

(1970年)、*I.C.J. Rep.* 3.
58) 実際には二つの富士コダック事件がある。第一は日本の写真用フィルムおよび印画紙に影響を及ぼす措置であり、第二は日本の流通サービスに影響を及ぼす措置である。
59) この事件の両当事者は膨大な量の相反する証拠を提出したため、WTOの小委員会が、法原則を適用するのに必要な、あるいは、勧告による解決へと至るのに必要な事実を立証することができるかどうかという疑問が高まっている。
60) 例えば、米国の銃製造業者スミス・アンド・ウェッソンは、電気通信産業連合のメンバーがファイバーオプティックスの市場開放を検討しているブラジル市場を開放するために、301条の訴えを提起してきた。*Inside U.S. Trade,* August 22, 1997参照。
61) 575 U.N.T.S. 159.
62) NAFTA、1992年12月17日調印。当事国は米国、カナダ、メキシコ。*I.L.M.,* Vol.32 (1993), p.289 *et seq.* (第1章から第9章)、*I.L.M.,* Vol.32 (1993), p.605 *et seq.* (第10章から第22章)。
63) 南米共同市場を設立する条約、1991年3月26日調印。当事国はアルゼンチン、ブラジル、パラグアイ、ウルグアイ。メルコスールの紛争処理システムは1991年12月17日のブラジリア議定書の中に規定されている。Simon Purnell, trans., *Inter-Am. Legal Materials,* Vol.6 (1996) p.1 *et seq.*
64) アジア太平洋経済協力会議フォーラム：任意の協議による紛争仲介サービスに関する紛争仲介専門家部会報告書、*I.L.M.,* Vol.35 (1996), p.1102 *et seq.*
65) 投資紛争処理条約25条1項。
66) 同42条2項。
67) Dépeçageとは、異なる法システムに由来する準則に異なる問題を従わせること。これは、投資紛争処理条約42条1項において認められている。
68) NAFTA, 1115条〜1124条。
69) 同1131条。
70) ブラジリア議定書、前掲注63、26条1項。
71) 前掲注64。
72) 競争政策に関する制限的国際規約を協議するという提案は、未決のままである。参照、Andrea Giardina and Americo Beviglia Zampetti, *supra* n.55 および Spencer Wever Waller, "The Internationalization of Antitrust Enforcement," *Boston Univ. L. Rev.,* Vol.77 (1997) 343参照。

Ⅳ　日米経済関係の将来

——競争法・競争政策をめぐって——

11 日米通商関係における制限的商慣行と反トラスト法令の域外適用

トニー・A・フレイヤー*

1996年12月、WTOシンガポール閣僚会合は多国間貿易ルールが競争法を執行すべきかどうかを検討する作業部会の設立を決めた。市場アクセスをめぐる二国間の対立は日米間で特に深刻であるが、そこではしばしば競争法や競争政策が問題となってきた。とはいえ、競争法は通常一国の領域内で適用されており、その公式の執行体制はWTOの通商法を実施する責任を負う経済閣僚からは自立した制度であった[1]。しかし、WTOの作業部会で検討中の競争政策の提案は、世界で反トラストに関する二国間協力が増加したことに負うところが大きい。他方で日本の官僚はもはや「二国間主義の時代」は終わったと主張している[2]。また、日本その他の国々は、米国とEUが自国の競争法を外国の制限的商慣行に域外適用しようとしてきたことを非難している。瀬領慎吾とマーク・ウォーナーは、競争法の域外適用をめぐるこれらの問題を検討した。理由付けは異なるが、彼らはともに競争法問題の国際的な解決を目指すことは国家の一方的な措置よりも望ましいと考えている[3]。彼らが提起したのは次の問題である。すなわち、競争政策をめぐる紛争の解決のために二国間方式と多国間方式はどの程度有効か。

日米通商関係においては紛争解決の二国間方式と多国間方式の関係はことに複雑である。ジャノーは、100に上る戦後の日米間の通商関係に関する合意の大半は「多国間主義と整合的に締結されている」と述べている[4]。皮肉なことに、これらの国際合意が、1997年の富士コダック事件で日本を勝利に導いたWTOの紛争解決と、日本がかたくなに反対している競争法の域外適用を容認したという点で専門家の意見は一致している。また、1990年代までに世界の競争体制は共通の制度文化を確立し、二国間協力がコンスタントに増

* Tony A. Freyer, アラバマ州立大学歴史・法律研究教授

大するようになった[5]。しかし米国では、「伝統、知的見解と行動手法の違いから、通商政策と反トラスト政策の担当者の間で誤解や敵意が生じている」とある論者が1998年に述べている。その上、WTOの貿易と競争政策に関する作業部会で扱われている民間の制限的商慣行に関しては、「通商政策と反トラスト政策の制度的対立のため、世界の通商制度、特に外国市場の民営化を危機に陥れる新たな保護主義に対抗する米国の能力が低下している」。同様の対立は日本を含めた他の諸国でも存在する[6]。

それにもかかわらず、日米通商関係は二つの紛争解決方式が補完的となりうることを示した。日米構造協議は民営化の軋轢を解決するための包括的なアプローチであった。それは競争制度を強化するインセンティブを提供して日本市場を開放しようとした。日米構造協議が始まった1991年、松下満雄は、二国間の紛争解決は日本の政治的リーダーシップの欠如によって生じたギャップを埋めることでガットを補完するものであって、ガットにとって代わるものではないと主張した。また、ジャノーは、「市場アクセスの拡大を実現するための第一歩は、日本において市場開放措置がある程度国内的支持を得られる場合にのみ確保される」と述べている。日米構造協議その他の日米間の分野別市場交渉が「日本の政府高官が望んでいたかもしれない以上に前進したのは、米国の圧力ではなく米国の交渉目標に対する日本の一般国民の支援があったからである」。保護主義的制度は日本の根強い反競争的な文化的前提と制度的イデオロギーに根ざしていた。しかしながら1990年代には、戦後の高度経済成長に続く長引く不況やバブル経済の崩壊によって、日本国内で市場志向の規制緩和の支持者が増えた。それゆえジャノーは以下の点を強調する。もし日本社会が莫大な失業を伴う市場効率の増大と、低調な輸入と完全雇用を伴う市場非効率とのトレードオフに直面すれば、圧倒的多数は後者を支持するだろう。このことは日本の規制緩和に対する国際的な関心が重要であることを示している[7]。

以下の議論は、瀬領とウォーナーの競争法の域外適用に関する分析をより幅広い文脈でとらえ直すものである。1. では、競争法や民間の反競争的行為が1980年代に重要な国際通商問題となった理由を説明する経済史および経済理論の発展について述べる。2. では、瀬領による独占禁止法と二国間・多国

間紛争解決の枠組みに関する分析を検討し、3.では、ウォーナーによる米国の通商・反トラスト政策についての分析を検討する。4.では、瀬領やウォーナーが勧めるように、二国間と多国間の紛争解決方式の補完的利用が国際競争体制を促進し、民営化された市場へのアクセスの改善に寄与しうることを論じる。5.では結論を述べる。

1. 経済史および経済理論の考察

　経済史や経済理論の考察は制限的商慣行や競争法の域外適用を説明するのに有効である。最近まで、こうした問題は国際通商紛争において何の関心も持たれていなかった。1983年においても、レーガン政権の司法省反トラスト部法務長官補は全米製造業協会に対して、米国の通商相手国のカルテル慣行や緩やかな競争法令は、それらの国の企業の国際競争力に有利には作用しないし、米国企業にも不利にはなっていないと述べていた[8]。これに対して米国の財界は、米国の競争法は米国企業が国際市場で有効に競争する能力を阻害しているという不満を表明した。外国政府は自国の民間および公営企業の反競争的行為を容認し、あるいは是認すらしている。それゆえ問題は、米国内での反トラスト法の運用が米国の国際競争力を損なっていることである[9]。この評価の対立は、外国為替や資本フローといったマクロ経済指標は反競争的行為を含むミクロ経済指標よりも重要であるという、通商専門家の国際的に一致した意見を反映していた。それゆえ1980年代中頃以前は、国による競争政策の有無をめぐるミクロ経済問題への関心が高まったにもかかわらず、ガットの枠組みの下で維持された通商自由化という理想世界がマクロ経済理論に従って構築されつつあると考えられていた[10]。

　しかしながら1980年代中頃以降、マクロ経済理論はもはや説得力をもって国際通商の現実を説明することができなくなった。多国籍企業の国際展開に代表される戦後の国際寡占競争は新たな局面を迎えた。日本その他の国々は自国の国内企業や多国籍企業を優遇する政策をとっているという批判が出てきた。自由主義経済理論に関していえば、これらの政策において目新しい点は、非価格要因に関連する競争や為替相場の均衡が重要性を失いつつあると

いうことであった。そのため、外国政府が多国籍企業と協力して自国の世界市場シェアを拡大しようとする分野においては、生産者と消費者の双方にとって価格メカニズムに影響を与える競争は重視されなくなった[11]。この緊張関係は10年後にはクローニー資本主義とさえ評されるようになり、1997年のアジア金融危機の原因とみなされた。インドネシアその他の「リトルタイガー」経済における特定の金融機関を含むサービス部門と政府当局との過度の癒着は、日本に代表される反競争的な政・財の協調の延長とみなされた。その結果、1990年代にグローバルな競争政策に対する国際的な需要が高まったのである[12]。

制度上の制約のため、グローバルな競争体制が追求されるようになった。一連のガットのラウンドはマクロ経済上の貿易障壁を引き下げ、国内市場のグローバルな取引秩序への統合を促進した。多国籍企業が市場のグローバル化に貢献した。例えば、1995年現在、世界のGNP 25兆2230億ドルのうち、7兆8500億ドルが200の多国籍企業によって生み出されている。皮肉なことに、グローバルな市場統合の進展につれて多国籍企業による私的な反競争行為は増加した[13]。多国籍企業の二重人格性、すなわち受入国と外国の市場の双方で事業を行う法人・子会社の集合体としての性格は、競争促進的行為と反競争的行為の双方に大きなインセンティブを与えた。また、多国籍企業は通常全体として統一的な事業戦略を持つが、各構成体は事業を行う国家の国内法に拘束される。この制度的な条件から、経営者は制限的商慣行を促す市場の圧力を受けることになる[14]。

グローバルな規制緩和の流れは、多国籍企業の反競争的行為を規制する制度上の圧力を強めた。もちろん規制緩和はルールの存在しない市場の真空状態を生み出しはしなかった。代わって、政府の規制を市場の効率性に沿うように変える改革の努力を通じて、既存の規制に代わって新たな規制が用いられるようになった。米国では1970年代から1990年代にかけて、私企業の市場行為に対する官僚・行政の直接的なコントロールは減少したが、統制手段としての民事訴訟の役割は増大した。これに対して米国以外の国々では、規制緩和は一般に国営企業の民営化を伴い、従来は政府が許容し、時には明示的に認めてきた私的なカルテルや独占の慣行は競争法違反とみなされるように

なった。しかも、規制緩和の過程で、政府は公益の名の下に特定の反競争的行為を容認する合法的な権力を保持した。こうした過程で最も複雑で議論があったのはアンチダンピング法であった。また、アジア金融危機におけるクローニー資本主義の問題が示すように、多くの有力国は規制緩和をほとんど実施せず、またWTO協定加盟国の約半数は実効的な競争法を持っていなかった。このように、多国籍企業の統一事業戦略と衝突するさまざまなルールや運用体制が存在したため、しばしば制限的商慣行が生じたのは当然であった[15]。

　しかしながら、この複雑な制度状況は、多国籍企業に規制緩和と競争法の運用強化を求めさせる方向にも作用した。1990年代までに、米国、欧州、オーストラリア、日本など、さまざまな状況にある国において、多国籍企業に代表される大企業はより一層の規制緩和と競争法を支持するようになった。というのも、これらの企業のグローバルな競争上の優位が国際化していない企業の制限的商慣行によって脅かされるようになったからである。日本では戦後一貫して、業界だけでなく社会全体が独占禁止法とその運用主体である公正取引委員会に対して非協力的であった。しかしながら、1990年代の長引く不況と刻々と変化する世界経済の中で、公式・非公式のカルテルその他による耐え難い高コストとそれを生み出した過度の官僚的保護主義が経団連によって明らかにされ、これに対する国民の不満が高まった。多くの日本企業はこの保護主義的政策から恩恵を受けていた。それゆえ、経団連幹部が、この古い体制は「一部の者には快適だがその他にとっては不快である」と述べたことがある。最も重要なことは、世界で競争している巨大多国籍企業の多くが、手厚く保護された非効率部門への助成によってその収益性を制限されていると感じたことである。多国籍企業の競争環境に合致する消費者からの要求や市場の効率性を反映して、経団連は古い体制と明確に決別し、内部からの批判にもかかわらず、公正取引委員会による独占禁止法の運用を強化する規制緩和計画を支持する方向に転換した[16]。

　30年前にコーウィン・エドワーズは、同様の緊張が競争政策の国際的発展を妨げていると指摘していた。彼は制度派の競争理論を唱えた経済学者であり、彼の理論は1940年代の米国通商政策に大きな影響を与えた。彼は、失敗

に終わったが、戦後の通商および競争問題に対する国際的な紛争解決制度を設立する試みであった国際貿易機関(ITO)の競争関連規定の草案作成に貢献した。彼の理論は戦後連合国の占領下にあった日本とドイツでの競争法の採用を決定づけた。エドワーズは、ガットのマクロ経済的自由貿易主義の浸透にもかかわらず、1950年代と1960年代には国内競争政策の比較研究を進めた。1966年に、彼は「制限的商慣行に関する国家政策は、外国貿易や投資、工業成長、特許、……政府と民間の行為の区別、個人および契約の自由、政府部内の権力分立といった複雑な問題と深く関わっている」と書いた。それゆえ、国家の競争体制は、国際目的のために「超国家的発展に参加するとともに国家固有の体制でもある」。他方で、国家の競争政策はその国の「政治的・法的・経済的・文化的歴史や、現代の政治経済、法制度……その他関連する国家政策のあらゆる分野を反映する。その理解に対するイデオロギー的な障害は言語の壁よりも大きい」[17]。

一世代後に新しい経済理論がエドワーズの多次元的分析に共鳴した。ダグラス・ノースの新制度派理論は、市場や政治・法制度の作用におけるインセンティブの重要性を強調し、情報の不完全性、取引費用その他の要因が、ゲームのルールの操作を通じて最適で有益な結果を追求する者に対して、その目的達成を妨げることになると論じた。競争体制の国際的な多様性を説明するイデオロギーの重要性に関するエドワーズの分析と同様に、ノースは、イデオロギーの衝突が財産権に対する相反する認識を助長し、集団が相反する自己利益を追求することがあると主張する。同様に、文化的要因が競争政策の国際的な多様性に影響を与えるというエドワーズの認識は、フランシス・フクヤマのシカゴ学派に対する批判に影響を与えた。フクヤマは、「マクロ経済成長モデルは……世界で起こっている経済成長の30%から40%は説明できない」と主張する。彼によれば、「その残りを説明しうるのは文化的要因である」。また、「すべての人は、家族、職場、地方公共団体、国家を含む一連の重なり合う社会集団に帰属する」という彼の認識は、エドワーズが反競争的行為そのものおよび競争体制に固有の対応を促すと考えた原因要素の多様性を示唆する[18]。

こうした一連の経済思想から、1990年代に競争問題が通商問題として出現

した。競争体制における国際協力の強化を力説する1995年のEC委員会報告は、国際競争政策の中心問題が制度間の非整合性の克服にあるという、エドワーズが30年前に述べた主張を展開している。委員会のカール・バン・ミールトはこう述べる。「競争政策に関して、企業が異なる競争ルールに服し、さらに、厳格に反トラスト法を適用する国(ECの場合は地域)がある一方でより緩やかな国もあるという状況では、この新しい通商秩序が十分に効果を挙げることができるはずがない」。同様に、エドワーズの制度理論に対応する現代経済理論は、イデオロギー的・文化的見地からの競争政策決定過程の比較に注目した。『世界の競争政策』をまとめたグラハムとリチャードソンは、こう述べる。「競争政策は分野の如何を問わず社会的目標の達成に貢献する。例えば、零細企業や民族的少数者の経営する企業の育成、先住民の文化の維持、衰退しつつある辺境地域へのサービスの確保、政府歳入の増加などである」[19]。こうして、形成途上にある国際的な競争紛争解決手続は、多様な制度や政策によって支えられ、多様で時には矛盾する市場の帰結すらもたらす広汎な政府および民間企業の利益に合致するものである。

2. 日本の独占禁止法と二国間・多国間の紛争解決

　グローバルな競争政策の発展の最も顕著な試金石は日本であると主張する論者がいる。1980年代中頃から年々増加した日本の巨大な貿易黒字に対して、米国や欧州からは、日本社会の特殊性が反自由主義的かつ不当な輸出障壁を生み出したという批判の声があがった。彼らは西洋の規制の伝統と東洋の順応性や合意による支配とを対置し、日本のイデオロギー的・文化的特殊性が反競争的慣行を助長し、怠慢な独占禁止法の適用がそれを維持していると主張した。この見解を支持する日本の内外の論者は、「日本版の競争は企業(すなわちムラ)内に一種の連帯意識や企業間関係における戦いを求める激しい熱狂をもたらす」と述べる天谷直弘の見解に同意する。日本人にとって受け入れがたいのは競争が敗者を生み出すことである。米国では「敗者は馬車に乗ってフロンティアに移動する」。しかし、「自己責任、適者生存と弱者の排除が究極的に合理的な結果を生み出すという冷たく突き放す態度は、日本人に強

い罪悪感と悲劇のイメージを感じさせる」[20]。マーク・ラムザイヤーは、ノースの理論を踏まえて、私訴に対する堅固な制度的障害のため、「合意の神話」のイデオロギーが形成され、独占禁止法の効果的な運用が妨げられていると主張する[21]。

しかしながら、多くの人が日本における独占禁止法の効果的な運用の障害は克服できないものではないと考えている。競争政策や政治経済学の専門家の間で次第に有力になってきた見解の代表として、ダグラス・ローゼンソールと松下満雄は、1990年代において日米欧は国内および国際的なマクロ経済目標や概念については同様の考え方を共有していると論じている。内外の市場圧力の相互作用の結果として、「今日の日本では西洋で一般的に理解されてきた以上に自由主義市場理論が広く受容されている」。1952年に連合国の占領が終了して以来初めて、独占禁止法が「多くの点で西洋の反トラスト法と同様に執行されるようになっている」。個別の規制緩和措置に関する不一致はあるものの、「日本における規制緩和の議論」は「十分に強力で説得的」であり、「個人的には批判的であっても、官僚や財界、政治家も表立っては反対できないところまできている」。高度成長期以来の保護主義的な価値観や制度は依然堅固であることは否定できないが、「制度改革は既に始まっており、……西洋の指導者がそれを真剣に受け止め、援助する政策をとれば、変革をもたらすだろう」。最後に、西洋で支持されている保護主義的政策は、日本の伝統的な保護主義体制と同様、世界の市場開放に対する脅威となる。国際競争政策の受容に対するこうした挑戦に対して、保護主義の制限について「西洋文化と日本文化の間で建設的に議論することが可能である」[22]。

ローゼンソールと松下の主張に共鳴して、瀬領慎吾は日本の独占禁止法体制が新しい時代を迎えつつあると主張する[23]。彼の議論の焦点は1990年代の米国反トラスト法の域外適用を引き起こした市場アクセスをめぐる議論にあるが、彼の議論の枠組みはもっと広い。彼は、ガットの下で形式的な貿易障壁が減少した結果として企業活動のグローバル化が進んだため、民間の反競争的行為が市場アクセスの重要問題となったと主張する。日本政府は、様々な公式・非公式の手段を用いてこうした行為を助長した。しかしながら、公

正取引委員会は次第に強力な競争政策をとるようになってきている。また、競争促進的な制度革新と政策決定を支持する方向で内外の業界の意見が一致するようになってきた。したがって、瀬領は、集団主義的な文化や制度化された市場閉鎖的なイデオロギーによって日本における効果的な独占禁止法体制の出現が妨げられているとはいえないと主張する。

　瀬領によれば、競争政策の強化を促した最も重要な要因は日米構造協議であった[24]。1980年代に自由主義マクロ経済学の通商理論が衰退すると、米国政府は、日本の対米貿易黒字の真の原因は、流通過程における差別的取扱い、グループ事業ないし系列と呼ばれる排他的商慣行や価格メカニズムの硬直性などを通じて部外者を取引から排除する寡占的な産業部門に日本の規制制度が効果的に介入できないことにあると考えるようになった。日米構造協議は1991年に開始され、公正取引委員会がその実施の主要な責任を負った。通産省その他の官庁にも応分の権限が与えられた。米国政府は、公正取引委員会の予算の増加、カルテルに対する課徴金の引き上げとカルテルに対する積極的な刑事訴追を通じた独占禁止法の運用強化を求めた。また、公正取引委員会が、行政指導の公開や私人による損害賠償訴訟の促進を通じて、行政指導のような非公式の措置への依存を改めて公式の手続を採用し、法の遵守課程における透明性の向上を図るよう求めた。

　ガットの交渉やNAFTAと同様に、EUは国内の経済制度のハーモニゼーションを進めている。これに対して日米構造協議は、WTOと同様に、公式の経済制度における国際的な多様性の縮減を目指しただけでなく、多国籍企業を初めとする企業の事業活動や慣行における差異の縮減にも取り組んだ。日本の規制当局の競争政策・手段に一層の透明性が導入され、二国間および多国間の紛争解決方式が導入された結果、保護主義的な官僚の協力を得たとしても、日本企業が反競争的慣行その他の排他的措置を維持することは困難になった。二つの紛争解決方式は独占禁止法の遵守にあたって公式の制裁や公開性に依拠する。そして、独占禁止法は日本企業を外国企業との一層の競争にさらすことを期待される。こうして、日米構造協議とWTOは、行政の馴れ合いと反競争的商慣行が交差する市場アクセスの問題に取り組んだのである[25]。

それゆえ瀬領は、公正取引委員会による独占禁止法の運用が新たな時代を迎えたと主張する。連合国の占領終了後20年以上もの間、公正取引委員会は政治的に重要な中小企業の利益を保護することで存続してきた。1977年の独占禁止法改正によって民事罰規定が強化され、公正取引委員会は1952年以来初めて重要なカルテル事件に勝利した。こうして、独占禁止法の運用は遅々としてではあるが改善されてきた。市場アクセス問題の登場とミクロ経済政策的対応としての日米構造協議は、独占禁止法の運用の第三期の扉を開いた。ローゼンソールと松下が指摘したように、公正取引委員会の運用実績は徐々に米国や欧州に近づいてきた。さらに瀬領は、公正取引委員会が個々の企業や事業者団体による民間のカルテルや独占行為に対する刑事制裁を科すことができるようにした1991年と1992年の独占禁止法改正の重要性を強調する。彼は、市場アクセス問題や日米構造協議で扱われた公正取引委員会の活動、例えば価格協調、入札談合、集団ボイコット、事業者団体、垂直的制限、企業買収、行政指導などについて論じる。各分野での結果は一様ではないが、日本の企業活動に対する独占禁止法の影響はこれまでになく大きくなったと彼は結論する。公正取引委員会の有効性は高まり、富士コダック事件においては、日本の緩やかな独占禁止法の運用はWTO上の非違反無効化侵害を構成するという米国の主張は認められなかった。以上から瀬領は、市場アクセスの問題を解決するためには、コダック社が301条申し立てで主張したような一方的な方法ではなく、二国間および多国間の国際協力を通じた競争政策の決定が望ましいと結論する[26]。また彼は、明確には述べていないが、日本社会における独占禁止法の機能は文化的・イデオロギー的因果関係を強調する者が想像する以上にダイナミックなものになってきていると考えている。

　以上の考察から、瀬領は日本の独占禁止法を通商救済手段ととらえる。彼は、1990年代に欧米と日本の競争体制の両立性が増大したとするリチャードソンや松下の主張を支持する。それと同時に瀬領は、日本の保護主義の伝統がこのプロセスを阻害する限り、日本の独占禁止法の運用はリチャードソンや松下のいう欧米の適切な「激励」によって改善されるだろうと述べる。結論として瀬領は、米国と日本が、米国がECその他の国と結んで

きたような二国間競争法協力協定を締結するよう提言する。ただし、政府と財界との協力が培ってきた反競争的な部門構造は堅固に維持される可能性があるので、一層の国際的な市場統合を促すためには多国間の競争政策も必要である。WTO加盟国は多国間協定により「執行機能を持たない競争法・政策の紛争解決メカニズムを創設すべきである。各加盟国は自国の競争法を執行する責任を負う」[27]。重要なことは、このような多国間紛争解決プロセスが、日米構造協議で論じられた日本の競争体制の強化を前提にしていることである。

　瀬領は、文化やイデオロギーが独占禁止法の有効な運用を妨げるかどうかについて特に言及していない。しかし、日米構造協議や公正取引委員会による執行強化や富士コダック事件に関するWTO小委員会報告に対する彼の評価から判断すると、彼は最近の国際的な競争制度の発達によって共謀的慣行や既得権に由来する反競争的行為は打破されると考えているようである。つまり、1990年代に一部の官僚が主張したより透明なルールに基づく紛争解決プロセスが、外圧と結びついて重要な政策変更をもたらしたのである。戦後ガットが扱ってきたマクロ経済問題とは異なり、最近の通商摩擦は保護主義的な政府の行為と結合した民間企業の行動の国際的なハーモニゼーションを要求している。伝統的な政・財関係を打破するグローバル市場の要求とあいまって、この変化は市場アクセスの摩擦も含めた制限的商慣行に対する救済策として二国間および多国間で競争法を執行しようとするインセンティブを政府に与えた。実際、リチャードソンや松下が指摘するように、連合国の占領終了以来初めて、日本を支配する組織の代表が政府と業界との長きにわたる協力関係と訣別し、公正取引委員会と国際的競争体制を支持したのである[28]。それゆえ瀬領は、最終的には多国間紛争解決手続によって強制される競争分野の国際協力の強化が、日本の伝統的保護主義体制を崩壊させるに十分なグローバルな市場行動の再構築をもたらすことを期待している。

3. 米国反トラスト法の域外適用[29]

マーク・ウォーナーは、外国の制限的商慣行に対する米国の競争政策は日本市場の開放に寄与する可能性があると主張する。彼はまず、米国反トラスト法の域外適用を支える最も重要な原則である効果理論の歴史的発達を検討し、理論の適用範囲が次第に拡大し、ファックス用紙事件判決に至る過程を明らかにする。他方で301条は、1974年通商法によって導入されて以来、米国民間業界に米国政府が外国市場の行為に対して一方的に行動するための公式のルートを常に提供してきた。効果理論の適用に関する手続基準は301条よりも厳格である。しかし、いずれの政策も程度の差こそあれ国際協定によって承認されており、米国による適用は基本的にその裁量に任されている[30]。とはいえ、こうした権限が国際的に承認されているからといって、その行使が賢明なものであったとは限らない。瀬領同様、ウォーナーは、市場アクセスに関連する場合を含めて競争に関する国際摩擦はより衝突の少ない多国間交渉の枠組みで解決されるのが最善であると結論する。とはいえ、日米両国が対立の歴史を改め、より敵対的でないプロセスを採用できるようになるかどうかは今後の問題である。

反トラスト法の域外適用は国家主権と衝突するために問題が多い。根本的な問題は米国法を外国での行為に適用すべきかどうかである。1909年のアメリカンバナナ事件で連邦最高裁は、シャーマン法の米国国境を越えた適用、具体的にはコスタリカで事業を展開する米国企業同士の独占に関わる請求への適用如何を検討した。裁判所は同法の域外適用を認めないと判断した。しかし、20年後、常設国際司法裁判所は、裁判所はアメリカンバナナ事件の場合以上に国内法を域外適用する裁量を有するとする勧告的意見を出した。1945年、連邦最高裁のアルコア事件判決は1909年の先例を否定し、カナダで生じたシャーマン法違反が米国国境を越えた効果を持つことが立証される場合には米国の管轄権が認められると判示した。1970年代から1990年代にかけて連邦最高裁は効果理論を拡張し、広範な反トラスト訴訟を認めた。当初、英国やオーストラリアは米国反トラスト法の域外適用をブロックする法律を制定した。しかし、こうした摩擦は徐々に解消し、競争当局間の国際協力が

行われるようになった。EUは独自の域外適用効果理論を発展させ、米国司法省と連邦取引委員会は1995年に国際的企業活動に関する反トラスト法執行ガイドラインの改訂版を公表した[31]。

ファックス用紙事件にもこうした対立状況が反映している。1995年、米国司法省の提起により、連邦大陪審は日本の感熱ファックス用紙製造業者である日本製紙を米国とカナダで購入されるファックス用紙の価格協調の疑いで起訴した。日本製紙は日本の国内企業であり、貿易会社を通じて海外販売を行っていた。したがって、価格共謀は日本で行われたが、その影響は外国の消費者に及ぶことになった。そのため、連邦裁判所が扱った主要な問題は米国反トラスト法の刑事規定が完全に日本で行われた共謀的行為に適用されるかどうかであった。より具体的にいえば、理論的に問題となったのは米国消費者に対する価格協調の効果が米国反トラスト法の域外適用を正当化するかであった。効果理論の拡張に関する先例は刑事上の共謀ではなく民事上の侵害を対象としていたので、1996年の事実審裁判所は域外適用を求める司法省の要求を認めなかった。しかし、翌年の控訴裁判所判決は反トラスト刑事事件における域外適用を認める新しい原則を確立した[32]。

ファックス用紙事件に対するウォーナーの考察は重要である。米国でもEUでも、効果理論を用いて勝訴するためには通常外国に存在する証拠に基づく証明基準が要求された。そこでファックス用紙事件でも、米国の検察当局はこの事件で日本企業の事務所を捜査した日本の検察当局の協力を得て訴訟提起に必要な証拠を収集した。ところが、日本政府は控訴段階になって介入し、日本企業のためにアミカスキュリエ(法廷の友)文書を提出した。巡回裁判所のファックス用紙事件判決に対する評釈の中には、証拠収集段階での国際協力の重要性を強調するものがある[33]。これに対して、ウォーナーは控訴段階で提出されたアミカスキュリエ文書における日本政府の公式見解に注目している。公式見解は事案が刑事訴追の対象となることについては争っていない。公式見解が問題にしたのは米国法の不適切な適用範囲に関する法律問題であった。日本政府の立場は、日本市場における日本法人の行為は日本の当局が規制するというものであった。シャーマン法の域外適用は国際法上無効であり、日本の管轄権を侵害するとされた[34]。

この見解が示すように、反トラスト法の運用協力に対する日本政府の支持は疑わしいとウォーナーは結論する。彼はファックス用紙事件の記録を丹念に検討し、日本政府のアミカスキュリエ文書は事件の初期段階で日本の検察当局が米国の捜査当局に行った協力と1997年の控訴段階における事実を区別していると指摘した。アミカスキュリエ文書によれば、日本の検察当局の協力は米国領域内で行われた日本国民による刑事犯罪に関わるものであるから適切であった。したがって米国反トラスト管轄権の公式の根拠が認められる。これに対して、ファックス用紙事件自体は日本国民が日本国内で犯した刑事犯罪に関わるものであり、攻撃的な効果理論以外には米国の管轄権を認める根拠は存在しない。以上から、ウォーナーは、相互協力のために二国間または多国間の取り決めに基づく国際協力が刑事訴訟を含めたこうした紛争を解決するための適切な方法であると日本政府は主張しているとする[35]。しかし、詳細な検討の結果、彼は競争に関する国際協力の見通しはきわめて限定的であると結論する。実際、日本が外国との間で二国間又は多国間の取り決めを結ぶ見込みはきわめて低いので、米国やEUによる域外適用の継続は避けられないように思われる。

ウォーナーによれば、日米の競争政策に関するその他の問題でも同様の緊張が認められる。彼は301条に関して突っ込んだ分析を行い、WTOはUSTRによる一方的措置を広範囲に承認していると述べる。また、クリントン大統領とUSTRは、こうした一方的措置の積極的活用は米国の裁量事項であると繰り返し公式に表明している。こうして、WTOの多国間紛争解決プロセスも米国の政策表明もともに米国の一方的措置を支持している。他方で、1990年代に米国司法省は多国籍企業によるカルテルの摘発に踏み切った。ファックス用紙事件で、日本の国内企業は貿易会社を通じて海外販売を行う一方で、日本国内で価格協調を行った。この種の民間の反競争的行為を摘発するためには効果理論による域外適用が必要であった。しかしながら、司法省による多国籍企業の度重なる摘発は米国内における企業部門や個人の国際的なカルテル慣行を対象とするものであった。その代表例は、著名な米国企業アーチャー・ダニエルズ・ミッドランド社に関する事件である。1996年に司法省は同社および韓国、日本、ドイツ、オーストリア、スイスの同業者を相手取っ

た価格協調訴訟に勝訴した。同社はリジンとクエン酸の国際価格協調行為に対する罰金として1億ドルを科され、バイヤー社の米国法人は5000万ドルを科された[36]。

　二国間および多国間の紛争解決は一方的な政策よりも望ましいとウォーナーは結論する。米国は一方的な反トラスト・通商政策手段を強く主張しているが、実際にはそれは散発的にしか行使されていない。市場アクセスや効果理論に基づく域外適用をめぐる日米の対決は、ファックス用紙事件判決にもかかわらず、例外的な事態である。米国の反トラスト当局はむしろ、世界の競争体制における二国間協力の改善や米国内で活動する多国籍企業による国際カルテルの摘発に精力を注いできた[37]。同様に、301条により一方的措置が容認されているにもかかわらず、富士コダック事件で米国の主張を斥けたWTOの裁決を受け入れたことが示すように、USTRは二国間や多国間の解決を受け入れてきた。日本も結局のところ、長きにわたる保護主義の伝統を持つにもかかわらず、多国間の紛争解決方式を支持している。こうした方針の延長として、両国は1998年にOECD理事会が検討したハードコアカルテルに関する原則を支持した。おそらく最も重要なのは、米国が日本とEUに同調して競争政策の国際化を含むサービスに関するWTOの新しい多国間協定を支持したことである[38]。しかしながら、ファックス用紙事件控訴審における日本政府のアミカスキュリエ文書から判断すると、競争分野におけるこうした国際協力の改善を支持する根拠は薄弱である。したがって、ウォーナーは日米間の摩擦がすぐに解消するとは考えていない。

　とはいえウォーナーは、バシェフスキー通商代表やエドワーズ同様に競争制度の国際化に対する強い支持を表明する。エドワーズが国際貿易機関を通じて達成しようとした政策目標の制度的前提は、当時には受け入れられなかったが、バシェフスキーがガットの50周年を記念する1998年の基調演説で主張したものと同じである。すなわち、「競争法の健全な執行が国民経済の健康にとって不可欠であるという理論は、多数の国において支持されてきた」。また、競争体制は国際的に活動する企業の反競争的行為を助長する構造的なインセンティブを標的としなければならないというエドワーズの認識と同様に、バシェフスキーは、「経済のグローバル化は国際カルテルの危険

の増大と国際合併の急増を招き、競争政策の強化の必要性を高めている」と述べた。諸国がWTOを通じてこうした政策を実行する能力は国際貿易機関の場合よりも相当高まっている。しかし、WTO加盟国の半数が競争法を有しないという現実を考えると、WTOにおいて国際競争政策協定を交渉することは難しいとバシェフスキーは述べた。さらに、エドワーズ同様、バシェフスキーは、経験の共有と二国間協力と技術援助に基づいて競争に関する国際的な文化と健全な競争法の執行を推進することが重要であると強調した。こうした基礎の上に、はなはだしい反競争的慣行が見られる特定の慣行や産業に焦点を当てる必要がある。これが実現すれば、より包括的な競争政策の規制枠組みを築くことができるだろうとバシェフスキーは述べた[39]。

4. 二国間・多国間紛争解決方式の補完的利用

　エドワーズとバシェフスキーの主張に認められる共通点は、瀬領とウォーナーが勧告する結論を評価するための基準を提供する。4人とも、競争政策のグローバルな運用を支えるための多国間の枠組みを構築するために、既存の二国間その他の競争協力取り決めが不可欠であると主張する。エドワーズが説いた競争の理念に従う二国間協定を諸国が締結できなかったことが国際貿易機関の挫折の一因となった[40]。その後戦後数十年間にわたってガットの下でマクロ経済自由主義貿易の考え方が優勢であったため、エドワーズが説いた国際競争政策は受容されなかった。しかし、1990年代初頭になると、日米構造協議の成功に代表されるように、競争に関する二国間協力が世界中で見られるようになった。こうした競争協力の範囲や程度は多岐にわたっている。しかしながら、ある国の競争当局が他国の競争当局による民間の反競争的行為の訴追を支持する例が増えている。ある識者は、「純粋に国内的な文脈での反トラスト法の効果的な運用を志向する文化と官僚主義は様々な国で顕著になっている。こうした文化や官僚主義は、受入国が外国企業の市場アクセスを拒む民間の制限に挑戦することを可能とする前提条件である」と述べる[41]。

　4人のうちの誰も競争体制の特殊な制度的特徴を論じていない。しかし、

バシェフスキーやエドワーズが指摘したように、各国の制度文化の相対的な強弱はグローバルな競争政策を確立する可能性を図る目安になる。エドワーズが活躍した時代には、1970年代の英国やオーストラリアの対抗立法が示すように、国際的に共有された競争法文化はほとんど存在しなかった。しかし、1990年代になると、競争協力のネットワークが形成されてきた。こうした協力は消費者の厚生を増大させる無制限の市場競争の確保を目的としていた。米国以外の国、特に欧州諸国、EU、日本では、競争法は巨大企業による搾取から中小企業を保護することも目指していた。地方の市場における競争の維持や民間のカルテル慣行を阻止することはこうした目的と合致していた。また、競争法の執行は官僚機構の中で自律的であり、デュープロセスのルール、損害賠償制度、私訴請求、広範な司法審査によって制約されていた。これに比べると、財務・通商当局による国際通商法の執行は政治的・外交的裁量に左右される度合が大きかった[42]。

　国際的な競争文化の形成を支えた制度的要因がいくつか存在する。大半の二国間競争協定は民事および刑事の訴追で必要とされる証拠の発見と利用を促進することを目的としている。こうした事案で当局が直面する重要な問題は、秘密情報の開示に関する事業者の正当な危惧への配慮である。この点を米国反トラスト当局のチャールズ・スタークは次のように述べている。「事業の秘密情報が外国の当局に渡り、不適切に利用されたり開示される恐れ」。1994年の米国国際反トラスト執行援助法はこの問題に対する適切な解決となりうる。相互協力に関するこの法律の規定は秘密保護、特に合併前通知共有の禁止を定めており、それは経済界と議会における超党派的な支持を得た。この法律が予定した他国との協力関係の確立はそれほど進んでいない。しかし、これと機を一にして、OECDが提案したハードコアカルテルの訴追に関する多国間の証拠共有と調査の枠組みの国際的な受容が進展している。また、公式、非公式に各国の競争当局は積極礼譲の原則を認めるようになっている。スタークはこう述べる。「(積極礼譲の原則に基づいて) ある国の当局は他国の当局に対して両国に悪影響を及ぼす行為を取り締まるよう反トラスト法の執行強化を要請することができる。この方式は要請を受けた国で行われる行為の取り締まりに有効である。当該国が最も効果的に調査し救済を与えること

ができるであろう」[43]。

　この国際的競争文化の形成を日本が支持していることを踏まえると、ファックス用紙事件の日本政府アミカスキュリエ文書の理解が容易になる。通産省は、1990年代に見られるようになった多国間競争協力体制の強化を支持した。1998年版の『不公正貿易報告書』は「市場アクセス問題を含む紛争において外国競争法の一方的な域外適用を阻止する最善の方法は、日本の競争法、……特に独占禁止法を厳格に執行することである」と述べる。これは一見するとファックス用紙事件におけるアミカスキュリエ文書の立場と変わらない。しかし、報告書の立場はより限定的である。「日米間で通報体制と情報交換のための協定を締結することは、その結果米国競争法の一方的な域外適用が抑制されるとすれば考慮に値する」。報告書は「国際礼譲に基づく外国政府との通報と協議の慣行」を支持する。「その際、1995年のOECD理事会勧告に示されたような通知、情報交換と調整の多国間フォーラムを利用するのが最善である」[44]。

　ファックス用紙事件のアミカスキュリエ文書と『不公正貿易報告書』の持つ政策上の意義はそれに留まらない。報告書が国際競争協力の文化の形成を支持していることは、先に触れたファックス用紙事件に対する評釈が日本政府の競争政策の今後の方向として政府間の訴追協力の重視を指摘していたことと符合する。実際、ファックス用紙事件控訴審での司法省の勝利とほぼ同じ頃に、米国司法省反トラスト部門の高官が日本は競争法の国際的執行を支持する国の一つであると述べている。日本が1997年の富士コダック事件に勝訴したことも国際的な競争政策の接近を促進した。USTRが一方的な301条の請求からWTOの二国間紛争解決機関へと問題を移したことは、WTOの多国間主義に従ったことを示している。また、この事件で富士フィルムとコダック社の行為の正否を論じた両国政府がとった手続は、日本が日米構造協議で約束した公式のルールと透明性の基準に従ったものであった[45]。それゆえ『不公正貿易報告書』が「競争法の統一や競争法の調査・執行のために多国間および二国間の枠組みを発達させる目的でOECDや (WTOを含めた) 他のフォーラムで議論すること」を支持したことは理解できる[46]。

　これと機を一にして、日本の伝統的な権力構造の主要なメンバーが競争法

の積極的な執行に反対する立場からこれに賛成する立場に方針を変えた[47]。
1990年代に入り、自民党と通産省は、強い影響力を持つ企業団体である経団連の規制緩和改革要求を、独占禁止法の強化も含めて原則として受け入れた。経団連は、戦後長らく保護主義的な政策を支持してきた姿勢を改め、公正取引委員会と独占禁止法の執行の強化を支持するようになった。1994年から1995年にかけて経団連が発表した規制緩和推進計画は、国際競争力のある大企業や共謀的取引により維持されてきた高価格を嫌う都市の消費者の利益を反映している。産業政策を経団連の規制緩和推進計画の基本的な要求に沿う方向に変えてゆくという通産省の表明は、この強大な権限を持つ官庁と公正取引委員会との間で数十年にわたって続いてきた対立関係の終わりを告げる。橋本龍太郎首相が公正取引委員会に対して好意的な姿勢をとったことは、自民党首脳が財界および通産省と見解を共有するようになったことを示している。この見解の一致は、1993年以降の日本において伝統的な政・官・財の三極構造が保護主義体制の転換に向けて動き出したことを示している。同様に、商事弁護士や消費者弁護士の間で独占禁止法の専門家に対する需要が高まっていることは、日米構造協議以後も続く外圧とあいまって、国内市場と世界市場における競争の拡大が旧弊な秩序を脅かしていることを示している。

　この変動の中で、公正取引委員会は1990年代、独占禁止法の執行に関する新たな姿勢を模索した。瀬領が言うように、外圧がカルテル慣行に対する刑事および民事訴追を増加させるという公正取引委員会の方針に影響を与えたことは間違いない。公正取引委員会による執行が弱いという外国の批判や委員会の組織強化を米国司法省が支持したことは、明らかに執行強化の追い風になった。さらに、カルテル規制を政策目標に掲げることで、公正取引委員会は大企業、通産省と自民党首脳が規制緩和の曖昧な提言の中で用いた内外価格差その他の消費者問題への配慮に留意した。確かに、規制緩和と公正取引委員会を結びつける論法によって、政・官・財は改革が特に消費者に利益をもたらすと主張した。かつて公正取引委員会は消費者利益の孤独な擁護者であった。最近のカルテル訴追の動きは、政・官・財の三極構造の代表を独占禁止法の競争上の価値と公正取引委員会によるその執行と初めて結びつける政

策といえる。

　こうした転換は公正取引委員会の強化に非常に貢献した。占領終了後何十年もの間、公正取引委員会は政府と社会において弱い立場しか認められず、独占禁止法の執行は十分に行われてこなかった。問題は単に予算配分における省庁間競争の結果として公正取引委員会のスタッフや予算が不足していたという構造的問題に留まらない。目立たなかったが重要な問題は、職員の採用、出向[48]などの慣行によってもたらされる非公式の接触機会、そして、最も重要なのは、大蔵省、通産省その他の官庁からの天下りによって枢要なポストが占められるといった官僚文化的側面である。1995年6月に決着を見た自動車交渉で橋本通産大臣が公正取引委員会の強化を交渉妥結の材料として用いたことは、自民党首脳と通産省が公正取引委員会を重視するようになったことを示している。これらの指導層が公正取引委員会に好意的な米国司法省その他の外国政府機関と協調したことで、この政策変化が促進された。とはいえ、自民党と通産省が、公正取引委員会の活動強化を支持する一方で持株会社を禁止した独占禁止法の改正を求めた経団連の要求を支持したことは、公正取引委員会がかつてのライバルから受けるようになった支援がまったく無条件のものではないことを示している。しかしながら、1996年の春に国会は公正取引委員会の権限強化を立法化した。持株会社解禁の独占禁止法改正案は採択されず、その採択は翌年に持ち越された。この一連の出来事は、政・官・財の三極による独占禁止法執行強化の支持が政治的に有効であったことを示す。

　この相互依存的な利害状況は私訴を間接的に促進した。1996年の国会による制度改革は単に独占禁止法の執行強化を改善しただけではなかった。それは日米構造協議の目標でもあった私訴の増加も促した。日弁連の消費者委員会が私訴の手続を改正するキャンペーンを支持したこと、また、大阪の消費者団体によって始められた埼玉事件その他の訴訟は、私訴が容易になる時代の到来を告げている。さらに、公正取引委員会に私訴において法廷助言者として証拠を提出する権限を与えることで、国会はこうした私訴を抑えようとする行政本位の民法の原則を緩和した。日本の市場関係において競争体制が果たす新たな役割は、瀬領やウォーナーが米国反トラスト法の域外適用に代

わる最善の代替策として勧める多国間紛争解決方式の採用を促した。

5. 結　論

　1990年代末の現在、日本と米国が国際的な競争文化へ積極的に参加するようになったことで反競争的慣行の世界的な蔓延が克服できるかどうかは明らかでない。先に触れた6ヶ国の多国籍企業・個人が関与したアーチャー・ダニエルズ・ミッドランド事件は、制限的商慣行の国際的拡大を示している。しかしながら、エドワーズと国際貿易機関の時代以来、競争的な企業活動の環境を求める制度と市場の要求が今ほど合致している時代はない。特に、市場アクセスをめぐる日米対立の中で公正取引委員会と独占禁止法が日本の政・官・財の三極から支持を獲得したことは、WTOの下での国際競争政策の確立を促した。文化とイデオロギーによって抜きがたい日本の政府・財界協調が形成されたため、反競争的行為を打破するためには、日本国内で改革を志向する反対勢力が不可欠であった。日米構造協議のように改革派が外国の支持を得た場合には、競争的市場がもたらされる可能性は高まる。こうして、経団連の規制緩和提案に代表される日本の有力な多国籍企業はより実効的な競争体制の唱導者となった。ファックス用紙事件のアミカスキュリエ文書では否定的な見解が表明されたが、通産省は米国や欧州の競争当局が希望する国際礼譲の増大を支持する公正取引委員会に同調した。こうした発展はWTOの貿易と競争に関する作業部会に間違いなく影響を与えた。瀬領とウォーナーが述べるように、競争における二国間と多国間の紛争解決は相互補完的であり不可欠なのである。

注

　　1995年から96年にかけて、日本での研究にご尽力いただいた国際交流基金日米センターおよび社会科学研究評議会(SSRC)、さらにアラバマ州立大学ロースクール財団およびエドワードブレットランドルフ基金、セシル・アーネスト・G・ウィリアムズ基金およびシニアフルブライト奨学金(オース

トラリア1993)に感謝する。また国際文化会館および東京霞ヶ関の公正取引委員会ビル8階小食堂施設には生活面でお世話になった。95年から96年にかけて、業界、法律、大学関係者、ジャーナリズム、とりわけ政府機関の方面の日本人70人に取材を依頼した。インタビューは東京、大阪、広島、名古屋、仙台、札幌、高松、福岡他の地域で行われた。

1) Edward M. Graham and J. David Richardson, eds, *Global Competition Policy* (1997). Merit E. Janow, "U.S. Trade Policy Toward Japan and China: Integrating Bilateral, Multilateral, and Regional Approaches," in Geza Feketekuty and Bruce Stokes, eds, *Trade Strategies For A New Era: Ensuring U.S. Leadership in a Global Economy* (1998), pp.175-203. Edward M. Graham, "Contestability, Competition, and Investment in the New World Trade Order," in *ibid.*, pp.204-222. Thomas R. Howell, "The Trade Remedies: A U.S. Perspective," pp.299-323, in *ibid.* "World Trade Fifty Years On," *The Economist*, May 16, 1998, 22-23. また Barry E. Hawk, "Overview," in OECD, *Antitrust and Market Access: The Scope and Coverage of Competition Laws and Implications for Trade* (1996). を参照。本稿では、"antitrust"と"competition policy"とは互換的に用いている。

2) Graham and Richardson, "Issue Overview," in Graham and Richardson, *supra* n. 1, pp.3-44. Howell, *supra* n.1, pp.311,312-313,317, quoted phrase at p.311. Janow, *supra* n.1, pp.175-186. Hawk, *supra* n.1, pp.7-38.

3) Shingo Seryo, "Restrictive Practice and the Antimonopoly Laws in Japan and Extra-territorial Application of the U.S. Antitrust Laws." Mark A.A.Warner, "Restrictive Trade Practices and the Extraterritorial Application of U.S. Antitrust and Trade Legislation."両論文ともウルグアイラウンド後の1998年3月23〜25日に東京で行われた本プロジェクトのワークショップで発表された。筆者が1.で述べた"Regulatory Distinctiveness and Extraterritorial competition Policy in Japanese-American Trade," *World Competition Law and Economic Review*（後述）を参照。筆者は、1998年3月24日に両論文についてコメントした。

4) Janow, *supra* n.1, p.176.

5) Charles S. Stark, "The International Application of United States Antitrust Laws," *International Antitrust in A Global Economy* (1997). Claudio Cocuzza and Massimilano Montini, "Struggling for an International Antitrust Regime? Different Solutions in a Global Economy," in *ibid.* Michael H. Byowitz, "Unilateral Use of U.S. Antitrust Laws to Achieve Foreign Market Access: A Pragmatic Assessment," in *ibid.* Jean-Claude Rivalland, "From Dyestuffs, Zoja and Wood Pulp... to Where?: The EU Perspectives," in *ibid.* Harvey M. Applebaum, "International Harmonization of Antitrust and Trade Laws," in *ibid.* Mitsuo Matsushita, "Reflections on Competition Policy/Law in the Framework of the WTO," *Fordham Corporate Law Institute 24th Annual Conference International Antitrust Law & Policy* (1997), pp.

1-16. Hideaki Kobayashi, "The WTO and Competition Policy," in *ibid.*, pp.1-8. and Akinori Yamada "Recent Development of Competition Law and Policy in Japan," in *ibid.*, pp.1-24. Joel I. Klein, "Anticipating the Millennium: International Antitrust Enforcement at the End of Twentieth Century," in *ibid.*, pp.1-17. Eleanor M. Fox and Januz A. Ordover, "The Harmonization of Competition and Trade Law: The Case for Modest Linkages of Law and Limits to Parochial State Action," *World Competition Law and Economics Review*, Vol.19, No.2 (1995), pp.5-34. Eleanor M. Fox, "Competition Law and the Agenda for WTO: Forging the Links of Competition and Trade," Haley and Iyori, eds, *Antitrust: A New International Trade Remedy?* (1995), pp.1-36. Hiroshi Iyori, "A Comparison of U.S.-Japan Antitrust Law: Looking at the International Harmonization of Competition Law," in *ibid.*, pp.59-91. John O. Haley, "Competition and Trade Policy: Antitrust Enforcement: Do Differences Matter?," in *ibid.*, pp.303-326.

6) Howell, *supra* n.1, p.313. Graham and Richardson, *supra* n.1. OECD, *supra* n.1.

7) Mitsuo Matsushita, "The Structural Impediments Initiative: An Example of Bilateral Trade Negotiations," *Michigan Journal of International Law*, Vol.12, (1991), pp.436-449, quoted phrases at pp.448, 449. Janow, *supra* n.1, pp.181, 185, 186.

8) Akinori Uesugi, "New Directions in Japanese Antitrust Enforcement," *Fordham Corporate Law Institute* (1994), p.13

9) Gary R. Saxonhouse, "Japan. SII, and the International Harmonization of Domestic Economic Practices," *Michigan Journal of International Law,* Vol.12 (1991), pp.465-466.

10) 以下の研究参照。Kozo Yamamura and Yasukichi Yasuda, eds, *The Political Economy of Japan,* (Vol.1), *The Domestic Transformation*. Takashi Inoguchi and Daniel I. Okamoto, eds, *The Political Economy of Japan,* (Vol.2), *The Changing International Context*. Shumpei Kumon and Henry Rosovsky, eds, *The Political Economy of Japan,* (Vol.3), *Cultural and Social Dynamics,* (1987-1992).

11) *Ibid.*, Vol.2.

12) "1998 More of the Same," *The Oriental Economist,* Vol.66, No.1 (1998), pp.1-2. Frank Gibney, Jr., "The last, Best Hope," *Time,* December 22, 1997, pp.36-37. Richard Hornik, "The Myth of the Miracle," *Time,* December 8, 1997, p.40. Cameron Barr and Yoshio Matsushita, "Asia Woes Push Japan to Bold Bailout," *Christian Science Monitor*, January 14, 1997.グローバルな競争政策に対する要求の増大については、注1および注5を参照。

13) Rivalland, *supra* n.5, p.2.

14) Edward M. Graham, *Global corporations and National Governments* (1996), pp. 33-46, at p.35.

15) *Supra* n.2, 5, 12

16) 引用は、主に1995年6月10日の経団連の職員に対する筆者のインタビューによる。"Building a Dynamic and Creative Society, May 1995," and "A Message from the Chairman, September 1995," Keidanren, 1995. さらなる議論のためには以下を見よ。Freyer, *supra* n.3. Graham and Richardson, *supra* n.1. Hawk, *supra* n.1.
17) Corwin D. Edwards, *Trade Regulations Overseas: The National Laws* (1966), p. iv. エドワーズによる制度派経済理論および国際貿易機関に対する彼の貢献について以下を参照。Tony Freyer, *Regulating Big Business: Antitrust in Great Britain and America 1880-1990* (1992), pp.225,229,260-267,286,299,330.
18) Douglas C. North, *Institutional Change and Economic Performance* (1990). Francis Fukuyama, "Culture and the Market Process," *Market Process Update: News from the Center for Market Processes at George Mason University* (1997), p.1.
19) Karl van Miert, *Competition Policy in the New Trade Order: Strengthening International Cooperation and Rules, Report of the Group of Experts* (1995), p.3. Graham and Richardson, *supra* n.1, p.34.
20) 標準的な「日本株式会社論」の議論として、以下参照。Clyde V. Prestowitz, *Trading Places: How We Allowed Japan to Take the Lead* (1988). Chalmers Johnson, *MITI and The Japanese Miracle: The Growth of Industrial Policy, 1925-1975* (1982). Karl van Wolferen, *Washington Post*, 26 June 1993, C3. Shintaro Ishihara, *The Japan That Can Say " No "* (1989). Eamonn Fingleton, *Blindside: Why Japan is still on Track to Overtake the U.S. by the Year 2000* (1995). Peter Hartcher, *The Ministry: How Japan's Most Powerful Institution Endangers World Markets* (1998). 特に独占禁止法運用の甘さについては、Naohiro Amaya, "Harmony and the Antimonopoly Law," *Japan Echo*, Vol.III, No.1 (1981), pp.85-95, at pp.91,92.
21) J. Mark Ramseyer, "The Costs of the Consensual Myth: Antitrust Enforcement and Institutional Barriers to Litigation in Japan," *Yale Law Journal*, Vol.94, No. 3 (1985), pp.604-645. J. Mark Ramseyer, *Odd Markets in Japanese History, Law and Economic Growth* (1996). 異なる分析枠組みを用いているが、同じ結論に至るものとして、Frank K. Upham, *Law and Social Change in Postwar Japan* (1987). Mark Tilton, *Restrained Trade Cartels in Japan's Basic Materials Industries* (1996). R. Taggart Murphy, *The Weight of the Yen* (1997).
22) Douglas F. Rosenthal and Mitsuo Matsushita, "Competition in Japan and the West: Can the Approaches Be Reconciled," Graham and Richardson, *supra* n.1, pp. 33-338, at pp.314, 315 また、Paul Sheard, "Keiretsu, Competition and Market Access," in *ibid.*, pp.501-546. および、John O.Harey, " Japan's Postwar Civil Service: The Legal Framework," in Hyung-ki Kim, Michio Muramatsu, T. J. Pempel, and Kozo Yamamura, eds, *The Japanese Civil Service and Economic Development Catalysts of Change* (1995), pp.77-101. 保護主義に関係する優れ

た議論として、William A. Lovett, Alfred E. Eckes, Jr., and Richard L. Brinkman, *U.S. Trade Policy: History, Theory, and the WTO* (近刊予定).
23) 特に断らない限り、瀬領教授による以下の資料の要約である。Shingo Seryo, *supra* n.3.
24) 日米構造協議の始まりおよび影響に関する優れた研究として、Leonard J. Schoppa, *Bargaining With Japan: What American Pressure Can and Cannot Do* (1997). および、Janow, *supra* n.1, pp.175-186.
25) 注7および注9を参照。
26) スーパー301条については以下の注30を参照。
27) Seryo, *supra* n.3, p.10.
28) この段落における一般的な論点は以下でより広範囲に展開されている。Freyer, *supra* n.3.
29) 特に断らない限り、Warner, *supra* n.3 の要約である。
30) US v. Nippon Paper Industries, Co., Ltd., 944 F. Supp. 55 (D. Mass. 1996). US v. Nippon Paper Industries Co., Ltd., (1st CCA, March 17, 1997), reprinted in 72 *Antitrust & Reg. Rep.* (BNA) 283 (March 20, 1997). Harvey M. Applebaum and Thomas O.Barnett, "Sherman Act apply to criminal antitrust actions taken entirely outside the country, if these actions have foreseeable, substantial effect on U.S. commerce," *The National Law Journal,* Monday, April 21, 1997, p.B4. スーパー301条および他の競争政策問題との関係について参照、Michael H. Byowitz, "Unilateral Use of U.S. Antitrust Laws to Achieve Foreign Market Access: A Pragmatic Assessments," Harvey M. Applebaum, "International Harmonization of Antitrust and Trade Laws," Cocuzza and Montini, "Struggling for an International Antitrust Regime? Different Solutions in a Global Economy," *supra* n.5. Janow, *supra* n.1, pp.175-186. Howell, *supra* n.1, pp.299-323. Graham and Richardson, *supra* n.1, pp.3-46.
31) American Banana Co. v. United Fruit Co., 213 U.S. 347 (1909). The Lotus, (1927), Permanent Court of International Justice, *Sér. A.* No.10. U.S. v. Aluminum Co. of America, 148 F. 2d 416 (2d Cir. 1945). 後の判決さらに法の抵触については、Byowitz, *supra* n.5. Cocuzza and Montini, *supra* n.5.
32) 事件の引用について注30を参照。
33) Applebaum and Barnett, *supra* n.30.
34) ウォーナーのファックス用紙事件の分析典拠につき参照、Warner, *supra* n. 3, p.6, fn.19.
35) Warner, *supra* n.3, p.6.
36) Joel I. Klein, *supra* n.5, pp.10-11.
37) *Ibid*. Stark, *supra* n.5.
38) Geza Feketekuty, *Setting the Agenda for Services: The Next Round of Negotiation Trade in Services, Program for the Study of International Organization* (s) *WTO*

Series No. 8 (1998).

39) "Keynote Address: The Global Trading System, A GATT 50th Anniversary Forum," The Brookings Institution, March 4, 1998, p.6. ウォーナーは、彼の論文の最後の部分を引用している。Warner, *supra* n.3, p.22, fn.59. エドワーズについて参照、Edwards, *supra* n.17.
40) Freyer, *supra* n.17, pp.260-267.
41) 注5、7、9を参照。引用部分について参照、Byowitz, *supra* n.5, p.9.
42) Stark, *supra* n.5. Michael H. Byowitz, *supra* n.5. Harvey M.Applebaum, *supra* n.5. Cocuzza and Montini, *supra* n.5. Janow, *supra* n.1, pp.175-186. Howell, *supra* n.1, pp.299-323. Graham and Richardson, *supra* n.1, pp.3-46, 122-123, 192, 208, 236-237, 342, 453-460.
43) Stark, *supra* n.5, pp.11,12. より一般的には、Cocuzza and Montini, *supra* n.5. Graham and Richardson, *supra* n.5, pp.547-580.
44) Industrial Structure Council (Japan), *1998 Report on the WTO Consistency of Trade Policies by Major Trading Partners* (1998), pp.258, 260-261. ファックス用紙事件について、注30、33、34を参照。
45) 注33、34を参照。
46) Industrial Structure Council (Japan), *supra* n.44.
47) 以下の四段落は、私の以下における結論を要約している。Freyer, *supra* n.3.
48) 日本の行政機関において制度化されている慣行で、短期的な官庁間の異動を認めるものである。出向は、官僚個人との合理的な接触を広げるものであり、その所属する省庁あるいは部局が公務を通じて影響を持つという点で、日本の官僚文化においては重要な意味を持つ。

12 制限的商慣行と米国反トラスト法および通商法の域外適用

マーク・A・A・ウォーナー*

1. はじめに

　日米経済関係においてはしばしば摩擦と誤解が生まれてきた。この緊張から、米国の通商法や反トラスト法が公的なそして私的な制限的商慣行と受け取られたものに対して域外適用されてきた。本章で筆者はこれらの法の域外適用に関する米国のアプローチを検討する。検討の結果をまとめると、近年は正式な法の執行に代わって二国間交渉が多く見られるようになったが、目に見える実効的な市場アクセスが達成されない限り、過去のような攻撃的な圧力への回帰を求める声が強まるだろう。筆者の結論は、今後も続くであろう競争政策に関連する紛争を解決するより安定的な均衡を見出すために、相互に有益な多国間の解決策を提案すべきだというものである。

2. 歴史的検討

A. 国内取引

1) 判例法

　米国法では長い間、「議会立法は別段の意思表示がない限り米国の領域管轄権内にのみ適用される」とされてきた[1]。シャーマン法1条に関して比較検討を行った最も初期の連邦最高裁判決は、域外適用を禁じる推定は維持さ

---

* Mark A. A. Warner, OECD 貿易局政策調整課法律顧問。ニューヨーク州、カナダ・オンタリオ州弁護士。

れると述べた[2]。このアメリカンバナナ事件で、裁判所は中央アメリカで行われ米国には明確な効果を持たない活動に関する民事訴訟にシャーマン法がの適用されるかどうか検討した。ホームズ判事が「一般的でほとんど普遍的なルール」と評した「ある行為が合法か違法かは、その行為が行われた国の法に基づいて排他的に判断される」[3]という原則に基づき、また疑わしい場合には、ある法令の「妥当範囲は立法者が一般的で正当な権力を持つ範囲に限られる」[4]という原則に基づき、裁判所は被告の外国での行為はシャーマン法の規律に服さないと判示した。

1945年には別の裁判所がきわめてよく似た問題に対してやや緩やかな見方を提示した。アルコア事件[5]において、連邦第二巡回控訴裁判所は、シャーマン法1条に基づく民事訴訟を検討した。被告はカナダ法人であり、対象となったのは完全に外国で行われ、政府の主張によれば米国内に実質的な反競争的効果をもたらす行為であった。アルコア判決で裁判所はアメリカンバナナ判決を狭く解した。ラーニド・ハンド判事は、アメリカンバナナ判決は「我々は米国内で何の影響も持たない行為について、裁判所の権限の及ぶあらゆる人を処罰しようという意思を裁判所から読みとるべきではない」[6]という原則を述べたにすぎないと述べた。しかし、主権者は通常、域内に効果を生み出す域外の行為に対して責任を負わせることができる。また、国際礼譲の考慮から、米国内に何の効果も及ぼさない状況でシャーマン法1条を適用することには否定的な結論が導かれるが——アメリカンバナナの場合——この法律は、適正に解釈すれば、「米国向け輸出に影響を与えることを意図し、また、実際に影響を与えた」[7]域外の行為を禁じている。したがって、アルコア事件の事実関係に照らして域外適用を否定する推定は否定され、シャーマン法違反が認定された[8]。

アメリカンバナナ判決とアルコア判決との緊張関係は、最高裁判所が最近下したシャーマン法の域外適用に関する判決で緩和された。ハートフォード火災保険判決[9]で裁判所は5対4の多数決でアルコア判決の主要部分を支持した。判決はシャーマン法1条の反トラスト請求を認容した。対象となったのは、100％イギリスで行われたシャーマン法違反の行為であった。アメリカンバナナ判決との不一致に言及しながら、ハートフォード火災保険判決多

数意見を書いたサウター判事は、「シャーマン法が米国に実質的な効果を生み出すことを意図し、また実際に生み出した外国での行為に適用されることは、現在確立した法理である」と述べた[10]。対象となったロンドンで行われた米国保険市場変更の謀議は、この基準を満たしているとされた。

裁判所は、「本件訴訟における唯一の実質問題は、国内法と外国法の間に真の対立があるかどうかというものであった」と述べた[11]。サウター判事は、ある人が二つの国の規制に服し、その双方に従うことができる場合には、対立は存在しないと述べた。ロンドンの保険業者は、英国法が米国法の禁じるやり方で振る舞うことを要求しているとは主張していないし、両国の法律に従うことは不可能であるとも主張していない。したがって、米国法と英国法との対立は存在しない。そのため、サウター判事は、国際礼譲の見地から管轄権の行使を控えるべきだという考慮に注意を払う必要はないと述べた。

これに対して、有力な反対意見を述べたスカリア判事は、本件では地区裁判所が事物管轄および対人管轄を持つので、シャーマン法の立法管轄権は域外適用できないと述べた[12]。また彼は、最近の下級審判決は国際礼譲の見地からシャーマン法の域外適用を緩和していると述べた[13]。彼によると、

「下級審判決のいう『礼譲』は、裁判所の礼譲、つまり裁判官が他国で裁判した方が適切な事案について裁判所の管轄を控えるということを意味するものではなく、『規範の礼譲』、つまり主権国家が相互の間で法の射程を尊重し合うことを意味する。この礼譲は立法機関が法を制定する際に実行され、裁判所は制定法の射程を解釈する際にこれを前提として解釈を行う。これは国際私法理論の伝統的な構成要素である」[14]。

多数意見の「真の対立」論に対しては、スカリア判事は以下の通り警告する。

「多数意見は、米国法の不適用(あるいは米国司法管轄権の不適用)を導く『真の対立』は、米国法の遵守が他の国の法の違反を構成しない限り存在しないと結論する。このような広範な解釈は既に見た多くの判例と一致せず、シャーマン法その他の法と他の国、特に米国の最も重要な貿易相手国の正当な利益との間で無用の鋭い対立を生ぜしめる」[15]。

より最近の事例としては、ファックス用紙事件[16]において、第一巡回控訴裁判所は、米国に実質的な影響が及ぶ場合にはシャーマン法1条の刑事的

な反トラスト請求すら域外的に認められると判示した。裁判所は、シャーマン法は民事犯と刑事犯の場合に同じ文言を用いているので、両者を区別する立法意図はなかったと理由づけた[17]。この事件では、1995年に連邦大陪審が日本のファックス用紙のメーカーである日本製紙に対する有罪宣告を下している。宣告によると、1990年に日本製紙と名前の明らかにされていないいくつかの共謀者が日本において何度も会合し、北米向け感熱ファックス用紙の価格を固定する協定を結んだ。この謀議に加わった日本製紙および他のメーカーは、日本で用紙を系列外の商社に販売し、これらの商社が北米向けに再販売する際に特別の高い価格を設定することを条件づけるという方法でその目的を達成した。これらの商社は米国子会社に用紙を販売し、米国子会社が米国の消費者に高価格で用紙を販売した。

　宣告によると、1990年だけで、日本製紙は感熱ファックス用紙を米国最終輸入価格約610万ドルで販売した。そして、事業の成功を確保するため、日本製紙は用紙の販路をモニターし、エンドユーザーに課された価格が取り決めた価格に等しいことを確認していた。日本製紙はこの宣告を否認しようとした。なぜならば、日本製紙に帰された行為が仮に実際に行われたとしても、それはすべて日本で行われたものであり、宣告はシャーマン法1条の犯罪を立証していないからである。米国政府はこれに対して2点から反論した。第一に、シャーマン法はより緩やかに解釈されるべきであり、適切に解釈すれば、シャーマン法1条は、完全に海外で行われた行為であっても、その行為が米国に実質的かつ意図的な効果を持つ場合には刑事犯に適用される。第二に、宣告自体もより緩やかに解釈されるべきであり、適切に解釈すれば、それは米国内の共謀者による公然行為を含む垂直的な通商制限の共謀行為を指弾している。しかし、地区裁判所はシャーマン法と宣告をともに厳格に解釈して、米国政府の主張を認めなかった[18]。

　ファックス用紙事件における日本政府の見解は興味深い。第一巡回控訴裁判所への上訴において、日本政府はアミカスキュリエ(法廷の友)文書を提出し、以下の主張を行った。

　　　「本件の具体的な事実関係に関して本裁判所で米国政府と争うことを日本政府は望んでもいないし意図してもいない。日本政府が問題に

しているのは米国法の不適切な適用に関する法的問題である。日本政府の基本的な立場は、日本法人の日本市場における行為は日本の当局が規制する、というものである。シャーマン法の域外適用は国際法上無効であり、日本の管轄権を侵害する」[19]。
　連邦最高裁判所に提出したアミカスキュリエ文書において、日本政府は次の通り主張した。
　　「もし第一巡回控訴裁判所の決定が支持されるならば、シャーマン法1条は確立された国際法と相容れない形で刑事犯に対して適用されることになるというのが日本政府の見解である。これは日本の主権と慣習的な国際関係に対する重大な挑戦である」[20]。
　いずれのアミカスキュリエ文書においても、日本政府は、たとえ刑事犯にあたる行為が含まれている場合でも、二国間あるいは多数国間の相互協力協定を通じた国際協力がこうした紛争を処理する適切な方法であると主張した。興味深いことに、第一巡回控訴裁判所に提出した文書において、日本政府は、感熱ファックス用紙会社の1992年の価格固定謀議に関する米国の調査に際して、日本の検察当局が1994年に米国の要請に応じて日本企業2社の東京本社を捜索して関係書類を押収し、さらに米国が追加的な書類の提出を要請した他の日本企業に対する捜査協力をしたことを公然と認めた。さらに、日本の検察当局は、やはり米国の要請に応じて、日本の感熱ファックス用紙メーカーの代表者に対して、米国司法省の代表者の臨席の下で取調べを行った。こうした協力の結果として、1994年から1996年の間に、米国は米国企業3社、日本企業4社(日本の当局の捜索を受けた2社を含む)および日本人1名を、価格固定の刑事犯の容疑で立件した。アミカスキュリエ文書によると、本件と以前の事件との違いは、以前の事件では価格固定の謀議が米国内で行われたのに対して、本件ではいずれの被告人も米国内で刑事責任を問われる行為を行っていないことである[21]。

2) 当局の国際ガイドライン

　1995年4月、米国司法省およびFTCは共同で(両官庁共同での発表は史上初である)「国際的活動に関する反トラスト法執行ガイドライン」(以下「ガイドライ

ン」と略す)の最新版を発表した。このガイドラインは、これらの当局が反トラスト法をいつ域外適用するかについての重要な政策表明である。その3.1節は管轄権問題に関する当局の見解を明らかにしている。既に見た判例法に依拠して、それは以下の通り述べる。

「米国の国内通商および対外通商に影響を与える反競争的行為は、その行われた場所や関係者の国籍の如何を問わず米国反トラスト法に違反する。……外国からの輸入取引に関して、連邦最高裁判所は最近ハートフォード火災保険事件で『シャーマン法は米国内に実質的な効果を及ぼすことを意図し、実際に効果を及ぼした外国の行為に適用される』と判示した。第二に、輸入以外の対外通商に関しては、1982年のFTAIA(対外通商反トラスト改善法)が、米国通商に直接、実質的かつ合理的に予見可能な効果を持つ外国の行為に対して適用される」。

輸入通商に関する行為に対する管轄権について述べたガイドラインの3.11節によれば、米国への輸入はその定義からして米国国内市場に直接的影響を与え、ほとんど常にハートフォード火災保険判決の基準を満たす。しかしながら、こうした行為が実際に実質的な効果を持つかどうかは、各事案の事実関係によって決まる[22]。

FTAIAはシャーマン法を改正し、外国との取引(輸入取引を除く)が以下の条件を満たさない限りシャーマン法は適用されないと規定した。

「(1) 当該行為が直接、実質的かつ合理的に予見可能な効果を
　(A) 外国との取引以外の取引、あるいは外国との輸入取引に及ぼす場合、あるいは
　(B) 米国で外国との輸出取引に従事する人の取引に及ぼす場合、
(2) 当該効果は本節を除く(シャーマン法の)規定に基づく請求の原因となる。」

ガイドラインの3.121節は外国における行為が輸入取引を「含まず」、しかし、輸入取引や米国内の取引に「効果」を及ぼす場合には、当局は「直接、実質的かつ合理的に予見可能」基準を適用すると述べる。この基準は、例えば、外国企業のカルテルや外国の独占者が直接販売以外の手段、例えば系列外仲介者を用いて米国市場に影響を及ぼす場合、あるいは外国の垂直的制限や知

的財産権のライセンシング取り決めが米国内の通商に反競争的な効果を及ぼす場合に適用される[23)24)]。

B. 外国取引
1) 反トラスト法
a) 当局のガイドライン

ガイドラインの3.122節は、FTAIAの1条(B)に関しては、FTAIAの管轄権基準に該当する二つの輸出事例があると述べる。第一に、当局は、適切と判断する場合には、それがどこで行われようとも、米国の輸出を制限する反競争的行為に対して反トラスト法を執行することができる。ただし、①当該行為が直接、実質的かつ合理的に予見可能な効果を米国からの財またはサービスの輸出に対して及ぼし、②米国裁判所が当該行為に従事する人あるいは会社に管轄権を持つことができる場合に限られる。ガイドラインの3.2節はこの点についてさらに詳しく説明する。それによると、もし当該行為が輸入国の競争法上も違法であり、当該国の当局の方が当該競争法に基づいてより適切に対処でき、米国当局の意図する対応をとりうる場合には、米国当局は当該国当局に協力する。

第二に、当局は、適切と判断する場合には、米国内の取引、あるいは輸入取引に直接、実質的かつ予見可能な効果を持つ米国輸出業者の行為に対して反トラスト法を執行することができる。これには主に二つの形態がある。第一に、米国の需給が弾力的でない場合、特定市場に対する輸出水準の実質的な配分に関する米国企業間の協定は供給を縮小し、米国内価格を上昇させる可能性がある。第二に、本来的には輸出向けの行為が米国内で販売、再販売される産品の価格に影響を与える場合がある。これは例えば米国企業が最終的に米国で再販売される産品の海外生産に用いられる部品の価格を固定する場合である[25)26)]。

b) 判例法

米国で展開されている議論は当局が実際にとっている措置よりも攻撃的である。これまでのところ、「純粋に輸出向け」の判例としては、civil consent decreesに関連するケースがあるのみである。その一つは米国の販売者に対する日本の購入者のカルテルが問題になったケースであり[27]、もう一つは英国人の被告が米国のガラス製造技術の輸出を制限する何らかの行為を米国内で行っていたケースである[28]。

伊藤忠事件の原告によると、加工ズワイ蟹の主要な市場は米国と日本であった。1980年にはアラスカ沖の海域で捕獲されたズワイ蟹の約3分の2が日本向け輸出用に加工されていた。20以上の日本企業が、主として米国子会社を通じてこれを購入し、1980年には合計で4800万ドル近くを支払った。被告は直接にあるいは米国子会社を通じてズワイ蟹を含むアラスカ産の海産物加工品をアラスカの加工業者から日本への輸入用に大量に購入していた。1980年には、アラスカの最も重要な加工ズワイ蟹産地であるアラスカ半島ダッチハーバー・アクタン地方で加工されたズワイ蟹の日本企業による購入額のうち50％以上を被告8社が購入していた。合計すると、被告はアラスカの加工業者に対して加工ズワイ蟹の代金として1980年に約2400万ドルを支払った。

被告はJMPIA（日本海産物輸入協会）のメンバーであった。この協会は東京にあり、日本の主要な海産物輸入業者がメンバーになっていた。JMPIAには多くの委員会が設けられており、その中にはアラスカから輸入される加工ズワイ蟹を扱う蟹委員会もあった。遅くとも1979年以来、被告はJMPIAの蟹委員会を通じて、アラスカの加工業者に申し出る加工ズワイ蟹の価格について合意しこれを調整した。また、被告はJMPIAの会合以外の場でも談合し、アラスカの加工業者と加工ズワイ蟹の価格について交渉し、価格を申し出るために協調を図ってきた。原告によれば、こうした協調と共謀により以下の結果がもたらされた。(a)加工ズワイ蟹の価格は固定され、人為的で競争的でない水準に据え置かれた。(b)アラスカの加工業者は加工ズワイ蟹の購入における自由で開かれた競争の利益を奪われた。(c)加工ズワイ蟹の購入における競争が制限された[29]。

ピルキントン事件において米国政府は、被告がフロートガラス工場の建設・操業とフロートガラス加工技術の州際取引および外国取引を不合理に制限する協定を結んで実行し、フロートガラス工場の設計と建設に関する世界市

場を独占したことでシャーマン法1条、2条に違反したと主張した。特に、原告は、被告が十分に価値のある知的財産権を持たずに、特許・ノウハウのライセンス契約のネットワークや世界の大半のフロートガラスメーカーとのさまざまな合意を通じて以下の行為を行ったと主張した。

(a) 世界のフロートガラス技術の市場を分割し、技術の利用を制限した。
(b) ライセンス契約中の地域・用途制限を、競争者が競合するフロートガラス技術を利用・開発できないように解釈し運用した。
(c) 競争者に対して、ライセンスされた技術の地域・用途制限を解除する前にそれが公知のものであることを証明するよう義務づけた。
(d) 競争者がフロートガラス技術をサブライセンスする権利を制限した。
(e) ライセンス契約に報告規定とグラントバック規定を設けた。
(f) 米国向けガラスのライセンス輸出および米国からの輸出を制限した。
(g) ライセンス契約の有効期間満了後も地域・用途・サブライセンス制限を無期限で延長した。

原告はまた、ピルキントン社が、ライセンス契約で相手方に不合理な制限を課したり、その他略奪的で排除的な行為を行ってフロートガラス工場の設計・建設に関する世界市場を独占してきたと主張した。最後に、原告は、以上の行為は、米国外のフロートガラス工場の設計・建設のための米国のサービスや関連資機材の輸出取引に対して、直接に実質的かつ合理的に予見可能なマイナスの効果をもたらしたと主張した[30]。

2) 通商法

通商法に関していえば、301条はUSTRによる裁量的救済措置の対象となるいくつかの慣行を挙げている。301条(d)(3)(B)は、「不合理」な行為、政策、慣行には以下のものが含まれると規定する。必ずしも米国の国際法上の権利を侵害し、あるいはこれと相容れないものではないが、その他の点で不公正、不衡平な行為、政策、慣行あるいは行為、政策、慣行の組み合わせであって、

「(h) 公正で衡平な……
　(IV) 市場機会を拒否するもの。これには企業や企業間の組織的に

　　　　　　反競争的な行為であって、米国の財やサービスの外国市場への参
　　　　　　入を商業上の配慮とは相容れない程度に制限するものを容認する
　　　　　　外国政府の行為が含まれる。」
　さらに、ある行為、政策、慣行が不合理かどうかを決定する際には、米国
における外国人および外国企業の互恵的な競争機会の有無が、適切な範囲で
考慮される[31]。
　米国法の問題としては、1974年通商法301条の義務的救済規定、裁量的救
済規定のいずれにせよ、WTOがカバーする協定に関しては、USTRが救済措
置をとる義務は、WTOの下で公式の協議要請と紛争解決手続要請を行い[32]、
こうした手続が完了した後に初めて発動される[33]。WTO協定の対象外の事
項に関しては、WTO紛争解決了解[34]に照らしても米国法に照らしてもWTO
への付託は必ずしも必要ではない。この点に関して、クリントン大統領が議
会に対して行った行政府措置声明(以下「SAA」と略す)の紛争解決了解に言及
した箇所を想起することは有意義である(「……(紛争解決了解)23条も301条も、
USTRが事案は(対象協定に)関連していないと判断する場合に紛争解決了解の手続を
用いることを義務づけていない」[35])。この文言は、事案が対象協定に関連して
いるかどうかの判断はUSTRによって排他的になされ、他のWTO加盟国に
よってはなされないことを示唆する。SAAにおいて大統領は、対象協定の下
での米国の権利を侵害し、あるいは利益を否定する外国の不公正貿易慣行を
指弾するために、また、対象協定に関連しない外国の不公正貿易慣行を指弾
するために、301条を積極的に用いると述べていた。特に、SAAは以下の通
り述べていた。
　　　　　「例えば、若干の例外はあるが、(対象協定は)民間の反競争的な慣行
　　　　を奨励しあるいは容認する政府の措置を規律していない。外国政府が
　　　　米国企業の参入を阻害する組織的な反競争的流通慣行、例えば相互的
　　　　ディーラーシップ、独占あるいは固定取り決めを取り締まる措置をと
　　　　らなかった事案を調査することをUSTRが決定した場合には、301条
　　　　は依然としてこうした外国政府の措置を問題にするために常に利用可
　　　　能である」[36]。
　反競争的慣行一般について、SAAは以下の通り述べていた。

「301条が……『不合理』と定義する外国政府の慣行には、組織的な反競争的行為の容認を含む公正で衡平な市場機会の拒否が含まれる。行政府は外国の反競争的行為を問題にする際に適切と判断すれば、301条の『反競争的行為の……容認』条項を積極的に執行する。この規定によってカバーされる慣行には、米国の参入を拒否あるいは制限するカルテル行為の容認や閉鎖的購買行為(流通業者や顧客に対する腐敗を通じたものを含む)の容認が含まれる。……評価に当たって、USTRは関連する外国政府、特にその競争当局が当該慣行を察知しているかどうか、察知している場合には当該当局がどの程度関連する証拠を入手しているか、そして当該当局がこれにどう対応したかを検討する」[37]。

SAAは、外国政府の慣行が対象協定に関連する事項と関連しない事項の双方を含んでいる場合には、WTOの紛争解決手続は関連する事項についてのみ開始され、関連しない事項は二国間で処理されることを明言している。さらに、SAAは、過去において半導体、医薬品、ビールやホルモン処理された牛肉に関して行ったように、米国が米国の通商上の義務とは相容れない301条の制裁を実施したり、GATTが許可しない301条措置をとる権利を持っていることを表明している。

以上の明瞭な文言にもかかわらず、自動車・自動車部品に関する1995年の日米自動車・自動車部品紛争において、米国は301条にもWTOの救済にも依拠せず、包括的二国間協定を結んだことを銘記する必要がある。この協定が必ずしも成功とはいえないにもかかわらず、この問題に関してその後301条手続もWTOへの付託も行われていない[38]。同様に、富士コダック事件に関しても、米国は直接301条に訴える代わりにWTO紛争解決手続に付託する戦略を採用し、一部の評者はこれをもって301条は死んだと評した[39]。

3. 最近の日米の紛争事例

A. カルテル

米国反トラスト法と通商法の域外適用に関する現状のおそらく最も適切な

比喩は、これを冷戦にたとえることであろう。そこでは軍縮交渉の進展によって緊張の緩和が図られ、時には軍拡競争が進行し、最終的にはかつての敵同士の間で平和と安全のための同盟が成立した。武器は供給されているが、これまでのところ深刻な一撃は発射されていない。

　私は先にファックス用紙事件を取り上げた。しかし、この事件は米国が本気で検討している一方的な経済的な武器の例とはならないだろう。現在米国がほとんど唯一重視している国際反トラスト事案はカルテル行為である[40]。例えば、以下が挙げられる。日本、オランダ、フランスの会社が関与したソディアム・グルコネート(産業用洗浄剤)市場に関する国際的な共謀[41]。日本の会社が関与したグラファイト・エレクトローズの価格カルテル[42]。オランダとベルギーの会社が関与した海洋建設・輸送サービスに関するカルテル[43]。ドイツ、韓国と日本の会社が関与した食品添加物シトリックアシッドとリシンの市場に関するカルテル[44]。メキシコの会社が関与したタンピコファイバーに関するカルテル[45]。

　以上のリストの中では日本の会社が目立っているが、これは決して日本を差別的、選別的にねらい打ちした結果ではない。また、これらのいずれも現在の日米紛争の焦点ではない。入手可能な公式記録からは、ファックス用紙の調査の場合のように日本政府の関与を裏付ける証拠は出てきていない。要するに、日本のカルテル行為に対する米国の反トラスト法や通商法の域外適用に関する最近の記録は特に華々しいものではない。

B. 市場アクセス

　既に見たように、最近の日本の写真フィルム市場をめぐる紛争においては、市場アクセスをめぐって米国反トラスト法や通商法の域外適用は問題にならなかった。この紛争で米国はWTO紛争解決手続への付託を選択し、法律面ではともかく事実の面では明らかに敗訴したにもかかわらず、上訴もせず(米国法上、紛争をまずWTOに持ち込んだ場合には301条の措置をとる前に上訴すべきである)、301条の措置をとることもしなかった。代わって、USTRは、公正取引委員会による流通政策、大規模小売店舗へのアクセス、競争法の執行などに関して日本がWTO小委員会で行った声明を約束(commitment)とみなし、関

係官庁によりその履行をモニタリングすると宣言した[46]。行政府が301条に言及した唯一の例は、先に見た議会ヒヤリングでのUSTR法律顧問の発言である[47]。

また、クリントン大統領の1997年10月1日のスーパー301条に関する行政命令12901号に基づく通商拡大措置の宣言[48]においても、優先交渉国に指定されたのは自動車輸入障壁に関する韓国のみであり、それ以外には日本の果物検査、カナダの酪農品輸出補助金および輸入割当、EUの酪農品輸出補助金、オーストラリアの自動車用革製品に対する輸出補助金の4件についてWTO提訴が宣言されたのみであった。なお、同じ報告書で日本の港湾の慣行に対して連邦海事委員会による制裁の発動が示唆されていたことも指摘しておきたい。自動車および自動車部品と平板ガラスなどの重要な分野については、その成果はまちまちだが、依然として二国間交渉が続けられている。また、米国は紙および紙製品などの若干の分野について新たに二国間交渉を始めたいと考えている。

C. その他の二国間交渉

日本の反競争的慣行と指摘されるものに対して米国が国内法の域外適用という武器を全面的に使用しない理由は明白である。日米両国間の経済関係は現在、1993年6月10日にクリントン大統領と当時の宮沢首相が発表した新たな経済的パートナーシップのための枠組み（以下「枠組み協定」と略す）と1997年6月にクリントン大統領と当時の橋本首相が発表した規制緩和および競争政策に関する拡大取り決め（以下「拡大取り決め」と略す）によって規律されているからである。

枠組み協定は、分野別に通商障壁と構造障壁を特定し、個別協定のモニタリングと履行に関する客観的な量的・質的基準を設定することを強調する。拡大取り決めは、流通政策と競争政策一般に関する構造的問題を強調する[49]。声明は、日本政府が優先的に対処すべき分野として以下を挙げた。卸売取引と構造的に排他的な市場[50]。公正取引委員会の執行政策。独占禁止法における差し止め、損害賠償に関する私的救済。独占禁止法の適用除外の廃止ないし実質的減少。公正取引委員会による談合の規制。公正取引委員会の予算

増加および経済政策に関する閣議での地位の向上。

　これらは二国間交渉の例といえる。もっとも、これらには依然として強制的な色彩が強い。実際、301条の実際の適用例[51]を見ると、301条が今でも生きているのかそれとも別の名前で用いられているのかを問いたくなる。しかしながら、多くの重要な分野で市場アクセスに関して重要で目に見える成果が挙がらなければ、強制の威嚇を用いないという方針が果たしていつまで維持できるか疑問である。そもそも実効的な市場アクセスが達成されたかどうかどうやって判断すればよいのか。もし輸入が増加していなかったらどうすればよいのか。

4. 二国間アプローチと多国間アプローチ

　仮に日米経済関係が今後も二国間交渉と協力を基調として推移し、米国反トラスト法や通商法の域外適用は稀であるとしても、その将来はそれほど明るいものではない。例えば、先に私はファックス用紙の謀議に関する日本の協力を紹介したが、同じケースで米国内では米国刑事反トラスト法の域外適用を求める強い声も聞かれたのである。

　この点に関連して、多国間の文脈では日米両国ともにハードコアカルテルの実効的な規制に関するOECD理事会勧告(以下「勧告」と略す)[52]を支持していることを指摘しておきたい。この勧告が日米間の問題を解決する上で実際上どれほど有用かは明らかではない。しかしながら、伊藤忠事件で問題となったような輸入ボイコットのケースに関しては、「ハードコアカルテル」の定義はボイコットを除外しているため、勧告が役に立たないことは明らかである[53]。同様に、加盟国は「その国内法で企業や個人がそうしたカルテルに参加することを思いとどまるのにふさわしい方法・程度の実効的な制裁を設けなければならない」[54]が、勧告がファックス用紙事件の場合のような刑事制裁の是非、特にそれが域外適用される場合の是非をめぐる紛争を解決する上で有用かどうかは明らかではない。

　おそらくより重要な問題は、勧告がハードコアカルテルを禁止する法の執行に当たっての国際協力および礼譲について規定する内容に関わる。勧告は、

加盟国がハードコアカルテルの防止に関して共通利益を持つこと(ただし、ハードコアカルテルの存在について加盟国が相互に合意できることが条件である)を認め、加盟国に「他の国が両国を共通に害する反競争的行為を取り締まってくれるよう求める要請に対して適用される積極礼譲の原則により協力関係を改善」するよう要請し、「他の国の重大な利益に影響を与える場合には礼譲の原則に基づいてその執行活動を実施するべきである」とする[55]。二つの点を指摘したい。第一に、これは非拘束的な多国間合意に盛り込まれたものではあるが、日米間の文脈で「積極礼譲」に言及した最初の例である[56]。もしこの規定がハードコアカルテルに関しても有効であるとすれば、この規定は民間の反競争的な慣行に関する両国間の他の紛争を解決する上でも有用であろう(しかしながら、積極礼譲には、関係国間で利害が対立する場合には要請が受け入れられにくいという問題がある)。第二に、ファックス用紙事件で国際法上の礼譲の範囲についてさえ合意できなかった日米両国が積極礼譲規定を用いることにどれほど成功するかは疑問である。

　しかし、勧告の協力規定の実際上の有効性についてはより根本的な疑問がある。この点に関しては、富士コダック事件が1995年のイーストマンコダック社の301条要請からスタートしたことを想起されたい。これは、301条の「容認ないし奨励」規定に基づく要請をUSTRが受け入れた最初の、そしてこれまでのところ唯一の例である。USTRが日本の当局と協議しようとした際、USTRが「不公正」を認定した後ですら、日本側は公式の二国間協議には応じなかった。日本政府は、この申し立ての政府の措置に関する側面を扱うのにふさわしいフォーラムはWTOであり、反競争的ビジネス慣行といわれている問題は専ら公正取引委員会の管轄に属すると主張した。米国法上はこれと異なる方針が導かれたにもかかわらず米国はこれを受け入れ、事案は米国の要請に基づいてWTO小委員会に付託された。その上、米国はこれまで一度も使われたことのなかった1960年のガット締約国団決定[57]に基づく制限的ビジネス慣行に関する協議を要請した。この決定に基づく協議要請はそれまでわずか3件しか行われていない(そのいずれも1996年になされた)が、二国間協議は一度も行われたことがない。いうまでもなく、1960年決定が他の日米経済紛争を解決するために用いられたことはない。

1960年のガット締約国団決定は非拘束的なOECD理事会勧告と並んで競争政策に関する紛争における調停と協議を要請する。競争法に関する国際協定に最も近いものは、依然として、1976年の国際貿易と多国籍企業に関するOECDの宣言に規定されたOECD多国籍企業ガイドライン(以下「ガイドライン」と略す)に盛り込まれた競争関連規定である。このガイドラインはいうまでもなく拘束力を持たない。しかし、ガイドラインは、もし拘束力を与えられれば競争法に関する実体法上の協定の基礎となる事項を特定している。例えば、多国籍企業は、その営業する国の公式の競争法のルールに従うことを勧告された。特に、多国籍企業は、市場における力や支配的な地位を悪用して反競争的な企業取得、競争者に対する略奪的行動、不合理な取引拒否、知的財産権の反競争的な濫用、移転価格を含む差別的価格設定、カルテル行為など、市場の競争に悪影響を与える行為を避けるよう勧告された。しかしながら、他に挙げられた事項については議論の余地がある。例えば、垂直的慣行の一部に関しては、既に見たように、市場における力が伴わなければ反競争的とはいえないからである。もちろん、ガイドラインに拘束力を持たせるためには、義務的な紛争解決条項などについてさらなる交渉が必要である。

　OECDの制限的ビジネス慣行に関する専門家委員会は、これまでに国際貿易に影響を与える制限的商慣行に関する加盟国間の協力についていくつかの勧告を準備し、それらはOECDの理事会によって採択されている。1979年9月25日の勧告は、主権を害することなく純粋に自発的な発意に基づき、各国の法政策に合致する政府間協力を、通告、情報交換、措置の調整、協議、調停の分野で提案した。1984年に、1979年に改正された1976年のガイドラインを再検討するために開かれた閣僚会議は、対立する法的要請を調整するための一般的検討と現実的アプローチの模索を要請した。1986年、OECDは1979年の勧告を改訂し、1995年に再度改訂した。1995年の勧告は、調査の調整、加盟国における調査や手続への援助、情報の秘密保護の強化、合併調査に関する詳細などを規定した。

　ポイントは明確である。日本と米国は非拘束的な多国間の通商・競争協定のネットワークに既に組み込まれているが、それらは政府あるいは民間の制限的商慣行に関する両国間の紛争の解決にはほとんど役割を果たしていない

ということである。

5. 結　論

　要するに、非拘束的な多国間の競争ルールや紛争解決の枠組みは、この問題に関する日米経済関係においてほとんど意味を持っていない。したがって、米国はいまだに日本における政府あるいは民間の反競争的慣行を指弾するために反トラスト法や通商法を域外適用する潜在的可能性を放棄していない。一方日本の側は、米国の気まぐれな一方的行為から身を守るために、公式のWTOの紛争解決手続に問題を付託することに意欲的である。こうした立場の延長線上で、二国間交渉による解決が強調されている。問題は、これが長期にわたる安定的な均衡を保証するかどうかである。多国間の紛争処理メカニズムに支えられた多国間のミニマムな競争ルールに関する合意ができれば、安定的な均衡はより確実に達成されるのではないか[58]。こうしたアプローチによれば、日本にとっては米国の一方的アプローチからの脱却が可能となり、米国にとってはその望む市場原理の実現が保証されることになる。そのためには、日本は米国に対して非拘束的な協議や協力以上のものを要求し、米国は日本に対して開かれた競争的な国内市場の確立を要求する必要がある[59]。

注

1) EEOC v. Arabian American Oil Co., 499 U.S. 244, 248 (1991).
2) American Banana Co. v. United Fruit Co., 213 U.S. 347 (1909).
3) *Ibid.*, p.356.
4) *Ibid.*, p.357.
5) United States v. Aluminum Co. of Am., 148 F. 2d 416 (CA2 1945) (Alcoa).
6) *Ibid.*, p.443.
7) *Ibid.*, p.444.
8) *Ibid.*, pp.444-445.
9) Hartford Fire Ins. Co. v. California, 509 U.S. 764 (1993).
10) *Ibid.*, p.769. 以下の判決を引用。Matsushita Elec. Industrial Co. v. Zenith Radio

Corp., 475 U.S. 574, 582, n.6 (1986)(これは、控訴人が20年間にわたり違法に米国企業を米国のテレビ市場から排除することを企て、日本での控訴人のテレビの販売価格を意図的に高く固定し、米国でのテレビの販売価格を意図的に低く固定したという申し立てを検討したものである。)

11) *Ibid., Hartford, supra* n.9, p.798.

12) *Ibid.,* p.814.

13) Timberlane Lumber Co. v. Bank of America, N.T. & S.A.,549 F. 2d 597, 608-615 (CA9 1976). Mannnington Mills, Inc. v. Congoleum Corp., 595 F. 2d 1287, 1294-1298 (CA3 1979). Montreal Trading Ltd. v. Amax Inc., 661 F. 2d 864, 869-871 (CA10 1981). Laker Airways Ltd. v. Sabena Belgian World Airlines, 235 U.S. App. D.C. 207, 236, 731 F. 2d 909, and n. 109, 235 U.S. App. D.C. 207, 731 F. 2d 909, 938, and n. 109 (1984)参照。また、Pacific Seafarers, Inc. v. Pacific Far East Line, Inc., 131 U.S. App. D. C. 226, 236, 404 F. 2d 804, and n. 31, 131 U.S. App. D.C. 226, 404 F. 2d 804, 814, and n. 31 (1968)参照。

14) *Supra* n.10, p.815. スカリア判事は米国法律家協会(American Law Institute)の米国対外関係法第三リステートメント(1986年)が列挙した要素のいくつかを採用した。「リステートメントでは、法を制定する何らかの『基礎』を持つ国は、『そうした管轄権の行使が不合理(unreasonable)である場合には他国とつながりを持つ人や行為に対して』立法管轄権を行使することを自制するべきである」(対外関係法第三リステートメント403条(1))。「合理性(reasonableness)」の審査は以下のような基準に基づいて行われる。「ある行為が(規制を行う国の)領域内で営まれる度合」(同前403条(2) (a))、「規制国と規制対象の行為に主要な責任を負う人との間のつながり、例えば国籍、住所、経済活動など」(同前403条(2) (b))、「規制対象の行為の性格、規制国にとっての規制の重要性、他の国が当該行為を規制する程度、当該規制がどの程度一般的に望ましいと考えられているか」(同前403条(2) (c))、「他の国が当該行為を規制することにどの程度利益を持つか」(同前403条(2) (g))、「他国の規制との抵触可能性」(同前403条(2) (h))。これらの要因からは米国法の適用が否定されることはまれである。本件で問題となった行為は主として英国で行われた。そして被告は英国会社および活動の本拠地ないし常居所を米国外に置く英国人であった。英国はロンドン再保証市場を規律する包括的な規制を設けており、「当該行為を規律する重大な利益」を有していた(同前403条(2) (g))。参照、938 F.2d at 932-933. *In re* Insurance Antitrust Litigation, 723 F.Supp. 464, 487-488 (ND Cal. 1989). 同じく参照、J. Butler & R.Merkin, *Reinsurance Law A.1.1-02* (1992). 最後に、マッカラン・ファーガソン法(McCarran-Ferguson Act) 2条(b)は州の規制法に保険分野でのシャーマン法に対する優越を認めており、これには3条(b)で「(米国)にとっての規制の重要性」に鑑みた狭い「連邦法の優位(boycott)」の例外が設けられているのみである。しかし、第三リステートメント403条(2) (c)の要件

は重要なものではない。「以上の要素から判断すると、米国の立法管轄権の主張は合理的なものとはとうてい考えられず、特段の法令上の根拠がない限り議会がそうした主張をしたとは考えられない」。Supra n.10, pp.818-819.
15) *Ibid.* p.821.
16) U.S. v. Nippon Papers Industries, Co. Ltd. 109 F.3d 1 (CA1 1997), 118 S.Ct.685 (1998), (cert. denied), 1998 U.S. LEXIS 1378, (rehearing denied). 本件の調査は多くの民事的反トラスト事件にも関連する。参照、Mitsubishi Paper Mills Ltd. Elof Hansson Paper & Board, Inc.. Kanzaki Specialty Papers. New Oji Paper Co., Ltd.. and Nippon Paper Industries, Co., Ltd. 967 F.Supp. 364 (DC E. Wis. 1997) (denying motion to dismiss for lack of personal jurisdiction). and 1997 U.S. Dist. LEXIS 21305 (DC E. Wis. 1997) (denying motion for certification of a class).
17) この理由付けは疑わしい。なぜなら、シャーマン法の制定時、管轄権に関する属地主義が支配的であり、議会がたとえ米国に効果を持ったとしても域外の犯罪行為にまで管轄権を及ぼそうと意図したとはとうてい考えられないからである。
18) 944 F.Supp. 55, 64-66 (DC MA 1996).
19) U.S. v. Nippon Paper Industries, Co. Ltd.. Brief of Amicus Curiae, The Government of Japan. (CA1 1996) p.3.
20) Nippon Paper Industries, Co. Ltd. v. U.S.. Brief of Amicus Curiae, The Government of Japan. (S.Ct. 1997) pp.2-3.
21) *Supra* n.20, pp.4-5.
22) ガイドラインが挙げた事例Aを参照。「状況：A、B、CおよびDは多くの外国で製品を生産している外国企業である。いずれの会社も米国内に生産拠点も支店も持たない。これらの会社がある産品の価格を引き上げるためのカルテルを結成した。カルテルに参加した全社を合わせると、絶対量でも米国の全消費に対する相対比の面でも米国内で相当の販売実績がある。
　議論：以上の事実は明瞭にカルテルの参加者が米国に産品を直接販売するケースである。この状況での取引は明らかに米国市場への輸入であり、販売は産品が米国に到達しない限り完結しない。したがって、最近のハートフォード火災保険判決で述べられた反トラスト法の一般原則に照らして、米国は明らかに対象物の事物管轄を持つ。本事例の事実関係は米国通商への現実の意図された参加を示している」。
23) ガイドラインが挙げた事例Bを参照。「状況：事例Aと同じく、外国のカルテルが複数の外国において産品を生産している。いずれのメンバーも米国に生産拠点も支店も持たない。これらの会社がある産品の価格を引き上げるためにカルテルを結成した。しかし、米国に直接販売する代わりに、このカルテルは米国外の中間業者に販売した。この中間業者が米国に再販売することをカルテルのメンバーは承知していた。中間業者はカルテルのメンバーではない。

議論：管轄権に関する分析は事例Aの場合と若干異なる。なぜなら、問題となる行為は外国で行われているだけでなく、外国での販売を通じて実行されているからである。しかしながら、以上の相違にもかかわらず、その帰結はほとんど同じである。違法な行為が輸入以前に行われているという事実からFTAIAが適用されることになる。当局は当該行為が『直接、実質的かつ合理的に予見可能な効果』を米国の国内取引あるいは輸入取引に与えたかどうかを決定しなければならない。また、『（シャーマン法）1条違反の本質は違法な協定それ自体であって、協定を実行するための表に現れた行為ではない』から、当局は、謀議に基づく実際の行為が州際通商あるいは外国通商に実際に及ぼす効果ではなく、謀議が成功した場合に引き起こされるであろう潜在的な被害に焦点を当てることになる」。

24) ガイドラインが挙げた事例Cを参照。「状況：その (1)：産品Xは米国および世界中のさまざまな国で生産されている。米国以外の生産者が米国外で私的に会合し、その価格を一定レベルまで引き上げることに合意した。合意は米国内での販売、あるいは米国への販売をカバーしておらず、合意参加者は米国市場向け販売価格を自由に設定することができる。その後、カルテルのメンバーは過剰生産物を米国に販売するようになった。こうした販売により、外国市場向けのカルテルの安定性が確保された。米国市場においては、こうした過剰販売の価格は、カルテルがなければ成立したであろう価格水準よりも低い水準で設定されたが、それが略奪的であるという証拠はなかった。この販売の結果として、いくつかの米国のメーカーは生産を縮小し、国内生産は低下し、他のメーカーも新規投資や設備改善投資をカットした。　その (2)：このカルテル協定が、外国市場での価格上昇の結果として拡大した生産過剰のはけ口として米国市場で販売を行うための価格協定を含んでいると仮定する。カルテルのメンバーは定期的に会合し、各メンバーがどのくらいの在庫を処分したいかを表明して、米国市場での価格水準が決定されるとする。こうして、カルテルのメンバーは米国市場で支配的な米国の価格水準を下回る固定価格で産品を販売し、その (1) の場合と同様の結果を得ることになる。

議論：その (1)：管轄権に関しては、当初のカルテル協定と米国向けの独立の販売がもたらす予測可能な経済的効果が管轄権を肯定するだけの根拠を提供するかどうかが問題になる。米国向け販売が存在するという事実、あるいは米国向け販売価格の水準がカルテル協定によって影響されるという事実だけでは、ハートフォード火災保険判決の基準やFTAIAの基準はクリアーされない。しかも、米国市場向け販売に関する協定が存在しない以上、略奪的でない価格による米国市場向け販売は反トラスト法上の問題を惹起しない。　その (2)：米国内で直接の意図された効果を持つ外国価格固定協定が存在する。カルテルが米国価格は「合理的」であると信じている事実、あるいはこの価格が米国の価格水準を引き下げる圧力となっている事実は、

この点を打ち消すものではない。その(2)の事例では当局が法執行に踏み切る前に禁止された協定が存在する明白な証拠を押さえなければならない。当局は、米国市場で消費者に対して利益が生じている場合には特に慎重に行動するであろう」。

25) ガイドラインが挙げた事例Dを参照。「状況：E社とF社はX国での製品Qの販売を独占している。X国は製品Qの世界最大の市場の一つである。競合する米国メーカーがX国に参入するのを阻止するため、E社とF社はいずれの会社も米国製品を購入・流通せず、米国企業を市場から排除するためにとりうるあらゆる手段をとることで合意した。この合意を実行に移すためにとる具体的な措置については特段に合意しないで、E社とF社は流通業者と会合し、恫喝その他のさまざまな手段を用いて、すべての流通業者から米国製品を扱わないとの約束を取り付けた。米国メーカーにとって商業ベースで利用可能な他の流通チャネルは存在しない。E社とF社の行為のために、米国メーカーは自社製品を流通してくれる業者を発見できず、X国での販路開拓に失敗した。

　議論：米国製品を購入・流通しないというE社とF社との合意は明らかに直接かつ予見可能な効果を米国の輸出取引に対して持つ。なぜなら、その向けられた対象が米国メーカーであるからである。米国の輸出に対する効果が実質的かどうかは、E社とF社が製品Qの購入・流通者としてどのくらい重要かにかかっている。もっとも本事例の場合、X国への参入が完全に拒否されたことから判断すると、実質的な効果があったことは間違いないだろう。しかしながら、もし当局が対人管轄の認定あるいは実効的な救済の提供に関して困難に直面すると判断すれば、本事例でも当局は当該取引を捜査する他の国の当局と協力する途を探ることになるだろう」。

26) ガイドラインが挙げた事例Eを参照。「状況：Y国法の下で設立された会社P、Q、R、Sはいずれも建設機材を製造・販売する会社である。建設機材の多くはY国を含む販売先国の多くで特許の保護を受けている。いずれの会社も私的な業界団体に加入しており、この団体は工業基準を作成してその多くは(すべてではないが)Y国の規制当局も採用している。米国からの競争の脅威を認識して、これらの会社は業界団体の会合で、(1)いかなる米国企業の技術も工業基準としては採用しない、(2)米国の建設機材の販売をボイコットすることに合意した。米国企業はY国法の下でその知的財産権を保護するためのあらゆる必要な措置を講じてきた。

　議論：この事例において、共同行為は二つの方法で米国企業を害する。第一に、米国企業の技術がボイコットされた(たとえ米国企業がその知的財産権をライセンスしようとしたとしても)。第二に、米国企業は流通チャネルへのアクセスを拒否された。管轄権に関しては、こうした行為が直接、実質的かつ合理的に予見可能な効果を米国企業の輸出に対して持つかどうかが問題となる。Y国の市場だけが拒否されたという事実だけではこうした

効果が否定されることにはならない。Y国市場からの排除が量的にいってごく限られており、米国の輸出取引に対しては実質的な影響がない場合に、管轄権が否認されることになる。本事例では建設機材という、一般に高価格が付けられる資本財が対象となっていることを考えると、Y国からの排除はFTAIAの実質性要件をクリアーするであろう。この取り決めは米国との競争を特に念頭に置いてなされたものであり、米国の輸出への効果は直接かつ予見可能である」。

27) U.S. v. C. Itoh & Co., Ltd., 1982-83 Trade cas.（CCH）#65,010（W.D. Wash. 1982）(proposed Final Judgment and Consent Decree).

28) U.S. v. Pilkington plc., at IV (D)（June 14, 1994）(proposed Final Judgment and Consent Decree).

29) *Ibid.*

30) *Ibid.*

31) 通商法301条(d)(3)(D)。

32) 通商法303条(a)(2)。

33) 通商法304条(a)(2)。

34) WTO紛争解決了解23条1項は、WTO加盟国がWTO対象協定の下での義務の違反、その他の利益の無効化または侵害の救済、あるいはいずれかの対象協定の目的の達成の阻害に対する救済を求める場合には、紛争解決了解の手続によることを義務づける（対象協定には以下のものが含まれる。WTO設立協定。多国間通商協定、これには物品の貿易に関する一般協定、GATS、TRIPS協定、紛争解決了解が含まれる。当事国が合意した範囲での複数国間協定）。23条2項はさらに、加盟国は了解が定める規則及び手続に従うことなく一方的にこうした条件が満たされたかどうかを判断することはできないと規定する。同様に、加盟国は、他の加盟国が紛争処理手続の結果として出された勧告または決定を合理的な期間内に実施したかどうかの決定、また他の加盟国が勧告または決定を履行していない場合にどの程度譲許その他の義務を停止するかの決定に関しても、紛争解決了解が定める規則および手続に従うことを義務づけられる。したがって、紛争解決了解によると、対象協定に関してはWTOが日米経済紛争解決の鍵となる。しかしながら、WTO加盟国は主権国家であるから、WTOは義務的な紛争解決メカニズムではありえない。なぜならWTOはいかなる加盟国に対しても対象協定に違反する法や政策の変更を強制することはできず、補償および譲許その他の義務の停止と引き替えにこうした法や政策の存続を容認するからである。ただし、加盟国は譲許その他の義務の停止のためにWTO紛争解決機関の許可を求めなければならないという意味においては、WTOは全能といえる。

35) SAA, A.3, p.349. 同じく参照、SAA, B.2.b, p.366（「301条も紛争解決了解もUSTRが事案は（対象協定に）関係していないと判断する場合にWTO紛争解決手続に付託することを義務づけていない。」）。

36) *Ibid.*, p.366.
37) *Ibid.*, p.367.
38) この点に関して一般的に参照、U.S. Department of Commerce and the Office of the U.S. Trade Representative, *Report to President William Jefferson Clinton of the Interagency Enforcement Team Regarding the U.S.-Japan Agreement on Autos and Auto Parts: Fourth Report,* December 4, 1997.
39) 参照、上院外交委員会東アジア太平洋小委員会ヒアリング「米日通商関係：コダックー富士WTO決定」（議長：クレイグ・トーマス上院議員（共和党、ワイオミング州選出））における経済戦略研究所所長クライド・プレストウィッツの発言（1998年3月4日）。ただし、USTR法律顧問のスーザン・エッサーマンの以下の発言も参照。「**トーマス上院議員：**あなたを歓迎します。ご臨席をうれしく思います。事案の詳細ではなくプロセスについて少し話し合いたいと思います。われわれは日本との間で多くの通商協定を結んでいますね。**エッサーマン：**はい。**トーマス：**実際相当な数ですね。**エッサーマン：**その通りです。**トーマス：**40くらいありますね。もしこうした協定とWTOとが相容れないとわれわれが判断する場合にはどういうことになりますか。つまり、WTOに加入することで一連の行動準則に服することになりますが、それとこうした協定との関係はどういうことになりますか。両者は果たして両立するのでしょうか。WTOにおいてこうした一方的な協定はどのように扱われますか。**エッサーマン：**もしわれわれがWTOの下で権利を持っているとすれば、われわれはこうした協定をWTOの新しい拘束的な紛争解決制度を通じて執行するチャンスを持つことになります。したがって、われわれは事案をWTOに付託し、訴え、もし勝てば市場アクセス問題に関する解決を得ることができます。二国間協定はWTOとは別の手法であり、それは過去長い間日本との間でわれわれが用いてきた重要な手段です。われわれはこの手法を用いて日本との間で市場アクセス問題を解決してきたのです。こうした協定の違反があったとすれば、われわれは米国法上利用可能なあらゆる対応策を検討し、交渉を通じて問題に対処しようとします。もしそれが純粋に協定違反であり、WTO違反を含まない場合には、違反をWTOで問題にすることはできません。**トーマス：**それでは、もし市場アクセスが不十分なことが二国間協定とともにWTOにも違反しているとすれば、われわれはWTOに問題を付託することになりますか？ **エッサーマン：**われわれはWTOに問題を付託します。なぜならそこで問題を処理することが可能だからです。われわれは日本の行為がわれわれが日本に与えた譲許の利益を無効化したと確信しています。われわれは日本が特定の既存の二国間協定に違反したと主張しているわけではありません。われわれが主張しているのは、日本政府が国際機関においてきわめて公式な約束を行ったこと、われわれはこれを守らせ、もし彼らがこれを守らない場合には適切な措置をとるということです。**トーマス：**しかし、もし彼らが二国間協定に

違反したとは判断できない場合、二国間で措置をとる根拠としてはどういうものが考えられますか？ **エッサーマン**：そうですね、われわれが目指しているのは市場アクセスの達成です。われわれは、日本が市場アクセスを保証するために行った約束を守らせることを目指しています。われわれの目標は市場アクセスの確保であって、特定の措置をとることではありません。**トーマス**：もし約束が守られなかったらどうしますか？ **エッサーマン**：約束が守られなかったら、われわれは利用可能なあらゆる対応策を検討します。米国法上、色々な対応策が考えられます。**トーマス**：もう少し具体的にご説明願えませんか？ **エッサーマン**：わかりました。**トーマス**：必要な措置をとるとして、具体的にはどういうことですか？ **エッサーマン**：そうですね。われわれは具体的な交渉を行うことができます。301条を含めた通商法に訴えることもできます。**トーマス**：しかし、日本が約束違反を犯したかどうかはわかりませんね。**エッサーマン**：われわれはこの点を確認するつもりです。われわれは日本が義務を履行することを望んでいます。コダック社の利益もこれによって守られます。もし履行しなければ、われわれは最も効果的な対応策を検討します」。

40) Joel Klein (Assistant Attorney General, Antitrust Division, U.S.Department of Justice), "Criminal Enforcement in a Globalized Economy" (Paper presented at Phoenix, Arizona, 1997年2月20日).

41) U.S. Dept. of Justice (以下DOJ) Press Release, "Japanese Chemical Giant to Pay $20 Million Fine" (1998年2月25日). U.S. DOJ Press Release, "French Company Agrees to Pay $2.5 Million Fine for Participating in International Price Fixing Conspiracy" (1997年12月17日). U.S. DOJ Press Release, "Two Dutch Companies Plead Guilty to International Price Fixing: Sentenced to Pay $10 Million Criminal Fine" (1997年9月24日).

42) U.S. DOJ Press Release, "Japanese Subsidiary Charged with International Conspiracy to Fix Prices for Graphite Electrodes in the U.S." (1998年2月23日).

43) U.S. DOJ Press Release, "Charged with International Conspiracies, Three Companies to Pay Second Largest Fine in Antitrust History" (1997年12月22日).

44) U.S. DOJ Press Release, "Bayer Subsidiary Agrees to Pay $50 Million Criminal Fine" (1997年1月29日). U.S. DOJ Press Release, "Former Top ADM Executives, Japanese Executive, Indicted in Lysine Price Fixing Conspiracy" (1996年12月3日). U.S. DOJ Press Release, "Archer Daniels Midland Co. to Plead Guilty and Pay $100 Million for Role in Two International Price Fixing Conspiracies" (1996年10月15日). U.S. DOJ Press Release, "Justice Department Takes First Action against International Food and Feed Additive Price Fixers" (1996年8月27日).

45) U.S. DOJ Press Release, "Mexican-Based Tampico Producer and Texas Distributor Charged with Price Fixing" (1996年9月26日).

46) USTR Press Release, "USTR and Department of Commerce Announce Next

Steps on Improving Access to the Japanese Market for Film"(1998年2月3日)。日本はこのモニタリングに参加する必要もないしそれは適切でもないと述べ、WTOパネルでの発言を約束(commitment)とみなす考え方を拒否した。参照、*Inside U.S. Trade,* March 13, 1998, p.13.
47) *Supra* n.40.
48) As extended by Executive Order No.12973 of September 27, 1995.
49) 規制緩和、競争政策、透明性その他の日本政府の慣行に関する米国政府の日本政府向け声明。1997年11月7日。
50) 「若干の日本の市場(例えば平板ガラス、紙および写真フィルム)は非競争的な結果をもたらす共通の特色を持っている。第一に、高度に寡占的な市場構造。第二に、主要な製造業者と流通業者の間の高度に垂直的な統合、あるいは製造業者と流通業者の間の事実上排他的な取り決め。第三に、主要な流通業者が競争者の製品を扱うことを阻止するために製造業者がさまざまな方策(例えば、保証金やリベート)を用いること。第四に、癒着の歴史。第五に、輸入競争が不活発であること」(同前、16-18頁)。
51) Merit E. Janow, "U.S. Trade Policy Towards Japan and China: Integrating Bilateral, Multilateral and Regional Approaches," in G. Feketekuty and B. Stokes eds., *Trade Strategies for a New Era: Ensuring U.S. Leadership in a Global Economy*(1998), p.175. Merit E. Janow, "A Comparison of Unilateral and Bilateral Experiences in Trade and Antitrust Law and Policy,"(Working Draft 10/97 prepared for a Brookings Institution Conference on Private Practices and Trade Policy). Thomas O. Bayard & Kimberly Ann Elliott, *Reciprocity and Retaliation in U.S. Trade Policy*(1994).
52) OECD競争法・政策委員会で1998年2月20日に採択。
53) 勧告I.A.2(a)。「『ハードコアカルテル』とは競争者による非競争的な合意、共同慣行ないし取り決めであって、価格固定、談合、生産制限ないし割当、消費者、供給者、領域、販売ラインの割当による市場の配分ないし分割を行うものをいう」。同じくI.A.2(b)。「ハードコアカルテルのカテゴリーには(I)合法的なコスト削減ないし生産増加の効率的達成に合理的に関連し、(II)加盟国の国内法の規制対象から直接・間接に除外され、あるいは(III)加盟国の国内法で認可されている、合意、共同慣行ないし取り決めは含まれない。ただし、本来ハードコアカルテルに含まれるものが加盟国の国内法上適用除外ないし認可されている場合、そうした適用除外ないし認可は透明でなければならず、また、それが必要かどうか、その政策目的達成のために必要な限度を超えていないかどうかを定期的にチェックしなければならない」。
54) 勧告I.A.1(a)。
55) 勧告I.B.1。
56) 積極礼譲の概念は1991年の米国EC競争法協力協定に登場し、1997年の協

定でさらに内容を明確にされた。一般的に参照、Spenser Weber Waller, "The Internationalization of Antitrust Enforcement, " *Boston University Law Review*, Vol.77, No.2（1997）, pp.368-370. Draft Agreement Between the Government of the United States and the European Communities on the Application of Positive Comity Principles in the Enforcement of their Competition Laws, 1997年2月4日。これまでのところ、1991年協定に基づく積極礼譲の唯一の要請は、米国の航空会社のコンピュータ予約システムがいくつかのヨーロッパの国で実効的に競争することを妨げる可能性のあるヨーロッパの航空会社の反競争的な行為に関連して、米国が行った要請である。参照、U.S. DOJ Press Release, "Justice Department asks European Communities to Investigate Possible Anticompetitive Conduct Affecting U.S. Airlines' Computer Reservation Systems"（1997年4月28日）.

57) GATTは、国際貿易機関(ITO)に関するハバナ憲章の通商政策に関する章に基礎を置くが、その第5章は制限的ビジネス慣行を扱っていた。ハバナ憲章が発効しないことが明確になってから、1954年から1955年にかけて開かれたガット締約国団の作業部会はガットにこの第5章に沿った規定を挿入する提案を検討した。検討の結果、国連経済社会理事会での関連する問題の検討結果が出るまで検討を延期することになった。1958年、ガット締約国団は専門家グループを任命して国際貿易における制限的ビジネス慣行の問題を取り扱うかどうかの検討に当たらせた。1960年、専門家グループの報告書に基づいて、締約国団は、他の締約国の要請があれば締約国は二国間あるいは多国間で国際貿易における有害な制限的慣行に関する協議に入るべきであると勧告する決定を採択した。

58) 参照、The Coalition for Open Trade（COT）, *Addressing Private Restraints of Trade: Industries and Governments Search for Answers Regarding Trade-And-Competition Policy* (1997), p.32. ここでは301条を改訂して「USTRに、米国の通商に負担を与える外国の『制限的ビジネス慣行』を撤廃させるために適切な措置をとる権限を与え、……USTRに外国企業に対してそうした慣行を改め、あるいは米国の通商に与えている負担をなくするよう命じる権限を与え、この命令に違反した場合には連邦地区裁判所において民事賠償や差し止め命令を下す権限を与える」よう提案している。

59) 参照、Charlene Barchevsky, "Keynote Address: The Global Trading System: A GATT 50th Anniversary Forum," The Brookings Institution, 1998年3月4日、p.6.
「競争法の健全な執行が健全な国民経済にとって不可欠であるというのは多くの国で長く支持されてきた理論である。実際、経済のグローバル化は国際カルテルの危険を増大させ、国境を越えた合併を急増させ、競争政策の強化の重要性を劇的に増大させた。各国間で反トラストルールの実体面でも執行面でも違いが大きく、WTO加盟国の約半数は競争法を持っていないことを考えれば、WTOにおいて競争政策に関する合意に到達することは

困難であろう。しかし、重要なことは、われわれは経験の共有と二国間協力と技術援助を通じて競争と健全な反トラスト法の執行に関する国際的な文化を築き上げてきたということである。この基礎に基づいて、われわれは最も深刻な反競争的慣行が集中している特定の慣行や産業に焦点を当てる必要がある。それに成功すれば、われわれは競争政策に関するより包括的な規制の枠組みを構築するための堅固な基礎を獲得することになるだろう」。

13 日米貿易摩擦と日米独禁協力協定の可能性

松下満雄*

1. 従来の日米貿易紛争

　第二次大戦後の日米貿易紛争は1950年代の1ドルブラウス問題に始まり、1960年代後半から1970年代の米国による対日ダンピング提訴、輸出自主規制の要求等を経て、1980年代に入ると、これらとともに、米国側からの日本市場の閉鎖性の指摘とこれの是正の要求、また、これを具体化した独占禁止法(以下「独禁法」)強化の要求、さらに、通商法301条を活用しての対日制裁の賦課等を特徴とするようになっている。1989年より1990年にかけて行われた日米構造協議においては、まさに日本市場の閉鎖性とこれに対処する手段としての日本における独禁法の適用強化が中心的課題となった。

　また、日米間の具体的紛争の面から見ても、1980年代の日米半導体紛争と3回にわたる日米半導体協定、1995年に解決をみた日米自動車・自動車部品紛争とそれに関する日米協定、および、1997年にWTOパネルで米国側敗訴の決定がでた富士コダック事件においては、いずれも日本市場における構造的閉鎖性が問題となっている。ここで問題となっているのは、閉鎖性の元となる政府の施策(例えば、基準認証制度、大規模小売店舗の規制、景品規制、産業政策による日本産業の育成保護政策等)とともに、私企業による反競争的慣行(カルテル、ボイコット、各種の流通制限等)である。これに対処する方法としては、独禁法の適用強化による私企業の閉鎖的慣行の打破が挙げられる。米国の主張は、日本における独禁法の適用が緩慢なために米国商品および米企業の対日進出が阻害されており、この閉塞状況を解消するためには日本の独禁法の

---

* 成蹊大学法学部教授。前WTO上級委員会委員。

強化が必要であるというものである。

　このような米国の主張に対しては日本側としては種々の反論もあろう。しかし、本稿は米国のこの主張およびこれに対する反論の妥当性を検討するものではない。日米関係を含めて、現代先進市場経済諸国間の通商関係において競争法の役割が増大していることは明白である。競争法の国際的役割についてはOECDにより長年にわたり研究が行われており、最近においてはWTOの枠内で競争政策を採用できないかということについて検討が行われている。米国からの指摘にもあるように、日米通商を円滑に行うためには独禁法の適用の厳正化が必要とされているが、これは日米関係だけの問題ではなく、むしろ日米関係における独禁法の役割の増大は世界的な競争法の役割の増大の一環である。

　世界経済のグローバル化が進むとともに各国国民市場は経済的に統合される傾向にあり、また、WTOの活動等を通じて国家による貿易障壁は軽減の傾向にある。この状況においては国家による貿易障壁軽減の実効性を維持するために、私企業による国際カルテル等の私的貿易制限をコントロールする必要があり、このためには各国の競争法の適用強化が要請されることは当然である。またさらに、各国間に競争法の施行について協力体制を確立すること、および、国内法としての競争法の内容が大きく食い違わないように国際的ハーモニゼーションを図ることが重要となる。

　本稿においては、このような状況を踏まえて、日米関係を考慮に入れつつ、独禁法に関する日米二国間協定締結の可能性およびそれに関連する問題について検討する。

2. 競争法の域外適用

　従来より米国の反トラスト法は域外適用されており、これをめぐって多くの紛争も生じている。日米においては、例えば、古くは1970年から1986年まで続いた日本家電各社に対するゼニス(Zenith)社の反トラスト訴訟があり、また1983年のズワイガニ事件がある。また、厳密には域外適用といえないとしても、リジンのカルテル事件においては味の素社等日本会社に対しても反

トラスト法が適用されている。その後においても、最近のファックス用紙をめぐる日本企業のカルテルに対する反トラスト法の適用事件がある。

なお、競争法の域外適用は米国のみによって行われているわけではなく、EUおよびドイツの競争法においても行われている。EU競争法の域外適用を確立した判例としては、ウッドパルプ事件における欧州裁判所の判決を挙げることができるが、より重要なものとしては1997年におけるEU委員会による米国の航空機製造業者であるボーイングとマグダネルダグラスの合併に対するEU競争法の適用がある。

我が国においては、従来より独禁法6条による国際契約の規制が行われてきたが、最近では本格的な独禁法域外適用の時代に入りつつある感がある。例えば、1998年の独禁法第4章改正（1999年1月1日より施行）によって、合併規制、株式取得の規制に関しては、従来は「国内の会社」の合併および「国内の会社」の株式取得のみが独禁法の対象となっていたのに対して、この改正によって国内であれ国外であれ、合併又は株式取得によって「一定の取引分野における競争が実質的に制限されることとなる」場合には、独禁法10条又は15条が適用されることとなる。さらに1998年には、公正取引委員会がカナダで行われたカナダ会社の行為に対して独禁法を適用しており、これも域外適用の事例ということができる。

競争法の域外適用は、現代のように国民経済間の関係が密接化し、市場が実質上統合しつつある現状においては、ある程度は不可避である。現代の企業活動は高度に多国籍化し、国際的コネクションを活用することによってかかる世界企業は容易に国内法としての競争法の規制を回避することができる。例えば、ある国家の競争法によって訴追を受ける国際企業は、その証拠書類を他国に移すことによって容易に訴追を逃れることができる。また、国際企業はある国家の領域外において活動をすることによって、実質上当該国家に影響を与えつつ、その国家の競争法の適用を逃れることができる。

これを規制側である国家の競争当局からみると、競争法の域外適用が全く否定されるとすれば、当該国家の競争当局はかかる国際企業の行為に対してまったく手出しをすることができず、しかも競争制限の影響が国内に及ぶことを甘受しなければならないという結果となる。かかる事態は規制当局とし

ては耐えがたいことであろう。かかる観点から、規制当局としては、国内競争法の規制を徹底させようとすると、勢いその効力を一定の場合には外国において行われた行為にも適用しなければならなくなる。以上からみると、競争法の域外適用を一概に非難することは適当でないと思われる。競争法の域外適用の問題点は、これがどの程度まで行われうるか、外国政府等の利益、政策はどの程度考慮されるべきかということであり、域外適用の当否自体は相対的問題である。

3. 競争法の施行に関する国際協力

しかし、いずれにせよ一国の国内法である競争法の域外適用のみによって国際化した企業活動に十分に対応できるわけでなく、必然的になんらかの意味における各国の競争法執行当局間の協力が不可欠となる。従来よりOECDを通じての競争法の執行に関する国際協力は行われており、米EC競争法協定、米加競争法協定を始め多くの二国間国際協定が締結されており、最近においては、日米独禁協力協定の締結の動向があることも報告されている。これができれば、日米の通商摩擦回避の観点からは大きな前進である。そこで、政府間の国際協定について一瞥する。

競争法の執行には政府機関による執行と私的訴訟による執行とがある。米国においては米司法省およびFTCによる執行とともに、私人による提訴という形の執行が活発に行われている。日本においては公正取引委員会による執行が中心で、私人による提訴は米国に比較すると活発とはいえない。しかし、近時においては、差止請求訴訟の提案等、私的訴訟の重要性もまた指摘されている。

競争法執行当局間の国際協力体制としては、①多角的協定、②複数国間協定、および③二国間協定が考えられる。多角的協定とは、例えばWTO協定のように、世界の国家の大半が加盟しているような協定である。戦後間もなくITO憲章(ハバナ憲章)が提案されたが、この第5章は競争政策に関するもので、カルテルの禁止を始め各種の競争制限禁止規定が盛り込まれていた。これは多角的競争法協定の一つの例であるが、これはITO憲章自体が流産し

たことによって結局日の目をみることがなかった。現在においては、WTOにおいて貿易と競争政策に関する作業部会が設置され検討が進んでいるが、これの成果がまもなく発表されると予想される。しかし、現在のところ、世界的規模で多角的競争法協定が締結される可能性は極めて少ないというべきであろう。

複数国間協定は一定の数の国家が任意に加盟して締結される協定である。これは多角的協定ほど包括的ではなく、加盟も任意であり、利害関係を共通にする国家がいくつか集まって締結するものである。現在WTOの枠内ではWTO協定付属書Ⅳの協定は複数国間協定であり、例えば政府調達協定がその例である。これは多角的協定に比較するとより現実味があると思われる。従来の提案としては、例えばミュンヘン・グループによる提案、EC委員会の委嘱による専門家グループによる提案等がある。将来WTOの枠内で競争法に関する協定が成立するとすれば複数国間協定であろう。また、WTOの枠とは別に、米国、日本、カナダ、EUの四極に豪州、ニュージーランド、韓国等を加えた複数国間協定も考えられる。

4. 二国間競争法協力協定（米EC競争法協力協定を中心に）

しかし、複数国間協定は将来の構想であり、現在では現実論として可能なのは二国間協定である。この観点から、現在の日米通商摩擦の解決を目指すのであれば、取りあえず日米独禁協力協定を締結することを検討すべきと思われる。従来より米EU、米加、米豪等の間には二国間競争法協力協定が締結されているので、日米の二国間協定を締結するに当たっては、これらが参考となろう。そこで、これらのうち重要な米EC協定について検討し、日米独禁協力協定の構想について検討する。

米EC競争法協定は1991年に締結されたものであるが、1998年春の協定によってさらに補完されて現在に至っている。1998年協定は、(1) 協定の範囲と目的、(2) 定義、(3) 積極礼譲 (positive comity)、(4) 被要請国による執行に依存しての調査の延期又は停止、(5) 情報の秘密およびそれの使用、(6) 1991年協定との関係、および、(7) 現存する法、(8) 発効および失効、の8条から

成り立っている。これらのうちの中心部分と思われる(3)、(4)および(5)について検討する。

　本協定の3条は積極礼譲について規定している。これによると、要請国の当局は被要請国の当局に対して、被要請国の競争法によって反競争的行為を調査し、規制が正当化できる場合にはこれを規制するよう要請することができる。かかる要請は、当該行為が要請国の競争法に違反するか否かにかかわりなく、また要請国が当該行為に関して自国の競争法で調査を開始し、又は開始しようとしているか否かにかかわりなく行うことができる。この場合の反競争的行為とは、被要請国市場の中で行われるもので、要請国市場において悪影響を及ぼすものである。

　本協定の4条は要請国による調査の延期または中断について規定している。これによると、要請国は被要請国による調査等の執行活動が継続している間は、その調査等の執行活動を延期または中断することに合意できるとしている。そして、さらに一定の条件が整う場合には、要請国は、被要請国による当該行為に対する調査が行われていることを根拠として、通常はその調査等執行活動を延期または中断する（will normally defer or suspend their own activities）としている。

　その条件とは、〔Ⅰ〕(1)当該行為が要請国の領土の消費者に直接的、実質的、かつ、予見可能な影響を与えないこと、または、(2)当該行為が要請国の消費者にかかる影響を与えるが、この行為は主として被要請国内において生じ、主として被要請国に向けられていること、〔Ⅱ〕当該行為の要請国の利益に対する有害な影響が十分にまた適切に調査され、措置をとることが適切な場合には、それに対して被要請国の競争法によって十分な措置がとられること（なお、当該行為が両国の利益を害し両国がこれに対して制裁を加えることが適切と判断される場合には、両国が別個の措置をとることが適切な場合があることを認める）、〔Ⅲ〕被要請国の当局は、自国法による調査を行う場合に、(1)当該行為の調査のために適切な資源を使用し、正当と認める場合には、迅速な規制措置をとること、(2)要請国が示唆する情報源を含めて入手可能なすべての情報源を活用すること、(3)要請国に対して、要請によってまたは一定の頻度で、当該調査の現状および目的について通知し、適切な場合には、要請

国の当局に対して情報保有者の同意が得られることを条件として関連の秘密情報を提供することに合意すること、である。そして、かかる情報の使用および開示は5条によって規律される。(以下、省略)

しかし、以上の規定は、要請国の当局が延期または停止している当該行為についての調査を開始し措置をとることを妨げるものではないことが明記されている。

5条は秘密情報について規定している。すなわち、この協定に基づいて一方締約国が他方締約国に対して、この協定執行のために秘密情報を提供する場合には、この情報は他方締約国の当局によってこの協定執行の目的のためにのみ使用されるものとする。しかし、情報提供国は、当該秘密情報が情報所有者の同意を得て提供されている場合で当該所有者が同意する場合には、被提供国に対して他の目的に使用することを認めることができる。

上にみたように、この協定は両当事国に法的義務を課するものではなく、両当事国はこれを遵守するか、いかなる程度まで遵守するかについては大幅な裁量権を有している。この意味において、この協定はいわゆるソフトロー (soft law)、すなわち非拘束的協定ということができよう。米国とECのように比較的法文化の近い国の間においても、競争法のあり方、経済社会における役割、執行方法には大幅な差異があり、両当事国を法的に拘束する協定の締結は非現実的との見方が背景にあると思われる。

5. 日米独禁協力協定

1998年9月22日に公正取引委員会と外務省は「米国との競争分野に関する協定(仮称)について」という発表を行い、日米独禁協力協定締結の構想があることを明らかにした。この発表の内容は以下のようである。

1. 近年、企業活動の国際化の進展に伴って、複数国の競争法に抵触する事実、一国による競争法の執行活動が他国の利益に影響を及ぼし得る事案等が増加するなど、執行活動の国際化及び競争当局間協力の強化の必要性が高まっている。こうした中で、OECDにおいては加盟国間の協力に関する理事会勧告やハードコアカルテル防止のための理事

会勧告が採択されている。また、米・EU、米・加等主要国間では競争分野における協力に関する協定の締結も進展している。
2. 以上を踏まえて、政府は、今般、米国政府との間で競争分野の協力に関する協定（仮称）を締結するための交渉を開始することとした。
3. この協定は、(1)執行活動に関する相互通報、(2)執行上の協力・調整、(3)積極礼譲（両国の競争当局が執行活動に際して互いに相手国の重要な利益に配慮すること等）などを内容とすることが想定されている。
4. この協定を締結することにより、国際的な広がりを有する反競争的行為に対する公正取引委員会の執行力の強化、日米競争当局間の協力関係の進展、米国反トラスト法の域外適用をめぐる問題への対処、我が国領域内における米国公権力の行使に関する問題への対処等が期待される。

　以上の構想は米EC競争法協定に類似するものであるが、将来日米間に締結される協定は米EC協定と同じものとなるか否かについては現時点では判然としない。しかし、競争法に関する国際協力協定における問題点には多くの共通点があり、日米において将来締結されるべき二国間独禁協力協定もまた米EC協定と内容においてはさほど異ならないものとなる可能性もある。そこで、米EC協定をも参考として、日米独禁協力協定の構想について検討する。

　まず、米EC協定と同じく、日米独禁協力協定は「非拘束的」協定となると予想される（現状においては、独禁協力協定を正式の条約として法的拘束力を持たせ、これによって日米両国が義務を負うという形のものは無理であろう）。

　主要な問題点は、(1)執行上の協力・調整および(2)積極礼譲である。執行上の協力・調整にはいろいろなものが含まれるが、重要な論点の一つは、一方当事者である当局が、どの範囲まで他方当事者である当局に対して、証拠・証人の確保、執行活動の連絡、情報の提供を行うことができるかである。特に微妙な問題となるのは、例えば米国の利益に悪影響を及ぼす行為が日本国内で行われている場合、これに対して公正取引委員会がいかなる程度まで証拠・証人の確保および米政府に対する情報提供を行うことができるかである。この場合、公正取引委員会の手持ちの一般的情報、証拠・証人の証言の確保が任意調査に基づくもので、かつ内容が一般的で秘密に属さないもので

ある場合には、これを米政府に提供することにさしたる問題はないと思われる。しかし、秘密情報については、独禁法上公正取引委員会の職員には守秘義務があり、また一般的にも、国家公務員法上の守秘義務がある。したがって、情報源となる情報所有者の同意がある場合を除いて、秘密情報の提供は国内法上できないと思われる。

また、米国からの請求に基づいて、公正取引委員会が強制調査権を行使して日本事業者等に対する調査を実施することができるかについては、その調査対象行為が日本の独禁法違反容疑のものであればともかく、そうでない場合には不可能である。

上記のように、独禁協力協定に基づく日米間の情報交換には制約があるが、それにもかかわらずかかる協定を締結することは、両国の競争法当局の関係の密接化を促進し、一般的に両国の競争法に関する協力関係の進展に寄与するという意味において有意義であろう。

米国は国際反トラスト執行援助法という法律があり、これによると米司法省およびFTCは外国に悪影響を与える反競争的行為が米国において行われている場合、米国内法上の強制調査権を行使して証拠を収集し、これを当該外国に交付することができるとされている。ただし、この条件としては、当該外国においても同様な法制があり、かつ守秘義務が整備されていることが必要とされている。我が国においてかかる法律を制定すれば別であるが、かかる立法の構想は現状においては非現実的であろう。

なお、日米租税条約26条においては、両国の税務当局は税務調査に関して秘密情報を相互に提供することができるとされ、かつ提供された税務資料は税務調査以外の目的には使用しないことが規定されている。かかる形の日米協力も考えられるが、秘密情報の提供を可能ならしめるためには、両国の取り決めが正式の条約となり、国家がこれを批准することが必要であろうと思われる。

積極礼譲とは、当事国の一方が他方当事国の領域内で行われている反競争的行為によって悪影響を受けている場合、その当事国が他方当事国に対して自国競争法を発動して適切な規制措置をとることを要請し、被要請国はこの要請に応じて可能な場合ないし適切な場合にはかかる措置をとることであ

る。これは米EC協定においても定められている。米EC協定にも明らかなように、これは当事者に措置をとる義務を課するものではなく、あくまでも非拘束的なものであり、しかも、要請国が自国の競争法を発動して(多分域外適用によって)かかる行為を規制することを排除するものではない。日米独禁協力協定においても、恐らくはこの米EC協定における積極礼譲の規定に類似するものが置かれることとなると思われる。

　積極礼譲の規定を有効に活用する場合には、競争法の域外適用とそれから生ずる主権の抵触をある程度回避することができる。例えば、日米関係において、日本において米軍基地の建設をめぐる談合が行われ、これによって米国の利益が侵害されている場合、米国がこれに対して反トラスト法を域外適用する代わりに、日本政府に対して日本の独禁法によって措置をとることを要請し、これに応じて日本政府が措置をとることによって当該談合を禁止すれば、反トラスト法の域外適用という措置を回避して問題を解決することができる。米軍基地をめぐる談合事件は数回発生したが、米国の通報により公正取引委員会がこれに対して課徴金を賦課している。また、ソーダ灰輸入カルテル事件においても、米国の要請によって公正取引委員会が独禁法に基づく措置をとっている。日米独禁協力協定に積極礼譲の規定を置くことは、かかる従来の慣行を国際協定によって定式化し、これを国際協定上の権利として位置づけるものであり、域外適用の回避および国際的競争制限の禁圧の実効性を高めるものと評価できるであろう。

　最近の反トラスト法の域外適用の事例の一つに、ファックス用紙事件があるが、この事件では、日本のファックス用紙の製造業者が日本国内で米国市場における製品の販売価格の協定を行い、製品を日本国内において輸出商社に売り渡す場合に日本商社に対してこの販売価格で米国で販売するように拘束した。日本輸出商社はこの旨在米子会社に指示し、この価格で製品が米市場で販売されたというものである。そして米国裁判所はこの日本国内において行われたカルテルに対して反トラスト法を適用したのであるが、これは域外適用ということができる。積極礼譲を活用するとすると、米国政府の要請によって日本の公正取引委員会が日本で行われるファックス用紙のカルテルに対して独禁法を適用することになろう。この場合には、当該カルテルは日

本市場において製造業者が輸出商社に売り渡す際に実施されており、この意味で日本国内で行われている。製造業者と輸出商社間の取引内容に関しては判然としないが、公正取引委員会にこれを規制する管轄権があることは明白である。

しかし、積極礼譲にも限界がある。もしある反競争的行為が要請国に対しては悪影響を与えるが、被要請国には悪影響を与えない、または同国の競争法の違反とはならない場合には、これは有効な規制手段とはならないであろう。例えば、日本の輸出カルテルは輸出入取引法によって独禁法の適用除外とされている。同じく、米国においても輸出カルテルはウェッブ・ポメリン法および輸出商社法によってシャーマン法の適用除外とされている。もし、日本の輸出業者が輸出入取引法によって対米輸出カルテルを結成し、これが米国において価格の高騰等の悪影響を生ずる場合に、米国政府が公正取引委員会に対して措置を要求したとする。この場合には、当該行為が日本法においては違法ではなく、公正取引委員会としてはこれに対して独禁法を適用する権限を有しないこととなる。同じく米国においても、例えば米国の紙パルプ製造業者がウェッブ・ポメリン法によって対日輸出カルテルを結成し、これが日本の製紙業者にとって悪影響を与える場合、日本政府が米国に措置を請求しても、このカルテルが適用除外となっているかぎり、米国政府としてはこれに対して措置をとることができないであろう。

以上のように、積極礼譲は万能ではなく、限界もある。その有効性は、当事者の競争法制がある程度ハーモナイズされており、違法基準についてミニマムな共通性が存在し、かつ禁止行為に大きな跛行性がないことが前提である。したがって、積極礼譲と競争法のハーモニゼーションの問題は並行的に進められるべきものである。

日米において二国間競争法協力協定が成立するかは、本稿執筆時点では不透明である。しかし、21世紀を迎えてかかる協定が必要であることは論をまたないところであり、かかる協定の成立を期待する。

（その後、1999年10月7日に、日米独禁協力協定が署名された。——編者）

おわりに――日米経済関係の現状と展望

中川淳司

　本書に収められた論文が執筆された1998年夏以降、日米経済関係においてはいくつかの重要な変化が生じた。そのうちのあるものは、本書を通じたメッセージ、すなわち「摩擦から協調へ」という日米経済関係の方向性に沿うものであった。他方で、米国が依然として旧来からの結果志向的な一方主義(unilateralism)から脱却していないことを示す現象も見られる。

1. 協調重視の方向での変化

　「摩擦から協調へ」と向かう変化として最も重要なものは、1999年10月に日米独禁協力協定(正式名称は「反競争的行為に係る協力に関する協定」)が締結されたことである[1]。協定は、米国がEUその他の国と結んできた二国間競争法協力協定の内容を踏襲し、日米競争当局間における執行活動に関する通報(2条)、執行協力(3条)、執行活動の調整(4条)、積極礼譲(5条)、消極礼譲(執行活動が相手国に対して及ぼす影響への配慮、6条)などを規定している。

　日米経済関係における紛争の焦点が、日本の対米輸出の制限から米国の対日輸出・対日投資の促進へと移行してきたことは本書で見たとおりである。そして、特に日米構造協議を契機として、米国の対日輸出・対日投資の促進に向けた日米交渉の焦点が、数値目標の設定に代表される結果志向型の解決から、対日輸出・対日投資を阻む日本の構造的障壁の撤廃へと移行してきたことをわれわれは見てきた。日米構造協議で開始されたさまざまなセクターにおける日本の参入障壁の削減と撤廃に向けた交渉は、その後の包括経済協議を経て、日米規制緩和協議や分野別の協議の枠組の下で続けられてきた。そこでは、個別のセクターにおける参入障壁の削減や撤廃と並んで、市場参

入を阻む民間の反競争的慣行を抑制するために独占禁止法の執行を強化すること、そのために日米競争当局間の協力関係を強化することが検討されている。日米独禁協力協定は、最近のこうした日米経済交渉の一つの到達点を示すものといえる。

「摩擦から協調へ」と向かうもうひとつの重要な変化は、WTOの紛争解決小委員会が米国の1974年通商法301条の適法性について2000年1月に出した報告である[2]。この事件は、ウルグアイラウンド交渉の結果締結されたWTOの紛争解決了解23条2項(a)が、「加盟国は、……この了解に定める規則及び手続に従って紛争解決を図る場合を除くほか、違反が生じ、利益が無効にされ若しくは侵害され又は対象協定の目的の達成が妨げられている旨の決定を行ってはなら」ないと規定して、一方的な判断に基づく制裁の発動を禁じているにもかかわらず、米国が依然として1974年通商法301条を温存して一方的制裁発動の余地を残していることを不服として、ECが申し立てたものである。日本はこの事件に第三国として参加し、ECに同調する意見を述べた。小委員会報告は、(1) 1974年通商法301条は、その文言上一見したところ (prima facie) WTO紛争解決了解23条2項(a) に違反する (para.7.96)、(2) しかし、米国のウルグアイラウンド協定法と同時に米国議会で採択された行政府措置声明 (SAA) は、301条の運用にあたってWTO諸協定との整合性を確保すると述べており、このことは小委員会の審理手続において米国政府によってくりかえし確認された。これは米国政府の公式の約束 (undertakings) とみなしうる (para. 7.126)、よって、(3) 301条を行政府の裁量によってWTO諸協定と整合的に運用することは可能であり、SAAおよび小委員会手続での米国政府の発言によりそのような運用が約束されているから、その限りで紛争解決了解23条2項(a) との整合性は認められる (paras.7.131-136)、と述べた。

この小委員会報告により、米国は301条の運用においてWTO協定、特に紛争解決了解23条2項(a) との整合性を確保する義務を負い、一方的な制裁の発動を行うことはできないことが確認された。301条は制定後すでに四半世紀を経て米国の通商政策の柱として確立している。それは米国議会の圧倒的支持を得ており、また、301条の運用に携わる行政機構 (USTRなど) も確立していることから、301条を廃止することは現実問題としてありえない。しか

し、この小委員会報告は、WTO体制の下で、301条の運用における一方主義的性格がWTO紛争解決手続の厳格な制約に服するに至ったことを確認した(この点については本書第1章のSwan論文もあわせて参照されたい)。日米経済関係を含めて、米国の対外通商交渉は、二国間交渉とWTOを初めとする多国間交渉、そして、米州自由貿易地域(FTAA)を初めとする地域的な交渉のチャネルを通じて進められてゆくことになる。二国間交渉においても、そこでの争点がWTO協定に関わる場合には、一方的制裁ではなくWTOの紛争解決手続への付託という方策がとられることが確認されたのである。

　実際、ウルグアイラウンド後の日米経済関係を見ると、両国間の紛争の多くがWTOの紛争解決手続に付託されてきている。本書でも触れた日本の自動車・部品市場に関する紛争は、WTO発足後最初に紛争解決手続に付託された事案であった。紛争はWTOでの協議とは別に進められた日米協議を通じて解決されたが、紛争がWTOに付託され、そして、そこで米国が敗訴する可能性もあったことは、実際の紛争解決にも事実上の影響を与えたと考えられる。そのほかにも、米国が日本を相手取ってWTOの紛争解決手続に申し立てたケースとして、本書でしばしばとりあげた日本のフィルム・印画紙市場に関する紛争(富士コダック事件、WT/DS44/R)、日本の酒税格差(WT/DS8/R、WT/DS8/AB/R)、日本の著作隣接権(協議により解決、WT/DS28)、日本のりんごなど農産品に関する輸入検疫制度(WT/DS76/R、WT/DS76/AB/R)などがある。他方で、日本が米国を相手取ってWTOの紛争解決手続に申し立てたケースとして、米国の地方政府の調達手続問題(ミャンマー制裁法、協議により小委員会手続中断、WT/DS95/1)、米国の1916年アンチダンピング法(WT/DS162/R、WT/DS162/AB/R)、米国の日本製熱延鋼板に対するアンチダンピング措置(WT/DS184/R、WT/DS184/AB/R)、米国1930年関税法改正条項(バード修正条項、現在協議中、WT/DS217/1)などがある。その他、現在WTOの紛争解決手続に係属中の案件も含めれば、ガットの時代に比べるとはるかに多くの紛争がWTOの紛争解決手続に付託され、解決されるようになった[3]。

　以上の変化は、日米経済関係において、301条に象徴される米国の一方主義的な圧力を通じた紛争解決が後退し、代わって、二国間あるいは多国間のフォーラムを通じて日本の構造的な参入障壁を削減し撤廃しようとする方針

が台頭してきていることを示している。その意味で、本書が掲げた「摩擦から協調へ」というメッセージは確実に実現の方向に向かっているといえる。

　米国における一方主義の退潮は別の面からも認められる。最近、米国において、ビジネス界を中心に、一方的な経済制裁は効果がなく、かえって輸出の減少、雇用機会の喪失、第三国市場における米国の競争力の低下を招き、米国の利益を損なう結果をもたらしているという認識が示されるようになってきた。全米製造業者協会 (NAM) は1997年3月に *Catalogue of New U.S. Unilateral Economic Sanctions for Foreign Policy Purposes 1993-96* と題した報告書を発表した。報告書は、米国の経済制裁の発動によって相手国が措置を撤回した例はほとんどないことを指摘した上で、(1) 経済制裁を行うに先立って多国間協議の可能性を検討すること、(2) 経済制裁が満たすべき基準 (効率性、制裁対象品目の他国から制裁対象国への輸出可能性、執行可能性など) を設けること、(3) 米国政府が個々の経済制裁措置について対象国および米国への効果を記述した年次報告書を出すこと、などを提言した[4]。1999年9月には、国際貿易委員会 (ITC) が、核実験を行ったインドとパキスタンに対する米国の経済制裁の効果を検討した報告書を提出したが、そこでも、経済制裁の結果として第三国企業のインド・パキスタンへの輸出が増加するという「恩恵」を被ったこと、経済制裁の実施によって米国の企業に対する信頼感の低下が懸念されることなどが指摘されている[5]。

2. 一方主義の継続

　ただし、このように、一方主義に対する懐疑的な見方が強まってきてはいるものの、米国政府は一方主義を公式に放棄するには至っていない。むしろ、一方主義の強化ととれる動きすら見られる。たとえば、1999年3月に、クリントン政権は1997年に失効したスーパー301条 (1988年包括通商競争力法1302条によって追加された1974年通商法310条) を復活させた。これは、USTRの提出する『外国貿易障壁に関する国別貿易評価報告書』に基づいて優先交渉国を指定し、当該国との交渉によっても貿易障壁の削減や撤廃について改善が見られなかった場合には、301条に基づく制裁の発動に踏み切るという手続で

ある。しかも、従来は2年とされていたスーパー301条の有効期間は3年に延長されている。2000年5月1日に行われた発表では、優先交渉国として特定された国はなかったが、監視対象として、日本の板ガラス、自動車・部品が指定されている[6]。これらはいずれも、米国が日米の二国間分野別協議で日本市場のアクセスの改善を求めている分野である。

先に触れたWTOの小委員会報告がWTO諸協定との整合的な運用を条件として301条の適法性を認めたことを考えると、スーパー301条の復活が直ちに米国の一方的制裁措置の発動をもたらすものとはいえない。しかし、優先交渉国の指定、監視対象の指定その他の手続を通じた政治的圧力を利用して二国間交渉により市場アクセスの改善を求めるという米国の姿勢は基本的には変わっていない。

こうした米国の姿勢を反映して、日米両国間で依然として対立が続いている問題がある。「序」で触れた結果志向の公正(fairness)概念とルール志向の公正概念との対立はその典型である。米国は依然として、市場アクセスに関する具体的な数値目標の設定と、その達成の監視という方針を堅持している。1995年に一応の決着を見た日本の自動車・部品市場に関する紛争では、日本の自動車業界が自主的な購買計画を発表したが、その後米国政府はこの計画の達成状況をモニターし、対日交渉において言及して、日本政府にも計画の達成に対してコミットすることを求めている。日本政府の外国製自動車・自動車部品販売促進措置などを規定した日米自動車・同部品協定は2000年末で失効したが、米国政府は協定の延長を希望し、その終了を主張する日本政府との間で意見が対立した。協定は2000年末で失効したが[7]、米国政府は新たな協定を締結することを希望していると伝えられている[8]。

同様に、富士コダック事件のWTO小委員会報告が出された直後に、USTRは、小委員会の審理過程でフィルム・印画紙市場の開放に向けて努力する旨述べた日本政府の発言を「約束(commitment)」とみなし、以後その履行を監視するとの声明を発表した。その後USTRは年2回モニター結果を発表している[9]。

このように、米国政府は、制限的商慣行や独占禁止法の不十分な執行といった構造的な参入障壁については規制緩和と独占禁止法の執行強化などの制度

的・構造的な対処策を求める一方で、個別分野の参入障壁の削減や撤廃については、数値目標の設定とその履行の監視という結果志向の方式を重視する姿勢を変えていない[10)11)]。

また、1998年以来、鉄鋼分野においてアンチダンピング措置の発動事例が急増したことは、アンチダンピングが依然として日米間の重大な争点であることを示している。鉄鋼分野におけるアンチダンピング措置の発動急増の背景には、1997年のアジア金融危機以後、日本製鉄鋼製品のアジア向け輸出が激減し、代わって米国向け輸出が急増したという事情があった。このように、米国の鉄鋼輸入が急増したことの主たる原因はマクロ経済的な要因であったが、米国鉄鋼業界と労組は、アンチダンピング(およびセーフガード)という使い慣れた手段に訴えることで輸入急増を食い止めようとしたのである。これに対して日本政府は、一部のアンチダンピング措置について、損害認定、ダンピングマージンの算定方法、調査手続などにWTOアンチダンピング協定の違反が認められるとして、2000年2月にWTOに提訴した。WTOの紛争解決小委員会および上級委員会は、日本の請求を認める報告書を提出している[12)]。

3. 日米経済関係の現状——摩擦の沈静化？

以上見てきたように、今日の日米経済関係は、結果志向とルール志向という原則レベルでの対立を維持しながらも、基本的には二国間協力の強化とWTOを通じた多国間の紛争解決方式の重視という方向で推移している。個別分野での対立(そこでは、結果志向の数値目標を掲げてその履行を迫る米国と、明確なコミットメントは避けながらも交渉には応じて段階的な市場アクセスの改善を図ろうとする日本という構図が共通して見られる)は依然として続いているが、日本の長引く不況の中で米国の景気が比較的好調に推移してきたというマクロ経済的な要因から、日米間にはかつて見られたような深刻な経済摩擦は生じていない。むしろ、2001年に発足したブッシュ政権は、日本への外圧は控え、日本自らに経済構造改革と規制緩和を求めるという姿勢を表明している[13)]。ただし、マクロ経済的な要因は永続性を持つものではない。ひとたび

マクロ経済状況に変化が生じれば、日米間で経済摩擦が再燃する可能性がある。2001年に入ってから米国経済は後退局面に入り、2001年9月の同時多発テロはその傾向をいっそう推し進める効果を持った。米国の「余裕」が失われ、近視眼的な保護主義が再燃して、対日圧力が強まる可能性は決して低くないのである。

したがって、日米経済関係が比較的平穏な状況にある今日こそ、両国政府はより永続的・安定的で確実な協力関係の枠組を構築するよう努力する必要がある。2001年6月、日本の小泉政権と米国のブッシュ政権は「成長のための日米経済パートナーシップ」と題した新経済協議を発足させることで合意した。新経済協議では、従来から続けられてきた両国政府間の実務レベルでの協議を再編して、財務金融対話、貿易協議、投資イニシアティブ、規制改革および競争政策イニシアティブという四つの専門家会合を設けて、定期的に協議するとされた。さらに、両国の協力関係の方向性を定める目的で少なくとも年1回開催される次官級会合、次官級会合に参加する政府関係者と両国の民間部門の代表者で構成され、次官級会合の直前に開催される官民会議の発足が決まった。専門家会合の一つである財務金融対話では、日本の不良債権問題も話し合われることになっており、日米経済関係に対する米国政府の問題関心が日本の景気回復、そしてそのための構造改革にあることを端的に示している[14]。

新経済協議は日米構造協議以来続けられてきた両国間の経済協議を再編したものであって、次官級会合を定例化したこと、官民会議を設けたことを除けば、日米間の経済協議に新たな要素を付け加えるものではない。また、そこでとりあげられるテーマも、米国の問題ではなく日本の構造的な問題や個別分野の参入障壁の削減や撤廃に偏っており、日米両国が対等な立場に立ってそれぞれの国の抱える問題を論じるフォーラムとは必ずしもいえない。両国がより永続的で確実な協力関係の枠組の構築を目指すためには、新経済協議を越えて、共通のルールに基づいた新たな枠組を模索する必要があるだろう。その意味で、最近、日本政府部内で、電子商取引など先端分野でのルール作りや、競争政策や特許制度を初めとする法制度のハーモニゼーションに

ついて日米間で合意を目指す「経済連携協定」の締結を提案するための準備作業が始められたこと[15]は、注目に値する。

　従来、日本政府は、ガット・WTOを通じた多国間の通商自由化を最優先させ、二国間の貿易・投資の自由化の枠組作りには消極的であった。しかし、最近日本政府はこうした姿勢を改め、二国間の自由貿易協定の締結を通商政策の柱の一つと位置づけるようになった。日本政府は、2001年早々にシンガポールとの間で経済連携協定の締結交渉を開始したのを皮切りとして、今後は主要な貿易相手国との間で貿易・投資の自由化を目指す二国間の自由貿易協定のネットワークを次第に広げてゆくことを目指している。日米の「経済連携協定」の提案も、こうした日本政府の新しい方針の表れといえる。しかも、現在交渉中あるいは交渉が予定されている自由貿易協定と異なり、日米経済連携協定は、世界で最も重要な二国間関係である日米両国間で貿易・投資の自由化、法制度のハーモニゼーションなど、広範な分野でのルール作りを目指すものであり、それが実現した暁には、日米両国間の経済関係にきわめて堅固な基礎が築かれることになるだろう。さらに、これから交渉が始まる世界貿易機関の新ラウンドに対しても大きなインパクトを与えることが予想される。

　今後とも、日米経済関係を規律する最も重要な枠組がWTOに代表される多国間の枠組であることには変わりないだろう。しかし、WTOが日米経済関係のすべての問題をカバーしていないことも事実である。その意味で、多国間の枠組と二国間の枠組を相互補完的に用いて良好で生産的な経済関係を維持し拡大してゆくことが必要である。協調の時代が摩擦の時代に逆行することを防ぐために、多国間の枠組の発展と二国間の枠組の強化を図ってゆくことが、日米両国の課題である。そのために残された時間は決して長くない。

注

1) "U.S., Japan Enter into Agreement for More Cooperation on Antitrust Matters," *International Trade Reporter,* Vol.16, No.40 (1999), pp.1635-1636.

2) WT/DS152/R.
3) 経済産業省通商政策局編『2001年版　不公正貿易報告書』経済産業調査会、2001年、513-514頁。
4) 通商産業省通商政策局編『2000年版　不公正貿易報告書』通商産業調査会、2000年、346-347頁。
5) 同前347頁。
6) USTR, *Identification of Trade Expansion Priorities Pursuant to Executive Order 13116*, Apr.30, 2000. [http://www.ustr.gov/html/report.html]
7) "U.S., Japan to Hold Hong Kong Meeting to Discuss 1995 Auto Agreement Extension," *International Trade Reporter,* Vol.17, No.42 (2000), p.1638., "Japan Rebuffs Mineta's Request to Extend Expired Auto Agreement," *International Trade Reporter,* Vol.18, No.3 (2001), p.106.
8) USTR, *2001 National Trade Estimate Report on Foreign Trade Barriers,* 2001, pp.255-256.
9) *Ibid.,* p.262.
10) 2000年版の『外国貿易障壁報告書』は、1993年7月の日米包括経済交渉枠組み協定の重要な成果として、分野別協定の実施をモニターするために定量的・定性的基準を導入したことを挙げ、高く評価している。参照、USTR, *2000 National Trade Estimate Report on Foreign Trade Barriers,* 2000, p.183.
11) 日本電信電話株式会社(NTT)の接続料の引下げをめぐる日米交渉も、米国のこうした方針を示す例である。大幅な接続料の引下げはNTTの経営に打撃を与えるとして渋る日本政府に対して、米国は通商法1377条(電気通信条項)に基づく制裁の発動も辞さないとして、2000年中に接続料の41%引下げを求めて交渉は難航した。最終的に、2年間で20%強引き下げ、3年目以降に米国の要求した40%以上の引下げを実施するという内容で交渉は決着を見た。参照、『日本経済新聞』2000年7月19日朝刊、5頁。
12) United States, *Anti-Dumping Measures on Certain Hot-Rolled Steel Products from Japan,* WT/DS184/R, WT/DS184/AB/R.
13) 『日本経済新聞』2001年1月15日朝刊、2頁。
14) 『日本経済新聞』2001年7月1日朝刊、1、3頁。
15) 『日本経済新聞』2000年10月29日朝刊、1頁。

あとがき

　本書の元になったのは、国際交流基金日米センターの助成を得て、東京大学社会科学研究所とジョージア大学ディーンラスク国際法比較法センターが1996年から1998年にかけて実施した国際共同研究「ウルグアイラウンド後の日米経済関係の法的側面」である。このテーマについては、松下満雄・黒田真編『日本とアメリカ：日米経済憲章を目指して』(日本経済新聞社、1990年)、W. Dobson & H.Sato eds., *Managing U.S.-Japanese Trade Disputes:Are There Better Ways?* (1996) など、いくつかの先行研究があったが、これらと比較すると本共同研究プロジェクトはいくつかのユニークな性格を持つものであった。第一に、日米両国の研究者と専門家、実務担当者が参加し、対等な立場で議論を闘わせて共通了解を構築し、さらに政策提言を行うことをめざした。第二に、日米経済関係をWTOや地域経済統合の枠組みの中に位置づけて分析し、二国間主義だけでなく地域主義や多国間主義にも十分配慮しようとした。第三に、研究成果を英文と日本語の両方で公表することを目指した。本共同研究プロジェクトの下では1997年4月と1998年3月にワシントンと東京でワークショップを開催し、共同研究者の間で意見交換を行った。また、1998年3月の東京での会合の際には、公開シンポジウムを行って研究成果を広く世に問うた。この公開シンポジウムの模様は同年6月にNHK衛星放送『BSフォーラム』で放映された。本書の執筆者以外に、以下の方々は共同研究およびワークショップ、公開シンポジウムに熱心に参加され、共同研究の遂行にご尽力いただいた。記して感謝申し上げる。

　川瀬剛志(神戸商科大学助教授)、川島富士雄(金沢大学助教授・ジョージタウンローセンター客員研究員)、小泉直樹(上智大学教授)、小室程夫(神戸大学教授)、瀬領真悟(滋賀大学助教授)、柳赫秀(横浜国立大学教授)、Hamilton Loeb (Paul, Hastings, Janofsky & Walker) , A.Vaughan Lowe (Professor, Oxford University) , Joel P. Trachtman (Professor, Tufts University)。

東京でのワークショップ終了後、共同研究者が提出した英文のペーパーに基づいて、下記の英文出版を行った。"Symposium-Prevention and Settlement of Economic Disputes between Japan and the United States," *Arizona Journal of International and Comparative Law*, Vol.16 (1999), pp.1-260. 英文出版に引き続いて日本語での出版に取り組んだが、編者の一人である中川の在外研究などの事情で、英文ペーパーを翻訳、校正する作業に予想以上の時間がかかった。その間、翻訳、校正を含めた編集作業にご尽力いただいた大竹宏枝、西平等、仁分久弥子、福永有夏(いずれも東京大学大学院、所属は1999年3月時点のもの、以下同じ)の各氏には特に感謝申し上げる。

　なお、英文ペーパーの翻訳・校正に当たっては、下記の方々に第一次訳を作成いただき、その後編者の中川が訳文を調整し、全体の統一を図るために第一次訳に手を加えるという方法をとった。

　序、3、5、6、11、12章―中川
　1章―仁分久弥子
　2章―加藤暁子(国際基督教大学大学院)
　4、10章―大竹宏枝
　7章―西平等
　8章―藤丸尚子(東京大学大学院)
　9章―岩月直樹(東京大学大学院)

　最後に、本書の出版を快くお引き受けくださり、煩雑な編集、校正作業を辛抱強く支えてくださった東信堂の下田勝司社長に感謝申し上げる。

　　　　　　　　　　　　　　　　　　　2001年10月　編者を代表して
　　　　　　　　　　　　　　　　　　　　　　中川淳司

索引

一般事項

【ア行】
アジア開発銀行 ……………………203
アジア金融危機 ……………286,287,354
アジア太平洋経済協力閣僚会議(APEC)
　　…9,214,226,229,230,246,248,249,
　　251,262,265,266,268,270,273-5
　――紛争仲介専門家部会(DMEG)
　　…………………………249,266
　――貿易と投資委員会 ………249,266
アドホック仲裁 …………………242
アミカスキュリエ(法廷の友)文書
　　…………295-7,300,303,312,313
アンチダンピング委員会 …………91
アンチダンピング税の還付 …………93
アンチダンピング税の吸収 ………91,92
アンデス通商特恵プログラム ………55
域外適用 …………7,23,300,338,344,346
一般的相互主義 …26,29-33,37,43,45,46
一般特恵制度(GSP)(米国) …42,54,55,
　　185,187,195
一方主義(unilateralism) …………349,351
移転価格操作 ………………………93
糸前倒し ……………………………180
ウェーバー …………………………59,268
迂回 …………………………………91
迂回防止 ……………………………114
ウルグアイラウンド ……11,17,19,97,98,
　　193,218,234-7,239,256,262,267,
　　276,304,350,351
エスケープクローズ ………85,158,159
欧州経済共同体(EEC) …………45,59
欧州裁判所 ………………………339
大蔵省 ……………………………302
大阪行動計画 ……………………249
オーストラリア・ニュージーランド自由貿易地域(ANZCERTA) …105,
　　116

【カ行】
外交的保護 …………………………223
外国直接投資 …………113,123,143,162
外国貿易障壁に関する国別貿易評価報告書 ………………6,53,229,352
外務省 ……………………………343
価格カルテル ……………………320
価格監視 ………………130,163,164
価格協調 …………………………295,297
価格差別 …63,68,70,72,77,91,100,101,
　　104,106
価格比較 ……………………………76
加工・工程基準 …………………189
ガット締約国団 …………………334
カリブ海域特恵(CBI) …42,55,186,187,
　　195,198
カルテル …45,165,285,287,291,292,296,
　　297,301,319,320,324,327,328,334,
　　337
環境関連貿易制限措置 ………………7
環境と開発に関するリオ会議 …234,235
関税協力理事会 …………………175
関税裁判所 ………………………173
関税譲許表 ………………………238
関税同盟 ………………174,196,236
関税評価 …………………………197
関税分類変更基準 ……174-7,179-82,184,
　　189,192
管理貿易 …20,119,124,130,145,165,168,
　　169
基準認証制度 ……………………337
規制緩和 ……20,87,144,147,221,284,286,

287,290,301,303,333,354
規制緩和推進計画 ……………301
行政指導 ……123,133,134,141,142,144,
　　291,292
行政手続法 ………………………6
共通通商政策 ……………230,254
共通農業政策 ……………27,46,59
挙証責任 ………………………106
クローニー資本主義 …………286,287
グローバル化 …………………338
経営改革法 ……………………112
経済協力開発機構(OECD) …18,97,204,
　　206,226,228,238,251,297,299,300,
　　324,338,340
　　——競争法・政策委員会 …………333
　　——の制限的ビジネス慣行に関する
　　　専門家委員会 ………………324
経済制裁 ………………………352
経済団体連合会(経団連) ……287,301-3
経済連携協定 …………………356
系列 …6,10,57,123,133,135,137,163,209,
　　265,291,312,314
ゲップハート修正 ………………34
ケネディラウンド ……………175,245
ゲーム理論 ……………………28
研究開発補助金 ………………112
原産国表示 ……………171,172,188,194
原産地規則 ……………7,8,10,12,98
原産地規則(に関する)技術委員会
　　………………………………176,192
効果理論 ……………………294-7
公共選択論 ……………………219
公共の福祉 ……………………233
攻撃的不公正 …………………53
公正(fairness) …………25-7,29,45,46,353
公正市場価格 …………………167,168
公正取引委員会…81,82,143,144,223,224,
　　287,290-3,301-3,320,321,323,339,
　　340,343-7
公正な価額 ……………………150
合理化カルテル …………………82
国際経済研究所 ……………146,211

国際司法裁判所(ICJ) …52,234,247,272
国際収支のための例外 …………94
国際通貨基金(IMF) …203,204,206,214
国際貿易委員会(ITC) …84,123,124,149,
　　151,160,161,192,208,248,352
国際貿易機関(ITO) ……31,288,298,303,
　　306
国際貿易裁判所 …114,173,189,196,262,
　　272
国際礼譲 ……………………310,311
国内補助金 ……………63,77,111,112
国連安全保障理事会 …………234
国連経済社会理事会 …………334
国連総会決議 …………………234
コスト割れ販売…70,72,77,78,100-2,104,
　　106,107
国家行為理論 …………………59
固定費用 ………………………105
個別的相互主義 ………26,29-32,45,46,54
コーポレートガバナンス ………225
コメコン ………………………79

【サ行】

最恵国待遇 ……30,31,53,56,59,132,139,
　　166,236
最低基準ルール(de minimis rule) …178
最低工程基準 …………………176
在日米国商業会議所(ACCJ) ……13,144,
　　166
財閥(韓国) ……………203,204,209
裁判不能(non liquet) …………274
財務省(米国) ……………………18
サービス貿易 …………………135,137
産業構造審議会 ……………230,245
産業政策 …………………70,169,301,337
産業組織論 ……………………169
サンセット条項 …………………75
サンセットレビュー …………77,92
産品間補助金……69,70,78,93,101-4,106,
　　117
シェケワ ……………………206,214,215
シカゴ学派 ……………………252,288

市場アクセス ……29,33,71,119,120,124,
　130,137,141,143,145,147,160,163,
　165,166,168,226,244,252,271,273,
　274,290,292,294,297,300,303,309,
　331
市場シェア …………70,167,168,169
市場分割 …………………………156
市場歪曲 …………17,102,103,105
私訴 ………………………………302
実質基準 …………………173,196
実質的損害 ………………………237
実質的変更基準 …172,174,176,188,189
自動執行性 ……………………49,255
自発的協議仲介サービス …………9
司法省(米国) …144,295,296,300-2,313,
　340,345
シャーマン法の域外適用 ………295,313
自由化対抗措置 …………………121
囚人のジレンマ ………………28,54
自由貿易協定 ……116,172,175,176,191,
　193,248,356
自由貿易地域 ……………174,196,236
自由民主(自民)党 ……………301,302
主権免除 ……………………………59
需要の価格弾力性 …………………70
上院財務委員会(米国) ……………45
消極礼譲 …………………………349
譲許表 ……………………………193
常設国際司法裁判所 ……………294
商品基準 …………………173,196
情報公開法 …………………………6
商務省(米国) …83,84,88,89,93,114,120,
　123,124,149,160,161,167
シンガポール閣僚会合 ………243,283
審議会 ……………………………6
新経済協議 ………………………355
審査基準(スタンダード・オブ・レ
　ビュー) …………………………237
新通商政策 …………………………18
衰退産業 ……………………………73
数値目標 ……20,21,129,164,166,167,169,
　349,353,354

税額控除 ……………………………81
制度派経済理論 …………………306
政府調達 ……………7,58,171,191,222
世界関税機関 ……………………196
世界銀行(世銀) …………………203
世界政府フォーラム ……………127
世界貿易機関(WTO) ……………356
　――一般理事会 ………………256
　――上級委員会 ……136,141,207,208,
　　218-21,239,240,243,256,262,265,
　　267,268,272,275,277,278
　――シンガポール閣僚会合…243, 283
　――シンガポール閣僚宣言 …93,114,
　　115,257
　――貿易と競争政策に関する作業部
　　会 …………93,146,243,284,341
積極礼譲(positive comity) …145,299,323,
　333,334,341,342,344-7,349
セーフガード …………………191,354
繊維前倒し ………………………180,189
全米製造業者協会(NAM) …………352
創業者利益 ………………………162
相互主義 …12,25-8,31,32,44,47,53,54,124
属地主義 …………………………327
ソフトロー ……225,234,235,238,255,343
損害認定 …………………………84,89,97

【タ行】
大規模小売店舗法 ………………144
対抗立法 …………………………299
第三国価格監視 …………………130,131
ターゲティング …………37,70,81,123
多元的法的攻撃(multiple legal
　harrassment) ………………158-60,169
多国籍企業…96,286,287,296,297,303,324
談合 ……………………10,292,316,321
ダンピングマージン …88,97,98,133,152,
　157,354
知的財産権 ……7,8,20,41,46,56,58,59,127,
　135,137,158,205,229,234,238,250,
　314,324
仲裁裁判 ……………………………52

調査開始 …………………………89
調査中断合意 ……………125,131,164
直接効 …………………………49
直接、実質的かつ合理的に予見可能な
　　効果 ……………………314,315
追跡原則 …………………………183
通商産業省 ……18,121,123,133,142,144,
　　165-7,230,250,291,300-3
　　——通商政策局 …………………7
通商政策対話 ……………………249,266
通商白書 ……………………230,253
鉄鋼委員会 ……………………18
電子商取引 ……………………355
統一関税譲許表 ………………192
統一システム ……………………175
東京ラウンド ……35,46,54,175,235,237,
　　245,255
当事者適格 ……………………272
同時多発テロ ……………………355
投資紛争解決国際センター(ICSID)
　　……………………………274
同種の産品 …………105,152,207,218
独占禁止法からの適用除外 …………81
特定工程基準 …………………176
特定製造・加工工程基準 …………184
特別かつ異なる待遇 ……………44,255
独禁法の域外適用 …………338-40,346
独禁法の適用除外 ………………347
特恵関税 …………171,172,176,191,193
トリガープライス方式 …………18,148
取引価額方式 ……………………181,182

【ナ行】
内外価格差 ………………………301
内国民待遇 …29,33,53,56,57,59,114,134,
　　138,166,207,236,237,243,247,255
二国間競争法協力協定 ……105,293,347
二国間投資協定 …………………30
日米規制緩和協議 ………………349
日米構造協議…3,19,20,135,209,253,284,
　　291-3, 298, 300, 303, 307, 337, 349,
　　355

日米自由貿易協定 ………………248
日米繊維交渉 ……………………17
日米包括経済協議 …………3,20,349
日米枠組(Framework)協議 …………3
日本株式会社論 …………………306
日本電子機械工業会 ……………127
日本電信電話株式会社(NTT)………357
日本弁護士連合会(日弁連) ………302
農業補助金 ………………74,75,112
ネガティブコンセンサス …………256
ネガティブリスト ………………247
ネットコスト方式…………………181-3
ノンペーパー ……………………96

【ハ行】
灰色措置 …………………………244
ハードコアカルテル …297,299,323,333
ハードロー …………234,235,238,255
パフォーマンス要求 ……………138
ハーモニゼーション ……3,172,174,191,
　　192,194,338,347,355,356
半導体理事会 ……………………127
反トラスト法の域外適用 …8,283-5,290,
　　294,295,344,346
非違反無効化侵害 ………11,34,141,225,
　　243,246,257,292
比較優位 …………………27,69,169
比較優位理論 ……………………100
非特恵原産地規則 ………………172
ファストトラック ………………54
付加価値基準…173,176,177,179,193,196
不況カルテル ……………………80,82
不公正貿易慣行 …………………97
不公正貿易報告書 …7,230,245,258,300
不良債権問題 ……………………355
紛争解決機関(DSB)……35,136,137,239,
　　242,243,256,262,270-2,275
平均可変費用 ……………………101,103-5
米国関税局 ………………………173
米国通商代表部(USTR) …6,18,21,35-7,
　　40,41,44,49,50,54-7,110,122,127,
　　129,137,138,141,143,146,150,157,

160,229,245,250,256,259,271,273,
296,297,300,317,318,320-3,331,
334,350,352,353
米国半導体工業会(SIA) ……127,151,
157,163
米州自由貿易地域(FTAA) ……230,351
ボイコット ………………………329,337
貿易関連投資措置 ………41,46,135,234
貿易救済法 …………86,87,98,99,112
貿易と環境 ………………………51,59
貿易と競争政策 …………………51,114
貿易の技術的障害 …………………98
貿易歪曲 ………………………77,78,98
包括経済協議 …………………3,349
防御的不公正 …………………37,53
法廷助言者 ……………………302
保護主義 ………………………306
ボゴール宣言 …………………249
ポジティブリスト ……………247

【マ行】
マキラドーラ …………………194
マクロ経済政策 ……………227,251
マクロ経済理論 ………………285
マニラ行動計画 ………………249
無条件最恵国待遇 ………………54
メルコスール …………230,274,279
メールボックス規則 ……………59
持株会社 ………………………302
戻し税 ………………………194,195

【ヤ行】
約束(commitment) …11,126,147,320,353
約束(undertakings) ……………350
約束表 …………………………243
輸出カルテル …………………224,347
輸出自主規制 ……………17,229,337
輸出補助金 ……63,64,73,111,112,255
輸入自主拡大 …………………211
輸入多様化措置 ………210,211,216

幼稚産業 ……………………73,81,120

【ラ行】
ライセンシング ………………317
ラウンド(多角的貿易交渉) …29,97,286
ラベリング ……………………190
立証責任 ……………………141,220
略奪的価格設定 ………69,102,107
累積(accumulation)条項 ………184
冷戦 …………………227,244,320
レビジョニスト …………………19
連邦海事委員会(米国) ………321
連邦巡回控訴裁判所(米国) …114
連邦取引委員会(FTC)(米国) …190,191,
295,313,340,345
ローカルコンテント ……71,121,176,
177,179-81,187,192,193
ロールアップ …………………183
ロールダウン …………………183

【英数】
ACCJ→在日米国商業会議所
APEC→アジア太平洋経済協力閣僚会
議
CBI→カリブ海域特恵
DSB→紛争解決機関
EC委員会 …………………271,289
EIAJ→日本電子機械工業会
EU委員会 ………………………86
FTC→連邦取引委員会
GSP→一般特恵制度
ITC→国際貿易委員会
ITO→国際貿易機関
MOSS(市場志向セクター別)協議……3,
19,20,230
SIA→米国半導体工業会
USTR→米国通商代表部
WTO→世界貿易機関
3倍賠償 ………………………107

人名

アクセルロッド Robert Axelrod ········28
天谷直弘 ····························289
ウォーナー Mark A. A. Warner ···283-5,
　294-8,302,303,307,308
エッサーマン Susan Esserman ········331
エドワーズ Corwin D. Edwards ······287,
　289,297,298,303,306,308

カーター(米大統領) Jimmy Carter ···18
カンター Mickey Kanter ······56,117,258
北川俊光 ····························145
金大中 ···························203,205
金泳三 ·······················204,206,214
グラハム Edward Graham ············289
グラハム Samuel Graham ············65
クリントン(米大統領) Bill Clinton ···20,
　36,209,230,296,318,321,352
ゲップハート Richard A. Gephardt ···132
コヘイン Robert E. Keohane ······29,219

サイクス Alan O.Sykes ···············54
サウター David H. Souter ···········311
ジャノー Merit E. Janow ·······283,284
ショーエンバウム Thomas J. Schoenbaum
　·····································13
スカライズ George Scalise ··········151
スカリア Antonin Scalia···········311,326
スターク Charles S. Stark ···········299
スミス Adam Smith ·················28
瀬領慎吾 ···283,284,290-3,298,301-3,307

タイソン Laura A. Tyson ············230
デイビー William Davey ············218
トーマス Craig Thomas··············331
トーマス J. C. Thomas ··············220

中川淳司 ·····························13
ノース Douglas C. North ·······288,290
盧泰愚 ····························205
ノーランド Marcus Noland ·········211

ハイエク Friedrich von Hayek ········252
バイエリン Ulrich Beyerlin ············255
バーグステン C. Fred Bergsten ······211
バシェフスキー Charlene Bershefsky
　······119,146,151,154,155,297,298
橋本龍太郎 ··············258,301,302,321
ハンド Learned Hand·················310
ヒュデック Robert E. Hudeck ········37,53
フィッシャー Richard Fisher ·········144
フクヤマ Francis Fukuyama ······252,288
ブッシュ(米大統領(父)) George Bush
　···································20,209
フランク Thomas Frank ············218
ブリタン卿 Sir Leon Brittan ···········146
フリードマン Milton Friedman ······252
プレストウィッツ Clyde Prestowitz
　····································331
ペータースマン Ernst-U. Petersmann
　····································241
ポージェス Amelia Porges ··········152
ホームズ Oliver W. Holmes ·········310
ホーリングス Ernst F. Hollings ········56
ボルタック R. Boltuch ···············115

松下満雄 ··············284,290,292,293
宮沢喜一 ···························321
ミールト Karl van Miert ············289

ラムザイヤー J. Mark Ramseyer ······290
リタン R. E. Litan ···················115
リチャードソン J. David Richardson
　·····························289,292,293
ルッジェーロ Renato Ruggiero ···21,117
レーガン(米大統領) Ronald Reagan
　··················18,34,124,132,285
ローゼンソール Douglas F. Rosenthal
　·······························290,292
ロング Olivier Long ·················235

法令・条約

【ア行】
アスンシオン協定 ……………………30
新たな経済的パートナーシップのため
　の枠組み（日米）……………321
アルミニウム多国間協議了解覚書
　………………………72,114
アンチダンピングコード ……………97
アンチダンピング法（米国）………84,88
アンデス貿易特恵法（ATPA）（米国）
　………………186,187,195,198
一般特恵制度（GSP）原産地規則（米国）
　……………………………185
ウィーン条約法条約 ………………218
　―― 26条 …………………253
ウェッブ・ポメリン法 ……………347
迂回防止に関する決定 ………………91
ウルグアイラウンド協定法（米国）…36,
　46,47,57,350
　　行政府措置声明（SAA）…36,56-8,278,
　　318,350

【カ行】
外国貿易法（メキシコ）………………99
カリブ海域経済復興法（米国）……186
環境衛生事業合理化法 ………………83
環境と開発に関するリオ宣言 ……235
関税規則102条（米国）……………189
関税と貿易に関する一般協定（GATT）
　　（1947年）…………120,238-40,244
　―― 第四部 …………………29
　―― 1条 …………10,54,116,191,255
　―― 2条 …………………10,191
　―― 3条 …………57,116,141,191,
　　207,220,221,255
　―― 3条2項 …………………245
　―― 3条4項 …………134,152,154
　―― 6条 …65,66,85-7,90-2,94,95,99,
　　101,108,116,121,131,224,237
　―― 11条 …………………191
　―― 11条1項 …………131,164
　―― 11条2項 …………………152
　―― 13条 …………………191
　―― 16条 …………65,66,90,94,237
　―― 19条 …………86,95,99,108
　―― 20条(g) …………………60
　―― 22条 …………………10,46,57
　―― 23条 ……3,46,57,130,135,136,
　　139,140,238,241,244,270
　―― 23条(b) …………………34
　―― 23条1項 …………132,152
　―― 23条1項(a)、(b) …………154
　―― 23条1項(b) …………141,153
　―― 24条 …………………116,236
　―― 24条の解釈に関する了解…255
　―― 24条に関する了解 ……236
　―― 28条の2 …………………31,54
関税と貿易に関する一般協定（GATT）
　　（1994年）
　―― 6条 ……………77,78,100
　―― 16条 ……………………77
　―― 23条 …………………241,242
規制緩和および競争政策に関する拡大
　取り決め（日米）………………321
経営改革法（日本）………………80,81
　―― 5条3項 …………………81
　　経営改革法の実施に関する暫定措置
　　法　1条、2条 ………………112
国際司法裁判所（ICJ）規程59条 ……219
国際的活動に関する反トラスト法執行
　ガイドライン（米国）…295,313-5
　―― 3.11節 …………………314
　―― 3.121節 …………………314
　―― 3.122節 …………………315
　―― 3.2節 …………………315
国際反トラスト執行援助法（米国）
　………………………299,345
国際貿易機関（ITO）に関するハバナ憲
　章 ……………………334,340
　―― 第5章 …………………334
国連憲章1条2項、2条7項 ………253

【サ行】

シャーマン法(米国) ……102,294,310-2, 314,327,347
——　1条 ………155,309-13,317,328
——　2条 ……………………………317
シンガポール閣僚宣言 ………………257
スーパー301条(米国) ………19,21,158, 206,307,352,353
スペシャル301条(米国) ……………158
相殺関税法(米国) ………………7,63,80

【タ行】

対外関係法第三リステートメント(1986年)(米国) ……………………………326
——　403条(1)、(2)(a)(b)(c)(g)(h) ……………………………………326
対外通商反トラスト改善法(FTAIA)(米国) ………………314,328,330
——　1条(B) ……………………315
大規模小売店舗法(日本) …10,144,265
多国間投資協定(MAI) ………………23
多繊維取極(MFA) ………………18,190
中小企業基本法(日本) ………………82
通商関税法(米国) ……………………158
統一関税譲許表(HTSUS)(米国) …175, 179,181,182,184,189,190
——　73章 ……………………………181
——　一般的注釈12 …………………178
——　一般的注釈12(b) …………178
——　一般的注釈4 …………………197
統一商品分類・コードのための国際条約 ……………………………………175
東京ラウンドコード ……………234,238
投資紛争処理条約
——　25条1項、42条1項2項 ……279
独占禁止法(日本) ………81,83,144,287, 289-93,300-3,306,321,337-9,345-7, 353
——　第4章改正 ……………………339
——　6条 ……………………………339
——　10条、15条 ……………………339
——　24条 ……………………………82

【ナ行】

南米共同市場を設立する条約 ……279
日米自動車自主規制協定 ……………208
日米租税条約26条 ……………………345
日米独禁協力協定 ……337,340,341,343, 344,346,349,350
日米半導体協定 ………119,120,170,230, 244,337
　1986年日米半導体協定 ……19,85,123, 124,130,131,136,160,163-8,208
　1991年日米半導体協定 …19,123,125, 126,134,164-8,170
　1996年日米半導体協定 ……123,124, 127,128,130,145,165,170
日米友好通商航海条約 ……228,246,247, 259
——　7条 ……………………………259
——　24条 ……………………………246
日米枠組み協定 ……………261,321,357
農事調整法(米国) ……………………59

【ハ行】

バイ・アメリカン法 …………………158
ハードコアカルテルに対する効果的な措置に関するOECD理事会勧告 ……………………………………322
——　I.A.1、I.A.2(a)、I.A.2(b)、I.B.1 ……………………………………333
半導体チップ保護法(米国) …………158
反トラスト法(米国) ……7,18,103,114, 116,144,158,163,338,339,346
プラザ合意 ……………………………19
ブラジリア議定書 ……………………279
——　26条1項 ………………………279
米EC競争法協力協定 ……333,334,340, 341,344
——　3条 ……………………………342
——　4条 ……………………………342
——　5条 ……………………………343
米加競争法協定 ………………………340
米加自由貿易協定 ………24,58,175,248
米国イスラエル自由貿易協定 ……186

ヘルムズ・バートン法(米国) ………277
包括通商競争力法(米国) ……25,35,59,
　　132,158,206
　　—— 1302条 …………………352
北米自由貿易協定(NAFTA) ……24,30,
　　38,42,174-7,179,180,183-5,187-9,
　　193-5,197,198,226,230,234,246-8,
　　251,254,259,274,279
　　—— 4章 …………………………178
　　—— 11章 ………………………274
　　—— 20章 ………………………247
　　—— 1131条 ……………………279
　　—— 1115条〜1124条 …………279
　　—— 環境付属協定 ………………38
　　—— 原産地規則 ……179,181-5,189,
　　192,197
　　—— 原産国表示規則 ………188,189
　　—— 附則311 ……………………188,189
　　—— 附則401 ……………………178
補助金コード11条1項 ………………73

【マ行】
マッカラン・ファーガソン法2条(b) (米
　　国) …………………………………326
メキシコ合衆国憲法131条規制法 …116

【ヤ行】
輸出管理法(日本) …………………271
輸出商社法(米国) ……………………347
輸出入取引法(日本) ………82,83,347

【ラ行】
連邦通商委員会法(米国)5条 ………190
ロメ協定 ……………………………268,277
　　—— 第4協定 …………………277

【英数】
EC条約 …………………………………234
　　—— 85条、86条 ………………117
EC理事会規則3286/94 ………223,271
EIAJ(日本電子機械工業会)／SIA(米国
　　半導体工業会)協定 ……………127

　　—— II条 ………………………150
　　—— III条 ………………………150
　　—— VI条 ………………………150
　　—— VII条 ………………………151
OECD資本自由化コード ……………259
OECD多国籍企業ガイドライン ……324
WTO協定 …………36,47,49,138,140,153
　　アンチダンピング協定 ……75,84,89,
　　95,97,99,121,131,237,255
　　—— 2条1項 ……………………152
　　—— 2条4項1 …………………255
　　—— 2条4項2 …………………111
　　—— 5条、6条、12条、13条 ……111
　　—— 5条4項 ……………………111
　　—— 7条 ………………………152
　　—— 8条4項 ……………………152
　　—— 9条3項3 …………………92
　　—— 12条 ……………………125,151
　　—— 13条、17条 ………………113
　　—— 17条6項(ii) ………………256
　　衛生植物検疫措置(SPS)協定……221,
　　236,237,255
　　—— Annex C …………………255
　　関税と貿易に関する一般協定
　　（GATT）(1994年)
　　—— 6条 …………………77,78,100
　　—— 16条 ………………………77
　　—— 23条 ……………………241,242
　　関税評価協定 ………………181,237
　　原産地規則協定…176,191,192,237,242
　　—— 2条 ………………………191
　　—— Annex 1A …………………257
　　サービス貿易に関する一般協定
　　（GATS）………11,29,41,42,52,56,
　　153,225,241,243,247,257,330
　　—— 5条 ………………………255
　　—— 8条 ………………………115
　　—— 16条、17条 ………………257
　　—— 23条 ………………………241
　　—— 33条3項 …………………257
　　政府調達協定 ………………225,341
　　設立協定(世界貿易機関を設立する

370　索　引

マラケシュ協定）………189,193,225,228,275
セーフガード協定　…7,85,95,229,251
　── 11条 …………………260
　── 11条1項(b) …………113,254
　── 11条3項 ………………254
繊維・衣料品協定（ATC）…………190
農業に関する協定 …………112,153
紛争解決了解 ……36,42,47,120,135-7,139,145,152,217,221,222,225,233,239,240-3,256,265,267,270-2,276,318,330
　── 2条 …………………276
　── 2条1項 ………………278
　── 3条2項 ………………218,257
　── 3条6項 ………………222,256
　── 3条7項 ………………278
　── 3条8項 ………………154
　── 4条 …………………276
　── 4条1項 ………………278
　── 4条3項 ………………276
　── 4条7項 ………………276,277
　── 4条11項 ………………278
　── 5条 …………………276
　── 5条5項 ………………277
　── 6条1項 ………………153
　── 6条、7条 ………………276
　── 10条2項 ………………278
　── 12条 …………………277,278
　── 12条8-9項 ………………256
　── 13条2項 ………………276
　── 16条4項 ………………153,154
　── 17条 …………………276
　── 17条5項 ………………256
　── 17条6項、14項 …………154
　── 19条 …………………153
　── 20条 …………………153
　── 21条3項(c) ………………256
　── 22条 …………………153
　── 23条 …10,25,26,37,38,47,57,58,240-2,257,278,318
　── 23条1項 ………………256,330
　── 23条2項 ………………330
　── 23条2項(a) ……………13,350
　── 23条2項(c) ……………256
　── 25条 …………………257,276
　── 25条4項 ………………257
　── 26条 …………………257
　── 26条1項 ………………154,257,276
　── 26条1項(a) ……………154
　── 26条2項 ………………276
貿易関連知的財産権（TRIPS）協定
　…41,42,47,52,56,153,206,238,241,256,330
　── 2条付則 ………………153
　── 64条 …………………241
　── 64条2項、3項 ……………257
貿易関連投資措置（TRIMS）協定
　……41,42,52,56,138,153,243,257
　── 5条5項 ………………115
　── 9条 …………………115
貿易の技術的障害に関する協定（TBT協定）………………237
補助金相殺措置協定…74,89,93,95,237
　── 4条 …………………113
　── 5条 …………………112
　── 6条 …………………112
　── 6条1項(a)注釈15 ………112
　── 7条 …………………113
　── 8条 …………………112
　── 8条2項(a) ……………112
　── 9条 …………………113
　── 11条 …………………111
　── 12条 …………………111
　── 22条 …………………111
　── 23条 …………………111,113
　── 25条 …………………112
　── 27条3項 ………………112
　── Annex I ………………256
輸入許可協定 ………………237
1890年関税法（マッキンリー関税法）（米国）1244章237節 …………109
1897年関税法（ディングリー関税法）（米国）11章5節 ………………109

1916年アンチダンピング法(米国)…158
1916年歳入法(米国) ……………159
1922年関税法(フォード・マッカンバー
　法)(米国)356章 …………109
1930年関税法(米国)337条…159,161,205
1930年関税法(米国)777A(d)(2) …111
1947年国家安全保障法(米国) ……159
1956年農業法(米国) ……………190
1960年のガット締約国団決定 ……323
1962年関税分類法(米国) …………175
1962年通商拡大法(米国) …………159
1974年通商法(米国) …………33,45,54
　── 301条 …7,8,21,22,25,26,29,30,
　　33,34,36-40,43,44,46-52,56-9,
　　85,120,122-5,131,132,138,140,
　　145,147,149,157-9,168,205,210,
　　222-4,229,231,244,245,247,250,
　　256,267,271,273,277-9,292,294,
　　296,297,300,317-9,321-3,330,332,
　　334,337,350,351
　── 301条(d)(3)(B) …………317
　── 303条(a)(2) ………………57
　── 304条 ……………………267
　── 310条 ……………………352
　── 1377条(電気通信条項) …357
1979年の紛争解決に関する了解 …238
1979年通商協定法(米国) …25,34,35,80
1995年日米自動車協定 ……111,129,209,
　254,276,353
1995年日韓自動車協定 ……………210

紛争・事件

【国内判例】
(米国)
アーチャー・ダニエルズ・ミッドランド
　　事件 ……………………296,303
アメリカンバナナ事件 …………294,310
アルコア事件 ……………………294,310
アンハイザー・ブッシュビール協会対
　　米国事件 ……………………173
伊藤忠事件 ……………………316,322
東芝ココム事件 …………………158
ハートフォード火災保険事件／判決
　　………………310,314,327,328
日立・IBM刑事事件 ………………158
ピルキントン事件 ………………316
ファックス用紙事件 ……294-7,300,303,
　　307,308,311,320,323,339,346
Brooke Group対Brown and Williamson
　　Tobacco事件 …………………102
Koru事件 …………………………173
NUE／ゼニス訴訟 ………………157
(EC)
ウッドパルプ事件 ………………339
(日本)
埼玉事件 …………………………302

【ICJ・PCIJ判例】
核実験事件 ………………………253
ノッテボーム事件 ………………272
バルセロナ・トラクション事件…273, 278

【ガット・WTO紛争解決事例】
　(紛争解決手続付託後に二国間協議
　　で解決されたものも含む)
インドの繊維事件 ……………218,220
エビ・ウミガメ事件 ……………224
カナダの(外国)雑誌事件 …219,220,276
韓国の酒税事件 …………………207,224
日米自動車・自動車部品紛争…10,11,20,
　　21,57,103,104,137,139,159,209-11,
　　244,268,319

日本による一定の農産物の輸入制限
　　…………………………………152
日本の革製品輸入制限 …………258
日本の酒税事件 ……138,207,218-20,224,
　　225,275,276,351
日本の著作隣接権(WT/DS28) ……352
日本の半導体事件…130,131,151,153,258
日本のりんごなど農産品に関する輸入
　　検疫制度(WT/DS76/R、WT/DS76/
　　AB/R) ………………………352
富士コダック事件 ……11,21-4,133,137,
　　138,140-4,146,147,152,154,209,
　　220,244-6,273,279,283,292,293,
　　297,300,319,320,323,337,351,353
ブラジル－乾燥ココナッツに影響を及
　　ぼす諸措置 …………………276
米国－毛製織物のシャツおよびブラウ
　　スの輸入に影響を及ぼす諸措置
　　…………………………………276
米国のガソリン事件 …………220,275
米国の地方政府の調達手続問題(WT/
　　DS95/1) ……………………352
米国の日本製熱延鋼板に対するアンチ
　　ダンピング措置(WT/DS184/R、
　　WT/DS184/AB/R) ……………352
米国の1916年アンチダンピング法(WT/
　　DS162/R、WT/DS162/AB/R) …352
米国のCAFE基準事件 …………224,256
米国－綿製および人造繊維製の下着の
　　輸入制限 ……………………276
米国1930年関税法改正条項(WT/DS217/
　　1) ……………………………352
ヘルムズ・バートン法事件 …………277
マグロ・イルカ事件 ……………224,256
ECの牛肉ホルモン事件 ………138,218,
　　220,221
ECのバナナ事件 ………138,256,268,270,
　　272,276-8
ECのコンピュータ機器関税分類事件
　　…………………………………138

編者紹介

中川淳司（なかがわ　じゅんじ）

東京大学社会科学研究所教授。
主著　『資源国有化紛争の法過程』（国際書院、1990年）
　　　『ODA大綱の政治経済学』（共著、有斐閣、1999年）
　　　『ケースブック　ガット・WTO法』（共編著、有斐閣、2000年）

トマス・J・ショーエンバウム（Thomas J. Schoenbaum）

ジョージア大学ロースクール教授（Dean and Virginia Rusk Professor）
主著　*Japanese International Trade and Investment Law* (with Mitsuo Matsushita, Univ. of Tokyo Prerss, 1989).
　　　Environmental Policy Law, 3rd ed. (Foundation, 1994)
　　　Admiralty and Maritime Law, 3rd ed. (West, 2000)

From Conflict to Cooperation:
The Japan-US Economic Relationship after the Uruguay Round

摩擦から協調へ──ウルグアイラウンド後の日米経済関係

2001年11月26日　初　版第1刷発行　　　　　　　〔検印省略〕
　　　　　　　　　　　　　　　　　　　　　　　＊定価はカバーに表示してあります

編者 © 中川淳司、T.J.ショーエンバウム／発行者　下田勝司　　印刷・製本　中央精版印刷
東京都文京区向丘1-20-6　　郵便振替 00110-6-37828　　　　　　　　　発　行　所
〒113-0023　TEL (03) 3818-5521㈹　FAX (03) 3818-5514　　　株式会社　東　信　堂
　　　　　　　E-Mail tk203444@fsinet. or. jp

Published by TOSHINDO PUBLISHING CO., LTD.
1-20-6, Mukougaoka, Bunkyo-ku, Tokyo, 113-0023, Japan

ISBN4-88713-397-9　C3032　¥3800E　©J.Nakagawa & T.J.Schoenbaum

― 東信堂 ―

国際法新講〔上〕	田畑茂二郎	二九〇〇円
国際法新講〔下〕	田畑茂二郎	二七〇〇円
国際社会の新しい流れの中で―国際法学徒の軌跡	田畑茂二郎	二三〇〇円
現代国際法の課題	田畑茂二郎	三三〇〇円
ベーシック条約集〔第2版〕	田畑茂二郎	二二〇〇円
判例国際法	代表編集 松田竹井芳秀正一雄郎幸郎	三五〇〇円
プラクティス国際法	代表編集 坂西茂樹幸	一九〇〇円
国際法から世界を見る―市民のための国際法入門	松井芳郎	二八〇〇円
資料で読み解く国際法	大沼保昭 編	五八〇〇円
国際人権規約先例集(1)(2)	T・バーゲンソル 小寺初世子 訳	(2)一七六〇円 (1)二二六〇円
国際人道法の再確認と発展	編代表 宮崎繁樹	二八〇〇円
国際人権法入門	竹本正幸	四八〇〇円
海上武力紛争法サンレモ・マニュアル・解説書	人道法国際研究所 竹本正幸監訳	二五〇〇円
国際法の新展開―太寿堂鼎先生還歴記念	代表編集 香山林西治茂治之茂夫	五八〇〇円
海洋法の新秩序―高林秀雄先生還歴記念	代表編集 香山林西治茂治之茂夫	六七九〇円
国連海洋法条約の成果と課題	高林秀雄	四五〇〇円
領土帰属の国際法〔現代国際法叢書〕	太壽堂鼎	四五〇〇円
国際法における承認―その法的機能及び効果の再検討〔現代国際法叢書〕	王 志安	五二〇〇円
国際社会と法〔現代国際法叢書〕	高野雄一	四三〇〇円
集団安保と自衛権	高野雄一	四八〇〇円
国際経済条約・法令集〔第二版〕	編代表 小室程夫 山手治之	改訂中・近刊
国際機構条約・資料集〔第二版〕	編代表 香西茂 小原喜雄 藤田久仁介	改訂中・近刊
国際人権条約・宣言集〔第三版〕	松井芳郎・薬師寺公夫編 竹本正幸	改訂中・近刊

〒113-0023 東京都文京区向丘1―20―6 ☎03(3818)5521 FAX 03(3818)5514 振替 00110-6-37828

※税別価格で表示してあります。